安仁村志

ANREN CUNZHI

《安仁村志》编纂委员会 编

方志出版社
Publishing House of Local Records

图书在版编目（CIP）数据

安仁村志 / 《安仁村志》编纂委员会编. —北京：方志出版社，2018.4
ISBN 978-7-5144-3049-3

Ⅰ. ①安… Ⅱ. ①安… Ⅲ. ①村史-建德 Ⅳ. ①K295.55

中国版本图书馆 CIP 数据核字（2018）第 077937 号

安仁村志

编　　者：《安仁村志》编纂委员会
责任编辑：罗　滔
出 版 人：冀祥德
出 版 者：方志出版社
　　地址　北京市朝阳区潘家园东里 9 号（国家方志馆 4 层）
　　邮编　100021
　　网址　http://www. fzph.org
发　　行：方志出版社图书经销中心
　　电话（010）67110500
经　　销：各地新华书店
印　　刷：成都勤德印务有限公司
开　　本：889×1194　　1/16
印　　张：25
字　　数：649 千字
版　　次：2018 年 9 月第 1 版　　2018 年 9 月第 1 次印刷
印　　数：0001~1000 册
ISBN 978-7-5144-3049-3　　定价：388. 00 元

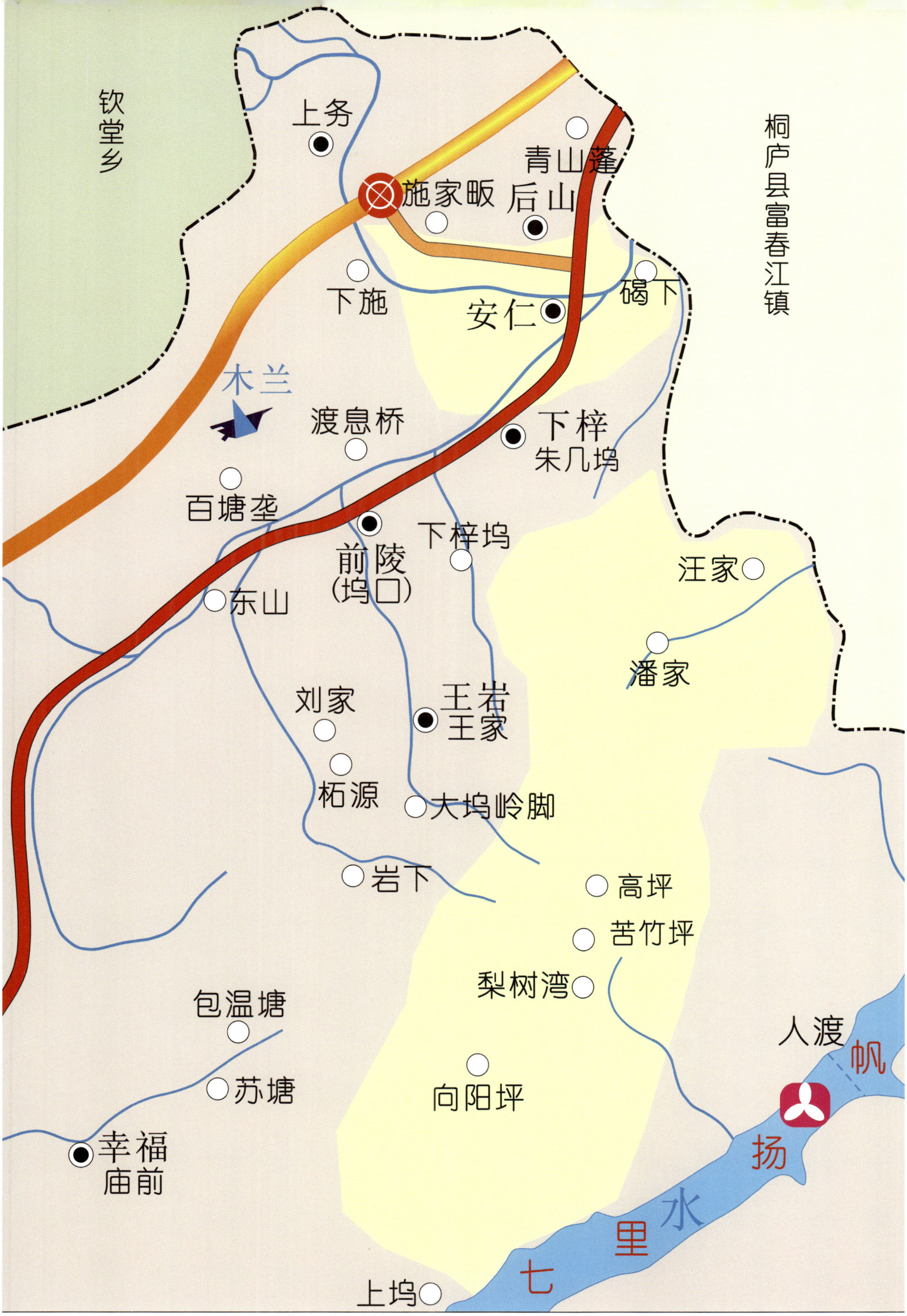

安仁村域示意图（　　为安仁村区域）

安仁村卫星影像图

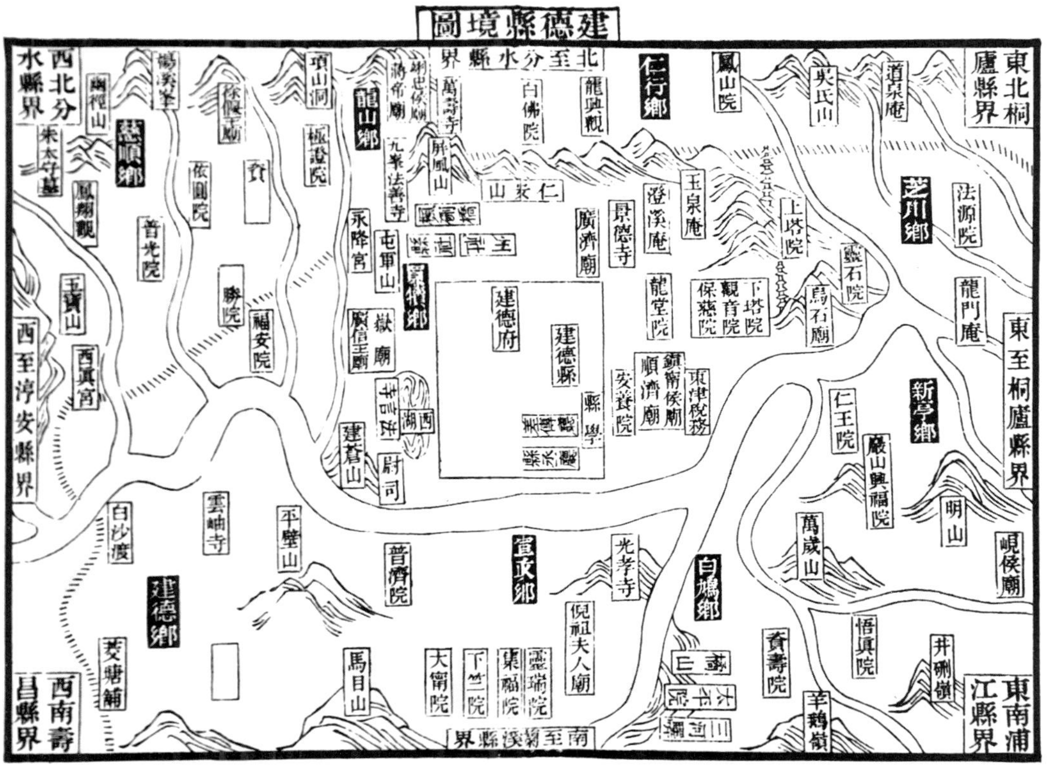

南宋淳熙十三年（1186）《严州图经》建德县境图中标明法源院位于“芝川乡安仁”

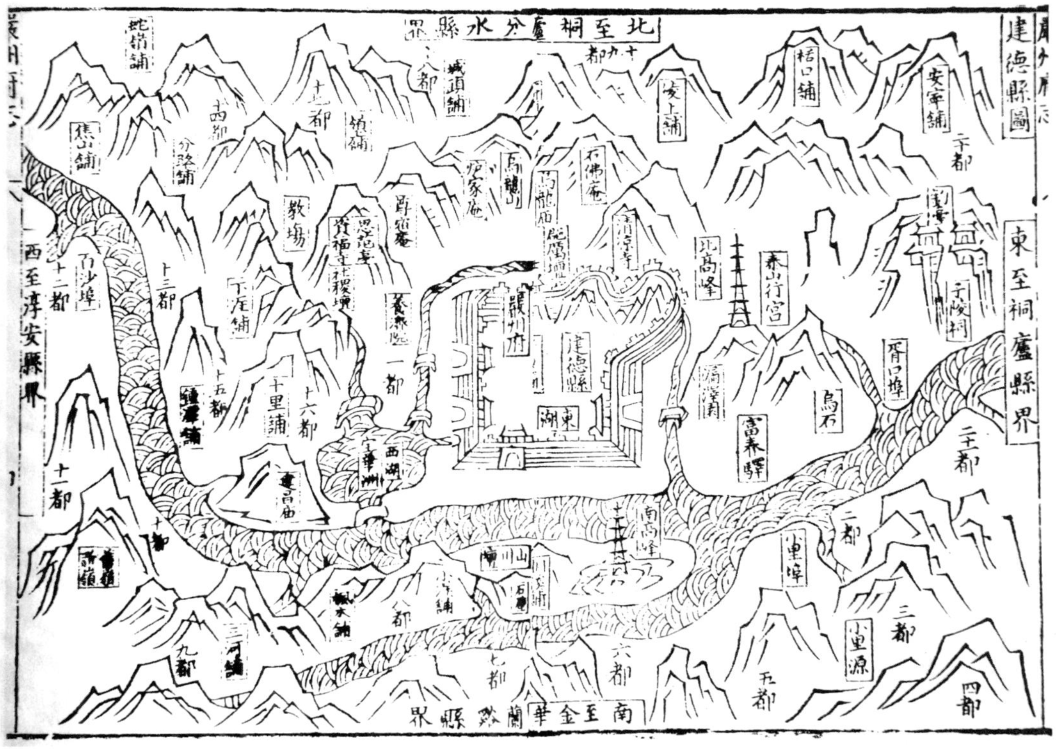

明万历四十一年（1613）《（万历）续修严州府志》建德县图中标示“安宁铺”名，是为驻兵镇守之地

清乾隆二十一年（1756）建德县图中标示“安仁铺”名（左下）

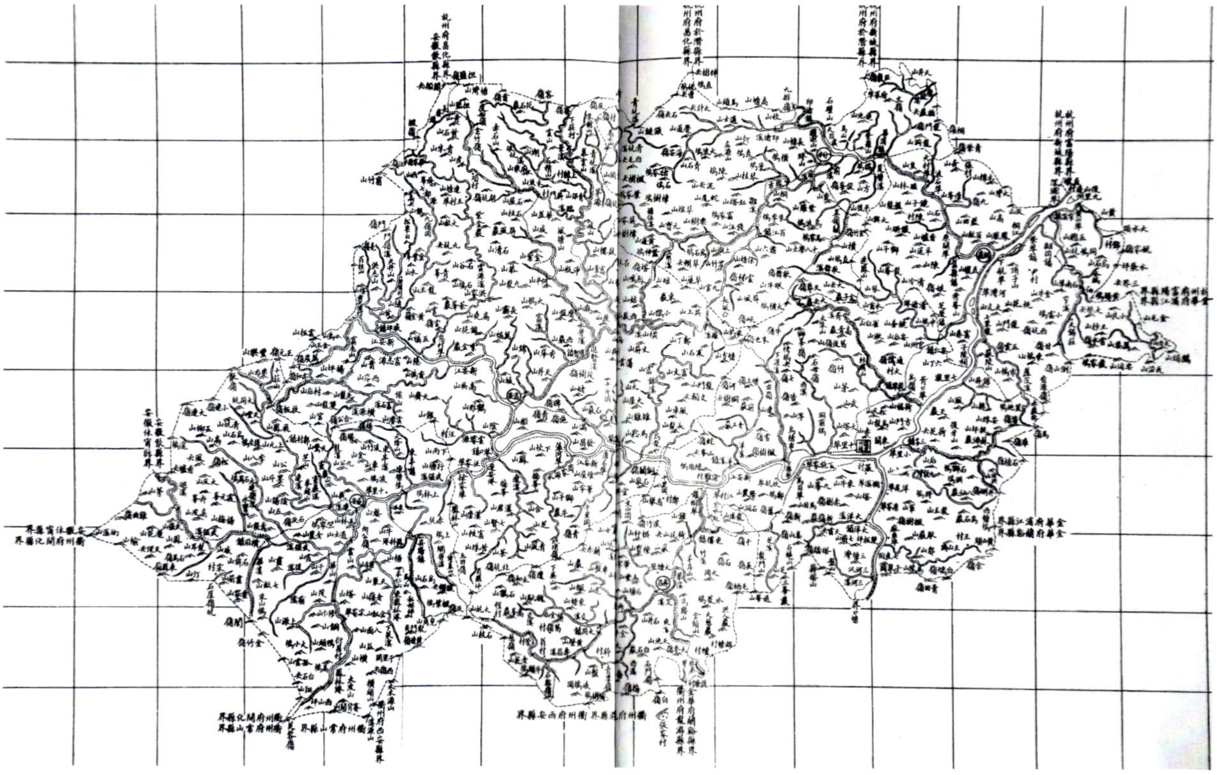

清光绪十九年（1893）《严州府二十里方图》中标有“安仁镇”名

清光绪二十九年（1903）《严州》地图中标有“安仁镇”名

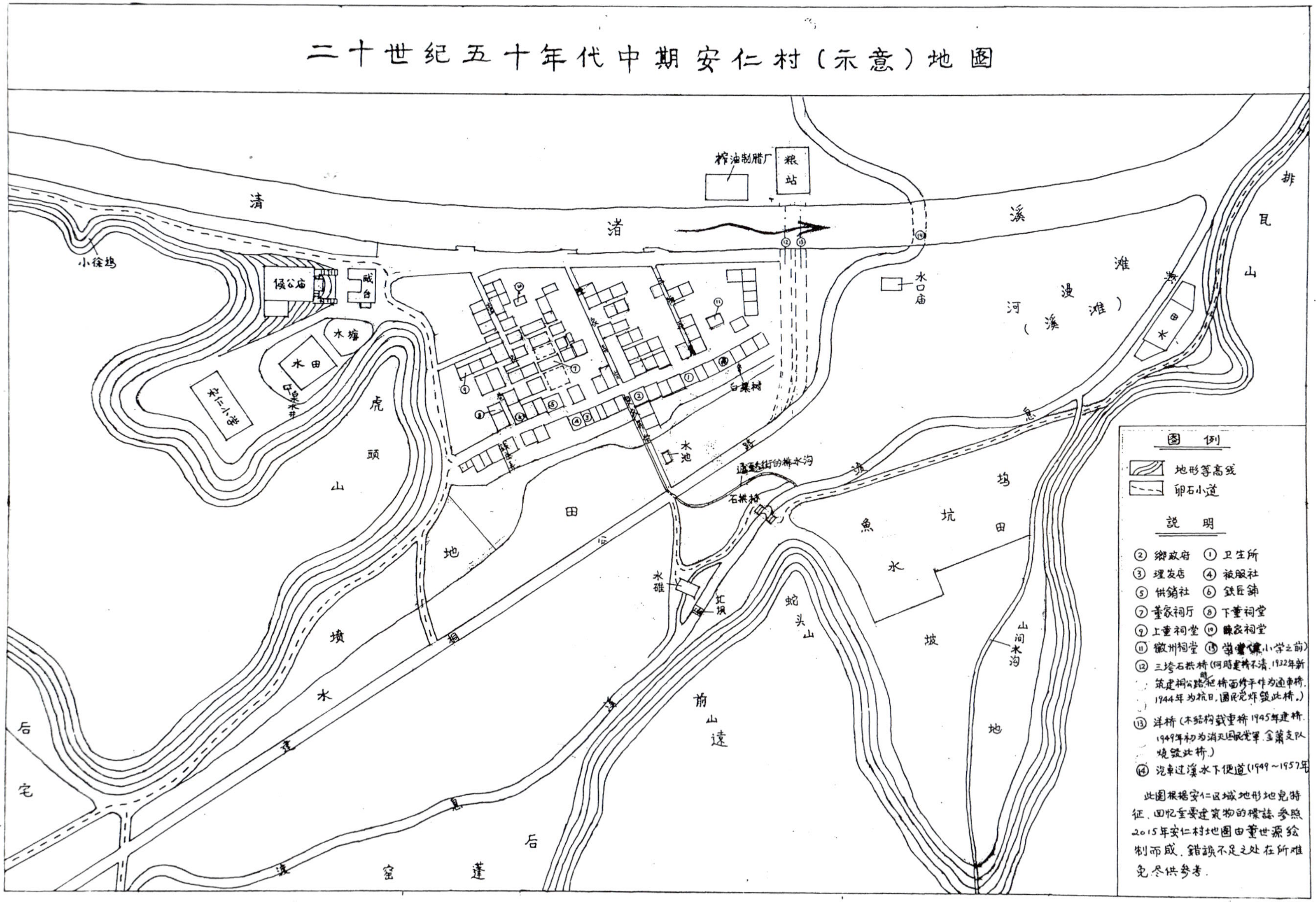

20 世纪 50 年代中期安仁村示意图（董世源绘制）

20世纪70年代庙湾（旧名）速写（作者：任渊）

国画：20 世纪 70 年代的《安仁古镇》（洪国森创作）

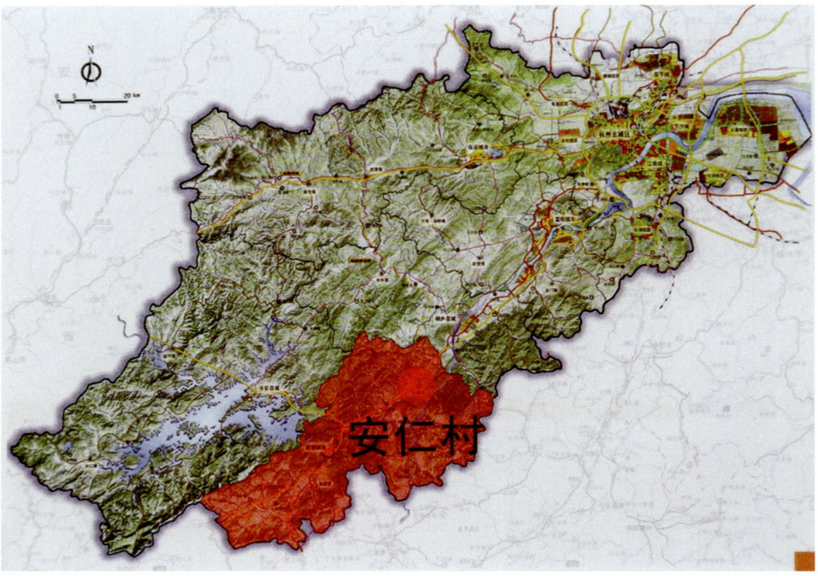

安仁村在杭州市的位置

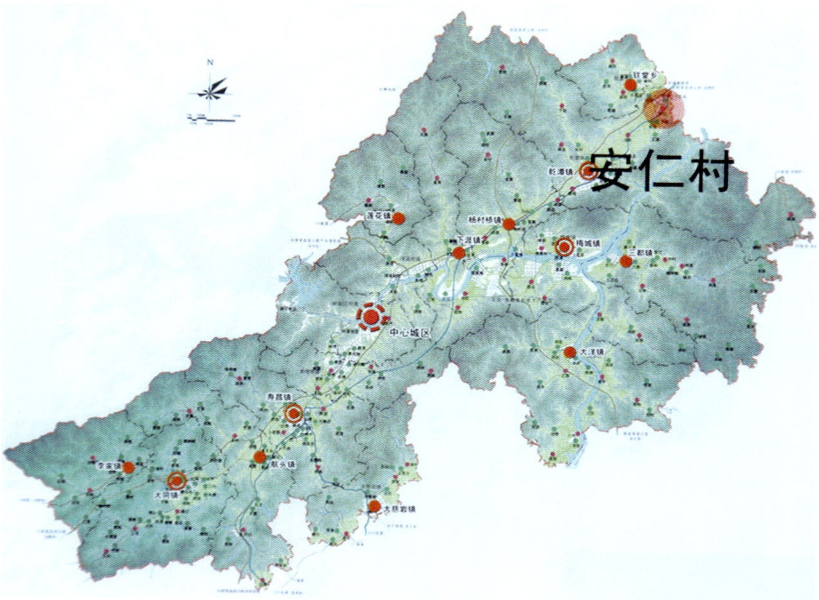

安仁村在建德市的位置

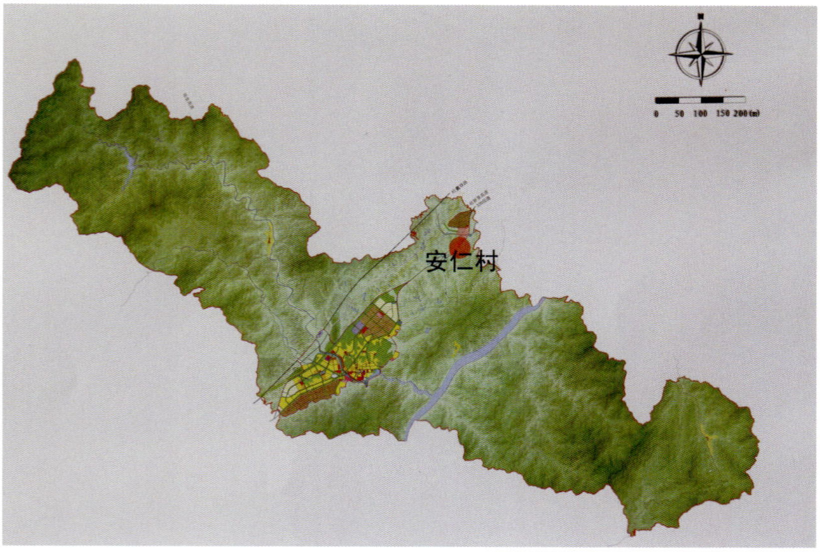

安仁村在乾潭镇的位置

安仁村村碑

安仁街、新村、“杭派民居”鸟瞰(摄于2016年4月)

安仁集镇全景图（摄于 2016 年 4 月）

安仁村北入口

安仁村便民服务中心

安仁大畈鸟瞰(摄于 2016 年 4 月)

荻州自然村全景图

高坪自然村鸟瞰

高坪、煤坪全景图

位于高坪南的富春江

煤灰山（煤坪）鸟瞰（摄于 2016 年 4 月）

清渚溪安仁桥下游段夜景

堰下畈全貌

长坑垅鸟瞰

杭派民居北入口

杭派民居全景(金军明 摄)

安仁新村一角(金军明 摄)

虎头山公园健身苑(金军明 摄)

2011年重阳节活动(金军明 摄)

2013 年 4 月 4 日，国家发改委领导到村考察

2013 年 4 月 9 日，浙江省旅游局领导到村考察

2013 年 6 月 25 日，杭州市纪委领导到村考察指导

2014 年 5 月 21 日，浙江省发改委谢晓波副主任一行到村进行调研

2015 年 9 月 6 日，时任建德市市长童定干等领导到村调研“杭派民居”建设工作

2016 年 8 月 3 日，杭州市副市长戚哮虎到村视察“杭派民居”建设工作

2017 年 3 月 13 日，杭州市纪委副书记张惠娟一行到村开展“百千万”蹲点调研活动

2017 年 6 月 13 日，建德市市长朱欢在安仁村避灾安置点检查安置人员和救灾物资储备情况

《安仁村志》编委会、编辑部全体人员合影
从左至右，前排：董巧玲、叶建芳、林成刚、陈志刚、潘玉明、张金炎
中排：陈斌能、方国良、朱尧仁、杨文根、俞光来、陈彩娥
后排：王胜民、黄玉富、杨腾云、施力民

2017 年 1 月 6 日，村志编委会第 7 次会议

2017 年 5 月 24 日，《安仁村志》初稿专家评审会

编辑部人员在市档案馆查阅资料

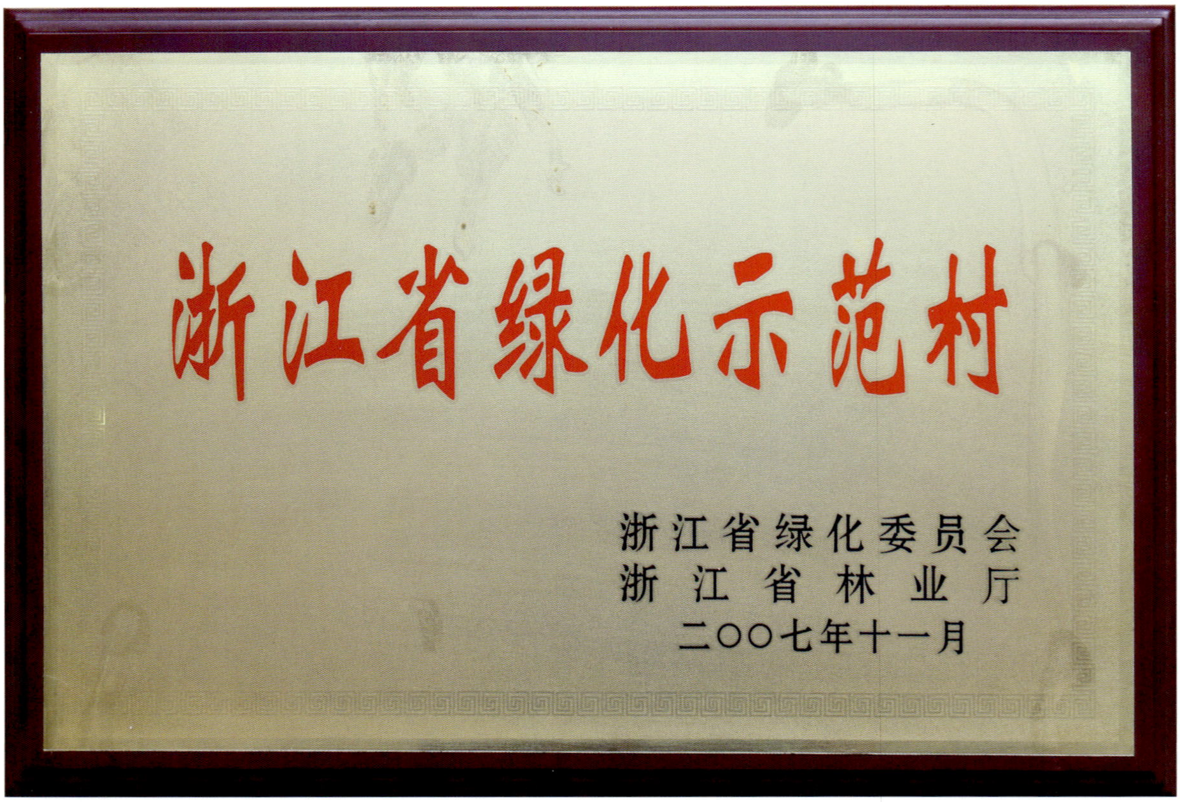

浙江省绿化示范村

杭州市园林绿化村

杭州市示范农家书屋

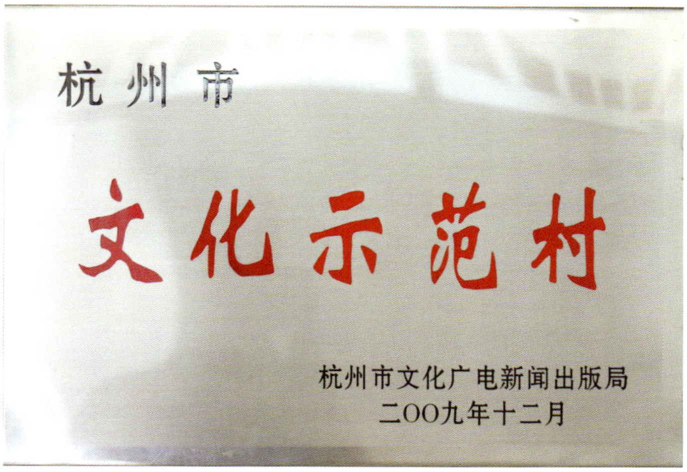

杭州市文化示范村

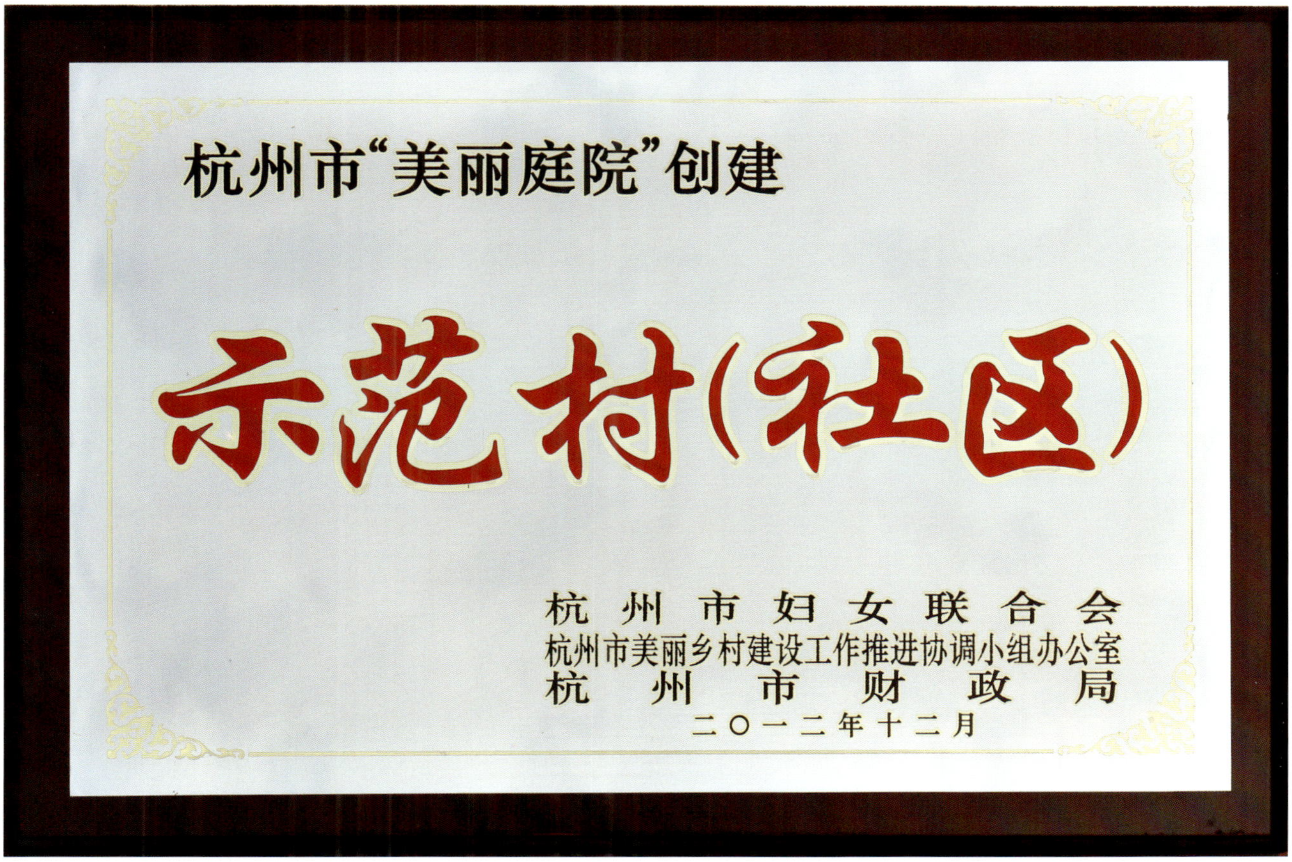

杭州市“美丽庭院”创建示范村

全家福

QUAN JIA FU

全家福是影像的家谱，记录了一个家庭的完美幸福，是每一个家庭成员值得珍藏的记忆。

全家福照片按村民小组排列，各户排序不分先后。

第一组

羊光照户（祖籍：磐安县双峰镇皿村）

羊光洪户（祖籍：磐安县双峰镇皿村）

宋建铭户（祖籍：绍兴）

杨光尧户（祖籍：南京）

曹国庆、曹坤祥户（祖籍：永康方岩）

贾土秀户（安徽省安庆市太和）

金水英、唐黎英户（祖籍：安徽）

池柏宏户（祖籍：绍兴）

陈东生户（祖籍：永康）

钱樟根户（祖籍：绍兴上虞丰惠镇。摄于 2014 年）

钱樟良户（祖籍：绍兴上虞丰惠镇）

曹国庆户（祖籍：永康方岩）

吴玉兰户（祖籍：永康方岩）

杨光军户（祖籍：南京）

张焕林户（祖籍：安徽）

杨根朝户（祖籍：磐安县仁川镇黄余田村）

羊洪根户（祖籍：磐安县双峰镇皿村）

张春早户（祖籍：安徽）

宋富春户（祖籍：绍兴）

葛香珠户

杨光樟户（祖籍：盘安县仁川镇黄余田村）

第二组

吴彩花户（祖籍：桐庐南乡施家村）

董茂樟户（祖籍：兰溪市园里）

董建中户（祖籍：兰溪市园里）

潘建亮户（祖籍：安徽省歙县）

刘木秀户（祖籍：兰溪市园里）

董小平户(祖籍 ：兰溪市园里)

姜樟欢户（祖籍：桐庐县芦茨乡长州村）

施力安户（祖籍：桐庐南乡施家）

施力人户（祖籍：桐庐南乡施家）

施力民户（祖籍：桐庐南乡施家）

汪厚强户（祖籍：乾潭垄柏长淇）

施力强户（祖籍：桐庐南乡施家）

吴成标户（祖籍：桐庐南乡朱山）

杨法南、杨军、杨辉跃、杨辉明户（祖籍：磐安仁川黄余田）

俞松来、俞水木、俞森林、俞森富户（祖籍：仙居县横溪镇郑桥村）

陈美户（祖籍：河南省）

俞壬水户（祖籍：仙居县横溪镇郑桥村）

虞藤芳户（祖籍：桐庐县芦茨深坑村）

杨祖炎、杨益祥、杨益宏户（祖籍：磐安仁川黄余田）

杨益静户（祖籍：磐安县仁川镇黄余田村）

杨云初户（祖籍：仙居）

董敏户（祖籍：兰溪园里）

汪厚康（祖籍：坌柏长淇）

施力旋（祖籍：桐庐南乡施家）

董明恭（祖籍：兰溪园里）

第三组

傅海才户

陈柏林户（祖籍：河南省）

陈晓华户（祖籍：南京）

陈敏文、陈敏儿、陈敏洪户（祖籍：乾潭镇下梓村）

董万洲户（祖籍：兰溪市园里）

吕峰祥户（祖籍：磐安县冷水村）

吕峰玉户（祖籍：磐安县冷水村）

吕旭初户（祖籍：磐安县冷水村）

吕小良户（祖籍：磐安县冷水村）

潘玉凤户（祖籍：磐安县冷水村）

汪本云户（祖籍：安徽省休宁县塘坞村）

杨相贤户（祖籍：仙居县）

杨相庆户（祖籍：仙居县）

杨相余户（祖籍：仙居县）

俞洪明户（祖籍：仙居县横溪镇郑桥村）

张绍兴户（祖籍：桐庐县南乡坞风塘村）

施玉琴户

杨相富户（祖籍：仙居县）

陈林荣户（祖籍：南京）

陈晓宏户（祖籍：南京）

俞炳堂户（祖籍：仙居县横溪镇郑桥村）

陈彩玉户

陈天明户（祖籍：南京）

第四组

骆梅仙户（祖籍：淳安县）

祖籍：杨裕民户（磐安县仁川镇黄余田村）

陈元一户（祖籍：乾潭镇坞口村）

唐秀娟户（摄于 2008 年。祖籍：淳安县）

金晓宝户（祖籍：绍兴市金家来村）

汪樟云户（祖籍：安徽省休宁县塘坞村）

金宝全户（祖籍：绍兴市金家来村）

毛和平户（祖籍：建德梅城）

金阿荣、金伟明、金军明户（祖籍：东阳市煤山村）

杨晨初户（祖籍：仙居）

杨伏初户（祖籍：仙居）

杨红伟户（祖籍：仙居）

杨建华户（祖籍：仙居）

杨建平户（祖籍：仙居）

杨来初户（祖籍：仙居）

杨文根户（祖籍：磐安县仁川镇黄余田村）

杨乔登、杨腾超、杨腾云户（祖籍：磐安县仁川镇黄余田村）

杨旭初户（祖籍：仙居县）

俞关禾户（祖籍：仙居县横溪镇郑桥村）

俞光土户（祖籍：仙居县横溪镇郑桥村）

俞光玉户（祖籍：仙居县横溪镇郑桥村）

俞来福户（祖籍：仙居县横溪镇郑桥村）

周德芳户（祖籍：江山县樟树塘村）

陈明星户（祖籍：河南省）

吴爱莲户（祖籍：河南省）

俞朝芳户（祖籍：仙居县横溪镇郑桥村）

叶国红（祖籍：东阳市横店镇）

叶国伟（祖籍：东阳市横店镇）

程国良（祖籍：东阳市煤山黄西塘村）

第五组

曹道根户

徐素娟户（祖籍：河南省）

陈高峰户（祖籍：河南省）

陈学言户（祖籍：河南省）

陈志军户（祖籍：河南省）

董光良户（祖籍：兰溪市园里）

董玉明户（祖籍：兰溪市园里）

黄金珠户（祖籍：临川县翁家镇翁家村）

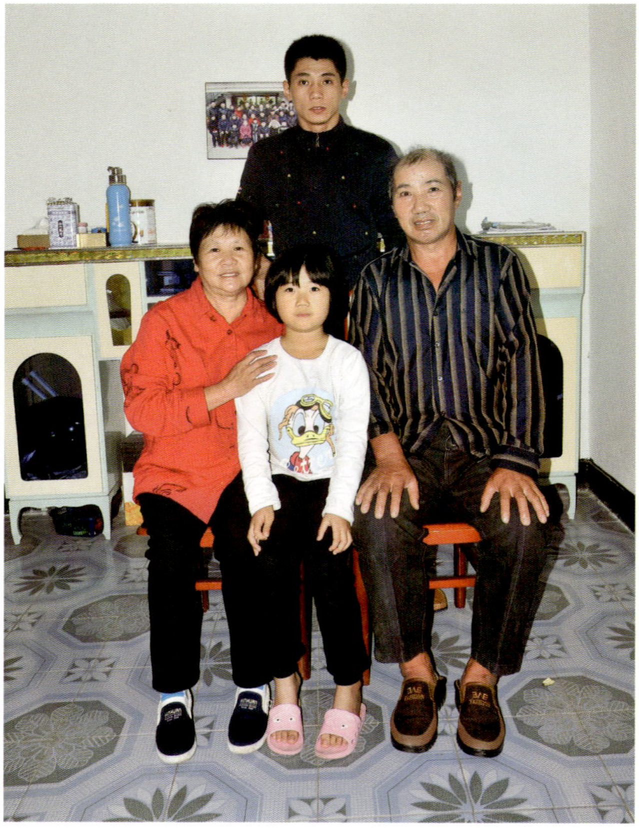
董玉星户（祖籍：兰溪市园里）

李坤林户（祖籍：东阳市怀鲁镇双桥村）

毛家生户（祖籍：梅城）

毛天生户（祖籍：梅城）

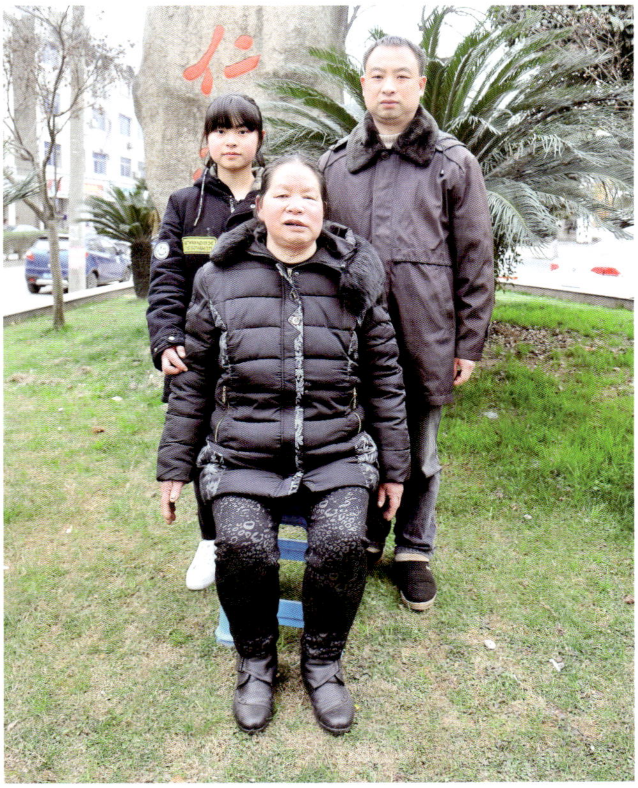

毛信国户（祖籍：梅城）

徐富强户（祖籍：淳安县）

徐五三户（祖籍：淳安县）

俞雪伟户（祖籍：仙居县横溪镇郑桥村）

夏元珍户（祖籍：河南省）

董生泉户（祖籍：兰溪市园里）

陈荣仙户

毛信中户（祖籍：梅城）

徐茂华户（祖籍：青田县大楼村）

第六组

董玉良、董雪庆户（祖籍：兰溪市园里）

董樟良户（祖籍：兰溪市园里）

李樟林户（祖籍：东阳市怀鲁镇双桥村）

叶建芳、叶建军户（祖籍：东阳市横店镇）

苏红云户（祖籍：东阳市横店镇）

潜玉香 户

董玉根户（祖籍：兰溪市园里。摄于 2012 年）

汪银坤户（祖籍：安徽省休宁县塘坞村）

俞光来户（祖籍：仙居县横溪镇郑桥村）

俞光富户（祖籍：仙居县横溪镇郑桥村）

杨鹏飞户（祖籍：磐安县仁川镇黄余田村）

张家元户（祖籍：桐庐县南乡坞风塘）

张乃强户（祖籍：桐庐县南乡坞风塘）

潜光珍户（祖籍：桐庐县南乡坞风塘）

陈如生户（祖籍：永康市）

张家俊户（祖籍：桐庐县南乡坞风塘）

汪方卫户（祖籍：安徽省休宁县塘坞村）

汪方成户（祖籍：安徽省休宁县塘坞村）

第七组

陈志刚户（祖籍：河南省）

俞泉法户（祖籍：仙居县横溪镇郑桥村）

包安生户（祖籍：乾潭镇王岩村岩下）

陈复新户（祖籍：河南省）

董国强户（祖籍：兰溪市园里）

董乃文户（祖籍：兰溪市园里）

王炎祥户（祖籍：天台县平镇）

董光星、董平、董光龙、董光明、董光锡、董龙英、董光标等 7 户（祖籍：兰溪市园里）

谭明珠户（祖籍：绍兴市）

王银春户

张文祥户（祖籍：绍兴市）

俞海波户（祖籍：仙居县横溪镇郑桥村）

董来信户（祖籍：兰溪市园里）

汪云良户（祖籍：乾潭镇坌柏）

俞泉来户（祖籍：仙居县横溪镇郑桥村）

汪芝瑞户

张小芳户（祖籍：桐庐县南乡坞风塘）

汪刚户（祖籍：乾潭镇坌柏）

第八组

方国良户

黄玉富户（祖籍：永康包坑口村）

陈春兰、巫文娟、徐国裕户（祖籍：东阳市上芦镇清塘湖村）

陈桂芬户（祖籍：河南省）

朱尧仁户（祖籍：浦江县朱宅村）

董雪良户（祖籍：兰溪市园里）

周海花户（祖籍：兰溪市）

董志祥户（祖籍：兰溪市）

陈金华户（祖籍：河南省）

陈水潮户（祖籍：河南省）

黄玉堂户（祖籍：永康包坑口村）

施风明户（祖籍：兰溪市）

汪小林户

李维新户（祖籍：东阳市怀鲁镇双桥村）

张荣柱、张金星、张金炎、张金文等4户（祖籍：宁波市明墙镇湖塘下村）

徐钦松、徐贤章、徐仁章等3户（祖籍：东阳市上芦镇清塘湖村）

张丽明户（摄于 2008 年。祖籍：宁波市明墙镇湖塘下村）

陈金明户（祖籍：河南省）

俞坤元户（祖籍：仙居县横溪镇郑桥村）

吴水仙户（祖籍：东阳市上芦镇清塘湖村。摄于 2007 年）

李维明户（祖籍：东阳市怀鲁镇双桥村）

董来明户（祖籍：兰溪市）

第九组

陈立旺户（祖籍：安徽省安庆）

黄玉勇户（祖籍：永康市包坑坞村）

王立祥、王立平户（祖籍：安徽省安庆）

王立新户（祖籍：安徽省安庆）

吴金泉户（祖籍：浦江县下吴镇）

王晓明户（祖籍：安徽省安庆）

费正福户（祖籍：浦江县）

费正火户（祖籍：浦江县）

吴金景户（祖籍：浦江县下吴镇）

费良纪户（祖籍：浦江县）

陈春娥户（祖籍：安徽省安庆）

张小妹户（祖籍：安徽省安庆）

陈中来户（祖籍：安徽省安庆）

潘新洪户（祖籍：安徽省歙县）

王秀珍户

王忠楚户（祖籍：安徽省安庆）

第十组

汪云樟户（祖籍：乾潭垒柏）

章金海户（祖籍：乾潭垒柏）

葛金龙户

谢有娜户

汪红卫户（祖籍：乾潭坌柏）

范美香户（祖籍：乾潭坌柏）

刘洪林户（祖籍：乾潭坌柏）

胡明仙户（祖籍：乾潭坌柏）

葛金海户

朱金友户

吴桂花户（祖籍：乾潭坌柏）

卢玉斌户

汪顺潮户（祖籍：乾潭垒柏）

葛金荣户

周卫珍户（祖籍：江山县树塘村）

汪坤明户（祖籍：乾潭坌柏）

第十一组

汪福生 汪光洪 汪建松 汪建富 汪建明户（祖籍：乾潭坌柏）

汪金鑫户（祖籍：乾潭坌柏）

詹素英户（祖籍：乾潭垄柏）

羊雪明户（祖籍：磐安县双峰镇皿村）

汪美莲户（祖籍：乾潭坌柏）

汪义星户（祖籍：乾潭坌柏）

汪春兴户（祖籍：乾潭坌柏）

潘太林户（祖籍：安徽省歙县）

胡祝户

汪友兴户（祖籍：乾潭坌柏）

汪美娜户（祖籍：乾潭坌柏）

袁小明户（祖籍：富阳市新登）

汪加兴户（祖籍：乾潭坌柏）

叶国苗（祖籍：寿昌镇）

汪光来（祖籍：乾潭坌柏）

第十二组

潘玉明户（祖籍：安徽省歙县）

潘正跃、潘华土户（祖籍：安徽省歙县）

潘建华户（祖籍：安徽省歙县）

潘照明户（祖籍：建德大洋）

潘新良户（祖籍：安徽省歙县）

潘中火户（祖籍：安徽省歙县）

潘建新户（祖籍：安徽省歙县）

潘建明户（祖籍：建德大洋）

邓珍珠户（祖籍：东阳市）

施来宝户（祖籍：东阳市）

潘华明户（祖籍：建德大洋）

潘富强户（祖籍：安徽省歙县）

潘建一户（祖籍：安徽省歙县）

许菊珍户（祖籍：安徽省歙县）

潘江平户（祖籍：建德大洋）

潘光明户（祖籍：建德大洋）

潘樟木户（祖籍：安徽省歙县）

潘富平户

潘建良户（祖籍：安徽省歙县）

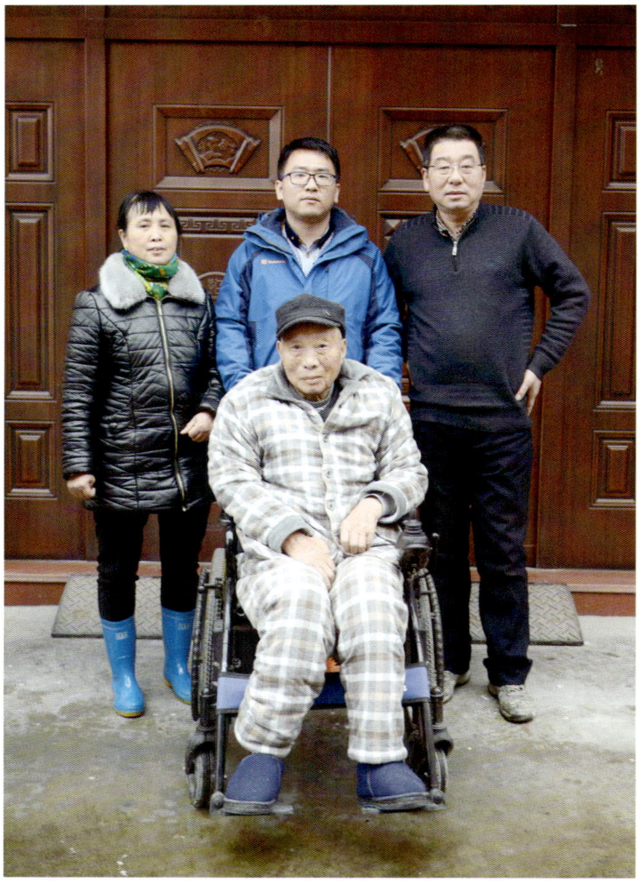

潘建平户（祖籍：安徽省歙县）

潘卫民户（祖籍：安徽省歙县）

潘永红、潘红卫户（祖籍：安徽省歙县）

潘樟松户（祖籍：安徽省歙县）

第十三组

曹亮户（祖籍：缙云）

潘美潮户（祖籍：安徽省歙县）

潘罗琴户（祖籍：安徽省歙县）

石光兴户（祖籍：浦江县杭坪镇石宅村）

邵竹娜户（祖籍：安徽省歙县）

潘富泉户（祖籍：安徽省歙县）

潘国强户（祖籍：安徽省歙县）

潘峰户（祖籍：安徽省歙县）

潘跃祖户（祖籍：安徽省歙县）

潘祝泉户（祖籍：安徽省歙县）

郭彩英户（祖籍：安徽省歙县）

陈一祥户

瘳怀金户（祖籍：江西省上饶）

韦涛、韦涌、袁丰兰户（祖籍：东阳）

王昌发户（祖籍：淳安县）

徐根通户（祖籍：浦江县朱桥乡民生村）

方小娟户（祖籍：桐庐县七里泷）

黄银花户（祖籍：浦江县）

程树泉户（祖籍：东阳市煤山黄西塘村）

潘为娟户（祖籍：安徽省歙县）

黄荣秀户（祖籍：浦江县朱桥乡民生村）

徐金顺户（祖籍：浦江县朱桥乡民生村）

程一鹏户（祖籍：东阳市煤山黄西塘村）

潘元珠户（祖籍：安徽省歙县）

吴柏玉户（祖籍：永康）

蒋琳花户（祖籍：江西省上饶）

钱有木户（祖籍：桐庐县百岁村）

王建中户（祖籍：温州）

王竹琴户

蔡霞户

钱春樟户（祖籍：江西），王玉兰、王建新户（祖籍：淳安）

钱年木户（祖籍：江西）

钱伟强户

徐金星、徐金贤户（祖籍：浦江）

程小娜（祖籍：东阳市煤山黄西塘村）

《安仁村志》编纂委员会

（2015 年 1 月 6 日）

主　任：陈志刚

副主任：叶建芳　潘玉明

委　员：俞光来　朱尧仁　方国良　董巧玲

《安仁村志》编辑部

顾　　问：吴康福　洪淳生

执行主编：林成刚

编　　辑：陈斌能　黄玉富　施力民　王胜民　杨文根

杨腾云　陈彩娥

2016 年 3 月 26 日增：

执行副主编：陈斌能

编辑部办公室主任：施力民

序

《安仁村志》的出版，是值得所有安仁人为之庆贺的喜事，是一件意义深远的大事。一本村志，是一个村落文化的传承。

安仁地名的文字记载最早见之于南宋景定《严州图经》中所载的北宋“嘉祐二年(1057)”。据此，安仁村形成村落至少有上千年的历史。千百年来，先祖在此繁衍生息，虽饱受自然灾害与社会动荡，但依然守望着这片土地。世世代代的安仁人，辛勤耕耘，同心同德，艰苦创业，谱写出一曲曲动人的文明乐章。

一千多年来，安仁村在风云变幻的历史长河里走过，诸多故事尚还散落在时间的角落里，虽然闪光，却没能拼成一幅完整的画轴。如今，《安仁村志》的出世，不仅弥补了这一缺憾，而且开创了安仁有修志之先河，实为功德无量之举。此志可以将这些散落的故事拾掇起来，留待后人去读、去说、去感受、去思索。一代又一代，被历史铭记，启迪后世。

安仁村是人杰地灵、物阜民丰之古镇。历史源远流长，文化积淀丰厚笃实，史册记载，宋时设铺，建镇成于清光绪年间，民国24年又在安仁设镇。特别是中华人民共和国成立后的69年里，有51年（1950年9月至2001年9月）时间为安仁镇（乡、公社）政府所在地。

中华人民共和国成立以来，安仁村经历了土地改革、互助组到人民公社时期的大队，经历了改革开放后恢复乡村体制，经历了撤乡建镇、并镇的快速发展，村民的力量是无穷的。在村民中，涌现出众多优秀的从政者、为师者、企业家和社会公益模范人物。除了以上这些精英外，还有不少村民无不用自己的勤劳和智慧，为了安仁的发展奉献着力所能及的力量。

安仁是我们的家乡，是我们生命的根，是我们生存的源。多年以来，我们看着安仁村农林副业、民营企业、文教科技、医疗卫生、交通运输、村容村貌，以及村民素质，都以令人惊叹的速度在不断地变化和进步，特别是看着安仁村民的生活质量和幸福指数不断提升，感到由衷的喜悦。

期盼这部《安仁村志》能够给村民的生活带来更丰富的色彩，让后辈人知晓前人栽树之辛劳，理解家乡历史演进之状貌，继承安仁村质朴醇厚勤劳之民风，开创后世百花齐放之盛况。

我们谨代表安仁村“两委”，感谢上级领导的支持关怀，感谢市级有关部门、村域内企事业单位的大力支持，感谢广大村民的通力协作，更感谢编纂人员的不懈努力。

希望此志服务当代、有益后世。

中共乾潭镇安仁村委员会书记：叶建芳

乾潭镇安仁村村民委员会主任：陈志刚

2018年10月18日

凡 例

一、本志以马克思列宁主义、毛泽东思想、邓小平理论、“三个代表”重要思想、科学发展观、习近平新时代中国特色社会主义思想为指导，坚持辩证唯物主义和历史唯物主义的主场、观点和方法，遵循实事求是的原则，力求客观、系统地记述安仁村的历史和现状。

二、本志以2016年安仁村的行政区域为记述范围，统合古今。上不设限，下限至2017年年底。大事记及少数事物下限延至付印时止。重点记述1949年5月以后安仁村域内的史实。辖区外涉及安仁村的人和事，择要兼及。

三、本志按照“横排门类、纵述史实”原则，设章、节、目、子目4个层次，采用语体文编写，部分引文及选录文仍依原文。本志共20章90节。本志前有地图、彩图、全家福照片、序言、凡例。

四、纪年。中华人民共和国成立前，使用传统的年号和干支纪年，并夹注公元纪年。中华人民共和国成立后使用公元纪年。年代前未标明世纪的均为20世纪。行文中的“现”“今”均指下限时间。

五、计量单位。为了便于阅读理解上的直观，田地、山林一般用“亩”（市亩）。其余除少数使用当时计量单位外，均使用现时法定计量单位，并以中文表述。

六、货币。1949年5月前的为当时币称。1949年5月以后的除注明外均为人民币。

七、本志对频繁使用的名称，首次用全称，其后用简称。历史地名（括注今地名）、机构名称和官职等一般均按当时称谓。

八、本志中的本县、本市指建德县和建德市。安仁（或本村）村，在2007年前多指原安仁村，涉及荻州、高坪的另行注明；2007年7月后为安仁、荻州、高坪的合称。有些名称以不会发生歧义为前提，视表述的语境用简称，如“村两委”“村党支部”“村党委”等。

九、本志人物传略以“生不立传”为原则，收录在安仁出生或与安仁有密切关系、有较大贡献和影响的人物。在世人物列入人物简介。人物传以卒年为序，人物简介以生年为序。由于所掌握资料的受限，肯定会有缺漏，待再版时补充。

十、本志资料来源于档案、史志、宗谱、报刊、专著、统计资料、调查数据统计及访谈录等，经考证后入志。各项档案数据以统计部门数据为准，告缺的采用本村统计数据或采访资料。

目 录

概 述

安仁村地处浙江省西部山区，位于建德市东北部，距新安江主城区40千米，为杭州市进入建德市东北门户。行政区划隶属乾潭镇，地处乾潭镇东北面，距镇政府驻地9.4千米。村行政区域由原安仁村、荻州村、高坪村于2007年7月合并而成。村域由安仁集镇主片区和荻州高坪片区组成，村委驻地安仁集镇。安仁集镇主片区位于北部，清渚溪中下游两岸，属丘陵盆地，东与桐庐县富春江镇芝厦村、金家村接壤，南邻本市乾潭镇下梓村，西至前陵村坞口自然村、施家村，北至后山村；荻州高坪片区位于南部，均为山区，东与桐庐县富春江镇孝门村石塘下自然村接壤，南临富春江、建德林场江南分场，西邻王岩村、建德林场江南分场，北至下梓村。

安仁村地理坐标是：北纬29°41′07.0″，东经119°36′05.0″。全村海拔高度为22~557米。区域面积7.22平方千米，有耕地50.53公顷、山林590.47公顷。

考古发掘表明，早在新石器时代，村域内就有人类在此活动。自宋至清，安仁村先后隶属芝川乡、施家庄、二十都、安仁镇。民国24年（1935）属安仁镇，民国26年（1937）属施家乡。中华人民共和国成立初为施家乡第六、第八村。1950年12月为安仁乡安仁村、荻州村，高坪的部分自然村属泷江乡坌柏村，1955年7月为安仁乡前进高级社、荻峰初级社，1958年9月为安仁公社安仁、荻州、高坪生产队，1961年7月为安仁公社安仁、荻州、高坪大队，1983年11月为安仁、荻州、高坪村，3个村自1992年10月起属安仁镇，2001年10月起属乾潭镇，2007年7月合并。

安仁村曾是乡镇政府驻地。据史料记载，宋时设铺，名为“安宁铺”。清光绪十九年《浙江全省舆图并水陆道里记·建德五里图》上标有“安仁镇”，此为驻兵镇守之地。民国21年（1932）始有“安仁”乡名，民国24—26年设安仁镇。中华人民共和国成立后的1950—2001年间，安仁村均为安仁乡、安仁公社、安仁乡、安仁镇政府驻地。

2007年7月，安仁村、荻州村、高坪村合并成立新的安仁村时，由10个自然村组成，分别是原安仁村的安仁、堰下；原荻州村的潘家、汪家、煤山新村；原高坪村的苦竹坪、高坪、五亩塘、陈家阳、乔坞。自2009年开始实施“下山移民”工程起，至2017年年底止，原居住在潘家、汪家、煤山新村、苦竹坪、高坪、五亩堂、陈家阳、乔坞的大部分村民陆续搬迁到安仁新村居住后，故煤山新村、苦竹坪、高坪、五亩堂、陈家阳、乔坞、潘家、汪家自然村相继成为历史自然村。今全村划分为4个自然村，即安仁、堰下、荻州、高坪。

据考证，安仁村虎头山为新石器遗址之一。据老辈人世传，早在宋代前，原安仁村就有洪、童姓氏居住。自宋、明代起，有陈、董等姓氏陆续迁居安仁，此后形成以陈、董姓氏为主体居民的村落。原荻州村潘家自然村由潘日桥于明末清初从安徽省歙县（徽州大佛堂）迁入后形成。原荻州村汪家自然村由汪鸣五长子于清道光初（约1821）从乾潭镇坌柏迁入后形成。原高坪村，据有关史料记载，自明嘉靖前，就有陈、章、王、汪等姓氏在此居住。据2014年年底统计，全村共有420户1353人，108个姓氏，其中同姓人口在50人以上的有9个，属建德市为数不多的多姓氏共存的村落之一。各姓村民和睦相处，互助互济，齐心协力共建美好家园。2017年，安仁集镇常住人口达4000余人。

中华人民共和国成立前，安仁村民长期受封建制度的束缚和统治阶级的压迫，经济窘迫，生计艰难。中华人民共和国成立后，在中国共产党的领导下，在历届村党组织、村委会的努力下，劳动人民当家作主，踊跃参加社会主义革命和社会主义建设，经济社会取得全面发展，村民生活日益改善。特别是改革开放以来，通过文明村、小康村、新农村建设等，精神文明、物质文明等各个方面都发生了翻天覆地的变化，取得了令人瞩目的成就。

自然环境优美，气候宜人，土地肥沃。气候温和湿润，属亚热带气候，雨量充沛。旅游资源十分丰富，东部有桐庐县的“严子陵钩台”景区，西南部有小三峡之称的“七里扬帆”和浙西第一漂的“葫芦瀑布”景区等。近年来，投巨资在荻州自然村打造的“樱花园”农业观光项目已初露端倪。水资源相当丰沛，除荻州高坪片区南部的富春江外，清渚溪在安仁集镇穿村而过。

公路、水路、铁路交通四通八达，十分便捷。安仁历来是杭州、衢州、徽州的水陆交通要冲，唐时建的江浙至赣闽的古道就途经安仁老街。宋时在安仁设铺，成了杭州至福州古道上商贾往来南北的重要一站。民国时建的建桐公路沿村而过。中华人民共和国成立后建的320国道（上海至云南瑞丽）穿村而过，杭新景高速公路安仁出口互通线就在村域西北处。村域内还有县道后坞线（老320国道）、安钦公路。富春江的长坑码头位于村南。杭州至黄山高速铁路位于村西2公里处。

村民生活提前进入小康。旧时的安仁村是较为贫穷落后的乡村。1978年改革开放以后，经济发展结构由“农业经济”为主导转为以“工业经济”为主导，农民生活步入小康生活。1974年，安仁村村民人均收入81.40元，至2016年人均可支配收入达25152元，42年间增加25070.60元，村民的生活质量显著提高。1995年被建德市政府命名为“建德市小康村”，2006年获得“杭州市全面小康建设示范村”称号，2007年获得“浙江省全面小康建设示范村”称号。

个体私营经济蓬勃发展。安仁人思想解放，开拓创新，勇立潮头，敢为人先。二十世纪八九十年代，安仁村有多家村办企业，成为村级集体经济的重要支柱。自1992年起，安仁村域内的私营企业蓬勃发展。至2016年年末，有各类工业企业40多家，其中年产值超亿元企业4家，规模以上企业5家。工业总产值约15亿元，占乾潭镇经济总量的15%左右。现已形成区域特色及块状优势明显的水泥建材、橡胶制品、家纺服装、五金工具、塑料制品、胶板竹木制品、机械加工制造、节能灯具等行业，是为乾潭镇工业大村之一。个体工商户150多户。

农业林业生产结构发生根本性变化。改革开放以后，产业结构不断调整，规模特色农业逐步形成。2007年起，所有耕地全部流转到村统一经营和管理。由村股份经济合作社将耕地、山林承租或承包给有关专业公司或农户耕种，每年收取承租金。村民每人每年的口粮款（2010年后为股份分红款）均由村集体经济支出，并根据村集体经济收益情况逐渐提高。2014年起，对原高坪村、原荻州村移民下山后的原址，以及原市石煤综合利用公司的办公、生活区的土地，以及废矿区进行大面积的整治与土地复耕改造，至2016年年底，全村共复耕土地270余亩。2017年，已初步形成樱花园、特色果园等农业、林业基地，带动农村经济发展。2006年被评为“杭州市园林绿化村”，2007年获得“浙江省绿化示范村”称号。

新农村建设日新月异。安仁集镇经过数十年的建设，逐步落实了“一心二轴三组团”（一心：安仁公共服务设施中心；二轴：生态景观轴，村庄发展轴；三组团：北部居住组团，中部居住组团，南部居住组团）的发展思路，集镇基础设施渐趋完善，已成为乾潭镇副中心。安仁集镇建成区域为中华人民共和国成立初的五倍多。自1984年实施老街道路硬化开始，特别是经过2009年起的“下山移民”工程、2013年的“三改一拆”（旧城区改造，旧房子改造，城中村改造，拆除违章建筑）、2014年的“五水共治”（治污水、防洪水、排涝水、保供水、抓节水）、2015年的“杭派民居”建设、2016年的省“美丽宜居”示范村建设等，安仁村的村容村貌焕然一新。2006年、2010年先后两次被命名为“杭州市文明村”，“2007年度杭州市社会主义新农村建设标兵村”，2015年列为浙江省“美丽宜居”示范村。2017年入选全国第一批绿色村庄，2017年浙江省美丽乡村特色精品村。

文化教育事业发展迅速。安仁村的文化教育雏形可追溯到宋嘉祐二年（1057），据宋景定《严州图经》卷二“寺观”载：“法源院：在芝川乡安仁，距城四十五里。旧名归善寺。国朝嘉祐二年改赐今名。”法源院，是为培养青年僧侣和研究佛教文化的重要场所。可见，安仁村在960年前就有一定规模的类似文化教育职能的机构。旧时，安仁有多所私塾，但因多种原因，时办时停。具有真正意义上的教育机构是在清宣统元年（1909）创办的仁峰小学（今安仁中心学校前身之一），至今已有100多年的发展历史，见证了安仁教育史上的沧桑巨变。1949—1998年间，村域内最多时办有4所小学，即安仁小学、荻州小学、高坪小学、石煤公司子弟小学。1983年共有在校生255人，14个班级。2016年，村域内有中心学校、幼儿园各1所。2016年年末，学校在校生709人（其中初中生236人），19个班级（其中初中班7个），教职工56人；在园幼儿178人，教职工17人。小学适龄儿童入学率、小升初升学率、初中适龄人口入学率、九年义务教育覆盖率均达100%。村中设有老年人活动室，每天开放，并组建排舞队等6个文化团队，经常开展文娱活动。还积极参加市、镇以及邻村开展的有关活动，并取得较好的成绩。2008年被评为“杭州市基层（社区、行政村）老年人体育协会先进单位”。2009年列为“杭州市文化示范村”，2012年被评为“杭州市示范农家书屋”。至2017年7月，安仁村籍取得大专以上学历122人（其中博士1人、硕士5人）。

卫生事业日趋完善。1957年起，安仁村域有了真正意义上的卫生机构——公私合营安仁联合诊所，后逐渐发展为安仁卫生院。20世纪60年代初，原荻州村、高坪村建立合作医疗站，于2007年停办。1974年安仁村建立合作医疗站，于1979年9月26日停办。1988年，以安仁卫生院采血站为依托，成立建德县安仁血站。全村的环境卫生和用水卫生得到改善。1983年起，村民家庭普及使用自来水。2014年8月起，安仁集镇主片区的生活、工业污水全部集中到安仁污水处理厂，经处理达标后排放。自2004年起，全村村民参加新型农村合作医疗，其合作医疗统筹费均由村集体经济支付。2008年被评为“杭州市爱国卫生先进村”。2016年年末，安仁村域内有卫生院1家、药店3家。

勤劳的安仁村民在村“两委”的带领下，用智慧和双手，开发并建设了安仁。他们并没有为昨天取得的成绩而陶醉，将更加奋发有为，不断开拓物质富裕、精神富有的新生活，谱写安仁村更加繁荣、富庶、文明、和谐、美丽的新篇章。安仁的明天会更美好，安仁的历史会更辉煌！

大事记

新石器时代，就有古人类在安仁一带活动。

唐

杭州至福州驿道途经安仁。

宋

（960—1279年）

北宋嘉祐二年（1057）

位于庙湾的归善寺赐名法源院，是为安仁地名的最早文字记载。

宋淳熙年间（1174—1189）

安仁归属芝川乡。

南宋景定年间（1260—1264年）

景定严州续志卷五（桥梁条目）记载："在芝川乡者曰朱紫桥、治平桥、杜息桥。唯治平桥有田百亩，给修造费，里人童天任所捐也，今命钧台九陇寺主之。"治平桥位于安仁。

明

（1368—1644年）

洪武初年，拓建陈侯庙。旋毁。

治平桥遭洪水损坏，王景贵重建。

清

(1644—1911年)

康熙十年（1671）

全县分设21都53图。安仁归属二十都。

雍正六年（1728）

全县划分为5个区域，编45庄。安仁归属施家庄。

乾隆六十年（1795）

治平桥（俗称安仁桥）损坏，王宗沄、王宗渼各捐资百金修缮。

嘉庆四年（1799）

清渚溪遭洪水，治平桥坏梁数尺。王宗渼、王宗淦捐资修复。

嘉庆六年（1801）

荻州“潘氏祠堂”建成。

嘉庆十六年（1811）

陈侯庙重建。同治元年（1862）又被毁。同治五年（1866）又重建。

光绪十九年（1893）

《严州府二十里方图》载有安仁镇名。

宣统元年（1909）

安仁村创办仁峰小学。

中华民国

(1912—1949年)

民国3年（1914）

闰五月至八月，大旱，粮食严重歉收。

民国6年（1917）

安仁归属芝川区。

民国18年（1929）

安仁归属施家乡。

民国21年（1932）

2月，省文物古迹考察队在安仁虎头山与后山（邻村）发现新石器时期文化遗址。

7月17日，桐庐——建德公路建成通车，安仁设车站。

民国23年（1934）

改为保甲制，安仁村编为安仁镇一保。

7月17日，桐（庐）建（德）白（沙）公路建成通车。公路位于村东南。

民国24年（1935）

设安仁镇。

民国26年（1937）

11月17日，为阻止日军机械化部队大举进攻浙江后方，将安仁桥（治平桥）桥面和桥墩彻底摧毁。

是年，安仁归属施家乡。

民国30年（1941）

4月18日至5月3日，由于抗日战争战事趋紧，国民党浙江省保安司令部办公厅要求建德县政府对白沙至安仁公路实施破坏，以阻击日军机械化部队。

民国31年（1942）

3月5日（正月十九），桐庐县芝厦门里村吴金海按旧礼制向陈侯庙送“京烛”，成了最后一位送“京烛”的人。

5月21日晨，日军116师进犯建德，从桐庐芝厦窜至安仁村。村民陈仙仙被日军打成重伤，三天后死亡，其2岁女儿因没奶吃被活活饿死。董景益、叶江田被日军抓去当挑夫。日军在梅城过渡时，董景益跳入新安江水中失踪。后叶江田逃回。徐士魁长子徐关城在野外，被日军飞机投下的毒气弹窒息死亡。

民国32年（1943）

上半年，民国政府建德县县长许亚夫为表彰董景益被日军抓去当挑夫时的“宁死不屈”精神而题写“正气长存”匾额。

民国37年（1948）

是年冬，金萧支队张凡率部途经芝厦镇时，得悉国民党顽匪王之辉部当天下午进驻安仁的情报。张凡命丁有进带一个班，配轻机枪1挺，在治平桥头击败国民党顽匪王之辉部，王之辉部被迫向乾潭方向逃窜。

1949年

1月15日，浙东临时工委决定，由张凡带领金萧支队二大队三百余人实行外线出击，向富春江以西方向活动。队伍在严子陵钓台附近横渡富春江，途经安仁、钦堂、桐庐钟山，再过罗村、大洲到达淳安县东郊清平源。沿途捣毁乡公所，焚烧所有壮丁名册和文卷契据，开仓济贫，派殷富捐，深得民众的拥护和欢迎。

2月—3月，为有力打击敌人，金萧支队和安仁村群众为阻挡国民党残兵逃跑，两次烧毁治平桥。

5月5日晨，中国人民解放军12军35师解放建德。金萧支队接管小组7日带领部队从根据地出发，经芦茨过富春江，后半夜2时到达芝厦镇。翌晨，部队途经安仁沿公路到程头，翻乌龙岭，下午到达梅城庵口。

6月，复置安仁村。

7月，成立安仁村、荻州村农民协会，开展减租减息。

中华人民共和国

（自1949年10月1日起采用公元纪年）

1949年

10月，废除保甲制，实行乡村制。建立安仁乡政府，驻地安仁村。设安仁村、荻州村。

1950年

4月，开展《中华人民共和国婚姻法》宣传，倡导自由恋爱、自主婚姻、离婚自由，实行婚姻登记制度。

7月，安仁乡下辖安仁、下梓、后山、荻洲村，乡政府驻安仁村。

11月，开始土地改革运动，安仁、荻州（含高坪）分别建立土改小组，至翌年4月完成。

1951年

3月，安仁村、荻州村青年响应政府号召，积极报名参加中国人民志愿军。经批准有9名青年入伍。在抗美援朝战场上有1人牺牲，2人负伤。

12月，按照国家新税制和建德县政府政策，开始征货物税、工商税、利息所得税、印花税、交易税、房产税、特种消费行为税、使用招牌税。

是年冬，中国人民银行建德办事处在安仁建立服务组。1954年改建为安仁信用社。

是年，建立互助组，安仁村有董仕进、俞仕青、陈岩芳、陈友生4个互助组，荻州村有汪家互助组和潘家互助组，高坪有陈福跃互助组。

1952年

1月10日，按照县委统一部署，安仁村、荻州村开展反贪污、反浪费、反官僚主义的“三反”运动。至9月下旬结束。

1953年

6月，开始实行棉布统购统销定量供应政策，村民首次领取棉絮票、布票。

7月，开展第一次全国人口普查，登记时间为6月30日24时。

11月，贯彻政务院《关于实行粮食计划收购和计划供应的命令》，落实粮食统购统销政策。经民主评议，确定安仁村粮食购销任务，翌年1月1日起实行。

1954年

冬，组建初级农业生产合作社。安仁村将原4个互助组合并组建为2个初级社。

冬，实行义务兵役制。

1955年

1月11日，严寒，春花作物受冻，部分绝收。

3月1日，开始统一发行、流通新人民币，以1:10000的比价收兑旧币。

5月22日，清渚溪洪水暴涨，洪水漫进安仁老街，大畈、前畈水田被淹，损失严重，是为较大洪水之一。

7月，成立高级农业合作社，安仁村将2个初级社合并组建为前进合作社，荻州组建为荻峰合作社。

是年，粮食购销实行定产、定购、定销三年不变的“三定”政策。

是年，五亩塘、苦竹坪、七亩田、横坞从泷江乡坌柏村划出，与陈家阳、狗头湾、倒坪、西峰岩合并，统称高山坪，隶属荻峰合作社。

1956年

3月，原安仁乡、前陵乡、施家半个小乡合并为安仁乡，乡政府驻地安仁村。

9月15日，我国古生物学家、地质学家钟公佩到安仁、后山采集古生代化石标本，在虎头山发现印纹陶及晋、宋残瓷片数件。论文《浙江建德安仁乡发现新石器时代遗址》发表在中国社会科学院考古研究所主办的《考古》（1957年01期）杂志上。

年底，安仁乡政府实现通邮、通电话。

1957年

是年，穿村而过的320国道（今后坞线）建成通车。

1958年

4月，全县开始“大跃进”。安仁村、荻州村建造小高炉，砍树烧炭，还炼铁。

9月，全县撤乡镇，建立政社合一的人民公社。安仁乡、钦堂联合改置为安仁人民公社，安仁大队属安仁管理区，荻州、高坪属下梓片。高级农业生产合作社随之消亡。大刮“共产风”，对农村生产力造成破坏。

是月，成立安仁大队党支部，首任支部书记徐荣铭。

是月，安仁、荻州、高坪开办集体食堂。食堂每天用粮由生产队统一配发。

冬，安仁人民公社动员劳力修建芝厦——谢田的公路，安仁、荻州（含高坪）积极派出劳力参加建设。

是年年底，高坪与荻州分设，建立荻州大队、高坪大队，隶属安仁公社。

1959年

下半年，按“一大二公”（一是人民公社规模大；二是公社公有化程度高）的要求，撤销安仁人民公社，安仁、荻州、高坪大队隶属乾潭人民公社。

1960年

4月，开展宣传、贯彻中央的有关指示精神，纠正“大跃进”和公社化中的“平调风”“共产风”错误。

10月，根据全县统一部署，对火柴、肥皂、食盐、黄酒、白酒、卷烟、猪肉、胶鞋、自行车、手表等紧俏商品实行凭票供应。

1961年

7月，重新划建安仁公社，公社驻地安仁。安仁、荻州、高坪大队隶属安仁公社。

是年，建立荻州大队党支部、高坪大队党支部。

1962年

3月，以生产队为基本核算单位。

1963年

冬，宣传并提倡计划生育。

是年冬，安仁大队支部书记张银德在全县三级干部大会上作《安仁大队怎样实现亩产904斤的》发言。

1964年

7月，县粮食局在对面畈油坊边建安仁粮库，征用旱地1.8亩。为国家首次在安仁征用土地。

11月，安仁、荻州、高坪村鳏寡孤独老人开始由生产大队实行“五保”（保吃、保穿、保住、保医、保葬），对困难户实施救助。

夏，旱情严重，粮食大幅减产。

下半年，开展社会主义教育运动（即清政治、清经济、清组织、清思想的“四清”运动）。

是年，县委副书记、县长张书声到安仁大队蹲点，并经常到第3生产队参加生产劳动。

是年，开始种植水稻“矮脚南稻”新品种，亩产明显提高。

1965年

是年，安仁、荻州、高坪大队通电。

是年，由富春江电站兴建梅城至七里泷3.5万伏输电线路，水泥杆结构，LGJ—95导线。总长26.497公里，投资40万元。从安仁大队前山园山顶通过。翌年建成。

12月，安仁大队被评为杭州市农业学大寨先进单位。

1966年

9月，安仁、荻州、高坪大队“红卫兵”组织兴起“破四旧、立四新”（破除旧思想、旧文化、旧风俗、旧习惯；立新思想、新文化、新风俗、新习惯）运动。学校被迫停课。多数农户家中的祖宗灵牌被焚，宗谱被焚，一些古建筑被毁。

1967年

7月6日至11月10日，持续干旱127天，粮食严重减产。为近百年最严重的旱情。

12月，安仁、荻州、高坪大队相继成立“文化大革命领导小组”。

是年，广泛开展忠于毛主席、忠于毛泽东思想、忠于无产阶级革命路线的“三忠于”活动。

1968年

10月28日，第一批7名梅城及本地的知识青年响应毛主席“上山下乡”的号召，到安仁村插队落户，接受贫下中农再教育。1968—1978年，安仁村、荻州村共接纳杭州、梅城、新安江等地的知识青年50多名。1978年起，知识青年陆续回城就业，至1980年绝大多数知青回城安置工作。

是月，实行贫下中农管理学校，安仁、荻州、高坪相继建立“贫下中农管理学校领导小组”。

1969年

5月，公社公办小学下放到大队管理，公办教师回队任教，由生产队记工分。

1970年

6月起，安仁、荻州大队以生产队为单位建起石煤灶，利用地产石煤为燃料蒸饭，称之为“革命灶”。同年8月15日，县革委会发文将此经验在全县推广。同年11月，杭州市革委会又在杭州地区夺煤工作会议上推广该做法。1973年后，因烧石煤散发出来的有害气体腐蚀性大，环境污染严重，石煤灶逐渐被废止淘汰。

1971年

2月19日，中央军委副主席叶剑英陪同柬埔寨国家元首诺罗登·西哈努克亲王和夫人到新安江电厂参观，其车队路过安仁时，安仁学校组织师生在公路两旁列队迎送。

6月中旬起，出现历史罕见高温天气，造成严重干旱。旱期持续95天，县境内最高温度达

42.9℃。安仁大队在清渚溪挖坑抽水抗旱。

1972年

8月2日—3日，普降暴雨，清渚溪上游降水量达347.6毫米。清渚溪洪水暴涨，大畈、前畈稻田被淹，大畈堤坝部分被毁。洪水进入安仁村，街道水深约50厘米，多间民房倒塌。

是年，推广春粮（含油菜）—早稻—晚稻“新三熟制”。

1973年

5月—6月，暴雨成灾。其中5月15日、6月23日两次洪水，稻田大面积受淹，安仁街道进水。

是年，开始提倡一对夫妇生育两个孩子，控制多胎生育。

1974年

9月30日，安仁公社电影队建立后的第一场电影《渡江侦察记》在安仁大队放映。

1975年

10月，以省物资局系统干部职工子女为主体的知青到安仁村插队落户。最多时达28名。1979年全部回杭城工作。

12月，安仁大队的二层楼（共10间）“知青点”建成。所有知青均集中居住此点。设有集体食堂。

1976年

是年，南优2号、矮优2号杂交水稻开始试种。1977年起，推广种植杂交水稻。

冬，安仁大畈大搞园田化，兴修渠道。实施“一平二调”（平均主义、无偿调拨），安仁公社各大队均派出劳力到安仁大畈搞“园田化”，至1979年全面完成。

1977年

3月，县革委会确定安仁公社为大豆重点生产基地。安仁、荻州均设有种植基地。

11月21日—12月4日，县委在安仁举办第二次县机关干部揭批江青反革命集团学习班。

1978年

6月2日至7月15日，7月24日至9月27日两次干旱107天。

夏，因兴建罗村水库，原罗村公社白皮坞村的3户13人迁入安仁大队。

12月下旬，掀起学习贯彻中共十一届三中全会精神，改革开放初现端倪。

是年，为解决农户烧柴困难，保护环境和卫生建设，安仁大队开始推广沼气应用，有部分农户建设沼气池。沼气用于烧饭、炒菜、照明。翌年，安仁大队有60%以上的农户兴建沼气池，成为当时农户重要能源之一。1981年起，沼气池逐渐淘汰。

1979年

3月30日凌晨，雷雨大风，大面积小麦、油菜倒伏。

4月，安仁、荻州、高坪大队分别开展对“地、富、反革命、坏分子”的评审摘帽工作，对绝大多数已经改造好的“四类分子”摘掉帽子，对错戴帽子的予以纠正。至1983年，全部摘帽。

9月27日，位于安仁村西的320国道杭（州）——新（安江）二级公路改建工程竣工。在安仁段安仁桥拓宽改造并进行改弯取直，成今时的后（山）坞（口）线。

是年，杂交水稻大面积种植，晚稻产量显著提高，摘掉缺粮帽子。

1980年

10月，广泛宣传中共中央《关于控制我国人口增长问题致全体共产党员、共青团员的公开信》，进一步开展计划生育“独生子女”政策宣传。

1981年

冬，安仁老街及弄堂进行硬化（用水泥浇筑路面），是为安仁老街首次大规模改造。

1982年

7月1日零时，进行第三次全国人口普查。安仁村：人口807人，其中男性388人，女性419人。荻州村：人口486人，其中男性244人，女性242人。高坪村：人口137人，其中男性62人，女性75人。

12月1日，停止使用布票、棉花票。

1983年

3月，开展第一次文明礼貌月活动，治理脏乱差。

6月8日，安仁电影院建成开业。

是年冬，开展政社分设工作，安仁公社改置为安仁乡。乡政府驻地安仁。安仁大队改置为安仁村，荻州大队改置为荻州村，高坪大队改置为高坪村。

是年，安仁村部分农户开始推广应用水箱省柴灶。至1987年，有95%以上农户改建了水箱省柴灶，大幅降低了薪柴消耗量。

是年，全面实行联产承包生产责任制。农田包产到户、包干到户。

是年，因建安仁中心学校教工宿舍，陈侯庙被整体拆除。

1984年

6月19日—20日，县委在白沙镇召开全县建设文明村镇工作经验交流会。安仁村党支部在会上介绍了建设文明村的经验。

9月20日，永济桥（俗称安下桥）动工兴建，至1985年12月2日竣工。三拱石桥。长60米，宽4.6米。总投资2.35万元。

10月20日，安仁村自来水工程竣工并投入使用。为庆祝通水日，并将此日定为安仁“时节”。

1985年

1月30日，县委、县府召开文明村、文明单位命名表彰大会。县委、县政府授予安仁村“文明村”匾牌。

2月，取消生猪派购任务，实行自由交易，按质论价，多渠道经营；取消肉票，单位和个人不再凭票购买猪肉。4月，取消蔬菜统购统销政策，蔬菜生产由菜农自主安排，价格随行就市。

是月，宣传贯彻中共中央〔1985〕1号文件《关于进一步活跃农村经济的十项政策》，国家不再向农民下达指令性生产计划，取消农产品统购统派制，实行粮食合同订购和市场收购。

1986年

3月初，在全国计划生育先进集体、先进个人表彰大会上，安仁乡获“全国计划生育先进集体”称号。

8月，对年满16周岁的常住村民颁发居民身份证。

12月7日，安仁电影院举行越剧戏曲片《桐江泪》首映式。该剧主演单仰萍儿时在安仁生活过。

1987年

12月25日，位于高坪村西南的富春江段“七里扬帆”景点入选建德县“新安十景”。

1988年

1月，安仁、荻州、高坪村广泛开展禁赌活动。

是年，安仁、荻州、高坪村全面试行儿童计划免疫工作。

1989年

11月，安仁村、荻州村、高坪村首次依法进行村委会选举。

1990年

7月1日零时，进行第四次全国人口普查。安仁村：人口1222人，其中男性617人，女性605人。荻州村：人口923人，其中男性572人，女性351人。高坪村：人口104人，其中男性52人，女性52人。

是年，开展大田双向承包责任制工作。

1991年

5月22日凌晨，邻近乡钦堂遭受特大冰雹和12级台风灾害，安仁村受外围影响。

1992年

10月6日，经省民政厅批准，安仁乡撤乡建镇。安仁乡改置为安仁镇。

是月，安仁镇政府决定，将安仁村的“时节”定名为“金秋节”，时间为每年的10月8日—10日。在节日期间，举办商品交流会。

是年，市政府确定安仁镇为自主开发城镇小区，安仁村为集镇。

1993年

1月1日，省委、省政府决定取消粮食统购统销制度，全面放开粮食价格。农业税仍征收现粮。粮食收购由粮站与农户本着自愿互利原则签订收购合同，粮价随行就市。同时，停止使用粮票。

是年，实施九年制义务教育。

1994年

9月—11月，安仁村党支部书记由安仁镇镇长赖新林兼任。

1995年

是年，安仁村党支部被评为“建德市先进党支部”。

是年，安仁村被建德市委、市政府命名为小康村。

1996年

3月，村域连续20多天阴雨，全月降水量325毫米，其中17日降水量达100毫米。月、日降水量均破历史最高纪录。

6月30日下午至7月1日上午，继6月5日、6月9日两次特大暴雨后，6月30日再度遭受特大暴雨袭击，当晚安仁大街进水，320国道安仁段一度中断。

10月，安仁村200公顷马尾松发生日本干蚧危害，后蔓延至周边各村，森林受害面积达670多公顷。此为安仁村也是建德市首次发生此虫害。

是年，安仁镇政府上报市地名办批准，安仁集镇有14个新地名命名，分别是金秋街、安仁街、旺乐路、东兴街、安春路、安盛路、后宅路、安钦路、仁和路、翠和路、安洁路、新星路、村前巷、金鸡弄。

是年，安仁村被评为建德市“文明单位”、建德市“社会治安综合治理先进集体”。

1997年

6月，安仁村党支部被评为建德市“1996年度先进党支部”。

7月7日—10日，暴雨，降雨量395毫米。10日下午，320国道安仁段（后宅路口一带）因水患中断，直到11日凌晨恢复交通。

8月8日，320国道建德段一级公路扩建工程开工，安仁至绪塘段为一期工程，1998年11月完工。在安仁村段改建至村东南。因改建国道，安仁村被征耕地55亩。

8月18日，上午开始普降大雨，后半夜起第11号台风袭击安仁村。台风中心气压975百帕，近中心最大风力11级。320国道部分行道树被吹倒，交通一度中断。

11月1日零时起，建德市全面推行遗体火化。

是年，荻州村被建德市委、市政府命名为小康村。

1998年

5月，安仁村域内第一座移动电话基站建成并开通。

6月18日凌晨5时至次日凌晨5时，乾潭区域降雨量达149毫米以上。当日，清渚溪、小溪洪水暴涨，安仁大街水深1米以上。320国道安仁至乾潭段被洪水淹没，水深1米多，400多辆汽车1000多名乘客受阻。19日上午恢复通车。安仁村水利工程损坏严重。

6月，安仁村党支部被评为建德市“1997年度先进党支部”。

8月11日，安仁村建成全市第一座乡村骨灰存放堂“安乐堂”建成并交付使用。

10月，安仁镇政府决定将“金秋节”的举办时间调整为每年的10月18日—20日。一直延续至今。

11月，位于村西的安（仁）钦（堂）公路建成通车。

12月3日，《建德日报》第1版以《身正才能取信于民》为题，报道安仁村党支部书记俞光来的先进事迹。

1999年

1月28日，320国道芝厦——绪塘段改建工程竣工通车。安仁段改建至村东南，形成现状。该工程于1997年8月8日动工。宽24米，双向四车道，设计时速100公里。

3月，安仁镇政府实施的坞口至安仁排水工程动工，位于安仁村北。全长1800米，建设7~8米的排泄渠，并拓宽了原有河道。该工程于2002年3月全部完工，提高了安仁集镇的防洪能力。

6月，安仁村党支部被评为建德市“1998年度先进党支部”，“建德市‘五好’（支部班子好、党员管理好、组织生活好、制度落实好、作用发挥好）村党支部”。

6月24日—25日，清渚溪流域降雨量150毫米以上。清渚溪洪水猛涨，灾情严重。

上半年，荻州煤矿依法关闭。

7月，实行村务公开，并建立村务公开监督小组。

9月，安仁镇中心学校“逸夫楼”动工兴建，总投资40万元，建筑面积1100平方米。其中邵逸夫基金会捐资15万元。

是年，高坪村被建德市委、市政府命名为小康村。

2000年

6月，安仁村党支部被评为建德市“1999年度先进党支部”。

是年，安仁、荻州、高坪相继开通有线电视。

是年，后坞线金秋街—下梓村口段拓宽改造一期工程完工，全长1500米。

2001年

1月1日起，国家取消粮食定购任务。

3月21日零时起，全市取消农话业务，城乡电话全部按市话收费。7月1日起，取消固定电话初装费。

6月25日—26日，连续两天暴雨，清渚溪和十里长垄小溪洪水暴涨，安仁村遭受严重洪涝。

是月，安仁村党支部被评为建德市“2000年度先进党支部”。

10月，乾潭镇、安仁镇合并设立新的乾潭镇。安仁村、荻州村、高坪村归属乾潭镇。

2002年

6月，安仁村党支部被评为建德市“2001年度先进基层党组织”。

9月，安仁中心学校教学楼竣工并交付使用。共四层，8个教室，4个实验室，建筑面积1800平方米。

2003年

6月，安仁村党支部被评为建德市“2002年度先进基层党组织”。

是年，安仁村投资46万元建造集办公、店面出租为一体的综合楼一幢。共7间4层。

是年，安仁村开始对被征地农民按征地量的多少有偿发放口粮款。

2004年

2月，省政府发出通知，从1月1日起全面取消农业税附加，减轻了农民负担。

6月，安仁村党支部被评为建德市“2003年度先进基层党组织”。

是年，安仁村投资155万元建造5层房屋一幢，其中13间为店面房。建筑面积3418平方米。村委办公室、会议室设在二楼。

2005年

9月18日—26日，安仁村开展村民委员会换届选举工作，中央电视台社会专题栏目来杭专题采访，并观察了安仁村的“自荐海选”现场。

11月，结合杭州市重点水利项目，对安仁桥至桐庐金家堰（安下堰）地段700米清渚溪进行拓宽治理完工，将原河道拓宽至40~50米。安仁村拆除（迁）房屋21户，其中安置6户。

12月，杭新景高速公路建成通车。该路位于村西北，安仁互通出口位于村域内。该工程于2003年12月6日开工。双向6车道，设计时速120公里。

是月，安仁、荻州、高坪村党支部在全体党员中开展保持共产党员先进性教育活动。

是年，安仁村党支部被评为2005年度“建德市党建工作示范村”和“建德市先进基层党组织”。

是年，安仁村被评为建德市2005年度农村改厕工作示范村。

2006年

2月，安仁村入选“2005年度建德市村级综合实力排名20强”。

是月，安仁村被列为“建德市全面小康建设示范村”。

12月，安仁村被列为“杭州市全面小康建设示范村”。

是月，安仁村获“杭州市园林绿化村”称号。

是年，安仁村实施主干道、弄堂（路）、老街拓宽改造工程，路面100%硬化。

是年，虎头山公园建成。

是年，安仁村建造公共厕所3座、无动力厌氧净化池2座（其中200立方米1座、100立方米1座），实现生活污水经净化后排放。

是年，安仁村主干道两侧种植金桂、香樟树，村内空闲地绿化等，村容村貌大改观。

是年，安仁村被杭州市委命名为“2006年杭州市级文明村”。

是年，安仁村完成生态建设规划。

2007年

1月，安仁村被省政府列为“浙江省全面小康建设示范村”。

2月，安仁村入选“2006年度建德市村级综合实力排名20强”。

7月，全市行政村规模调整工作启动，安仁村、荻州村、高坪村合并为新的安仁村，村委驻地安仁。行政村合并后，原行政村的债权债务及资产、山林、土地全部合并，建立一级核算单位。7月14日上午，安仁村村民委员会挂牌。8月6日，各村民小组长与村民签订协议，顺利完成行政村规模调整工作。所有山林、土地由新安仁村统一管理和经营。

11月26日—12月29日，安仁村被市委、市政府定为开展建德市村级组织换届选举工作试点村。通过选举，选出村两委干部9人，其中支委5人、村委5人，村两委交叉任职1人。女干部1人。村两委成员高中学历5人，“双带”干部6人。村干部职数比换届前减少了一半。圆满完成本市村级组织换届选举试点工作。

12月，安仁村获“浙江省绿化示范村”称号。

是年，安仁农贸市场开建。一楼农贸市场占地面积1270平方米。总建筑面积4436平方米，总投资280万元。二至六层为民居。2009年竣工并投入使用。

2008年

2月，安仁村被杭州市政府授予“2007年度杭州市社会主义新农村建设标兵村”，成为建德市首个杭州市新农村建设标兵村。

是月，安仁村被评为“杭州市爱国卫生先进村”。

是年，开展创建数字电视村和农村电气化村工作，集镇范围97%的农户改为数字电视，并全村电力线路上改下，总投资102万元。

是年，安仁村村民的农村合作医疗保险费全部由村集体缴纳。一直延续至今。

2009年

2月，安仁村被列为建德市“2008年度村级财务管理示范村”。

3月，高坪、荻州“下山移民”工作启动。

是月，乾潭镇干部吴米良兼任安仁村党支部书记。

5月20日，安仁村经济合作社完成股份制改革。建德市人民政府核发《浙江省村经济合作社证明书》，定名为“建德市乾潭镇安仁股份经济合作社”。

7月，安仁村党支部被列为“杭州市农村基层党风廉政建设示范村”。

是月，乾潭镇开展行政村党组织设置调整工作。安仁村党支部升格为“中共乾潭镇安仁村委员会”。8月10日，在乾潭镇举行授牌授印仪式。第一任党委书记吴米良（兼）。下设4个党支部。

8月13日晚7时—11时，钦堂乡降雨量达186毫米，同时乾潭降雨量为151毫米。清渚溪和小溪水位暴涨，当夜10时46分洪水漫进安仁街道。次日中午洪水退出。潘家、汪家自然村多户农家进水，进村道路因塌方被堵。

8月29日，省民政厅副厅长、省移民办副主任廖卷清在杭州市民政局局长邵胜等陪同下，到安仁村调研清渚溪堤坝建设工程。建德市陈春雷、洪庆华等领导陪同调研。

是月，正式实施荻州、高坪两个自然村的下山脱贫项目，六幢下山移民公寓工程（一期）在安仁新村开建。2011年建成，安置下山移民农户96户，总建筑面积15253平方米，总投资960万元。

12月10日，安仁村被杭州市文广新局评为“杭州市文化示范村”。

是年，安仁村被中共杭州市委命名为“杭州市文明村”。

是年，安仁老年活动中心建成投入使用。

是年，安仁村被列为“建德市新农村电气化村”。

2010年

4月，建德市人民政府在鱼坑坞口桥竖立“历史文物　重点保护”石碑，编号：GQ111。

11月1日，开展第六次全国人口普查。

11月25日，采用“公推直选”方式，安仁村党委进行换届选举。党员直接选举产生新一届中共乾潭镇安仁村委员会。党委成员5人，其中女委员1人。吴米良当选党委书记，潘玉明当选党委副书记。

12月23日，采用“自荐直选”方式，村民委员会进行换届选举。通过全体村民投票选举，新一届村委会由4人组成，叶建芳当选主任，赵旭初（村官）当选副主任。

是年，安仁村被中共建德市委命名为“建德市文明村”。

是年，实施王家至荻州的联村联网公路工程。公路长4.5公里，总投资144.90万元。

是年，完成安仁中心村村庄规划。

2011年

6月1日—20日，连续四次强降雨，尤其18日—19日清渚溪流域短时间降雨量达113毫米。19日凌晨，清渚溪、小溪洪水猛涨，安仁街道进水，深达30厘米。早上6时，洪水退出。

7月，建德电视台《新安先锋》栏目播放《乾潭安仁村——打造建德最优美中心村》专题片，重点介绍新一届村班子的工作情况。

11月9日，杭州市妇联副主席魏颖在建德市妇联主席吕建月等领导的陪同下，到安仁村调研“清洁乡村，美丽庭院”工作。

是年，完成新村迁建地室外（道路管网）工程，投资95.60万元。

是年，实施村庄整治、旧村改造项目，拆除旧屋16幢，粉刷墙面4780平方米，新开道路116米，总投资78.20万元。

是年，安仁村被列为建德市首批重点推进的中心村。全市共有30个中心村，其中精品村10个，重点推进村10个、一般推进村10个。

是年，安仁村被评为“建德市清洁乡村长效管理清洁村”。

2012年

2月，安仁村被杭州市政府评为“杭州市2011年度城乡区域统筹发展中心培育建设先进单位”。

是月，安仁村被评为建德市“2011年度社会治安治理（维护稳定）先进部位”。

6月14日，杭州市委副书记王金财在建德调研城乡区域统筹发展工作时，现场考察了安仁村“下山移民”安置房小区。

6月，安仁村被列为“建德市二星级党建示范点”。

是月，安仁村党委会被评为建德市“新安先锋”创先争优活动“团结干事先锋组织”。

下半年，后坞线安仁桥上游段750米的清渚溪堤坝治理工程开工建设，于2013年5月竣工。总投资326万元。

10月12日，位于安仁新村的安仁村便民服务中心大楼建成并投入使用。

10月23日，安仁村举办重阳节文艺联欢活动，共有300多名老人参加。联欢会上，由村民自编自演了13个文艺节目。

11月，安仁村获“杭州市农家书屋示范村”称号。

12月，安仁村被评为杭州市“美丽庭院”创建示范村。

是年，完成荻州低产田改造工程，共15.33公顷，投资102.30万元。

2013年

3月21日，安仁村两委班子与村民一道拆除了村内的4幢泥土旧房，旧村改造工程正式启动。

4月4日，国家发改委领导到安仁村指导中心村建设工作。

4月9日，省旅游局领导到长坑考察旅游资源情况。

6月15日，由省发改委副主任焦旭强带队的“社科专家基层行”一行到安仁村实地察看下山移民安置工程。

6月23日，乾潭片便民服务业务培训暨基层站所服务对接部署会在安仁村召开。市纪委、市监察局、市审批中心有关负责人出席会议，乾潭镇、杨村桥镇、钦堂乡三个乡镇行政服务中心负责人、镇村两级便民服务中心代办员，驻乾潭镇、杨村桥镇的各基层站所负责人等80余人参加此次会议。

6月25日，由杭州市纪委等部门组成的验收组，对安仁村村级便民服务和“三务”公开信息平台建设进行验收，获得高度评价，顺利通过验收。

10月13日，重阳节，全村老年人聚会为百岁老人何春仙祝寿。

10月14日，市领导董悦、吴铁民、沈翔等一行到安仁村考察村民委员会换届选举投票工作。新一届村委会由4人组成，其中女委员1人。叶建芳当选主任，董朝平当选副主任。

10月16日，村民方国良获民政部职业技能鉴定指导中心颁发的“初级灾害信息员国家职业资格证书”。

是年，完成高坪、荻州土地整理2.9公顷，投资125万元。

是年，完成沿清渚溪道路890米改造工程，投资110万元。

是年，成功创建“省级便民服务示范村”。

是年起，经浙江第七地质大队对潘家矿区萤石矿地质进行详查，勘查面积2.24平方公里，至2015年6月结束，探明萤石矿储量5万吨~10万吨。

2014年

1月27日，乾潭镇开展“五水共治”捐款活动，陈志刚个人捐款10万元。

2月25日，在“建德市‘三改一拆’暨无违建市创建动员大会”上，陈志刚代表安仁村作表态发言。

5月4日，市农办主任杨福泉、副主任陈春芬一行对安仁村美丽乡村建设工作开展调研。杨福泉一行实地查看村庄环境整治、道路及管网工程、农贸市场等项目建设情况，对安仁村工作给予肯定，并就推进六方面（一条风情街建设、两个村口整治、三个园区提升、四类水源治理、五条道路改造、六个层面改造）的建设，与乾潭镇领导及村两委干部进行交流。

5月7日，乾潭镇安仁片、乾潭片、小源片联村干部，以及城管乾潭中队等近70人集结安仁村，开展“无违建村”示范村创建推进行动。在此次“三改一拆”行动中，拆除违建点45个，计面积3600平方米。5月10日前，又对20户3400平方米的违章建筑进行拆除。

5月21日，省发改委副局长谢晓波一行到安仁村调研。

上半年，完成清渚溪安仁段沿岸绿化、桥上路灯、休闲长廊等建设工程，总投资115万元。

7月8日，320国道安仁至乾潭段大中修工程开工。至10月底完成并开放通车。

7月16日，安仁村被市政府命名为建德市首批“无违建村（社区）”。

7月25日，安仁村排舞队参加由市文广新局举办的“2014建德市排舞大赛”中荣获二等奖。

8月初，安仁污水处理厂试运行。该厂污水处理能力第一期工程5000吨/日。铺设管网13.5公里。

8月8日，安仁村排舞队参加市体育局举办的“建德市排舞表演赛”中荣获一等奖。

8月28日，安钦公路改建工程动工。同日，作为安钦公路改建项目中的重点工程后坞线（原320国道）安仁桥整体拆除重建。

9月18日，杭州市人大常委会党组副书记、副主任洪航勇一行来到安仁村人大代表接待站，详细了解接待站的制度运行、接访内容、接访人数等情况，并提出建议要求。杭州市人大常委会副秘书长、研究室主任阮重晖参加调研，建德市人大常委会主要领导陪同调研。市十四届人大代表陈志刚汇报工作。

11月20日，安仁村文化礼堂建成。文化礼堂包括道德讲堂和文化长廊两部分。文化长廊分村史村情、乡风民俗、崇德尚贤、美好家园四部分内容，共有23块展板，成了村民享用精神食粮、共享全村发展成果的餐桌，是村民的精神家园。

是月，安仁集镇雨水分流、集污纳管工程开工建设。2015年2月完工。

12月，安仁村等三村农村土地综合整治项目开工，地点为原石煤综合利用公司矿区，总面积288.70亩。2016年10月完工。

12月，位于安仁桥北上游100米处的“仁善亭”建成。2017年又进行了扩建。

2015年

1月6日，建德市政府授予安仁村“建德市2014年度普惠金融示范村”称号。

同日，召开《安仁村志》编纂工作筹备会议，研究确定《安仁村志》编纂委员会组成人员。

1月15日，召开《安仁村志》编纂委员会第一次会议。编纂工作正式启动。

1月23日，安仁选区补选周徐胤为建德市人民代表大会代表。周徐胤时任中共建德市委副书记。

2月，由村民王立新创办的建德市乾潭镇高坪山核桃专业合作社被市政府评定为“建德市2014年规范农民专业合作社”。

3月4日晚，下梓村120节200多米长的“硬板龙”来到安仁村。先后在村委办公楼前、老年活动室门前广场和安仁学校操场进行舞龙灯表演活动。

5月12日，在文化礼堂举办安仁村首届老年人棋牌（扑克、象棋、麻将）比赛活动，有90多名老年人参加比赛。

5月30日，为加快“杭派民居”建设，推进乾潭镇安仁副中心（集镇）建设工作，安仁村召开村民代表大会，讨论通过将安仁村“杭派民居”安置地（位于安仁村民服务中心对面的大畈，安仁桥上清渚溪北岸）64.2亩土地转为国有土地。由市土地管理部门有偿征收，专门用于建设安仁村“杭派民居”居住点。

8月15日，召开村民代表大会。会议一致通过新的《安仁村村规民约》，从即日起开始实施。

8月25日，102岁寿星何春仙逝世。至此，她是安仁村历史上迄今为止已知的最长寿者。

8月，位于金鸡弄东口、虎头山脚的“仁和亭”建成。投资9万余元。

是月，安仁村被杭州市政府列为杭州市首批13个“杭派民居”示范村之一。

9月6日，建德市长童定干、市人大常委会副主任朱启鸿、副市长祝军等一行，在乾潭镇党委书记方建铃、镇长陈观宝的陪同下，到安仁村调研“杭派民居”建设工作。陈志刚董事长汇报工程筹备工作情况。

10月，“杭派民居”工程开工建设。设计规划为：三层框架结构及地下室，由ABC三种户型共52套。规划范围用地面积：4.16公顷，总建筑面积19320平方米，配套公建面积2480平方米。总投资6100万元。工程计划2017年完成。

10月30日，建德市委副书记周徐胤以普通人大代表的身份，在村“人大代表联络站”接待选民，倾听选民意见。

11月20日，安仁村被建德市统计局评为“2015年度建德市统计调查工作规范村”。

11月21日，村委会决定，自2016年1月起，65周岁以上老年人生活补助费每人每月从100元提高到200元。

是月，安仁集镇老村区块污水治理工程开工。总投资约300万元。于2016年5月完工。

是年，安仁村被列为浙江省“农房改造建设（美丽宜居）示范村”。

2016年

1月12日，安仁至钦堂公路改建工程竣工验收，全长3.524公里，设计时速60公里/小时，概算总投资5385万元。该工程含安仁桥重建工程。

1月25日，据建德市气象台发布低温冰冻实况通报：截至8时，全市大部分地区最低气温均降至-9℃至-12℃。

1月26日，安仁村被评为2015年度建德市和谐（文明、平安）村。

2月，荻州区块樱花园首期8公顷种植樱花树苗1万余株。

3月，堰下自然村消防通道及基础设施建设工程（包括永济桥桥面和栏杆修缮、村道与320国道新连匝道、村道硬化等）完工。总投资75万元。

4月上旬，省建设厅领导到村考察创建浙江省“农房改造建设（美丽宜居）示范村”工作。

4月22日，船坞山塘综合整治工程动工。工程概况为坝体渗漏处理、内外坝坡加固、溢洪道拓宽、放水涵管改造等。总投资86.78万元。于8月底完工。

5月12日，位于村北小溪（渠道）边道路（绕村公路）综合整治工程开工。东起东兴路，西至旺乐路。长977米，宽4米，总投资397万元。年底完工。

是月，安仁村被杭州市和谐社会建设领导小组评为2015年度杭州市和谐（文明、平安）示范村。

6月30日，建德市东线饮水工程暨乾潭饮水工程正式供水。即日起，安仁村村民饮用水全部来自新安江自来水厂，彻底解决饮水难问题。

7月，安仁村老村老街景观提升改造工程动工，总投资308余万元。于2017年完工。

8月3日，杭州市副市长戚哮虎到村考察“杭派民居”建设情况，陈志刚、叶建芳等陪同。同日，杭州市“杭派民居”示范村创建工作现场会暨“三位一体”农民合作组织座谈会在建德市新安江召开。与会人员实地参观安仁村“杭派民居”建设现场。

8月12日，乾潭镇党委决定，叶建芳任安仁村党委书记。

10月，安仁村被建德市委、市政府评为“服务保障G20杭州峰会先进集体”。

10月下旬，安仁村水利基础设施工程（窑蓬后小溪两岸砌墈、320国道沿线整治等）开工，2017年1月底竣工。总投资36.80万元。

10月下旬，清渚溪综合治理工程中的污水处理厂至堰下自然村连通道路动工建设，翌年10月完工。

12月21日，创建浙江省“农房改造建设（美丽宜居）示范村”工作验收通过。

2017年

1月1日，建德市实行城乡统一的户口登记制度，取消农业户口、非农业户口以及由此派生的自理口粮、自产口粮等各种户口性质划分，统一登记为浙江居民户口。

2月26日，“杭派民居”建设工程项目通过杭州市农办验收。

3月13日，杭州市纪委副书记张惠娟一行到村开展“联百乡结千村访万户”蹲点调研活动。

3月21日，建德市人民法院副院长洪锦平等到村开展“组团包干八大行动”活动蹲点调研。

3月23日，《今日建德》第1版刊登了以煤山废矿区整理土地为内容的“昔日废矿区，如今成花海”的新闻照片。3月28日《杭州日报》、3月29日《中国气象报》、4月18日《中国绿色时报》相继报道，扩大了安仁村的知名度。

3月25日，村党委会换届选举。叶建芳当选党委书记。

4月22日，村委会换届选举。陈志刚当选村主任。

4月28日，首次举行安仁村“两委”干部就职宣誓仪式。

5月下旬，住房城乡建设部公布全国第一批绿色村庄名单，安仁村名列其中。建德市有14个村庄入选。

6月13日，建德市长朱欢到村避灾安置点检查了解安置人员和救灾物资储备情况。

7月，金秋街道路改造及街道立面整治工程启动，2018年4月完工。总投资4000万元。

12月，位于安仁桥北西侧的望虎楼建成。

是月，位于“杭派民居”东侧的商务楼建成并投入使用。总面积3385平方米，总投资610万元。

是月，浙江省“千村示范、万村整治”工作协调小组办公室公布，安仁村为2017年浙江省美丽乡村特色精品村。

2018年

1月，65周岁以上的老年人生活补助费每人每月从200元提高到300元。

5月11日，国家水利部水电移民司副司长杨嘉隆，浙江省民政厅党组副书记、副厅长、巡视员俞志壮，在建德市委常委、常务副市长吕平的陪同下，到安仁村调研“杭派民居”工程项目。

第一章　村域与建置

第一节　建置沿革

据《建德县志》载："民国21年（1932）二月，省文物考察队在今乾潭区安仁乡虎头山与后山发现新石器时代文化遗址。"1956年，我国古生物学家、地质学家钟公佩，在中国社会科学院考古研究所主办的《考古》杂志中发表的《浙江建德安仁乡发现新石器时代遗址》（1957年01期）论文述："1956年9月15日，我在建德安仁乡后山采集古生代化石标本的时候，无意中在化石群岩层的上面泥砾中发现了石网坠，因而引起了我的注意，在半个小时中共找到了完整和残破的新石器、印纹陶、红砂陶、灰色泥质陶残片及陶鼎足、残陶豆、晋宋以来的瓷器残片数十件。事后在该地附近虎头山亦发现印纹陶及晋、宋残瓷片数件。"

据考古发现，早在新石器时代安仁村域内就有人类活动。

唐时建的全国第五条干道（驿道），途经安仁村境。

宋元明清时期

安仁村　北宋嘉祐二年（1057）属芝川乡；南宋建炎元年（1127）属芝川乡；南宋淳熙十二年（1185）属芝川乡。元代，承袭宋制，安仁村仍属芝川乡。明万历六年（1578）属芝川乡。清雍正六年（1728）属施家庄；清光绪八年（1882）属二十都。清光绪十九年（1893）《浙江全省舆图并水陆道里记·建德五里方图》标有"安仁镇"名，此为驻兵镇守之地。距今120多年。

荻州村　明末属芝川乡。清雍正六年（1728）属施家庄；清光绪八年（1882）属二十都。

高坪村　南宋淳熙十二年（1185）属芝川乡，明万历六年（1578）属芝川乡，清雍正六年（1728）属施家庄，清光绪八年（1882）属二十都。

民国时期

民国元年（1912），废止明清时代的都图制，继续推行清末的区庄（乡）制。

安仁村　民国21年（1932）始有"安仁"乡名。民国24年（1935）属安仁镇。民国26年（1937）6月归属施家乡（驻地前陵）。民国30年（1941）又属安仁镇。民国36年（1947）安仁镇归属施家乡（驻地前陵）。

荻州村　原称狄峰、荻洲，包括原高坪村的部分自然村。民国24年（1935）归属安仁镇。民国26年（1937）归属施家乡。民国30年（1941）归属安仁镇。民国36年（1947）归属施家乡。

1949年以后

1949年5月，建德县解放，废除保甲制，建立乡镇政权。

安仁村　1949年6月，为施家乡（驻地坞口）第八村；1950年12月，为安仁乡（驻地安仁）安仁村第八农会（当时安仁乡辖安仁、下梓、后山、荻州村）；1955年7月，为安仁乡前进高级社；1956年3月，为安仁乡安仁村；1958年9月，安仁乡改置为安仁公社，称安仁公社安仁生产大队；1959年12月归属乾潭公社，称乾潭公社安仁管理区安仁联合大队（安仁、施家、后山、羊毛坞村的合称）；1961年7月，撤销管理区，重新划归安仁公社，复称安仁公社安仁大队；1983年11月撤社建乡，为安仁乡安仁村；1992年10月，经省民政厅批准撤乡建镇，为安仁镇安仁村；2001年10月，经省人民政府批准，撤销乾潭镇、安仁镇，合并设立新的乾潭镇，为乾潭镇安仁村；2007年7月，建德市实施行政村规模调整，安仁村由安仁村、荻州村、高坪村合并而成，村委会驻地安仁。

2007年6月前，安仁村辖安仁、堰下2个自然村。村委会驻地安仁。

2007年6月，安仁村有225户837人。

荻州村　原称荻洲。1959年前含高坪村部分自然村。1949年6月为施家乡第六村；1950年12月为安仁乡荻洲村（第六农会）；1955年为荻峰初级社；1958年9月为安仁公社荻洲生产大队；1959年归属乾潭公社安仁管理区下梓片；1961年7月为安仁公社荻洲大队；1983年11月为安仁乡荻州村；1992年10月为安仁镇荻州村；2001年10月为乾潭镇荻州村；2007年7月，与安仁村、高坪村合并成立新的安仁村。至此，荻州行政村名被撤销。

图1　安仁集镇西部（摄于2016年4月）

2007年6月前，荻州村辖潘家、汪家、煤山新村3个自然村。村委会驻地潘家自然村。

2007年6月，荻州村共有耕地16公顷，山林171.4公顷。164户438人。

高坪村　原称高山坪。1950—1955年，高坪村分属两个乡管辖，五亩塘、苦竹坪、七亩田、横坞归属乾潭区泷江乡一村（垒柏村）。陈家阳、狗头湾、倒坪、西峰岩隶属安仁乡荻洲村。1955年，五亩塘、苦竹坪、七亩田、横坞从泷江乡一村划出，与陈家阳、狗头湾、倒坪、西峰岩合称高山坪村，隶属荻峰初级社；1959年从荻洲村划出，设立高山坪大队，归属乾潭公社安仁管理区下梓片；1961年为安仁公社高山坪大队；1983年11月为安仁乡高坪村；1992年10月为安仁镇高坪村；2001年10月为乾潭镇高坪村；2007年7月与安仁村、荻州村合并成立新的安仁村。至此，高坪行政村名被撤销。

2007年6月前，高坪村辖苦竹坪、五亩塘、陈家阳、高坪、乔坞5个自然村。村委会驻地苦竹坪。

2007年6月，高坪村有耕地6.13公顷，山林246.2公顷。31户111人。

第二节　地理位置

安仁村位于建德市东北部，介于北纬29°38′~29°43′，东经119°34′~119°38′之间。与桐庐县富春江镇金家村、孝门村接壤。距建德市新安江主城区40千米。隶属建德市乾潭镇，地处乾潭镇东北面，距乾潭镇政府驻地9.4千米。

1950年12月—2001年9月间，安仁村为安仁乡、安仁公社、安仁镇政府所在地。2007年7月，安仁村、荻州村、高坪村合并成立新的安仁村，分为安仁集镇和荻州高坪两个片区。

安仁集镇地理坐标位于北纬29°41′07.0"，东经119°36′05.0"。全村海拔高度为22~588米。

全村地貌呈南高北低。安仁集镇片区位于北部，清渚溪中下游两岸，属丘陵盆地。荻州高坪片区位于南部，富春江北岸，除荻州坞外，均为山区。海拔300米以上的山峰有5座，其中西峰岩最高。

安仁集镇常住人口4800余人。2014年，安仁村农户420户1368人，移民人口214人。村委会驻地安仁集镇。共14个村民小组。

安仁村历来是杭州通往严州、衢州、徽州的水陆交通要冲。唐时驿道从安仁老街贯穿。现今，320国道（上海至云南瑞丽）、后（山）坞（口）线（老320国道）穿村而过。安（仁）—钦（堂）公路位于集镇西侧清渚溪北岸。杭新景高速公路位于村西北，该高速公路互通安仁出口（安仁收费站）在安仁村境内。到县城新安江车程仅需30分钟，至省城杭州60分钟。今在建的杭（州）黄（山）高速铁路位于村西2公里处，计划2018年建成通车。富春江位于荻州高坪片区南侧，水路上航梅城、新安江和兰溪及安徽等地，下行桐庐、富阳、杭州等地。公路、铁路、水路交通十分便捷。

第三节　村域范围及其变迁

村域四至

2007年7月，在安仁村、荻州村、高坪村合并成新的安仁村时，由安仁、堰下（俗称安下）、潘家、汪家、煤山新村、苦竹坪、高坪、五亩塘、陈家阳、乔坞10个自然村组成。经过若干年的“下山移民”迁建工程，至2016年年底，所辖自然村仅存4个，即安仁、堰下、荻州、高坪。

2014年年末，全村区域面积8.88平方千米，耕地52.33公顷，林地590.47公顷。粮食作物复种面积108.2公顷，总产量540.07吨。茶园面积5.3公顷，山核桃2公顷。

安仁集镇（包括堰下自然村）和荻州高坪两个片区的四至分述如下：

安仁集镇主片区：东至桐庐县富春江镇金家村，南至乾潭镇下梓村桐坞自然村，西至前陵村坞口自然村（白毛垄）、施家村，北至后山村。

荻州高坪片区：东至桐庐县富春江镇孝门村石塘下自然村、建德林场泷江分场，南至富春江、建德林场江南分场，西至王岩村、建德林场江南分场，北至下梓村。

自然村

在2007年7月合并前，安仁村辖安仁、堰下2个自然村；荻州村辖潘家、汪家、煤山新村3个自然村；高坪村辖苦竹坪、高坪、五亩塘、陈家阳、乔坞5个自然村。自2007年7月合并成新的安仁村后，随着2009年起的“下山移民”迁建工程的实施，至2016年年底，煤山新村、苦竹坪、高坪、五亩塘、陈家阳、乔坞、潘家、汪家8个自然村的绝大多数村民陆续搬迁至安仁新村等地居住。

今划分为4个自然村，即安仁、堰下、荻州（原荻州村所辖范围）、高坪（原高坪村所辖范围）。

各自然村的概况及四至分述如下：

安仁　作为地名，最早见之于南宋景定（1260）《严州图经》“法源院在芝川乡安仁，距城四十五里，旧名归善寺。国朝嘉祐二年（1057）改赐今名。”根据现有资料记载，安仁村形成村落有1000多年历史。1984年《建德县地名志》载：“村庄坐落在安仁山南麓，故名。”据《万历府志》

图2　堰下自然村（摄于2016年4月）

载，“安仁山，在城东北六十里，上有陈公庙，下有法源院。”该志所指的安仁山，即为安仁人俗称的虎头山。安仁自然村四至，东至堰下自然村，南至下梓村朱儿坞自然村，西至前陵村坞口自然村、施家村，北至后山村。为安仁村村委会驻地。

堰下　村庄位于安仁自然村下首，原名安下。后因村址紧濒清渚溪，溪中筑有堰坝，村位于堰坝下首，故名堰下。东至桐庐县富春江镇金家村，南至下梓村朱儿坞自然村，西至安仁自然村，北至后山村。

荻州　原荻州村有潘家、汪家、煤山新村3个自然村。据《建德县地名志》载：荻峰下面有块洲地叫荻洲，村位于此，故名。潘家，据《潘氏宗谱》载，潘公日桥祖上，于明末清初，由安徽省歙县（徽州大佛，亦称大阜）迁居长坑埠荻洲坞。自清康熙四十年（1701）起，开发矿山兼烧煤灰，后繁衍成村，约400余年。汪家，在清嘉庆末年，汪姓始祖鸣五公从安徽省歙县迁居乾潭坌柏，时汪氏三兄弟分居，长兄于清道光初（约1821）迁居荻洲垅，后繁衍成村，故名。成村历史190多年。煤山新村，原名煤坪村，20世纪70年代前位于煤灰山煤坪，故名。70年代，因建德县石煤矿扩建，将此村迁建至煤灰山东侧山脚(原潘家自然村西)，始称煤山新村。2009年开始实施“下山移民”迁建工程，至2016年年底，原3个自然村的大多数村民均已搬迁至安仁新村等地居住，故3个自然村称谓相继停用，合并统称为荻州自然村。其四至为：东至桐庐县富春江镇孝门村石塘下自然村，南至高坪自然村，西至王岩村，北至下梓村。

图3　原荻州村潘家自然村旧影（摄于2014年8月）

图4　实施“下山移民”工程后的潘家自然村（摄于2017年7月）

图5　原煤山新村自然村一角（摄于2014年11月）

图6　原汪家自然村（摄于2016年4月）

图7 苦竹坪自然村旧址

图8 高坪狗头湾全貌

图9 五亩塘（和睦堂）、高坪自然村旧址

高坪　原高坪村辖苦竹坪、高坪、五亩塘、陈家阳、乔坞5个自然村。苦竹坪，处于高坪山间的一块小坪地上，四周苦竹丛生，故名。高坪，处于高坪山间地势最高的一块山坪上，故名。五亩塘，位于高坪山间，处在一个周边高、中间低，面积约5亩的小山湾之中，其形态犹似水塘，故名。陈家阳，位于高坪山间，早年有陈姓聚居，此处地势较高，阳光充足，故名。乔坞，“乔”者，高也，此谷所处地势较高，故以乔坞名之。2009年始，安仁村实施“下山移民”“下山脱贫”等项目，至2014年，原5个自然村的大多数村民

图10 陈家阳自然村旧址（摄于2015年4月）

图11 陈家阳自然村旧址鸟瞰（摄于2016年4月）

图 12 窑蓬后居住点（摄于 2016 年 4 月）

均已搬迁至安仁新村等地居住，故5个自然村称谓相继停用，统称为高坪自然村。其四至为：东至桐庐县富春江镇孝门村石塘下自然村、建德林场泷江分场，南至富春江、建德林场江南分场，西至王岩村、建德林场江南分场，北至下梓村、荻州自然村。

附1—1：

安仁地名

南宋景定《严州图经》载："法源院在芝川乡安仁，距城四十五里，旧名归善寺。国朝嘉祐二年（1057）改赐今名。"此为安仁地名最早的文字记载。据此，安仁地名沿用有1000多年历史。另，明万历四十一年（1613）《建德县图》中标示"安宁铺"名，铺即驿站。因安仁人口语中的"仁"与"宁"基本同音，故将安仁铺讹名为"安宁铺"。安仁、安宁实为同一地名。清乾隆二十一年（1756）建德县图标示"安仁铺"名。

据明朝王守仁所撰的《陈氏宗谱发派》序，伾受封于浔阳，而安仁等地皆其子孙。虽家谱被焚，古之有子孙迁徙仍以祖地为名的风俗，意为不忘祖宗。现全国地名中叫安仁的甚多，其始迁入者多为陈姓。现今，安仁确有陈姓居住，并为第一大姓。安仁地名的由来，是否与陈姓的迁入有关联，有待考证。

“安仁”一词出自《论语·里仁篇》。子曰：“不仁者，不可以久处约，不可以长处乐。仁者安仁，知者利仁。”

“安仁”是心安于仁，安心于实行仁道。认为仁本来就是天生自然，丝毫不勉强。有仁德的人，安于人道。“利仁”指知道仁对自己的利而行仁。

安仁地名充分体现了安仁人的仁爱之心。此地名具有深刻的文化内涵。

安仁人的性格特征与地名非常相符。安仁人历来崇尚道德，做人做事，一定会把“仁”作为自己的最高道德原则、道德标准和道德境界。

图 13　安仁夜景（金军明摄于 2006 年）

第二章　自然环境

安仁村地处浙西山区中部，其山脉均属于昱岭山脉。村域地势总体呈南高北低，荻州高坪片区为山区，安仁集镇片区为低山丘陵，土壤土层深厚，含钾丰富，适宜发展山地经济作物。安仁集镇片区多为小平原，早期为主要产粮区。主要河流富春江（七里泷段）、清渚溪、“十里长垅”小溪，水资源十分丰富。

村域属于亚热带北缘季风气候区，雨量充沛，四季分明。但地形复杂，气候多变，灾害性天气频繁，常对生产、生活造成灾害。村域内动植物资源、矿产资源及历史人文资源丰富，为发展经济提供了良好的资源基础。

第一节　地质地貌

地　质

安仁村域在区域性地质构造上位于南岭准地槽杭州复向斜的中段。

地史　受元古代（距今11亿~25亿年）末期雪峰运动波及，高坪、荻州、鱼坑坞等地的形成褶皱岩层；在早生代（距今4亿~11亿年），村域仍处于浅海和滨海之中。晚生代（距今2.7亿~4亿年）三叠世晚期，印支运动涉及，形成村域内西北、南西走向的低山。白垩纪（距今1亿年）以后，境域一直处于抬升剥蚀之中，初步形成现代地貌特征。至更新世晚期的后一阶段即新石器时代，安仁虎头山开始有人类活动。1986年《建德县志》载，“民国21年（1932）2月，省文物古迹考察队在今乾潭区安仁乡虎头山与后山发现新石器时代文化遗址。”至全新世，本地仍在缓慢上升，大多数地域遭风化剥蚀。

地质构造　境域经历元古代震旦纪之间的雪峰运动、三叠纪晚期的印支运动、侏罗纪晚期的燕山运动第一幕、白垩纪的燕山运动第二幕。地形的构造形成中生界火山岩平缓覆盖区，褶皱不明显，但断裂构造十分发育。此断层以正断层为主，逆断层为次，沿新层常有小岩体和脉岩侵入，局部伴有矿液活动，形成荻州垅一带的萤石矿脉。

地层　村域除第三系和三叠系外，自元古至新生界等四系地层均有出露，其中中生界上朱侏罗系地层和古生界地层均有分布。中生界地层呈块状出露，主要分布在高坪一带，为海滨—浅海沉积的碎屑岩及含镁碳酸岩，出露厚1000余米。寒武系地层，分布在煤灰山一带，为浅海沉积的泥质物和含泥质的钙碳酸岩，出露厚约1000米，其最上层的荷塘组地层含石煤和磷矿，较有经济价值。早在清乾隆年起就有潘家自然村潘姓先祖在此开采利用。中华人民共和国成立后，有国有企业在此开采利用，直至20世纪90年代才全面停止。

岩石 村域内岩石主要为火成岩中的侵入岩，火山岩。

地 貌

村域以低山丘陵为主，主要在安仁集镇主片区和荻州垅，安仁集镇区域为小平原。

山地 境域内山地以低山为主，500米以上的山有两座，均在南部高坪自然村。最高的山是乌岩顶，海拔588.2米。南部诸山，山势陡峻，坡度常在25~40度之间。山坡流水侵蚀明显，切割较深，常见基岩裸露。荻州、高坪的山地间常见多级的小平台，分布在各个山湾间，缓丘起伏，风化壳厚，土壤肥沃、水源丰富，是良好的农耕地带。南部的七里泷江段，水流切穿坚硬的火山岩，形成了著名的七里泷峡谷，河谷呈“V”字形，沿岸林木繁茂，风景如画，旅游资源得天独厚。

图 14 高坪横坞

图 15 高坪山区

图 16 高坪樟村沟、马坞

图 17 横坞、大唐寺、狗头湾

图 18　马坞

丘陵　安仁集镇主片区以丘陵为主，地势较平缓，坡度在15度以下，谷地较开阔，表层形成3~5米的风化壳，表层还发育有土壤。

平原　在安仁集镇北部，西至施家村，北至后山村，东至桐庐县境的区域内称小平原，为乾潭镇两个小平原之一，早期是安仁村粮食主产区。现今，该区域的大部分土地已用于集镇建设之地，堰下畈尚保持原生态。

图 19　毛竹湾

图 20　乌岩顶

第二节　山脉河流

一、山　脉

境域内的山脉属南岭山系昱岭山脉，以低山为主。最高的山是高坪自然村乌岩顶，海拔588.2米。

昱岭山脉自淳安、临安与安徽歙县界上发脉处东至淳安、建德、桐庐三县（市）界白石岩处，分为三支。一支自白石岩北走于乾潭镇罗村，又东南走于胥溪、清渚溪之间7.5千米称龙门顶，又7千米称黄乐岩，尽于七里泷北岸。自黄乐岩东北走2.8千米入村域称煤灰山，折东2.8千米称天堂坪，入桐庐县境。

山

安仁村域多山地，荻州、高坪片区均为山区。海拔500米以上2座，300~500米7座。

图 21　荻州大青山全貌

乌岩顶：位于高坪西北。山顶有一块黑色的大岩石，故名。石灰岩土，海拔588.2米，为安仁村最高山峰。植被以松林、薪炭林为主。

西峰岩：位于高坪北。此山以主峰顶上有一块西向、形似狮首的大岩石得名。石灰岩土，海拔557米，植被以松林、薪炭林为主。

天堂坪：位于高坪东，为安仁村东面的最高之山。人在此山顶上，犹如登上天堂，以喻其高，故名。石灰岩土，海拔356.8米，植被以松林、薪炭林为主。

外七亩：位于高坪南。此山位于里七亩外首，故名。黄红壤，海拔200~304米，植被以松林、杉林为主。

倒坪：位于高坪北面。此处山路迂回曲折，有时虽进犹退，犹如倒行，故名。石岩土，海拔280~372米，植被以油茶、杉木为主。

湖田：位于高坪东。此处黄土层深厚，保墒性好。民国23年（1934）天大旱，因得山泉滋润，此处旱作仍有了收成，遂比作湖田，亦以名山。黄红壤，海拔425~475米，植被以松林、杉林、毛竹为主。

里七亩：位于高坪南。山下有水田七亩，处于韩家坞林区里面，故名，亦以名山。黄红壤，海拔325~371米，植被以杉林、薪炭林为主。

向阳坪：位于高坪西南。山上有一向阳坪地，受阳光照射时间长，故名。黄红壤，海拔275~

350米，植被以茶叶、松林为主。

煤灰山：位于荻州西南。此地石煤和石灰石资源丰富，清康熙年间就有人在此开采石煤和石灰石，烧制石灰（俗名煤灰），故名。石灰岩土，海拔300.5米，植被以松林、薪炭林为主。

大青：位于荻州东南。黄红壤，海拔200米，植被以松树、杉木、毛竹为主。

大唐寺：位于高坪东南燕子穴。此地以唐代建有一寺而得名。黄红壤，海拔120~152米，植被以松树、杉木、毛竹为主。

前山园：位于安仁集镇南。因此山处于安仁村前，故名。石灰岩土，海拔80~100米，植被以柏林、薪炭林为主。

窑篷后：位于安仁集镇南。旧时此山脚建有多座灰窑篷，故名。石灰岩土，海拔80~100米，植被以松林、薪炭林为主。

鱼坑坞：位于安仁集镇南。山湾口有一条小溪，传说古时有人在小溪的水坑里抓鱼，用烘胎（竹子编成的焙笼）往水里一罩，一次就抓到了18条韶鱼（当地人对鱼的称谓），每条鱼均在2斤以上。此事在当地广为流传，因此人们便将此坑称之为鱼坑，于是将坑南的山坞称之为鱼坑坞。石灰岩土和油黄泥土，海拔80~100米，植被以松林、薪炭林为主。

白岩山：亦称白崖山、白鹤山、排瓦山等。位于安仁集镇东南。当地民间流传着一个说法，以前在山上居住着一只白鹤，因而此山名曰白鹤山。又一种说法是，因此山裸露的岩石似瓦片一样排列，亦名排瓦山。石灰岩土，海拔80米，植被以松林、薪炭林为主。

虎头山：又名安仁山。位于安仁集镇西，其山形酷似一只身体南北侧卧、头朝东的猛虎，故名。石灰岩土，海拔60~70米，植被以松林、薪炭林为主。

图 22　虎头山全貌

图 23　鱼坑坞全貌

图 24　白岩山、鱼坑坞、前山园、窑篷后全貌

图 25　荻州坞西部

谷

长湾：位于煤灰山南。此湾狭长，呈弯曲状，故名。谷深约100米，黄红壤，海拔125~400米，植被以松林、杉林为主。

横坞：位于高坪东北。此山谷呈东西向横卧，故名。黄红壤，海拔136.5~300米，植被以毛竹、松林为主。

梨树湾：位于高坪西。旧时湾底坦地多种梨树，故名。谷深100米，黄红壤，海拔175~400米，植被以松林、杉林、毛竹为主。

大湾：位于荻州潘家南。为荻州最大的山湾，故名。黄红壤，海拔160~280米，植被以松树、杉木、毛竹为主。

古树名木

据俞松来口述，早前，在安仁的鱼坑坞等山上有很多古树，特别是虎头山陈侯庙东南侧就有多株树龄在100年以上的柏树和枫树等。这些古树多数在20世纪50年代“大办钢铁”时被毁。陈侯庙边的古树在20世纪80年代初前逐渐被砍伐。值得一提是，在安仁老街（今俞森林住宅后）有一株树龄千年，胸围6.5米，高20多米的银杏树（俗名白果树）。每年可产白果500多公斤，由县药材公司专门收购。1958年“大办钢铁”时被伐倒，用于制作浇铸钢材的木模。

村域内今有130年以上树龄的古树共5株，其中柏树1株，枫树1株，樟树2株，枫杨1株。位于汪家自然村村东（原汪家祠堂东侧）的4株古树，煤荻线北侧由南向北以樟树、柏树、樟树、枫树一字排列，枝繁叶茂，形同巨伞，犹如一道天然屏障。原汪家自然村村民称其为“水口树”，外人从东面到了村口只见树，不见村庄。一旦绕过“水口树”，村庄即在眼前。

图26 汪家古树群

图 27　古樟树

图 28　古柏树

图 29　古枫树

图 30　古枫杨（枸树），位于安仁中心学校小学教学楼东侧

安仁村130年以上古树一览表

表2—1

编号	树名	树龄（年）	树高（米）	胸围（米）	平均冠幅（米）	生长地址
1	枫杨（枸树）	130	18	2.75	15	安仁中心学校小学楼东
2	樟树	150	13	3.05	12	原汪家自然村东
3	柏树	150	18	3.00	10	原汪家自然村东
4	樟树	150	15	2.60	12	原汪家自然村东
5	枫树	150	25	3.95	18	原汪家自然村东

二、河　流

安仁村域主要河流有清渚溪、小溪。富春江七里泷段位于荻州高坪片区南侧，清渚溪贯穿安仁集镇主片区，小溪位于安仁集镇南侧。

清渚溪

俗称大溪，又名前溪。据传，明嘉靖年间（1522—1566），淳安县令海瑞奉旨赴京，行至蒋家埠泊舟，将一枚铜钱随手抛入水中，江水顿时清澈如镜，可清晰地看到那枚铜钱。由此，这条溪名曰清渚溪。清渚溪东段（安仁下游，桐庐县境段），桐庐人称之为清渚港。

图 31　清渚溪穿村而过（摄于 2016 年 4 月）

清渚溪源出桐庐县钟山歌舞岭，自北转南再而东流至谢田入钦堂乡境，折东南流至施家村，折东流经安仁村又折北流至桐庐县境，从富春江镇金家村流至蒋家埠注入富春江。流域总面积183.24平方公里，在建德市境内91.49平方公里。主流总长38.80公里，在建德市境内长14.40公里，在安仁村境内长约1.5公里。属富春江流域。

清渚溪为安仁村的母亲河，祖祖辈辈村民的饮水、农田灌溉都源之此溪。

旧时，清渚溪径流量较大，溪水清澈透底。由于公路交通不发达，清渚溪上游桐庐境内的木材、山货均通过此水路以竹筏和放木排等方式运至富春江，然后转运至全国各地。竹筏用大毛竹10根去青后拼串而成，木排用杉原木制作。据史料记载，建德山溪众多，筏运盛行。安仁溪有竹筏14列。20世纪40年代，安仁的大量土特产品（生漆、白酒、麻、银杏等）均用竹筏运至蒋家埠富春江码头，再用船转运各地。50年代至60年代初，仍有大量从钟山、钦堂等地出来的木排停靠在安仁桥下，然后将木头上岸后堆放在安仁街西头的320国道旁原安仁供销社仓库场地（今好宜购超市处），再通过汽车转运至各地。60年代后期，因水位下降，加上公路交通发达，水路运输消亡。

清渚溪原位于村北。70年代起，有部分村民陆续在溪北岸建造民居。进入21世纪，随着安仁新村及村委办公大楼和“杭派民居”建在溪北岸后，清渚溪便成了穿村而过的一条溪。清渚溪安仁段建有桥梁3座、拦河坝（堰）2座。桥梁自上而下分别为安仁桥（俗称老国道桥）、安仁一号桥（俗称新国道桥）、永济桥（俗称安下桥）。拦河坝自上而下为安仁桥上坝、堰下堰坝。溪宽40~50米。

图 32　清渚溪安仁桥上游段

图 33　清渚溪安仁桥下游段

堰下堰坝　堰下堰坝位于清渚溪安仁村下游与堰下自然村上游的白岩山脚，亦称金家堰。堰坝约建于清晚期。主要功能是拦蓄部分溪水供堰下村和桐庐县富春江镇金家村一带村民的饮水和农田灌溉。该坝分属安仁村和金家村共同管理和维修，北段属安仁村，南段属金家村。

历年来，堰坝多次被洪水损坏，多次修复。

2005年，在安仁桥至堰下堰段清渚溪治理改造工程中，对堰下堰坝进行维修并加高，使安仁村段的溪水常年保持在一米深的水位，形成一个天然空调，即调节了湿度，又确保鱼虾在此繁衍生息。2009年8月和2011年6月的两次洪涝，该堰坝又受到较严重的损坏。2015年10月，安仁村对该坝的北段进行维修。

图 34　堰下堰坝

清渚溪堤坝　早前，清渚溪安仁段两岸多为自然堤岸，河道偏窄，宽度39~45米，河床淤积严重，行洪不畅，未达到十年一遇洪水标准。20世纪50年代至90年代间，在北岸大畈段修建过数百米的堤坝，俗名大塍。历年来，多次遭受水患，损毁严重。尤其是安仁桥下游南岸，因堤坝过低，一遇洪水，安仁老街便遭水涝。

进入21世纪以来，安仁村投巨资对清渚溪安仁段两岸堤坝进行了大规模的整治。2005年，投资360万元对安仁桥至堰下堰坝段进行拓宽治理，将原河道拓宽至40~50米。沿溪两岸新砌了4米多高的堤坝，并在堤坝上安装石围栏、路灯，并种植杨柳树。该段溪水常年保持一米深水位。2012年，投资444万元对安仁桥至施家畈段750米的北岸进行了改造，2013年5月完工。该堤坝宽4米、高5.9~6.35米，河底宽50米，设计洪水位24.46~23.65米，设计洪水洪峰流量761.28立方米/秒。防洪标准为20年一遇。同时，在安仁桥上游120米处新建一座拦水坝，使坝上水位提高了近一米。2015年，在安钦公路改建时，新砌了安仁桥上游南岸堤坝。如今，清渚溪安仁段两岸道路宽阔，绿树成荫，民居林立，景色格外迷人。

图35　改造前的清渚溪南岸安仁桥上游段（摄于2014年3月）

图36　2015年改造后的清渚溪南岸安仁桥上游段

小　溪

与清渚溪相对而称之为小溪。位于安仁村南的鱼坑坞坞口、前山园山脚。因位于村后又称之为后溪。小溪自西向东，源自“十里长垅”的陵上村，下游至安仁老街东（新国道桥东侧）与清渚溪汇合，在安仁村段长约1200余米。

1998年11月，320国道一级公路改建至村东南，小溪大部成了路基。故将安仁段小溪分为两支，

图37　经改造后的小溪

图38　小溪明渠

图 39　小溪堰坝旧址

一是保留部分溪流原状，二是在国道北侧、沿村东南新建过境渠（明渠），以利小溪洪水分流。

在小溪鱼坑坞口处有一座石拱桥，约建于清晚期，现保存尚好。

在石拱桥上游70米处，原有一座堰坝，约建于清晚期。1998年，因建新国道而消失。

小溪堰　位于前山园山脚，约建于清晚期。20世纪80年代前，该坝的主要功能是拦蓄部分溪水灌溉鱼坑坞口12亩水田，以及位于溪北岸的水碓和前畈水田之用。1998年，因建设新320国道，堰坝拆除。旧址位于今安仁村通往鱼坑坞便道320国道涵洞南口便桥处。

三、水库山塘

20世纪70年代中期前，安仁村、荻州村、高坪村域内有小型水库5座，今存4座。

水　库

徐坞水库　位于安仁虎头山脉的徐坞湾，故名。早期，徐坞本有一口小水塘。20世纪50年代中期，在徐坞谷口建造土坝而形成水库。面积约7亩。坝高6米，坝顶宽15米，蓄水量1.4万立方米。1979年年初建造安仁公社水泥厂时填平。旧址今为杭州朝阳实业有限公司厂区中心区域。

船坞水库　位于荻州船坞，故名。20世纪60年代建造。坝高8米，坝顶宽4米，蓄水量12000立方米。2016年，投资87万元对此水库进行综合整治，主要工程内容为坝体渗漏处理、内外坝坡加固、溢洪道加宽、放水涵管改造等。2017年4月28日立的《乾潭镇安仁村船坞山塘综合整治工程》立碑碑文附录于后。

图 40　改造前的船坞水库内景

图 41　改造后的船坞水库

附2—1：

乾潭镇安仁村船坞山塘综合整治工程

船坞山塘集雨面积0.32平方公里，坝型为黏土斜墙坝，是以灌溉为主集防洪、供水等综合利用的小（2）山塘，设计洪水标准为10年一遇，校核洪水标准为100年一遇。正常库容1.6万立方米，总库容1.6万立方米，坝体长46米，坝顶宽4米，坝高12米，灌溉面积200余亩。

该山塘列入2015年度北部地区重点小型病险山塘除险加固工程。主要加固内容：坝体采用双排套井回填及帷幕灌浆防渗处理，溢洪道开挖衬砌，上游坝坡1:2，采用钟山标准石块护坡，下游坝坡1：1.75，采用框格草皮护坡。

工程概算总投资87万元。工程于2016年3月30日开工，2016年7月底竣工。

主管单位：建德市乾潭镇人民政府　建德市水利水产局
设计单位：建德市水利水电勘测设计所有限公司
质监单位：建德市水利水电工程质量监管站
建设单位：乾潭镇安仁村经济合作社
施工单位：桐庐富春水利水电建筑有限公司
监理单位：宁波亿川工程管理有限公司
2017年4月28日　立

大青水库　位于汪家自然村南大青山坳，故名。20世纪60年代建造。坝高3米，坝顶宽9米，蓄水量4000立方米。

大湾水库　位于荻州大青山与尖刀山之间的大湾山坳，故名。2006年建造。蓄水量3万立方米。为原荻州村饮用水水源。

东风岩水库　位于高坪东风岩，故名。20世纪60年代建造。坝高4米，坝顶宽17米，蓄水量1000立方米。

图42　荻州大湾水库全貌

池　塘

池塘的主要功能是灌溉农田和人们洗漱之用，是早年人们生产、生活必不可少的水利设施。20世纪80年代初前，安仁村、荻州村、高坪村共有池塘16口，今存7口。

图43　前畈水塘（吴家塘）

安仁后宅水塘　20世纪80年代中期前，安仁村后宅（今建德市成利建材有限公司厂区）曾有二口水塘，称外塘、里塘。外塘面积约1亩左右，里塘面积约0.5亩。由安仁村第七生产队管理，其水塘主要是后宅12亩水田之用水。1985年，因建造建德县石煤综合利用公司水泥厂（新安江第二水泥厂），土地被征用，故水塘全部被填平而消失。

安仁前畈水塘　又称吴家塘。位于安仁吴家弄南口东侧（今黄新潮住宅围墙内），水塘呈长方形，长8米，宽4米。据俞松来回忆，该塘清末民初时，由吴姓家族所建，为吴家庭院内的洗漱之塘。20世纪50年代后，由安仁大队第三生产队管理。该塘今存。

安仁寺塘　约位于今安仁中心学校操场东侧。面积约1.6亩。该塘约在明前由归善寺或法源院所建，故名寺塘。20世纪50年代起，由安仁大队第六生产队管理。80年代中期因建安仁中心学校操场和建造学生宿舍而填埋消失。

高坪各山塘　原高坪村所辖共有六口山塘，分别散落在狗头湾、七亩田、梨树湾（2口）、糊田和菜篮湾。面积约0.3亩~0.8亩不等。2011年起，随着下山移民工程的实施，高坪村村民陆续搬迁到安仁集镇后，各水塘因水田弃种而逐渐被荒废。

图 44　高坪狗头湾塘

图 45　大屋里塘

图 46　牛坞塘

图 47　长塘

图 48　汪家门口塘

图 49　兴塘

荻州垅水塘　原荻州村所辖共有六口水塘，分别散落在荻州坞原汪家自然村附近，以东向西分别为长塘、兴塘、汪家门口塘、牛坞塘、大屋里塘、大坞塘。面积约0.3~0.8亩不等。今均存。

四、水井与水碓

安仁庙湾水井　位于庙湾（今安仁中心学校校区），故名。庙湾水井在明时由归善寺所建。自庙湾建立学校后，此水井归学校管理。早时，井西侧高塄上有一颗胸围约1.5米的杨柳树，其树冠将整个井台覆盖。井水清凉甘甜，从不干涸。如清渚溪遭遇洪水或干旱时，该井成了安仁村村民饮用水的主要取水点。20世纪80年代因建安仁中心学校操场而被填。水井旧址约位于今安仁中心学校操场中心地带地面以下3米处。

前畈水碓　20世纪70年代初前，在前山园脚小溪北岸鱼坑坞桥上游60米处（今安仁村至鱼坑坞的320国道涵洞处）有一水碓磨坊。由安仁董氏家族所建，但建于何时，无考。旧址无存。水碓的出现，改变了人工木砻碾米，手推石磨磨粉的原始方式，以水力作动力舂米、磨粉的半机械化式作坊，从而极大地减轻了劳动强度。据俞松来口述，鱼坑坞桥南端20米处的一个小山坡名叫蛇头山，位于前山园山脉的东北角，此山坡上的一个小岩洞里有很多蛇，因此而得名。旧时，为了不让蛇到安仁村来扰乱村民的生活，便在蛇头山的溪对岸建了一座水碓，以镇住“蛇”头，确保村民安全。

紫沙碓　位于清渚溪北岸安仁大畈与后山村施家畈自然村交界处，建于何时无考。于20世纪70年代初，将原址改建成抽水机埠时拆除。旧址位于今“杭派民居”西侧。

第三节　土　壤

水田土壤

安仁村水田土壤有1个土类，即水稻土；1个亚类，即潴育型水稻土；3个土属，即黄泥沙田、泥沙田、油黄泥田，村境内多为泥沙田和油黄泥田。大部分水田土壤犁底层厚，保水保肥性能虽好，但整个土体的水、肥、气、热协调较差，未达到沙性田7~10厘米、黏性田5~7厘米的良田标准。

20世纪80年代初起，因施用的有机肥和无机肥、氮肥与磷钾肥比例失调，水稻土土壤板结现象普遍；加之农业生产中传统的割青草施栏肥、加生土和焦泥灰肥的措施大量减少，造成土壤耕作层变薄。又因有机肥和石灰使用量锐减，水田耕作层酸度变高，土壤偏碱。

山地土壤

村域内山地土壤有3个土类、4个亚类、5个土属，以岩性土类中的石灰岩土亚类中的油黄泥土为主，并有红壤土类中的黄泥土等。土壤酸度适中，适宜多种植物生长。

山地土壤土层深厚，含钾量高。除石砂土和岩秃的土层不足30厘米外，其余土层都在40~50厘米之间，有的区域厚达70~80厘米。因此，除岩秃外，其余土壤均可以利用，低山丘陵的黄泥土、黄红泥土、石灰岩中的油黄泥土土层深厚，具有一定的养分含量。

第四节 气候水文

气 候

安仁村境域气候温暖湿润，雨量充沛，四季分明，属中亚热带北缘季风气候区。春秋较短，夏冬较长，季节特征明显。

春季一般始于3月下旬，历时70天左右。受冷暖空气交替影响下，天气变化快，冷暖起伏大，常伴着低温连阴雨天气发生。夏季一般始于5月末，历时120天左右，其间经梅季、伏旱。5月下旬或6月初进入梅雨季节，降水时间长且集中，暴雨频繁，常引起山洪暴发而造成洪涝灾害；有的年份梅雨量少，形成“空梅”现象；出梅后一般紧接伏期，蒸发量大，容易造成高温干旱。7月、8月为高温季节，以晴热为主。易带来强降雨的台风影响天气也多集中在这一时期。秋季一般从9月下旬开始，历时60天左右。9月常有一段阴雨绵绵的天气；10月至11月初（农历十月），天高云淡，气候宜人，俗称“十月小阴春”。冬季一般从11月末开始，至次年3月中旬结束，历时110天左右。天气寒冷干燥季。如遇北方强冷空气影响，形成寒潮，则常带来较严重冰冻和风雪天气。

年平均相对湿度77.7%。

气温　气温适中，年平均气温在15℃~18℃之间，历年平均为16.9℃。

1月最冷，但月平均气温年际差异较大，一般在0.5℃~6.8℃之间，历年平均为4.8℃。一年中，极端最低气温在0℃以下低温天数历年平均27.9天，最多的年份有51天。-5℃以下的低温天数不常见。2016年1月25日，建德市大部分地区最低气温均降至-9℃至-12℃。

7—8月最热，8月平均气温略低于7月。历年7月平均气温28.7℃，最高年31.2℃，最低年26.3℃；历年8月平均气温27.8℃，最高年29.8℃，最低年25.0℃。极端最高气温在35℃以上的高温天数常年平均36.1天，最多的年份有75天，最少的年份有12天。1971年7月、8月，出现历史罕见高温，40℃以上持续22天，其中7月31日最高气温达42.9℃。2013年7月出现持续10天的40℃以上高温天气。

一般情况下，高坪自然村的气温比安仁集镇低2℃~3℃，荻州自然村比安仁集镇低1℃~2℃。

因地势原因，夏季昼夜温差较大。

日照　年平均日照为1750小时，日照率约40%。全年各月日照，以夏季诸月为多，尤以8月为最多，7月次之；冬季诸月较少，2月为最少。1980年8月低温多雨，月平均气温25℃，比常年偏低3.4℃，雨日达26天，日照99.6小时，日照率只有24%，为历史极值。2010年日照总时数为1803小时，其中8月日照总时创近30年新高。

年平均干旱指数为0.61，最大出现在8月，为1.47，最小出现在3月，为0.25。1967年7月6日开始到11月10日干旱持续127天，为近百年最严重的旱情。

降水　年降水量约1600毫米左右。年雨日在130~210天之间，常年平均163天左右。11月至次年3月，天气以晴冷为主，降水量占全年的31%左右。每年的3—4月为春雨期，由于受华南静止锋的影响，常年造成春雨绵绵的景象，常年平均雨量350毫米左右，占全年总雨量的20%左右。每年的

5—7月上旬为梅雨期，是一年中降雨量最集中的时期，常年平均雨量545毫米左右，占全年总雨量的34%。其间，暴雨、大暴雨时有发生，尤其是6月至7月初的梅雨，易发生连续性暴雨，易造成洪水泛滥。20世纪90年代末前，由于清渚溪安仁段两岸末改造，安仁街经常遭受洪涝灾害。7—9月台风活动最盛，台风倒槽或台风低压影响，往往容易造成较大降水，一次过程雨量在50~150毫米之间。

霜　年平均无霜期257左右。有霜期年平均108天左右。一般11月中旬出现初霜，最早的1995年11月9日就出现了霜冻；而最晚的1985年12月13日才出现初霜。有霜日一般主要集中在11月中旬至次年3月下旬。终霜日最迟一般不会超过谷雨节气，故有“清明断雪，谷雨断霜”之农谚。

雪　冬季一般年份均有降雪，常年平均降雪日8~9天，历史上有因雪成灾的记录。1976年最多达25天，1974年、1975年无降雪。初雪日一般在12月下旬，最早的是1976年11月13日夜间开始降雪。终雪日一般在3月初，最迟的是1966年4月5日。12月下旬至次年2月底，有冰冻天气。

雾　10月至次年2月间多雾，12月大雾较多。年雾日在21~76天之间，常年平均38天左右，多发生在早晨。秋冬季最多，夏季最少。

风　安仁的气流主要受季风的影响。冬季，以西北大陆吹来的干燥寒冷气流为主；夏季主要受热带海洋气团影响。常年多东北风。常年平均风力1~2级。瞬间风速≥17米/秒（7级以上）的大风天气一般每年均有发生，7月最多。瞬间最大阵风可达10~11级。大风常由北方冷空气侵袭造成，往往伴随雷雨甚至冰雹。1979年3月30日凌晨，安仁村域遭受10~11级阵风袭击，损失严重。

附2—2：

气象谚语

春雾雨，夏雾晴，秋雾凉风，冬雾雪。

一夜天雷，七夜雨。

东闪空，西闪风，南闪火门开，北闪雨就来。

一年两头春，杀鸡无鸡肫（音君）。

雨打秋头，无草饲牛。

大旱不过七月半。

吃了端午粽，棉袄才好送。

七月半无雨，十月半无霜。

东虹日头西虹雨。

勿怕清明前夜鬼，只怕清明前夜雨。

三九廿七，檐头挂笔。

芒种没雨空种田。

小满不满，芒种不管。

清明断雪，谷雨断霜。

邋遢（下雨）冬至干净（晴天）年。

过了重阳节，不是雨就是雪。

东虹日头西虹雨，南虹北虹涨大水。
燕子高飞天晴到，燕子低飞雨来报。
高山顶戴帽，出门戴笠帽。
烟不出屋，天公要哭。
地还潮，雨来到。

自然灾害

安仁村有1000多年历史。历年来，遭受过多次自然灾害。特别是安仁老街位于清渚溪和小溪的夹角地带，加上原安仁老街的地势较低，只要两流域发生较大洪涝时，安仁老街便会进水。自21世纪初以来，清渚溪和小溪两岸及河道经过堤坝加高，河道加宽等多次改造后，安仁老街的防洪能力有了明显提升。

据现有资料记载，安仁村的自然灾害分述于后。

水灾

明朝年间，清渚溪洪水多次泛滥，治平桥多次受损。

清嘉庆四年（1799），清渚溪遭洪涝，治平桥坏梁数尺，将倾。

1955年5月22日，清渚溪洪水暴涨，洪水漫进安仁老街，深约60厘米。大畈、前畈水田被淹，损失严重。

1972年8月2日—3日，普降暴雨，降水量347.6毫米。清渚溪洪水暴涨，大畈、前畈稻田被淹，大畈堤坝部分被毁。洪水进入安仁村，街道水深约50厘米，多间民房倒塌。

1973年，梅汛期暴雨频繁，洪涝成灾。5月15日、6月23日两次洪水均进入安仁街。安仁桥上游北岸堤坝（俗称大塍）被冲出数米宽的大缺口，大畈千亩粮田被洪水淹没，近百亩粮田被泥沙掩埋。

1992年夏，清渚溪洪水泛滥，安仁老街进水，水深30厘米。

1993年6月8日—17日，全市累计降雨量达436.7毫米，超过6月历史最高纪录。18日—20日，清渚溪洪水泛滥，安仁街进水，大畈、前畈粮田被淹。

1996年3月，村域连续20多天阴雨，全月降水量325毫米，其中17日降水量达100毫米。月、日降水量均破历史最高纪录。

1996年6月30日洪灾。继6月5日、6月9日两次特大暴雨洪灾后，6月30日下午至7月1日上午，再度遭受特大暴雨袭击，洪水泛滥，320国道中断。钦堂乡胜利水库因满坝被迫泄洪，安仁街进水，大畈粮田被淹。

图50 1992年清渚溪洪水泛滥实景（朱尧仁提供）

图51 2011年6月18日洪水进入安仁街（金军明 摄）

1997年7月7日—10日，平均降雨量达395毫米，清渚溪、小溪洪水泛滥，造成安仁街进水，320国道中断，于11日凌晨6时才恢复交通。

1998年“6·18洪灾”。1998年6月20日《建德报》报道，“因受地面静止峰和中层切变线影响，我市从6月18日凌晨5时至6月19日凌晨5时遭受暴雨袭击，全市平均降雨量达149毫米，局部地区在166毫米以上。24小时内降雨量之大、受灾面积之广、受灾情况之严重为历史罕见。”“6月18日，320国道安仁至乾潭段被洪水淹没，水深在1米以上，400多辆汽车和1000多名乘客受阻。”又讯，“6月18日的一场暴雨，给安仁镇以一记重击。大街上的水涨至1米多高，许多行人艰难地在齐胸高的水中挪动，受阻的汽车排成长龙，许多汽车的排气管进水导致熄火，大部分企业进水。”“记者看到，安仁320国道沿线两边的稻田大面积受灾，一些农民正在被淹的田里扶苗洗苗。”“据不完全统计，安仁镇被淹粮田4400余亩；冲毁机耕路1846米；倒塌房屋12间，直接经济损失高达500余万元，但没有发生人员伤亡。”

1999年6月24日、25日，暴雨，降雨量150毫米以上。清渚溪洪水猛涨，安仁街道进水，大畈粮田被淹。

2001年6月25日、26日，连续两天普降大到暴雨。清渚溪、小溪（十里长垅）两条河流集雨面积170平方公里的洪水冲向安仁，致使街道洪水深一米以上。据《建德年鉴》载，安仁（镇）遭受（2001）“6·25”洪灾：受淹面积300公顷，冲毁经济作物46.67公顷，房屋倒塌33户计56间，直接经济损失560万元。

2009年8月8日8时至11日8时，受台风“莫拉克”影响，安仁村域降雨量超过100毫米。9日11时30分，钦堂乡胜利水库开闸泄洪，清渚溪洪水暴涨。13日晚7时~11时，钦堂乡降雨量达186毫米，同时乾潭镇降雨量为151毫米。清渚溪和小溪水位暴涨，当夜10时46分洪水漫进安仁大街、金秋街，深达110厘米。次日中午洪水退出。当晚，荻州潘家、汪家自然村山洪暴发，多户村民家中进水，进自然村公路因塌方被堵。

2011年6月18日，因1日—20日连续四次强降雨，尤其18日—19日短时间降雨量达113毫米。清渚溪、小溪洪水猛涨，安仁老街、金秋街于18日晨进水，水深20~30厘米。

2012年6月28日零时至8时，安仁区域降雨量达103.2毫米（下梓测站），造成小溪洪涝。

图52　2011年6月18日，金秋街水患实景（金军明摄）

旱灾

民国3年（1914）闰五月至八月，大旱，粮食减产严重。

民国23年（1934），大旱，夏至开始至白露前2日止，持续84天。

1964年，由于夏旱旱，旱情待续80多天。大片农田龟裂，粮食产量大幅下降。

1967年7月6日开始到11月10日干旱持续127天。为近百年最严重的旱情。在清渚溪安仁桥下等多处挖坑（井）取水抗旱。

1977年夏，旱情较重。

1978年6月2日至7月15日，7月24日至9月27日两次干旱107天。在清渚溪安仁桥下等多处挖坑（井）取水抗旱。

风灾

1979年3月30日凌晨，雷雨大风，风力7~9级，阵风10~11级，造成安仁田畈的小麦、油菜大面积倒伏，民房损失严重。

1997年8月18日后半夜，受第11号台风袭击。台风中心气压975百帕，近中心最大风力11级。受台风影响，安仁村域普降大雨，320国道多根行道树连根拔起。据1997年8月21日《建德报》报道："11号台风夹带着瓢泼大雨，如山呼海啸般地在建德大地上疯狂肆虐。刹时间，飞沙走石，迷雾遮天，320国道安仁至乾潭段上不少行道大树，未能经受住狂风的摧残，被连根拔起，横卧道上，交通顿时中断，成百上千的过往车辆被围困于此。"

雪灾（冰冻）

1955年1月11日，严寒，春花作物减产。

1965年，春播期低温多雨，烂秧40%左右。

1968年冬，低于0℃的天数达52天，为历史罕见。

1976年11月13日夜初雪，15日、16日降大雪，安仁平地积雪厚达25厘米以上，高坪积雪30厘米以上。山上部分树木、毛竹被雪压断。

图 53　2010 年雪景（金军明　摄）

1977年1月1日开始降雪，断断续续至2月9日，村域地面积雪达30厘米以上。

2005年3月11日夜至次日普降大雪，安仁平地积雪10厘米，高坪山区积雪15厘米以上。

2008年2月1日—2日，村域普降暴雪，安仁平地积雪25厘米，高坪山区积雪30厘米以上。

2010年2月13日—14日，村域普降大雪，安仁平地积雪20厘米，高坪山区积雪25厘米以上。

2011年1月18日—21日，村域普降大雪，安仁集镇地面积雪超过10厘米，高坪山区积雪15厘米以上。

2016年1月25日，建德市气象台发布低温冰冻实况通报：截至8时，建德市大部分地区最低气温均降至-9℃至-12℃。出现冰冻灾害。

虫害

1958年，旱地作物番薯虫灾害严重。

1996年10月，安仁村200公顷马尾松发生日本干蚧危害，后蔓延至原安仁镇各村，森林受害面积达670多公顷。此为安仁村也是建德市首次发生此虫害。

水文

村域内主要河流有清渚溪、"十里长垅"小溪。高坪自然村南侧紧依富春江（七里泷段）。

1969年富春江水电站建成，水库开始蓄水后，七里泷段水位、流量趋于稳定；清渚溪从村西施家村入村境，20世纪70年代前，水流清澈，含沙量少，是安仁村农田灌溉和饮用的主要水源。由于上游矿产资源丰富，自80年代石材加工业兴起，致流水浑浊，水质恶劣，无法饮用。21世纪以来，经过多年整治，特别近年来的“五水共治”，其水质已有明显改观；小溪源自“十里长垅”，常年保持一定的水流量，且水质较好，有雨季暴涨、旱季流量小的特点。

第五节　自然资源

矿产资源

安仁村矿产资源丰富。主要矿产资源有石煤、五氧化二钒、石灰石、硫黄、萤石矿等，并伴有银等金属物质。高坪有铅、锌、钼等金属量异常点。

据史料记载，20世纪60年代，勘明安仁煤灰山石煤（C1+C2级）储量1000万吨，伴生五氧化二钒（C2级）13.28万吨。石煤发热量1014~1385卡/克，含五氧化二钒0.54%~0.64%。石煤主要用于烧石灰、发电等。

安仁煤灰山　为寒武系荷塘组石煤。从潘家，经煤灰山、火星湾，断续延伸到幸福村一带，全长7千米。已知可采石煤两层，走向东北—南西，倾向并西，倾角45~60度。下层石煤发热量比上层高，含钒亦高。厚度较大。下石煤层平均厚15.71米，发热量平均1358卡/克，灰分一般75%~80%，含硫2%~5%，含五氧化二钒0.4%~0.8%。上石煤层平均厚10.1米，发热量1014卡/克，灰分一般80%~85%，含硫2%~5%。石煤层的底层含磷两层，一层厚1~4米，含氧化磷1.3%~2.95%，含磷5.02%；另一层20~40米，含氧化磷9.48%~18.05%。

图54　煤灰山石煤宕旧址

石灰石　在煤灰山一带广泛出露，储量丰富。氧化钙含量高达54%，是生产石灰、水泥的重要原料。

萤石矿　位于潘家自然村，2013—2015年，建德市国土资源局委托浙江省第七地质大队对潘家矿区萤石矿地质进行了详查。勘查面积2.24平方公里。探明萤石矿储量5万吨~10万吨。

矿产资源利用　石煤、石灰石开采历史悠久。据《建德县志》载，清“乾隆三年（1738），城（梅城）北荻洲坞、岩下坞、和尚坞有煤灰窑五十余座，年出灰四万余石，用之肥田和出售”。清同治二年（1863），出现“益大”灰窑，“雇工凡百十人，窑主出资，窑工出力”，采煤、采石、装窑专业分工，长年生产。清光绪十五年（1889），小窑破产殆尽，产生“裕大”“荣福”灰窑。三座大窑“占山百二余亩，岁出灰八万余石，运销金衢杭绍等处”。其间，“客籍商人办矿居大部。”

20世纪50年代到90年代末，煤灰山的石煤、石灰石和五氧化二钒由县属企业建德市石煤综合利用公司（前身为地方国营建德县安仁化工厂、建德县安仁煤灰合作工厂、建德县安仁石煤矿）开采。50—60年代，年开采石煤3万吨—4万吨，年产石灰1000~3000吨。70年代，开展“夺煤大会战”运动，年产石煤6万吨~7万吨。石煤除烧制石灰外，还用作民间燃料。据有关史料记载，1970年至1987年经由长坑、七里泷、渡济三地外调石煤达82.1万吨。70年代中期开始石煤综合利用，在石煤中提取五氧化二钒、硫黄。80年代初，利用石灰生产轻质碳酸钙。1982年，建德县石煤综合利用公司被煤炭工业部确定为全国石煤综合利用基地。1986年4月5日，安装的我国第一台全石煤燃烧每小时6吨双床沸腾炉试烧成功。同年4月10日，利用沸腾炉余热安装的750千瓦汽轮机组正式并网发电。沸腾炉炉渣用作水泥生产。石煤综合利用取得丰硕成果。1988年，其生产能力为：石煤10万吨、石灰1万吨、五氧化二钒100吨、电力300万千瓦时、水泥5万吨。年产值300万元。2001年，市石煤综合利用公司破产停业。

20世纪70年代至80年代后期，荻州村办有石煤矿，年开采石煤1万吨~2万吨。据有关年报统计，荻州煤矿石煤开采量为：1968年，6000吨；1974年，8686吨；1975年，21190吨；1978年，20098吨；1982年，11827吨；1988年，1.4万吨；1989年，2000吨。石煤全部销往外地。当时，煤矿成了荻州村集体经济的主要来源。荻州煤矿于1999年上半年依法关闭。

2001年起，石煤开采全部停止。

动物资源

安仁村动物资源十分丰富。动物资源未作专门的调查统计，根据《建德市志》中的“建德市野生动物名录”，粗略对应确定域内至今被认识的动物有9大类（不包括昆虫类动物），

兽类　野猪、野山羊、黄鼠狼、猸子、香狸和九江狸（国家二类保护动物）、草狐、石獾、猪獾、狗獾、草兔、黄麂、刺猬、獐子、松鼠、花鼠、飞鼠、穿山甲（国家二类保护动物）等。

鸟类　雉鸡和燕子（国家二类保护动物）、白鹭、山鸡、野鸡、相思鸟、猫头鹰、黄头鸟、啄木鸟、杜鹃、喜鹊、长尾雀、鹁鸪、八哥、麻雀、山雀、老鹰、乌鸦、翠鸟、扭颈鸟（蛇鸟）等。

蛇类　黑王锦蛇、赤练蛇、银环蛇、眼镜蛇、蝮蛇、蕲蛇、乌梢蛇、青蛇、竹叶青、菜花蛇、水蛇等。

鱼类　青鱼、草鱼、鲤鱼、鲫鱼、三角鱼、细鳞鲴、麦穗鱼、捧花鱼、鲢鱼、鲶鱼、鳊鱼、黄刺鱼、泥鳅、花鳅、黄沙鳅、高陵泥鳅、花鳗、梭鱼、黄鳝等。

非鱼类水生动物　甲鱼（鳖）、青虾、毛蟹、黄蚬、田螺、石鸡、乌龟等。

两栖动物　青蛙、虎纹蛙（国家二类保护动物）、金钱蛙、蟾蜍等。

爬行动物　蜥蜴、石龙子、壁虎、蜈蚣等。

软体动物　河蚌、蜗牛等。

环节动物　蚯蚓、水蛭等。

除以上野生动物外，村民直接饲养的动物有猪、牛、羊、鸡、鸭、鹅、狗、猫、兔等。

植物资源

村域内植物资源未作详细的统计调查，参照建德市林业局《建德市植物资源名录》，粗略确定各类植物700余种（含本地栽培品种）。

林木树种　村域内约400种以上。马尾松、杉木、毛竹为主要用材林，油桐、油茶、茶叶、山

核桃为主要经济林。全村山林面积8857亩（其中公益林7527亩）。马尾松分布普遍，徐坞、鱼坑坞、白岩山、窑蓬后、煤灰山、荻州坞较多。杉木集生在天堂坪、倒坪、三百亩、西峰岩、长湾、潘家山等。毛竹主要分布在大唐寺、高坪山区、潘家后山等。

经济价值较大的林木树种主要有：银杏、粗榧、三尖杉、罗汉松、马尾松、杉木（刺杉、广叶杉）、柳树、刺柏、侧柏、普通柏、毛竹、小竹、苦竹、紫竹、箬竹、雷竹、棕榈、毛白杨、化香、山核桃、野海棠、枇杷、石楠、樱桃、梅、李、杏、桃、合欢、山槐、皂荚、肥皂荚、紫荆、槐树、黄檀；橘、桔、文旦、香栾、苦楝、香樟、三年桐、千年桐、馒头果、乌桕、漆、黄连木、酸枣、枣、冬青、八角刺；大叶黄杨、黄杨、野椿、雷公藤、卫茅、栾树、无患子、枫树、三角枫、枳椇（金勾梨）、木槿、木芙蓉、冻绿、梧桐、油茶、木荷、桷斗木、白花泡桐、柞木、瑞香、紫薇、石榴、八角枫、刺楸、五加、杜鹃（柴瓣花）、紫金牛、板栗、茅栗、苦槠、米槠、甜槠、麻栗、青㭎、乌㭎栗、小叶栎、白栎、榔榆、朴树、黑弹树、珊瑚树、榉树、桑树、构树、柘树、蜡梅、樟木、天竺桂、大叶楠、紫楠、榕树、枫香、牛鼻栓、山梅花、拟赤杨、柿树、君迁子、女贞、木樨（桂花）、夹竹桃、络石、黄荆、梓树、樗树（香椿）棕竹，等等。

20世纪80年代起，随着花卉苗木产业的发展而引进的园林、绿化木树种有：铁树、雪松、水松、水杉、凤尾竹、昆明柏、罗汉松、广玉兰、含笑、南方木莲、紫穗槐、刺槐、胡柚、金橘、昌化槭，等等。

药用植物　粗略确定村域内可供药用植物有200多种，其中主要有石耳（石衣）、江南卷柏、卷柏、小凤凰草、风藤、阴地蕨、海金砂、乌韭、槲蕨、抱石莲、石苇、无花果、马兜铃、路边草、虎杖、何首乌、鸡冠花、马齿苋、莲、威灵仙、草乌、小毛茛、天葵、山荷叶、淫羊霍、清木香、白木香、乌药、狗牙齿、杜仲、龙牙草、三七、野山楂、月季、合欢、扁豆、金钱草、八角刺、鬼箭柴、鸡爪梨、三叶青、猕猴桃、地耳草、匍伏堇、黄芩、白英、倒挂金钟、车前、地丁草、明党参、女贞子、前胡、黄疸草、益母草、蛤蟆草、黄栀、钩藤、金银花、水杨梅、茜草、陈蒿、黄花蒿、牛蒡、野黄菊、马兰头、千里光、一枝黄花、麦冬、蒲公英、苍耳、茅草根、莎草、石菖蒲、天南星、百部、山蒜、天门冬、柴胡、百合、七叶一枝花、黄精、滴水珠、半夏、谷精草、山奇良、野葱、天门冬、野百合、斑叶兰、银杏、茯苓、黄独、穿龙薯蓣、射干、白芨、胶股蓝（猪母藤）、鱼腥草、半边莲、紫苏、斑叶兰、青葙、牛奶莓、老虎刺、木槿、野葱，等等。

野生植物中，有许多在1980年前是工业生产的重要原料，较大宗的有金刚刺、橡籽（白栎子）、金樱子、山楂、棠梨子等是酿酒的主要原料。芒秆、山桠皮、构树皮等可供造纸。山苍子工业用途广泛。1990年以后，上述野生植物资源利用量大幅减少，规模性的采集、收购均停止。

饲料植物　牛羊类牧草主要品种有：五节芒、白芒、白茅、金茅、葛藤、竹叶草、细柄草、狼尾草、罗汉草、茅干、野绿豆、硬梗草等。猪饲料野草主要有：荠菜、马齿苋、老鸹草、长毛草、野鸡冠花、马兰头、寒浆、猪母藤、臭荞麦、野荞麦、鸡啄草、苦叶草、牛舌头、野苋菜、水芹菜、野芋头、蓼草、竹叶草、糊米浆、野花生、野番薯、菁、野麻、半边莲、红花草、剪刀草、蒲公英、羊胡须、羊舌头、猫耳朵、糯米藤、慈姑草、野苦麻、犁头草、野薄荷、酸草、野油菜、益母草、野胡萝卜、珍珠菜、野菊花、臭草、田塍草、野紫苏、铜钿草、小鸡草、砻糠草等，藤类植物的葛藤叶、野桑叶、野葡萄叶、肤叶桃叶、八角枫叶、白栎嫩枝头等，还有水生类的革命草、松毛蕴、扁担蕴、蜈蚣藻、紫藻水葫芦等。

第三章　耕地与山林

第一节　耕地坐落及惯用地名

安仁村位于建德市东北部，离县城约40千米，是一个人多地少而以农业为主的村落。

明清至民国时期，土地私有化程度很高，土地均归地主所有。1949年以后，经土地改革，安仁村的耕地主要分布在大畈、对面畈、堰下畈、前畈、水口庙（桃树下）、后宅、鱼坑坞、徐坞口等地。荻州村的耕地主要分布在荻州垅等地。高坪村的耕地均散落地高坪村所辖的各山湾间。上述耕地地域范围一直延续至今。

安仁、荻州、高坪村未合并前，安仁村因集镇建设、320国道改建、高速公路互通口，以及企事业单位等建设，耕地面积大幅减少。荻州村、高坪村属山区，耕地面积变化不大。2007年，安仁、荻州、高坪村合并后，分为2个片区，即安仁集镇主片区和荻州高坪片区。现将两片区的土地坐落方位及惯用名称、新地名列表如下：

安仁集镇主片区土地坐落方位及惯用名称一览表

表3—1

坐落方位	惯用名称		新地名
	田畈	山坞	
东	安下畈、粮站后、红沙丘、张公里、无塍头、安下桥头、水口庙、桃树下等	白岩山	安仁新村、堰下畈、新320国道等
南	前畈、鱼坑坞、小溪边、窑篷后、筛猛孔等	鱼坑坞、前山园、窑篷后	金秋街、新320国道、东兴路、安春路、旺乐路等
西	嗯峰里、大湾里、后宅、亭子边、寺田、徐坞口等	虎头山、金鸡洞、金门里、后宅、牛鞍湾、庙湾、徐坞、李子垅、青塘垄	金鸡弄、后宅路、水泥厂、安仁中心学校、朝阳实业公司、安钦路、新星路、村前巷等
北	大畈、大塍里、王家坟边、横荡里，银瓶丘、马盘、紫沙碓、郑包弄、后山边、高畈、后山庙边、对面畈、麻车边、潘母垅等	潘母垅、赤山弄	安仁新村、安盛路、翠和路、仁和路、后坞线、杭派民居、高速出口、工业园区等

荻州高坪片区荻州自然村土地坐落方位及惯用名称一览表

表3—2

坐落方位	惯用名称		新地名
	田畈	山坞	
荻州垅	大垅、长坑垅、苦竹垅、荻州垅、大湾等	坟向坪、外前山、大青、大屋后、马金山、大湾、糊塘坞、新窑里、船坞、大岩、毛竹拓、大坟头顶、狮子头、风车斗、倒坪、七里地、栗树坞、庙坞、后坞、后塘坞、桐桃坞、梅树坞、方家坞、大坞、金羊坞、大田坞、沙湾坞、羊毛坞等	荻州自然村

荻州高坪片区高坪自然村土地坐落方位及惯用名称一览表

表3—3

坐落方位	惯用名称		新地名
	田畈	山坞	
高坪山区	天堂坪、六亩丘、陈家阳、厂前后、老棚基、湖田里、外七亩、下底坪、狗头湾、大唐寺、紫毛坞、大青毛竹湾、老棚基、水口庙、里水湾、窑平里、菜篮湾、里七庙、外七亩、向阳坪、玉湾、樟树沟、陈家阳、横坞	马坞、凤凰燕、大唐寺、石屋、山鸡弄、金竹湾、樟家坞、三百亩、牛角坞、倒坪、西峰岩、狗头湾、湖田岗、松坞、外七园、樟家坞、陈家阳、苦竹坪、梨树湾、菜蓝湾、乔坞、外七亩、横坞、山鸡岩紫毛坞等	高坪自然村

第二节　耕地变化

明清至民国时期，土地私有化程度很高，土地均归地主所有。

1949—1958年，经土地改革，土地仍为村民所有。1958年全面公社化后，土地归集体所有。安仁、荻州、高坪的土地主要是耕地，包括水田和旱地，以此作为向国家纳税的依据。安仁、荻州、高坪的耕地面积，据1964年的《安仁公社各大队耕地、山林面积情况登记表》记载，安仁大队耕地合计564.9亩，其中水田548.9亩、旱地16亩；荻州大队耕地合计312.9亩，其中水田209.9亩、旱地103亩；高坪大队耕地合计58.4亩，其中水田48.4亩、旱地10亩。

1964年安仁、荻州、高坪大队耕地、山林面积情况登记表

表3—4

队　名	总亩数	其　中				
		水田	旱地	自留地	河路村	山林
安　仁	1830	548.9	16	53.4	255.7	956
荻　州	4611	209.9	103	46	185.6	4066.5
高　坪	3333.2	48.4	10	13.8	27	3234
合　计	9774.2	807.2	129	113.2	468.3	8256.5

1965年开始，为了扩大粮食种植面积，开始开荒造田，耕地面积逐年扩大；1968年，在“农业学大寨”运动中，把部分旱地改水田。安仁大队将无膛头（旧名，今清渚溪北岸新国道桥东至永济

桥区域）的20多亩溪滩改成水田。又将桃树下（旧名，今安仁街东与新国道桥南区域）20多亩旱地改成水田。至1970年，安仁、荻州、高坪的水田面积分别扩大到601.4亩、262亩、80亩。1970年以来，除荻州、高坪的耕地面积略有增加外，安仁的耕地面积随着有关企事业单位的征用以及安仁集镇的建设需要而逐渐减少。2007年，安仁、荻州、高坪合并后的土地总面积为10030亩，其中耕地758亩、园地400亩、林地8857亩、水面15亩。自2009年以来，随着“下山移民”工程的实施，高坪、荻州的村民逐渐搬迁至安仁新村及“杭派民居”居住，将原居住的宅基地全部改造成耕地。2014—2016年，先后对原市石煤综合利用公司的办公、生活区的土地，以及废矿区进行大面积的土地复耕改造，至2016年年底，全村共复耕土地270余亩（其中废矿区180亩，宅基地90亩）。

据现有资料记载，安仁、荻州、高坪村未合并前的择年耕地数量变化情况见下表：

部分年份安仁、荻州、高坪耕地数量变化表

表3—5　　单位：亩

年份	安　仁			荻　州			高　坪		
	合计	水田	旱地	合计	水田	旱地	合计	水田	旱地
1963	550	550	–	210.5	210.5	–	48.4	48.4	–
1964	564.9	548.9	16	312.9	209.9	103	58.4	48.4	10
1969	601	585	16	262	250	12	80	80	–
1974	598	584.5	13.5	237.4	237.4	–	86.8	86.8	–
1979	580.3	580.3	–	242.1	242.1	–	93	93	–
1981	580	580	–	274.1	239.1	35	92	92	–
1988	612	568	44	356	240	116	131	90	41
1995	573	513	60	346	234	112	不详	不详	–
2006	509.5	453.3	56.2	352	240	112	71	71	–

据不完全统计，1964年至2015年，安仁村共约500余亩土地（水田、山地）征用为建设用地。20世纪80年代前，有少量土地被征用。自1992年安仁乡撤乡建镇并确定安仁村为自主开发城镇小区后，安仁村的前畈、对面畈（安仁桥下）、大畈（安仁桥上）、红沙丘、徐坞口、桃树下、潘母垅、白岩山脚等处的土地相继被有关部门征用，用于建设安仁卫生院、金秋街商业区、安仁中心学校、工业开发区（后山园区）、杭新景高速公路安仁互通口、安仁污水处理厂、安仁新村、杭派民居，以及企业厂房和改建320国道等。

土地用途变化情况表如下：

安仁村土地用途变化情况表

表3—6

坐落土名	原用途	改变后用途	数量（亩）	改变时间
大畈油坊边	旱地	县粮食局安仁粮库	1.8	1964.7
前畈	菜园	建德县食品公司安仁站	0.8	1966.9
前畈	菜地	杭州长途电信线务站	0.18	1966.12
嗯峰里	山地	安仁公社办公楼	3.58	1973.8

续表 3—6

坐落土名	原用途	改变后用途	数量（亩）	改变时间
嗯峰里	山地	安仁收购站	2.29	1973.8
徐坞	山地、水库	安仁公社水泥厂	7	1977
庙湾医院傍	水塘、路边山坡	公社卫生院病房扩建	1.15	1980.3
前畈	水田	安仁电影院	7	1982
后宅	山地、水田、水塘	建德县石煤综合利用公司水泥厂（新安江第二水泥厂）	77.07	1985.10
后宅（红线内补征）	山	建德县石煤综合利用公司水泥厂	13.48	1992.3
徐坞	水田	建德市特种水泥厂	6.02	1995.4
前畈、大畈	山地、水田	320 国道	55.11	1997.9
前畈	水田	安仁镇政府	4.20	1997.11
村预制场	屋基场地	安仁中心学校	1	2001.7
红沙丘、电器厂东	水田	安仁镇政府	40.85	2001.9
牛鞍湾	山地、屋基	建德三狮安仁建材有限公司	11	2003.7
大畈（安仁桥下）	水田	建德城东开发区	35	2003.8
大畈（安仁桥上）	水田	杭千高速安仁出口	39.68	2004.12
潘母垅	田、地、山	开发区（后山园区）	97.48	2007
大畈	水田	乾潭镇城建投资有公司	3	2007.9
大畈	水田	乾潭镇城建投资有公司	5.04	2009.6
白岩山脚	山地	安仁污水处理厂	20	2012
大畈（安仁桥上）	水田	杭派民居	64.20	2015.6

第三节　耕地的所有权制度

一、1949年前的耕地所有权制度

中国几千年的封建社会，土地均以私有制为主体，在农村有少量的共有土地主要集中在祠产、祀产和会产等方面。民国时期（1912—1949）虽然结束了统治中国几千年的封建帝王制度，但并未触及封建土地制度的实质，土地仍以私有制为主体。民国时期土地分公有、私有两种。公有土地，指官产、学产、桥田、公路、铁路等；私有制之中也有共同所有，如祠产、祀产、会产等为共有之地。凡不属公有私有者，如无业主无完粮任务的地，洪水冲刷的地及完粮于邻县的地，则另列其他一类。

二、1949年后的耕地所有权制度

1949年后，耕地制度变革大体经历农民个体私有制到农村土地集体所有制。经历了土地改革、互助合作、人民公社化、家庭联产承包等过程，沿至当今土地所有制分全民所有制（国有）和劳动群众集体所有制。1990年5月，国家按照所有权与使用权分离的原则，实行对国有土地使用权有偿出让和转让的土地使用制度改革。其各项变革过程按先后顺序分述如下：

农民土地私有制

1949年后，在完成民主建设，减租减息等基础上，建德全县由点到面开展土地改革（以下简称土改）。1951年初，按照“放手发动群众，大胆开展工作的方针”，安仁村、荻州村、高坪部分自然村相继开展了农村土地改革。当时负责安仁村土改的干部有朱音华等。土改中始终贯彻“依靠贫农、雇农，团结中农，中立富农，有步骤有分别地消灭封建剥削制度，发展农业生产”的政策。土改时，首先是没收民国及以前的旧地契、旧房契、卖身契；接着宣传政策，发动群众，引导贫雇农诉苦和算账，启发他们的阶级觉悟，使之成为土改的中坚力量；然后是清查土地和划分阶级成分，划分阶级成分要经历讲阶级、评阶级、通过阶级和批准阶级四个阶段。安仁村划阶级成分有五种类型(地主、富农、中农、贫农、雇农)。安仁村共132户，其中地主11户、富农8户、中农41户、贫农50户、雇农11户、其他11户。然后分地分财产，把地主的土地分给无地或少地的农民，教育农民。在分地中，教育农民要本着团结互让，有利生产的精神，公平合理地分配土地。同时执行对地主给予出路的政策，同样分给一份土地。当时，安仁村每人分得土地一亩左右。在土改中，还将地主的房屋和财产分配给贫苦人家。1951年5月，土改结束，对土地房产进行统一登记，由县人民政府发给土地房产证。

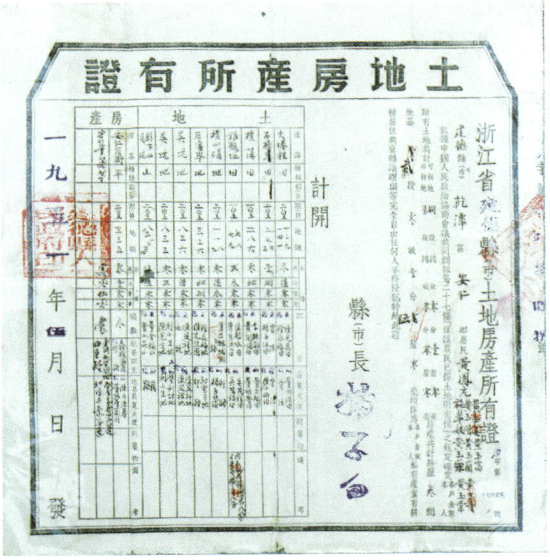

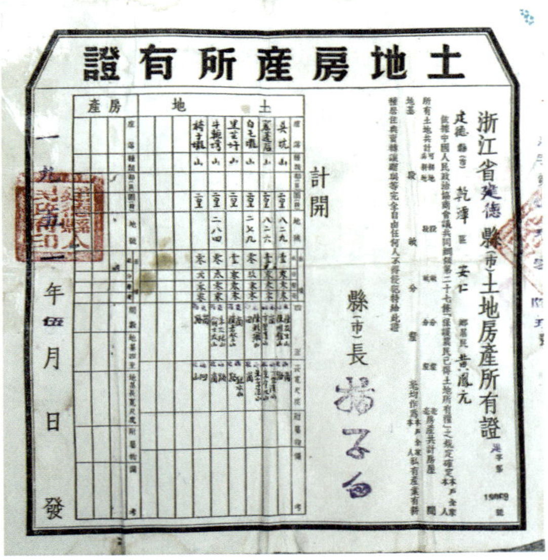

图55　1951年5月，建德县人民政府核发的“土地房产所有证”

社会主义农村土地集体所有制

农业互助组　土地改革后，为避免农村再次出现贫富两极分化，国家号召农民走合作化道路，将个体农民的小农经济逐步改造成为社会主义公有制的集体经济。建德县人民政府认真贯彻中共中央关于“组织起来，发展生产”的方针，引导农民在“自愿互利、民主管理、等价交换”的原则下，办起农业生产互助组。互助组分常年互助组与临时互助组，实行互相换工，评工记分，收入归己，余缺年终找补。

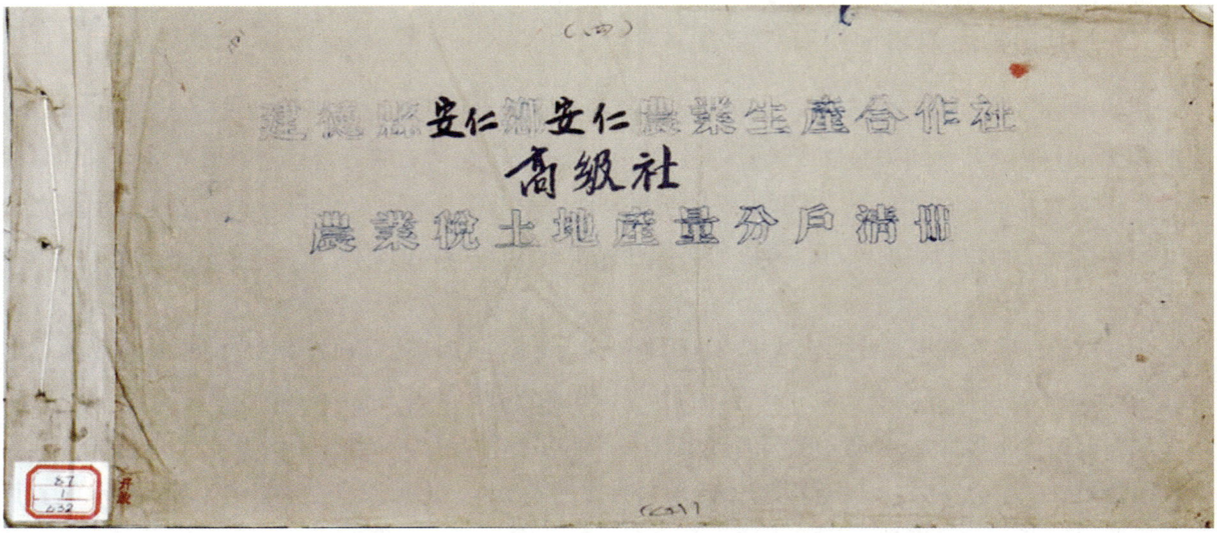

图 56　安仁高级社农业税土地产量分户清册（建德市档案馆存档）

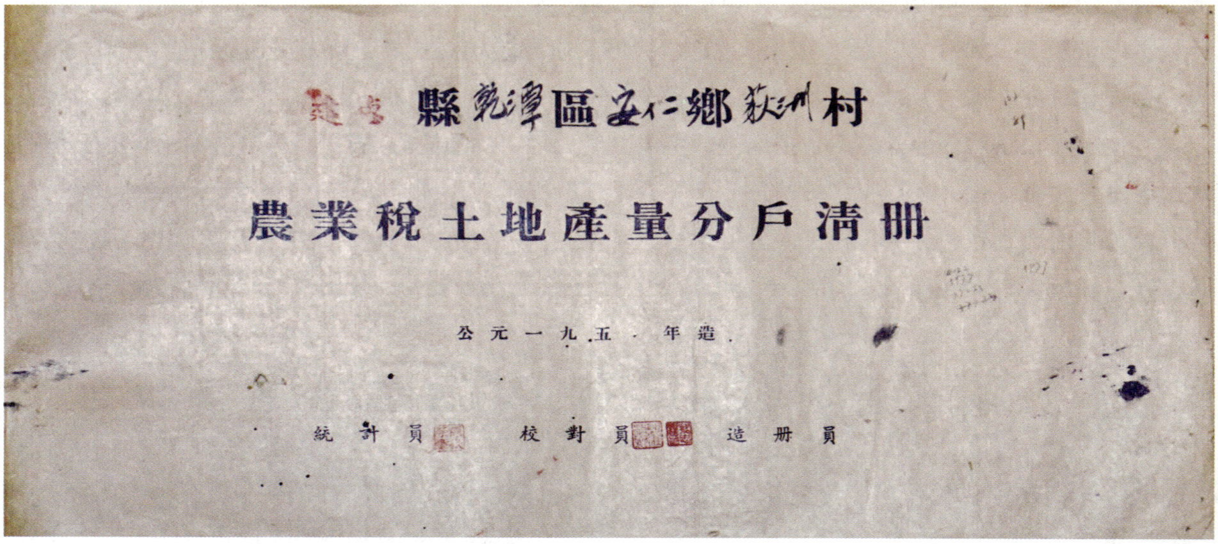

图 57　荻洲村农业税土地产量分户清册（建德市档案馆存档）

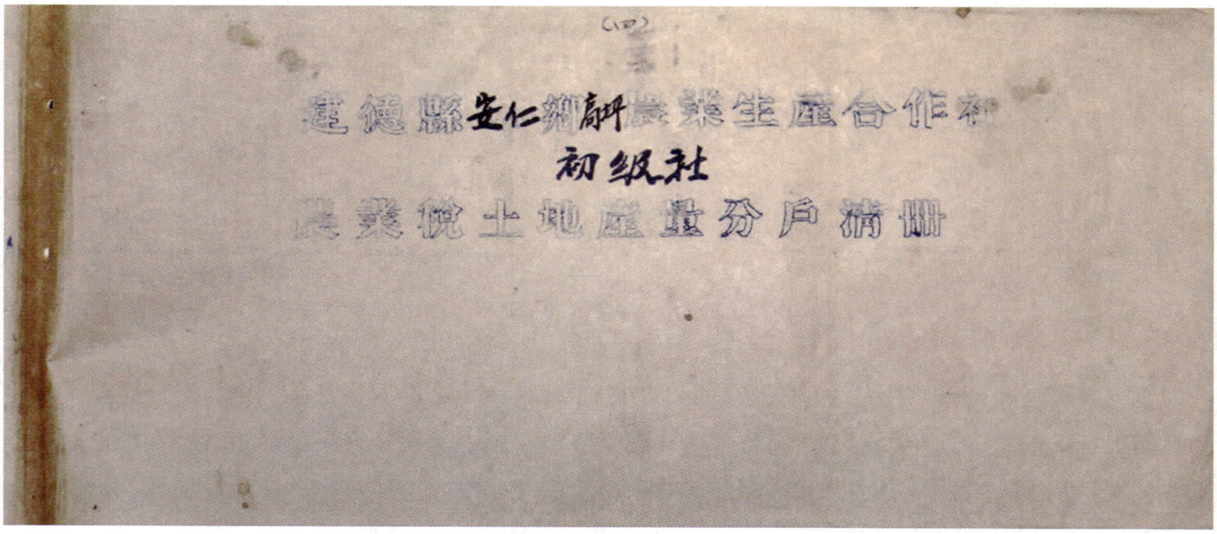

图 58　高坪初级社农业税土地产量分户清册（建德市档案馆存档）

当时，安仁村最早的互助组有董仕进组、俞仕青组、陈岩芳组、陈友生组等。荻州村有潘家潘光义组、汪家汪江潮组等。高坪有陈福跃组等。在互助组里，土地仍然属于私人所有。

初级农业生产合作社　1954年冬，安仁村成立两个初级农业生产合作社（以下简称初级社）。初级社是在农业互助组的基础上建立起来的，土地和生产工具仍为私人所有，耕牛和农具等实行折价入股集中到初级社按土地计算“股份基金”，没有耕牛和农具的农户可交现金作入股基金；土地评产入社，由初级社统一经营，收入分配在保留土地分红的基础上按劳计酬，社员实行评工记分，按劳取酬。收入分配的比例一般为土地占40%，劳动力占60%。

高级农业生产合作社　1956年秋，合作化运动全面升级，把互助组、初级社合并成高级社。高级社取消土地分红，实行各尽所能，按劳分配，多劳多得的分配原则；农具作价入社；对劳动力少，人口多，生活有困难的社员给予照顾。1958年，土地完全归集体所有。

人民公社化

1958年8月下旬，中共中央下达《关于在农村建立人民公社的决议》。是年9月，建德县全面展开，实现人民公社化。人民公社实行“政社合一，工农商学兵五位一体”的制度，把土地、耕牛和农具等生产资料归公。安仁村当时的建制称谓为“安仁公社安仁管理区”。人民公社化后，又提出“大跃进”口号，随之刮起“五风”（平调风、共产风、浮夸风、强迫命令风、瞎指挥风），严重挫伤了农民的生产积极性，粮食减产，农村经济陷入困境。1959年3月，开始整顿人民公社。1960年11月开始纠正“平调风”“共产风”，对无偿调用的财物进行算账退赔。1961年贯彻《农村人民公社工作条例（草案）》（即六十条）。把基本核算单位放到生产队，由生产小队直接组织生产，生产大队对生产小队实行“三包一奖四固定”（包工、包产、包成本、超产奖励），劳动力、土地、耕牛、农具固定给生产小队使用，并允许社员经营少量自留地和小规模家庭副业。当时，安仁、荻州、高坪均允许社员在田头地角、山坡等地方开荒扩种，经营少量自留旱地，水田则完全由集体管理。1962年2月，贯彻中共中央《关于改变农村人民公社基本核算单位问题的指示》，提出“三级所有，队为基础”的人民公社管理体制。

时称安仁公社安仁大队、荻州大队、高坪大队。安仁大队下设8个生产队，荻州大队下设6个生产队，高坪大队下设3个生产队。以生产队为核算单位，生产队通过“四固定”（土地、劳动力、耕牛、农具），实行独立核算、自负盈亏，全面执行“各尽所能，按劳分配”的原则，农业生产得到恢复和发展。这一经营体制一直延续到1978年。

家庭联产承包责任制

1978年12月，农村开始经济体制改革，陆续出现了不同形式的联产承包责任制。大田粮食作物包产到组，联产计酬；集体企业和茶叶林业专业承包经营；零星旱地包产或包干到户经营等。1980年9月，贯彻执行中共中央《关于进一步加强和完善农业生产责任制的几个问题的指示》，1982年下半年，开始

图59　堰下畈一角

图 60　堰下畈水渠

实行包产到户或包干到户责任制。1983年，撤社建乡，生产大队改置行政村，下设村民小组。安仁村设22个小组，荻州村设10个小组，高坪村设2个小组。2007年7月，安仁、荻州、高坪村合并成新安仁村后，分设为14个村民小组，一直延续至今。

联产承包责任制，以土地公有为特征，家庭经营为基础，联产承包为纽带，实行统分结合双层经营体制。其联产承包责任制，主要有两种形式：一是以分散经营为特征的家庭联产承包责任制，把原生产队统一经营的耕地，按人口、劳动力比例计算到户，由农户承包经营。承包户当年在耕地上经营的收入，除完成上交国家任务（公粮）和规定上交集体提留外，余下全部归自己，此种“大包干”是联产承包的主要形式。二是以统一经营为特征的专业承包。原大队或生产队经营的副业、林业、茶叶、果树，以及农机管理使用等，由户或组承包，行政村与承包户、组签订合同，根据生产周期长短来确定承包年限以及承包者的经营收入，在完成上交当年合同规定任务后，余下归己。

安仁村、荻州村、高坪村在第一轮土地承包上按“口粮田”和“责任田”来分包耕地。“口粮田”按人口多少确定分配数，“责任田”按劳动力来分配，每一生产队在土地总量中提留一定的“机动田”后，按照上述两种标准分包给农户。安仁村人均分包土地0.6~0.9亩不等。土地根据人口和劳动力变化实行周期性调整，由各生产队自行决定，基本上是3~5年调整一次，原分配土地基本不变动。当时生产队集体提留的“机动田”，主要用于新增人口的土地问题。

安仁村由于原各生产队之间一直存在着人均水田面积不均的情况，多的人均有0.8亩，少的只有0.4亩。1994年10月，安仁村为解决分包给个人的耕地不均的问题，实施了耕地大调整政策。即将所有耕地统一收拢，由村进行统一重新分配。当年全村有耕地531亩，人口831人。在每人分包0.4亩口粮田后，余下的近200亩耕地由村集体承包给种粮大户耕种。

1999年，实行第二轮土地承包。按照中共中央、国务院《关于当前农业和农村经济发展的若干政策措施》的精神，在上一轮耕地承包的基础上，再延长30年不变，并实行在承包期限内“增人不

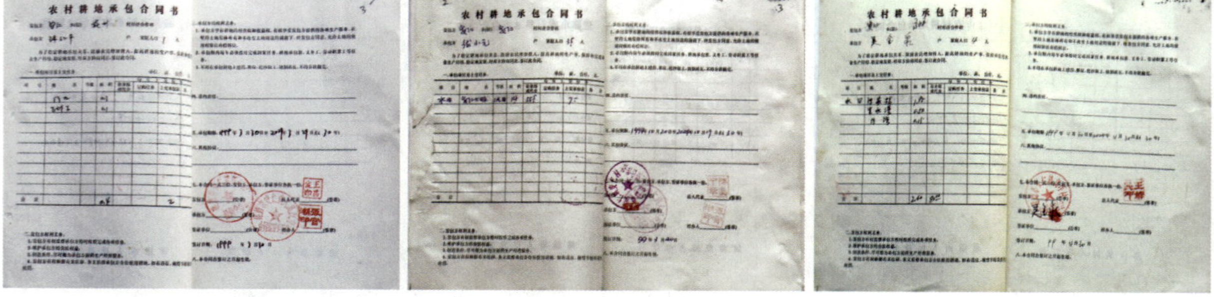

图 61　《农村耕地承包合同书》

增地，减人不减地”的原则。落实“延包”政策后，一般不再调整承包土地，即使调整也是抽多补少，小调整为主。此次耕地承包，在原生产队范围内进行，改革第一轮承包强调“劳力”和“口粮”分包耕地的办法，改为按人口分包耕地。通过延包，进一步稳定土地承包关系，完善土地承包制度。安仁村经济合作社、荻州村经济合作社、高坪村经济合作社分别与承包户签订“农村耕地承包合同书”，并报安仁镇政府备案。

安仁村与农户签订农村耕地承包合同书的承包时间为1994年至2024年，荻州、高坪村与农户签订农村耕地承包合同书的承包时间为1999年至2029年。

村集体统一经营

2007年7月，安仁、荻州、高坪村合并成新安仁村后，经村民代表大会决定，原承包给农户经营的耕地全部流转到村集体统一经营。原各村与农户签订的《农村耕地承包合同书》停止执行，每年由村集体经济支付口粮款，2009年改为村股份经济合作社分红制，一直延续至今。

农村的用地制度

土改时分给农民的土地，现在仍由村或农民集体经济组织或其成员使用的，属农民集体所有制。单位和个人将耕地改为非耕地的，须经建德市以上人民政府批准。单位和个人承包经营的土地和确定给个人使用的自留地、自留山，应当按照规定使用，不得擅自建房、建窑、建坟、采矿、采石、挖砂、取土，凡在土地上从事采矿、采石、挖砂、取土等经营活动的单位和个人，必须向建德市人民政府土地管理部门提出用地申请，经市人民政府批准，依照有关法律规定办理。村民建住宅需要使用土地的，应当向村委会提出用地申请，经村民代表会讨论通过后，报镇人民政府批准。其中需要使用耕地的，由镇人民政府审核，经市人民政府土

图 62　20 世纪 80 年代中期安仁大畈、安仁桥旧影

图 63　立新农业基地鸟瞰

图 64　昔日废矿区，如今成良田

图 65　原石煤公司生活区旧址（已整理成可耕土地）

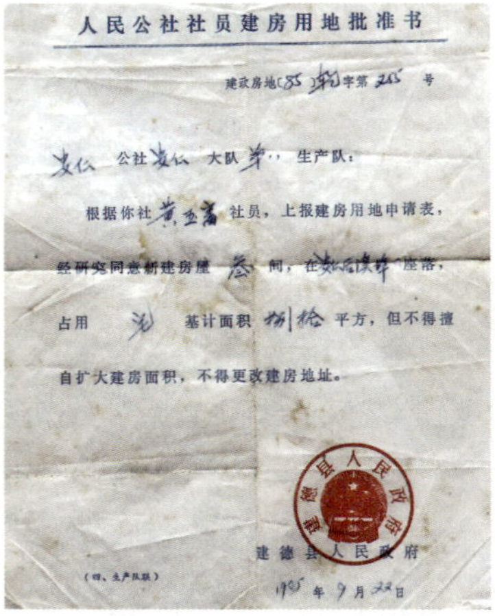

人民公社社员建房用地批准书

建政房地〔85〕字第 号

安仁 公社 安仁 大队 生产队：

根据你社 社员，上报建房用地申请表，经研究同意新建房屋 叁 间，在 座落，占用 基计面积 平方，但不得擅自扩大建房面积，不得更改建房地址。

建德县人民政府

（四、生产队联）

年 月 日

图 66　1985 年的建房用地批准书

地管理部门审查同意后，报市人民政府批准。安仁村农户的住房，都经过统一的登记发证制度。农民的房地产权利其内容主要是：宅基地属于集体所有，农民无偿使用，房屋产权属于农民私有；一户一宅，建房要申请批地；宅基地使用无限期，可以继承；宅基地不得单独抵押，但可以单独就宅基地上的建筑物设定抵押。宅基地是地随房走，房子权属转移了，建房的地基也随之转移，不必另办手续。如果房子倒塌或拆除了，那么房主对地基的使用权也随之消失，而宅基地为集体所有。村民对老房子的原拆原建也要办理审批手续，不允许未批先建、超范围或超面积建造，违者按国家相关政策法规处理。

根据国家有关政策，在安仁村的绝大部分土地为集体所有制，也有少量土地被国家建设征用。有一部分土地被国家征用后，又由建德市国土资源局把使用权按工业、商业、住宅的不同用途设定年限，依法转让给企事业单位或私人使用。

第四节　耕地权属流转

一、1949年前的耕地权属流转形式

1949年前的耕地，私有化程度很高，其耕地的流转形式主要有买卖、抵押、租借、捐赠等。

在耕地的流转过程中，交易或转让双方都要签订契约。如买卖契约内容一般包括下列要素：是

图 67　清渚溪安仁桥上游北岸堤坝未改造前和“杭派民居”未建设前的旧影（金军明　摄于 2011 年 12 月）

何种性质耕地的买卖；买卖双方中人姓名；田地来源，如继承或自置等；交易价格，交付日期，权利义务等；附着物、青苗的处理办法等。

除了耕地的流转外，还存在房屋、宅基地、园林、林地、坟地、水塘，甚至肥缸等权属的转让。转让形式有买卖、捐助等。

二、1949年后的土地权属流转

1949年后，政治运动多，政策变化快，耕地基本属于公有制，权属的流转形式较为简单，以行政调配和划拨为主要手段。

1953年12月5日中央人民政府政务院发布《关于国家建设征用土地办法》，以及随后的一些政策、法规对国有土地采取实行无偿划拨使用。这种土地使用制度持续四十年之久。自1990年5月9日中华人民共和国国务院第55号令，发布《中华人民共和国城镇国有土地使用权出让和转让暂行条例》起，国家按照所有权与使用权分离的原则，实行城镇国有土地使用权出让、转让有偿使用制度，自此结束对国有土地无偿、无限期、无流通的使用制度。

土地使用采取行政划拨

1954年起，国家机关、企业、学校、团体、公私合营企业使用国有土地时，由当地政府无偿拨给使用，均不须再交纳租金。私营企业或私营文教事业使用国有土地应向政府交纳使用费。其符合减免条件者均酌情减免。这种划拨制度，一直沿用至20世纪80年代后期。安仁石煤矿、安仁公社、安仁学校、安仁供销社、安仁粮站、安仁卫生院、安仁信用社、安仁公社水泥厂等单位建设上所用土地均是行政划拨。划拨也分为有偿划拨和无偿划拨两种，有偿划拨的土地征用费标准是：20世纪60年代至70年代为每平方米10元左右，80年代为每平方米20元左右。1982年2月，县政府颁发《建德县土地管理实施办法（试行）》，首次明确土地利用审批权限。1987年后，县政府对相关审批权限进行了调整。对农村私人建房宅基地面积的规定是：农村私人建房宅基地面积（包括附属用房、庭院用地和原有住房用地）使用面积按户计算，标准为：3口之家，耕地不超过75平方米，非耕地不超过90平方米；4口之家，耕地不超过100平方米，非耕地不超过125平方米；6口以上之家，耕地不

超过110平方米，非耕地不超过140平方米。建房前需向村委会申请批准，使用非耕地的，由镇政府审批，报县土管部门备案；使用耕地的，由镇政府审核，报县土管部门批准后，由镇土地管理员按批准点及面积放样画线，方可动工。1990年以前，划拨土地使用权交易处于自发状况，用地单位和个人通过出售、出租、抵押、联营、联建、土地入股分红等进行私下地产交易，存在政府土地收益流失的现象。1995年，建德市人民政府出台《关于进一步深化国有土地有偿使用制度改革推进土地使用权招标、拍卖出让的通知》等相关政策，规定：未经政府批准和市土地部门办理土地使用权出让手续，并交付土地使用权出让金的，土地使用者不得转让、出租、抵押土地使用权。若要转让，必须先交纳出让金，把国有划拨土地转为国有出让土地。

从1996年开始，市政府根据各地的实际情况，确定了基准地价，此后又多次进行调整。2002年，安仁的基准地价为：商业用地每平方米310元；住宅用地每平方米225元；工业用地（熟地）每平方米190元；工业用地（生地）每平方米109元。

土地使用权出让、转让

土地使用权出让是指国家以土地所有者的身份将土地使用权在一定年限内出让于土地使用者，并由土地使用者向国家支付土地出让金的行为。1993年4月26日，建德市首次实行土地使用权出让。安仁村土地最早被政府征用后，实施国有土地使用权出让的地块是安仁卫生院。国有土地使用权的年限有特别约定，住宅用地一般为70年，其他用地一般为40年或50年。

三、2007年后的土地承包（流转）形式

2007年7月，安仁村、荻州村、高坪村合并设立新的安仁村后，所有土地全部流转到村集体统一管理与经营，由村股份经济合作社将水田承租或承包给有关专业公司或农户耕种，每年收取承租金。

2014年6月，经村委批准，提交村民代表大会通过，将荻州自然村的170亩土地承包（流转）租赁给陈江经营，委托流转期限为30年（2014年7月1日至2044年6月30日）。其“土地租赁承包协议”附录于后。

附3–1：

土地租赁承包协议

甲方（委托方）：建德市乾潭镇安仁村委；地址：建德市乾潭镇安仁村

乙方（受托方）：陈　江　身份证号码：（略）

为规范农村土地承包经营流转行为，维护流转当事人合法权益，根据《农村土地承包法》和《农村土地承包经营权流转管理办法》等有关规定，本着自愿、平等协商、有偿的原则，甲方在本村荻州自然村的170亩土地以流转的方式租赁承包给乙方经营特色农业，双方本着谋划发展当地特色农业产业基地。延伸农业资源的内涵，积极拓展农业休闲观光、创意农业领域，促进当地高效生态农业可持续发展，为农民致富、农村进步做出新的贡献等。经双方协商一致，特订立此协议。

一、委托流转土地状况

流转土地面积以双方实际丈量核准为准。

甲方分批供地计划：合同签订后一周甲方第一批提供30亩，剩余第二批在2015年2月前提供到位。

二、委托流转期限

委托流转期限30年，自2014年07月01日起至2044年06月30日。

三、委托流转价款及支付方式

1. 土地流转每五年为一周期，第一个周期乙方按每年每亩650元上缴甲方流转土地租赁承包款，5年后按每周期递增10%计算。分别为：

第一个周期每年每亩650元；

第二个周期每年每亩715元；

第三个周期每年每亩786.5元；

第四个周期每年每亩865.15元；

第五个周期每年每亩951.66元；

第六个周期每年每亩1046.83元。

2. 支付方式为：租金每期提前一个月支付，若当期未及时支付，甲方有权收回所有承包土地及乙方种植的树苗、设施等用于补偿甲方的损失。

四、双方的权利和义务：

1. 甲方将上述土地租赁承包（流转）给乙方经营。甲方必须通过村民代表大会确认，并做成书面资料附在本协议之后。

2. 乙方取得土地流转租赁承包经营权后，有权对该土地进行规划和再投入。

3. 乙方承诺按照法律规定经营使用土地，维持土地的农业用途。

4. 乙方获得土地承包租赁经营权后，承包租赁期内依法享有该土地的使用、经营决策、产品处置和收益等权利。

5. 乙方在租赁承包甲方土地期间，除乙方生产的苗木等农产品的正常外运外，不得将甲方林产品、矿产资源外运。

6. 甲方应配合乙方做好种植的树木、苗木等农作物的防盗及安全防范措施，应确保种植的成年后的树木及其他栽培的农作物在不损害道路的情况下能够顺利运送出来，协助乙方按协议使用土地经营权，不干预乙方正常的生产经营活动。

7. 乙方租赁承包期间，乙方向上级争取的资金补助归乙方使用；甲方向上级争取的资金补助归甲方使用。甲乙双方共同争取的上级补助资金用于基础设施建设。

8. 在租赁承包期间内，甲方不得征收协议外无关的费用。甲方的主干道路、桥梁、涵洞的日常维护归乙方负责。乙方租赁承包土地期间和范围内的水坝、排水渠、引水渠、机耕道路的日常维护归乙方负责。水库承包租赁给乙方使用，租赁承包费用另行结算，待村委维修改善后，按水面面积合价（根据土地租用价650元/亩·年，每五年递增10%）交付乙方租用。水库日常维护修缮归乙方负责。因不可抗拒的自然灾害所造成的损失，乙方不承担责任。

9. 甲方协助乙方做好配套科研设施用房和生活用房的正常报批审批工作，费用由乙方支付，适当保留部分农民旧房用于科研配套和专家用房，并保持农用电、生活用电、电话线、网络网通线路完整。

10. 荻州自然村宅基地整理出来的土地待整理完毕后和未拆除的房屋，乙方统一租用，甲方何时整理完成，乙方何时租用。

11. 乙方观光农业具备规模时（可供游客旅游观光，甲方参与管理），所收门票收入减除管理人员工资后，甲乙双方按2:8分成。

12. 乙方租赁承包甲方土地后，不得荒芜土地。如乙方承包期满造成甲方土地荒芜，由乙方负责处理。如乙方不处理，甲方处理的费用由乙方支付。

13. 出入道路有建德段、桐庐段，如有纠纷，村委有义务协调解决。

五、违约责任

1. 甲方非法干预乙方生产经营，擅自变更或解除协议，给乙方造成损失的，由甲方赔偿乙方损失。

2. 乙方违背协议规定，给甲方造成损失的由乙方承担赔偿责任。

3. 甲乙双方应按照协议规定履行，不得违反协议约定，如造成违约的，一方可以向另一方主张解除本协议并要求赔偿损失。

4. 违约金的金额按照乙方承包租赁费的2倍作为违约金。如果违约给对方造成损害的，其金额超过违约金的，还应进行赔偿，弥补不足。乙方预先支付10万元押金，合同结束后，甲方退还押金。

六、其他事项

1. 如在土地租赁期间遇到承包租赁的土地拆迁或者土地有结构性变化（规划建房等），乙方在土地承包租赁范围内的所有种植植物及所建的道路等补偿款归乙方所有。此项属于甲乙双方不可控事项，甲方应退还乙方未到期的土地租金及乙方的土地押金。

2. 其他约定：

乙方在租赁承包期间构建的地上附着物及相关设施的处理：①若乙方到期后有意续包，在同等条件下，甲方应优先考虑乙方；②若乙方无意续包，乙方转包须经甲方同意后进行；③若乙方到期后无意续包，并又无其他企业承包的前提下，乙方所种植的树木、苗木归乙方迁移处理，乙方在租赁承包期间所建造的房屋归乙方拆除，到期未拆除的房屋不折价归甲方所有。乙方投入建造的道路等设施不得拆除，归甲方所有。④乙方树木、苗木迁移及房屋拆除后，及时清除所产生的废土、杂物，并将土地恢复原样交还甲方。

3. 若在承包期间发生的自然灾害，由乙方自行承担。

4. 乙方在同等条件下优先安排雇佣甲方劳动力就业。

5. 如甲乙双方发生纠纷，应当依法进行协商解决。协商不成的，可以要求乡（镇）人民政府调解解决。如调解不成的，应向甲方所在地人民法院起诉。

6. 本协议一式叁份，甲乙各执一份和乡镇农业承包合同管理部门备案一份。

7. 本协议自双方签字盖章后生效。

甲方：建德市乾潭镇安仁村村民委员会（盖章）　陈志刚　叶建芳（签字）

乙方：陈江（签字并盖手印）

签订日期：2014年6月23日

2015年，安仁村将高坪自然村的695亩山林地租赁给村民王立新经营30年（具体内容见本章第五节）。

1949年后房产的流转

1949年后，安仁村村民的房产虽然土地改革有所变动，但不像土地那样已归属国有和集体所有，而仍属私人财产，所以村民之间的流转还偶有发生，流转形式主要是买卖、继承和捐赠。

下面是一份于1952年安仁村民陈祖虞与俞新根之间的房产赠与契约，可反映当时的房产流转情况。

附3—2：

立赠与契

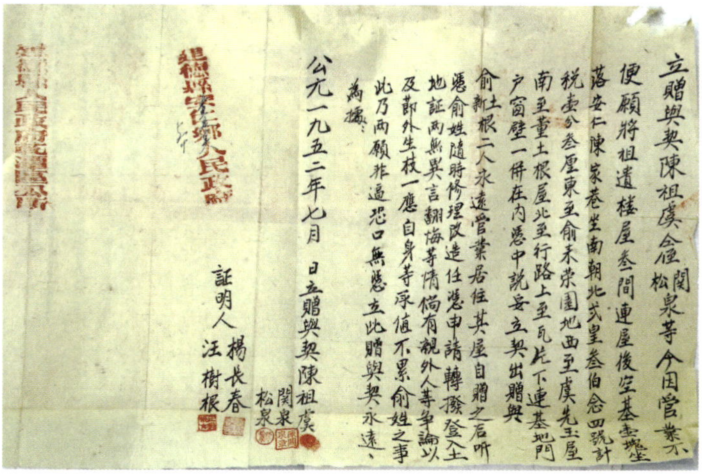

图 68　陈祖虞赠与契

陈祖虞同侄关泉、松泉等。今因管业不便，愿将祖遗楼屋叁间连屋后空基地壹块，坐落安仁陈家巷，坐南朝北，二皇324号，计税壹分叁厘，东至俞来荣园地，西至虞先玉屋，南至董土根屋，北至行路。上至瓦片，下连基地，门户窗壁一并在内。凭中说妥，立契出赠与俞土根、俞新根二人永远管业居住。其屋自赠之后，听凭俞姓随时修理改造，任凭申请转拨登入土地证，两无异言翻悔等情。倘有亲外人等争论，以及节外生枝一应自身等，承值不累俞姓之争。此乃两愿非逼，恐口无凭。立此赠与契，永远为据。

公元一九五二年七月　日立赠与契　陈祖虞（手印）　关　泉（盖章）　松　泉（盖章）

证明人：杨长春（盖章）　汪树根（盖章）

建德县安仁乡人民政府（盖章）

建德县人民政府乾潭区公所（盖章）

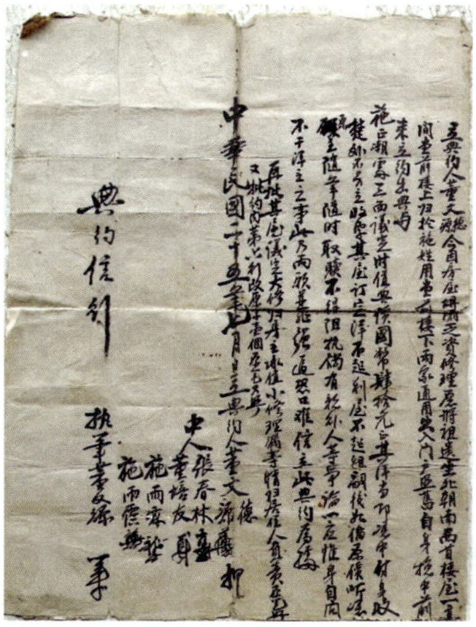

图 69　民国 25 年的典约

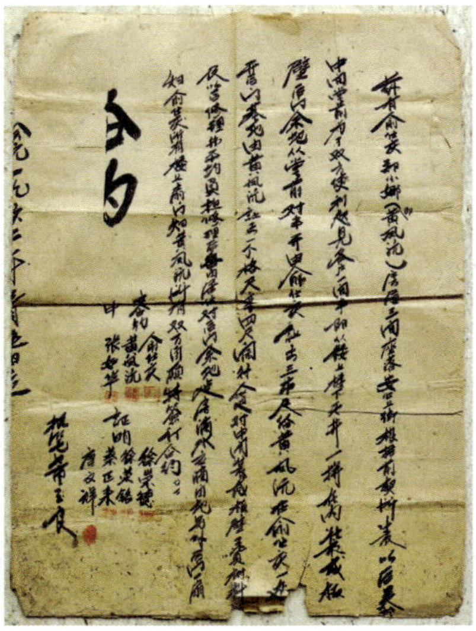

图 70　1962 年的合约

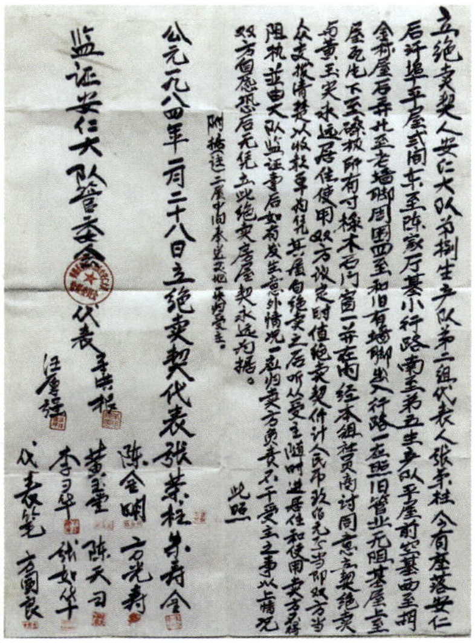

图 71　1984 年的绝卖契

第五节　山　林

安仁村共有山林590.47公顷，其中公益林501.8公顷，主要集中在高坪自然村和荻州自然村，即荻州高坪片区。

在安仁村、荻州村、高坪村未合并前的2006年9月，原高坪村、荻州村、安仁村分别对本村所拥有的林地进行登记，并经建德市林业局确认，建德市人民政府核发“中华人民共和国林权证”。其登记情况如下表：

林木、林地状况登记表

表3—7

区域	组别	小地名	四　至	面积（亩）	备　注
高坪区域	高坪村	马坞岗	东：马坞三队茶山；南：狮子头背石壁；西：田边水坑茶山；北：三队茶山小垅	150	
		凤凰燕	东：林场火路为界；南：林场火路；西：路边水坑；西：荻州郑公岩山垅	70	
		大唐寺	东：老石子路；南：山界刻石新界；西：田塘路；北：老石子路	17	插入建德林场
		石屋	东：外双坑口隆荻州山；南：林场火路；西：横坞林场火路；北：水坑	220	插入建德林场
		山鸡岩	东：林场火路隆；南：横坞路边水坑；西：至植坞小垅田路；北：以岗分水界	50	
		金竹湾	东：林场火路；南：山鸡岩山岗分水界；西：王家5队杉树湾上；北：三队茶山	50	
		樟家坞	东：林场火路破隆界；南：马坞岗隆分水界；西：里水湾田脚流水石；北：路边水坑	300	
	高坪二组	大阳	东：王家4队山界；南：下梓村山界；西：双轮车路；北：下梓、王家村山界	1	
		老虎洞	东：老横路下碓；南：王家5队山破隆；西：荻州漆树湾脚；北：王家山界	18	
		三百亩	东：王家4队山破隆；南：高坪十八曲路岗；西：王家6队小隆；北：五家6队湾至	20	
		牛角坞	东：牛角坞至倒坪隆；南：直坞至高坪屋后；西：十八曲岗下路；北：荻州山	80	
		倒坪岭	东：狮子头隆背分水；南：西峰岩隆石岩；西：牛角坞隆荻州山；北：倒坪至风车斗横路	90	
		西峰岩、毛竹塔、狗头湾	东：狗头湾原公社杉木山；南：狗头湾冷水湾隆分水界；西：狮毛坞顶至直坞大岗；北：西峰岩岗毛竹塔荻州山界	250	
		湖田岗、泉水孔、百猫头	东：湖田岗三队山破隆为界；南：外七园茶山路底下坪田；西：垅岗三队山破隆为界；北：百猫头直坞岗为界	668	

续表 3-7

区域	组别	小地名	四　至	面积（亩）	备　注
高坪区域	高坪二组	松坞	东：九方坞与林场山中间刻石为界；南：樟家坞石塔大队山为界；西：第一小岗直上至林场山为界；北：湖田塘湾这界	150	
		外七园	东：松坪岗破隆这界；南：水口庙水坑；西：老蓬基田边水坑；北：外七园山隆	250	
		樟家坞	东：林场山隆岗；南：林场火路；西：樟家坞流水坑；北：水口庙田边	300	
		下桥坞大湾	东：里七亩横路；南：高坪3队山；西：至山岗；北：高坪3队山	50	
		乌岩顶	东：乔坞横路；南：3队山界；西：至山岗分水岭；北：3队山界	50	
		狗头湾	东：狗头湾田边路；南：狗头湾田上桐子山；西：狗头湾横路下茶山；北：狗头湾水库（塘）	22	
	高坪三组	陈家阳	东：横坞梨树湾隆分水界；南：湖田岗二组自留山破隆界；西：二组狮毛坞山顶界；北：狗头湾二组山苍子山隆界	364	
		苦竹坪	东：底下坞老蓬基田；南：里水湾横路隆；西：苦竹坪百猫头岗；北：二组山隆岗以隆	270	
		梨树湾、菜篮湾、乌岩顶	东：樟家坞石塔上与大队茶山；南：乌岩顶山隆二组山界；西：乌岩顶岗；北：梨树湾横路	250	
		乔坞	东：马坞茶山至里七亩；南：乔坞大湾二组山界；西：向阳坪岗林场山界；北：菜篮湾隆二组山界	220	
		马坞	东：林场火路至富春江边；南：林场火路破隆；西：马坞岗茶山；北：樟家坞隆分水界	300	
		外七亩	东：七亩田横路；南：七亩田屋后水沟火路；西：林场火路至山顶；北：大湾隆二组山界	140	
		岩山脚	东：原煤山老洪屋基横头茶山破隆；南：倒坪钱荣根屋石下；西：原徐根林山；北：老水坑	3	
		突驼岭	东：荻州茶山；南：荻州山；西：荻州茶山；北：十八曲路破隆	15	
			东：荻州山隆；南：依山小隆直下；西：路边水坑；北：隆直到山尖	11	
		横坞	东：划船塘岗隆界；南：横坞荻州山界；西：上至屋后水井下至田脚水沟；北：小山湾直上岗	31	
		接石岩	东：上至小湾路下至田；南：山鸡岩分水隆界；西：林场毛竹园隆直上；北：横坞田	17	
		山鸡岩	东：小湾过半路界；南：陈家阳田脚流水沟；西：陈家阳田下至狗头湾田横路；北：岗与隆分水	22	
	其他	菜篮湾	东：良纪田；南：岗下路；西：小民山；北：地	0.9	
		湖田岗	东：庆鑫山；南：金木山；西：茶山；北：机耕路	1.5	
		狗头湾	东：垅岗直下至三组队山；南：老横路；西：金潮山；北：机耕路	10	
		窑坪菜篮湾	东：有水山至菜篮湾田；南：凤妹山至路；西：塘；北：田脚至水沟	1.5	
		窑坪	东：胜民山；南：窑坪田边；西：窑坪老路田角；北：有水山	2	

续表 3–7

区域	组别	小地名	四 至	面积（亩）	备 注
荻州区块	荻州村	亩后四小包	东：百节坞；南：田；西：井山坞；北：山腰荒山	30	
		石塘后	东：下梓山界；南：矿塘；西：坞口村山界；北：山脚坑沟	5	外插下梓村
		县煤矿基地	东：煤山新村；南：四组山脚；西：陈伯华屋平洞口；北：三组山脚	300	
		大青	东：山岗坪口；南：本山一组山界；西：横路；北：本山一组山界	30	
		大湾里	东：坌柏坟脚湾沟；南：本山四组山界；西：本山五组山界；北：本山三组山界	45	
		郑公岩	东：山岗；南：凤凰翘山岗界；西：山脚小坑石桥；北：寺前林场山界	200	插林场、高坪村
		双坑口	东：山脚大坑沟；南：林场山火路；西：双坑口垅；北：坑沟	20	插林场
		直坞	东：划船塘坑口山岗；南：小坑沟；西：大湾坑沟；北：高坪茶山界	50	插林场、高坪村
		梨树湾	东：坑沟；南：林场山火路；西：陈家阳山岗；北：陈家阳下坑沟	153	插林场、高坪村
		长碛	东：长碛中塘外垅直上，下至水沟；南：水沟；西：林场山界；北：至岗	289	外插东源村
		燕窠	东：大水坑；南：小坑直上窑基后坑边垅直岗；西：茶山岗；北：村区山岗 445 为界	284	
		甘坪	东：山岗；南：庙前村毛竹山界；西：坑；北：庄州山侧面	3	
		甫郑垅	东：湾沟；南：公路；西：湾、岭脚村；北：东坞横路	3	外插桐庐富春江镇石塘村
		里毛坞	东：大坑沟直上小垅分水界；南：本山岗火路；西：大垅岗；北：公路	150	外插桐庐富春江镇石塘村
		白杨湾	东：本山山岗；南：小石桥头神庙后垅；西：山脚坑沟；北：长松树垅火路	90	外插桐庐富春江镇芝厦村
		陈井湾	东：湾沟；南：湾沟；西：山岗；北：垅直上	1	外插桐庐富春江镇石塘村
		大毛坞柯竹洋	东：坑沟；南：小湾；西：山岗；北：大石塔直下	20	外插桐庐富春江镇石塘村
	一组	后大坞、栗树坞	东：公路第一小垅岗；南：公路汪家自然村；西：桐婆坞与后大坞界垅；北：本山岗顶	180	
		前山	东：长塘对上；南：山岗横路；西：新塘对上；北：本山脚坑沟	20	
		前山堂中山	东：汪光来屋对上；南：山岗；西：猴狲塔湾；北：山脚田	20	
		大湾里	东：山脚大坑沟；南：盆柏坟横路；西：垅岗（三组山界）；北：垅岗（二组山界）	10	
		漆湾大片里	东：五组山界；南：十八阔；西：老虎洞；北：大头岭岗垅	3	
		煤洞顶	东：垅岗；南：石塔下；西：湾坑沟；北：煤洞	5	
		大青	东：外塘中垅岗；南：六亩丘；西：横路；北：猴狲塔	80	

续表 3-7

区域	组别	小地名	四至	面积（亩）	备注
荻州区块	二组	前山（堂中山）	东：汪光来屋对上；南：山岗；西：猴狲塔湾；北：山脚田	20	
		张家坞桐婆坞	东：桐婆坞后大坞界垅；南：山腰茶山；西：井上坞张家坞界垅；北：山脚大坑沟	180	
		前山	东：新塘对上；南：山岗横路；西：汪光来屋对上；北：山脚大坑沟	20	
		粉香坪猴狲塔	东：砩矿横路；南：茶山横路；西：荒田湾；北：山脚坑沟	20	
		大湾里	东：山脚坟山坞；南：垅岗（一组山界）；西：狮子头；北：小庙后大垅	20	
		大青外塘	东：外前山；南：山岗坪口；西：外塘中垅岗；北：山岗坪口	60	
		大岩里	东：垅岗；南：高坪杉木；西：十八阔路；北：大岩山脚坑沟	5	
		大坞张家坞	东：大坞外侧垅岗；南：山腰为界；西：井山坞张家坞界垅；北：山岗	15	
	三组	枫树坞井上坞	东：井山坞张家界垅；南：山脚潘家；西：枫树湾沟；北：山岗	90	
		大地坞沙湾	东：大地坞湾沟；南：煤山新村；西：高顶湾沟；北：山岗	50	
		乌头岩泉焦湾	东：春荀湾泉焦湾界垅；南：山脚坑沟；西：旧矿渣处；北：山岗	20	
		马颈山、前头湾	东：小庙后山脚尖角；南：小庙后大垅；西：煤洞顶垅；北：公路潘家村	140	
		大湾里	东：上大石塔下大石头；南：渠道下横路；西：大石塔脚坑沟；北：山脚村茶山	6	
		大湾里	东：垅岗（一组山界）；南：山脚坑沟；西：棺材弄；北：狮子头	15	
		井上坞	东：井山坞张家坞界垅；南：山腰为界；西：井山坞中垅；北：山岗	14	
	四组	枫树坞大地坞	东：枫树湾沟；南：煤山新村；西：大地坞湾沟；北：老矿路	60	
		高顶湾、春荀湾	东：高顶湾沟；南：山脚油库；西：泉焦湾春荀湾界垅；北：老矿路	50	
		泥塘坞、船坞	东：煤洞顶垅；南：毛竹塔横路；西：水池；北：山脚公路	160	
		大湾里	东：本山小湾沟；南：渠道下横路；西：上大石塔下大石头；北：山脚茶山	10	
	五组	羊毛坞矿路上	东：矿沙；南：老矿路；西：二工地煤洞垅界；北：山岗	7	
		毛竹塔漆湾	东：岩下坞大垅岗；南：牛角塘西峰岩横路；西：漆湾大头岭；北：山脚煤矿基地	200	
		九亩里	东：柿湾里横路；南：狗头湾横路；西：棺材弄；北：渠道下横路	70	
		冷水洞	东：划船塘岗横路；南：林场毛竹山；西：本山横路；北：白龙门	2	

续表 3–7

区域	组别	小地名	四　至	面积（亩）	备　注
荻州区块	五组	大青	东：新坟前路；南：本山四组山界；西：山脚大坟沟；北：荒田湾	15	
		天井坪	东：山岗；南：本山王家山界；西：本山下梓山界；北：本山王家山界	7	
		大塘寺后	东：高坪村田；南：本山垅岗山界刻石碑；西：本山岗山界刻碑；北：本山岗垅石柱	3	插建德林场
		石塘背	东：本山坞口山界；南：本山王家山界；西：山岗；北：本山下梓山界	3	插下梓村
		玖亩顶田坪	东：山脚田；南：山岗；西：本山王家茶山；北：横路	63	
安仁区块	安仁村	新塘垅小垅	东：桃树湾坞口二队山界；南：到田边为界；西：下梓村茶山分水为界；北：施家村山岗分水为界	72	插坞口村
		潘坞垅	东：沿路到山岗；南：上垅山岗直下沿断山埂山脚为界；西：后山村茶山；北：蒋家坟后山路为界	102	插后山村
		徐坞	东：大会堂边高庙山山岗；南：后宅山岗；西：至紫舍堆山岗分水直下打石坛；北：大路大溪为界	175	
		庙湾	东：大会堂路虎头颈直上；南：虎头颈岗；西：徐坞山岗；北：中学传达室	57	
		后宅	东：包安生屋后虎头颈直上；南：沿老路到油库；西：白毛垅山岗；北：徐坞庙山山岗为界	64	
		牛轭湾	东：安仁油库；南：沿公路氨水池；西：坞口村大息桥耕地直上至岗分水；北：白毛垅山岗	118	
		前山园	东：蛇头洞直上至岗；南：山岗；西：窑蓬后四队山分水；北：小溪	28	
		桐子湾	东：山岗分水；南：桐子湾现属山为界；西：山脚；北：依山沟为界	14	外插桐庐县富春江镇金家村
		算盘山	东：石塘下宝坞山岗；南：金家村现属山界；西：金家村现山界；北：金家村现属山界	3	外插桐庐县富春江镇金家村
		白鹤山	东：安仁 3 队现属山分水；南：山岗；西：2 队现属山分水；北：大坟边坑后水沟	2	
		白鹤山	东：后山村山山湾分水；南：李子垅山岗；西：5 队现属山埋石为界；北：大溪	15	
		前山	东：金家下队山垅炮分水为界；南：白鹤山岗分水为界；西：金家村上 1 队山垅炮分水；北：山脚渠道	10	
		李子坞	东：金家下队现属山为界；南：本队山；西：白鹤山山岗；北：本队山	8	
		李子坞	东：李子坞村坑沟；南：金家下队山湾底；西：白鹤山山岗分水；北：金家下队山垅炮分水为界	21	
		李子坞大坟湾	东：坑沟；南：金家村下队山；西：安仁 5 队山岗分水；北：金家下队山为界	25	
		李子坞	东：金家村山岗分水；南：金家村下队石堆为界；西：坑沟；北：金家村下队埋石堆为界	25	
		李子坞	东：金家村下队山岗分水；南：金家下队山湾石堆；西：山脚；北：桐坞坑沟	10	
		鱼坑坞	东：金家山岗分水；南：安仁 6 队火烧山岗山湾为界；西：山脚坑沟为界；北：安仁 9 队山界	60	

续表 3-7

区域	组别	小地名	四　至	面积（亩）	备　注
安仁区块	安仁村	鱼坑坞	东：路山沟为界；南：杨法南娘坟边沿坑沟到山岗安仁 8 队山分水为界；西：安仁 7 队、4 队山岗为界；北：蛇头山脚直上岗和前山园山为界	130	
		白鹤山	东：安仁 7 队山界；南：山岗；西：1 队山湾分水；北：大路山沟为界	2	
		窑蓬后	东：安仁 3 队山岗分水；南：陈岩芳山界；西：山脚路为界；北：前山园 6 队山界	72	
		窑蓬后	东：7 队山湾；南：朱几坞山岗分水；西：朱几坞山岗分水；北：山脚	60	
		白鹤山	东：后山村山分水；南：李坞山岗分水；西：7 队山界；北：沿坑沟直下到山脚	83	
		后宅	东：村茶叶山界；南：柴山山岗；西：村茶叶山界；北：村茶叶山界	2	
		鱼坑坞	东：桐坞山岗分水；南：安仁 8 队山湾为界；西：山脚坑沟；北：2 队火烧山岗山湾到山脚为界	110	
		里东山屋后	东：东山村柴山山界；南：前陵 9 队山界；西：东山村柴山山界；北：前陵 9 队山界	2	插入东山村
		白毛垅对面湾	东：白毛垅现属松树茶籽山山界；南：白毛垅现属松树茶籽山山界；西：石坛，现属根德自留地边为界；北：至大路为界	1	插入坞口村（茶叶山）
		窑蓬后	东：陈岩芳山柏树山坑；南：3 队山岗 8 队山岗为界；西：4 队山湾为界；北：山脚路为界	70	
		白鹤山	东：安仁 8 队山界；南：山岗与 3 队山交界；西：3 队现属山分水为界；北：5 队山界	2	
		鱼坑坞	东：安仁 6 队山湾分水；南：桐坞山岗分水；西：朱几坞山岗，7 队山岗分水，3 队山界；北：沿坑垅直下至 6 队山脚	130	
		白鹤山	东：5 队两性中山界；南：山岗；西：3 队、7 队现属山；北：山脚	3	
		鱼坑坞	东：9 队山岗；南：2 队山界；西：至山脚；北：9 队山界	42	
		白鹤山	东：5 队坑沟（山脚）；南：大坟边 1 队山界；西：2 队鱼坑坞山界；北：本队鱼坑坞山界	5	

说明：此登记表是在安仁、荻州、高坪未合并前所报，上述地名中虽有部分今已变动，但仍按原登记表所列的地名记载

林业管理

山林管理　1949年前，山林归地主或各族、各房和世居户分别所有。1949年后，虽然实行封山育林，但乱砍滥伐和偷窃林木现象时有发生。在人民公社化和“大跃进”时期，以及大办食堂、大炼钢铁中，砍树烧炭，村中房前屋后和山上的林木损失严重。20世纪60年代，贯彻国家因地制宜发展林业的政策，对山林实行集中经营、统一管理。安仁、荻州、高坪各生产队制定林业生产规划，开展植树造林，实行封山育林，数年间，荒山全部绿化。1963年，安仁大队在前山园种植柏树100多亩。据原石煤公司退休职工（世居安仁）叶卫民述，1962年冬，有一个国外代表团到建德参观新安江大坝建设工地，途经安仁时，发现前山园是光秃秃的山，便拿出相机拍了几张照片。此事被省

里的有关部门知道后，认为严重影响了国际形象。建德县人民政府高度重视，1963年拨出树苗专款，由安仁村负责在前山园种上了柏树。20世纪80年代前，安仁村先后在鱼坑坞、白岩山、窑篷后、虎头山等地种植马尾松500多亩。据现有资料记载，荻州村1990年造林100亩，1991年110亩。高坪村，历年造林1500多亩。1985年，高坪林区被建德市政府划为中部低山丘陵防护、风景林区。

封山育林　从1959年开始，由村和各生产队负责山林的培育管理。指定专人（俗称候山人），定点、定山保林护林。20世纪90年代前，安仁村人多山少，薪炭林奇缺。荻州、高坪村人少山多，薪炭林自给有余，成了安仁村民拾干柴、筢松毛丝的首选地。

1959~1982年间，安仁村对鱼坑坞、白岩山、窑蓬后的荒山（毛草山），实行树木保护和毛草自由劈的措施。对虎头山、徐坞等地的薪炭林，实行循环封山制度，既封山育林，又能解决村民的部分烧柴需求。封山一般为2~4年，有计划地轮番砍柴，保护林木，平时则不准上山砍柴。砍柴留树，使荒山早日成林。成林的松树、柏树或杂木类树木一律不准砍伐，只许砍其枝，不可砍其“身”。封山育林措施的实施，使安仁村的自然资源与生态环境得到有效保护。

1982年以前，山林归生产队集体所有。1982年，山林由生产队分到户管理，但林木砍伐须经大队（村）、公社（镇）批准后方可砍伐。申请中要写明树名、砍伐数量（以立方米计）、所在山名地界等信息。乱砍滥伐要处以罚款，严重者将追究刑事责任。

据现有资料记载，荻州村1990年封山育林面积1050亩。

2007年7月，安仁村、荻州村、高坪村合并新安仁村后，所有山林统一由新的安仁村村委会管理和经营。

20世纪90年代始，煤气灶逐渐进入农户家庭，炊事所用柴禾被煤气所替代，上山砍柴的日渐稀少。如早前的鱼坑坞山上，一只野兔跳过都能分出雌雄的毛草坡，现时已长成郁郁葱葱的灌木林，其中大的单株重量超百斤。

严格执行山林防火制度。历年来，安仁、荻州、高坪村未发生过严重的山林火灾。

林木抚育　荒山的松木多为人工种植，薪炭林山间的松木多为自然生长。杉木则需进行抚育，栽植后每年翻土一次，清理林间杂草和杂柴。林木郁闭后需进行疏伐，以促其生长。毛竹，除荻州、高坪村外，安仁村原来集体或个人用竹都要到外地购买。自2007年起，毛竹生产得到迅速发展，全村的毛竹用材自给有余。

茶叶生产

茶叶为安仁、荻州、高坪村的主要经济特产之一。生产历史较久。原由村民个人自产自销。自20世纪60年代起，均由大队或生产队集体统一管理和经营，并均建有茶叶加工厂。80年代后期起，因茶叶市场全面开放和随着联产承包责任制的实施，加上茶叶加工厂相继歇业，并茶园疏于管理，尤其是采摘、加工成本过高，收益较低，故茶叶生产逐渐消退。

安仁村　20世纪60年末70年代初，先后在后宅、牛鞍湾、潘母垅、李子垅等地新开垦茶园，其中后宅100多亩、潘母垅200余亩。60年代后期，安仁大队号召社员将位于后宅、牛鞍湾的旧坟墓全部搬迁到鱼坑坞等地后，将后宅、牛鞍湾的山坡地和菜园全部种植茶叶，面积100多亩，成了建德县当时小有名气的茶园。在后宅还建有茶叶加工厂，由林业队培育管理，茶叶产量逐年提高，属当时村集体经济的主要来源。据安仁大队年报记载，1982年茶叶种植面积300亩，产量150市担，为历年最高年份。后宅茶园于1985年因建造水泥厂被建德县石煤综合利用公司征用。牛鞍湾茶园于90年代初用于建造村办企业水泥纸袋厂。潘母垅茶园于21世纪初市政府开发工业园区而全部被征用。80年代末起，茶叶生产渐止。安仁茶叶加工厂旧址（70年代中期改建为大队畜牧场，今为水泥厂职工宿舍）今存。

荻州村　20世纪60年代起，荻州大队在大青、大湾等山湾种植茶叶，其中大青的茶园面积最大。种植面积最初时约100余亩，1969年扩大到150亩，1975年因部分茶园被县石煤矿征用，减少到102亩，1982年又扩大到183亩。据荻州村1982年年报记载，种植茶叶183亩，产量105市担，为有数据记载的最高年份。1963年在庙后建造茶叶加工厂，有厂房7间，约250平方米。茶叶加工厂于1996年因建造新安化工集团建北化工厂而整体拆除。旧址土地于2016年复耕。

高坪村　20世纪60年代起，在横路上等地种植茶叶，到1980年茶叶种植面积达336亩。据高坪村1982年年报记载，种植茶叶336亩，产量99市担，为有数据记载的最高年份。70年代初，在和睦堂建有茶叶加工厂，2009年拆除，旧址已复耕。

据现有资料记载，择年安仁村、荻州村、高坪村茶叶种植产量和面积统计表列下：

择年茶叶种植产量和面积统计表

表3—8

年份	安仁		荻州		高坪	
	产量（担）	面积（亩）	产量（担）	面积（亩）	产量（担）	面积（亩）
1969	150	122	77	150	86.8	140
1970	2	100	94	160	107	130
1971	不详	不详	87	160	91	130
1972	2	100	93	160	85	130
1974	31	250	82	160	87	130
1975	23	250	70	102.6	74	214
1976	33	250	88	103	70	221
1978	56	251	75	102.8	77	140
1979	93	251	67	102.8	62	140
1980	不详	不详	68	137	70	336
1981	119	300	89	150	76	336
1982	150	300	105	183	99	336
1983	79.5	300	92	183	97	336
1984	82	150	80	183	90	336
1987	80	110	100	183	74	150
1988	74	110	80	183	70	200
1989	90	100	100	183	60	200

山林承包

2015年4月，经村民代表大会通过，安仁村委会对高坪自然村的695亩山林地租赁权进行公开招标，由村民王立新中标。租赁经营期限为30年（2015年1月1日至2044年12月31日）。双方在“安仁村高坪部分山林地租赁协议”中约定，“承包金按中标价格每亩30元计算，5年一期，承包金第2个5年增加10%；第3、第4个5年的承包金在前10年的基础上每五年增加20%，第5、第6个5年在前面的基础上每五年增加30%。”

具体山地租赁面积列下表：

安仁村高坪发包山地明细表

表3—9

序号	分类编号	地名	地块类型	面积（亩）	各区域面积总和（亩）	备注
1	1	西风岩	地	16	121	
	2	横路上	山改地	90		按土管面积
	3	和睦堂、苦竹坪	宅基地整理	15		按土管面积
2	1	狗头湾	荒田	5	61	
	2	横坞	荒田	7		
	3	陈家阳	荒田	4		
	4	湖田	荒田	5		
	5	和睦堂	荒田	5		
	6	里水湾	荒田、荒山	15		
	7	菜篮湾	荒田	5		
	8	外七亩	荒田	8		
	9	里七亩	荒田	7		
3	1	陈家阳	荒山	81	238	
	2	湖田	荒山	95		
	3	外七亩	荒山	62		
4	1	横坞	毛竹山	43	275	
	2	陈家阳	毛竹山	40		
	3	湖田	毛竹山	12		
	4	茶丁后	毛竹山	78		原油菜田划入
	5	苦竹坪	毛竹山	77		
	6	里水湾	毛竹山	15		
	7	桥坞	毛竹山	10		毛竹、板栗
合　计				695	695	

说明：1.地；2.荒田；3.荒山；4.毛竹山。

第四章　人　口

第一节　人口规模与构成

一、1949年前的人口数量变化

原安仁村从北宋到民国直至中华人民共和国成立前，人口增长缓慢。至中华人民共和国成立时，人口增加到约450余人，130余户。

原荻州村潘家自然村自始祖潘日桥于明末清初从安徽省歙县迁居此地后，开始繁衍生息，人口逐年增加。原荻州村汪家自然村自清道光初汪氏迁入此地后，人口开始逐年增加。原荻州村煤山新村自清晚期有人在此开采石煤烧制煤灰起开始形成村落，人口逐渐增加。至中华人民共和国成立时，荻州村人口增加到约260余人，100余户。

原高坪村从南宋起有陈姓等姓氏迁居此地，到中华人民共和国成立前，高坪村有5个自然村，分属两个乡镇管辖。至中华人民共和国成立时，高坪村总人口约60余人，20余户。

二、1949年后人口数量变化

中华人民共和国成立后，安仁村、荻州村、高坪村的人口逐渐增长。

据人口统计数据表明，1952年至1971年的20年间，人口增长较快。如原安仁村1952年为502人，至1971年增长到718人，净增216人。原荻州村1952年为269人，至1971年增长到461人，净增192人。原高坪村1952年为67人，至1971年增长到167人，净增100人。人口增长较快的主要原因有：国家末实施计划生育政策，人口增长听凭自然；医疗条件改善，婴儿成活率高，并人口死亡率下降；知识青年下农村落户等。而高坪村人口增长较快的主要原因除上述前两者外，与1955年将原属泷江乡坌柏村的苦竹坪、五亩塘、七亩田、横坞并入高坪村有关。

1972年至2006年的35年间，原安仁村是人口数平稳增长，从1972年的725人增长至2006年的829人，净增104人。原荻州村是户数增加，而人口数却下降，户数从1972的110户增加到2006年的146

户，净增36户；人口数从1972年的459人下降至2006年的404人，减少55人。原高坪村是人口数、户数均下降。人口数从1972年的166人下降至2006年的96人，减少70人；户数从1972年的41户下降至2006年的31户，减少10户。

人口平稳增长的主要原因是：国家实行计划生育政策，严格控制人口自然增长率；提倡晚婚晚育，优生优育等。而荻州村、高坪村的人口下降除以上原因外，另有一个共同因素是1997年有部分村民自费将户口迁至乾潭镇，是为蓝印户籍。高坪村人口数变化较大的另一个主要原因是1977年有9户30余人迁至福建省建阳县落户，但1981年有4户11人又迁回高坪。

2007年7月，在建德市行政村规模调整中，安仁村、荻州村、高坪村合并成立新的安仁村。此后，人口数、户数合并统计。2007年，总人口1328人，418户。2016年，总人口1387人，424户。

安仁村、荻州村、高坪村户数、人口数择年统计表如下：

择年户数、人口数统计表

表4—1

年份	安仁		荻州		高坪	
	户数	人口数	户数	人口数	户数	人口数
1951	132	451	不详	不详	不详	不详
1952	132	502	104	269	19	67
1963	147	561	96	305	31	120
1969	200	706	120	466	39	163
1970	204	714	114	476	39	170
1971	208	718	111	461	39	167
1972	207	725	110	459	41	166
1973	211	738	111	466	40	169
1974	209	743	109	464	39	167
1975	204	751	109	466	39	171
1976	214	780	108	479	39	174
1977	233	789	132	490	33	135
1978	235	795	136	490	29	126
1979	217	791	139	489	34	127
1980	220	784	117	477	33	125
1981	220	785	136	470	35	135
1982	225	791	147	475	36	137
1983	215	796	134	483	37	133
1984	221	785	151	470	33	129
1985	230	793	160	470	32	127

续表4—1

年份	安仁		荻州		高坪	
	户数	人口数	户数	人口数	户数	人口数
1986	238	796	165	479	33	128
1988	226	803	168	462	31	120
1989	226	826	167	471	31	119
1990	238	823	162	479	28	104
1991	227	827	163	481	不详	不详
1992	229	832	160	470	不详	不详
1993	230	827	159	465	不详	不详
1994	229	834	159	465	31	114
1995	230	831	158	460	31	112
1996	202	811	145	450	不详	不详
1997	229	795	152	450	不详	不详
1998	229	787	145	445	37	115
1999	229	792	132	432	29	98
2000	219	813	146	422	不详	不详
2001	219	812	146	422	30	92
2002	244	807	146	423	30	90
2003	241	805	146	409	31	91
2004	241	811	146	400	31	89
2005	241	830	146	407	31	90
2006	241	829	146	404	31	96
2007	418	1328				
2008	418	1317				
2009	418	1327				
2010	418	1340				
2011	420	1341				
2012	420	1345				
2013	420	1343				
2014	420	1353				
2015	435	1386				
2016	424	1387				
2017	424	1388				

说明：2007年7月，安仁、荻州、高坪村成立新的安仁村后，户数、人口数合并统计

外来人口

安仁村外来人口包括两类，第一类为外来流动人口，主要为流动商贩。宋、清时曾在安仁设有铺，清与民国时设过安仁镇，故外来流动人口较多。尤其是中华人民共和国成立后，从各地来的从事各种类手工业者越来越多。第二类是常住人口，主要是各企事业单位的人员。1950—2001年，安仁村曾是安仁镇（乡、公社）政府所在地，县有关部门在安仁村域内（含荻州）设有学校、医院、供销社、粮站、国有企业等。20世纪70年代末后，乡镇企业得到快速发展，外来务工人员逐年增多。特别是自20世纪90年代起，在安仁村域内的民营企业蓬勃发展，今有40多家私营企业，吸引大量的外来务工人员，几乎所有企业都有外来员工。2000年后，每年到安仁务工、经商人员有2000多人。

据2014年统计，在安仁村域内的外来常住人口达3000余人。原籍涉及江西、河南、河北、云南、山西、贵州等地。

家庭结构

家庭是社会的细胞，是社会的基本构成单位。一个时期家庭人口的多少和家庭规模的大小，与当时政治状况和经济发展有着密切的联系。安仁村家庭结构的演变，也证明了这一点。

旧时，村民在儒家思想的熏陶下，十分注重传统的“孝悌”伦理观念，无论是富户还是贫民，都把几代人同居共桌，一家人生活在一起，作为全家人最大的福分，视为家族中最大的荣耀。所以，明清和民国时期，安仁村三世、四世同堂生活的家庭非常普遍，甚至还有五世同堂的。社会政治、宗族组织和经济结构促成了这种大家庭的诞生。

1949年以后，经过了土地改革，大家庭赖以生存的经济基础被瓦解。土地、房屋、耕牛和农具等生产资料一般都按户分配，而且规定，凡是参加土地改革的村民，无论男女都可按一定的标准分得一份土地和房产，因此，当时很多青年夫妇成家后就自立门户，独立生活。此后，由两代人组成的、五人左右的小家庭开始增多，而三代以上同堂生活的大家庭逐渐减少。至20世纪70年代后，三代以上同堂的大家庭更少了。至21世纪初，家庭规模进一步缩小，基本模式是“父母+孩子”和“老伴户”等户型。当然，这种家庭结构与实行计划生育的政策和报批宅基建房有一定关系。

原安仁村，1952年的户均人数为3.88人，2006年的户均人数为3.44人。合并后的安仁村，2016年的户均人数为3.27人。户型逐渐向小型化发展。

年龄结构

据2014年年末的人口统计，全村420户，总人口1353人，其中男性658人、女性695人。60周岁以上326人，占总人口数的24.09%。其中80岁以上78人（男32人、女46人），占总人口数的5.76%。90以上12人，其中女性10人。年龄最长者101岁。

2017年年末，全村60岁以上378人，其中60~69岁226人，70~79岁99人，80~89岁46人，90岁以上7人。

附4—1：

80周岁以上村民名录

安仁村的老人们，既是当年安仁村发展的亲历者和创业者，也是安仁村历史的见证人。在曾经的年代，他们以满腔热情和汗水，为安仁村的今天和明天打下了坚实的基业，安仁村的晚辈们应永远记得他们。为了记住历史，便于我们记得他们，特将2017年6月30日安仁村健在的80周岁以上人员名单附录于后，共54人，占总人口的3.89%。

2017年6月30日安仁村80周岁以上村民名录

表4—2

姓名	性别	年龄	姓名	性别	年龄
徐金花	女	99	汪凤花	女	83
童南英	女	98	董万洲	男	83
俞海根	男	93	施桂花	女	83
汪秀英	女	92	李樟海	男	83
陈春香	女	92	潘成兴	男	82
谢水金	女	91	许玉仙	女	82
郑银花	女	90	金阿荣	男	82
张桂英	女	90	俞信根	男	82
包有水	男	89	周德芳	男	82
张珍秀	女	89	钱春樟	男	81
俞松来	男	89	叶正洪	男	81
虞炳根	男	88	石光兴	男	81
董竹筠	女	87	徐根富	男	81
刘木秀	女	87	董光良	男	81
董樟英	女	87	余关秀	女	81
李榴花	女	86	钱樟根	男	81
陈秋凤	女	86	施仙娥	女	81
潘云珠	女	86	董明恭	男	81
卢宝兰	女	85	王林彪	男	81
张丽英	女	85	张荣柱	男	81
金宝全	男	85	董长春	男	81
吴光堂	男	84	曹光良	男	81
俞坤元	男	84	吴珠凤	女	80
郑春兰	女	83	应月光	女	80
汪芝瑞	男	83	陈如生	男	80
潘太林	男	83	吴芝珍	女	80
吴连珠	女	83	潘光明	男	80

附4—2：

图 72　百岁寿星——徐金花

百岁寿星——徐金花

徐金花　女，1917年11月7日生于台州仙居，约1922年卜居安仁。1935年与安仁村朱金龙（又名：朱有根）结婚。她一生张罗家务，相夫教子；家规严谨，家庭和睦；为人和善，邻里融洽；生活简朴，饮食随意。育有两子两女，膝下有七孙七曾孙。四世同堂，其乐融融。注重后辈教育，子女均初中以上文化，并都事业有成。七个孙辈中有四名大学生，其中博士一名，现为四川大学教授、博士生导师。

附录4—3：

迄今可知最长寿者——何春仙

何春仙（1914.3－2015.8）　101岁，女，为安仁村历史上迄今可知最长寿的人。1914年3月9日出生于桐庐县富春江镇湾里自然村，在六个兄弟姐妹中排行老三。7岁缠脚，是一个典型的小脚女人。21岁与堰下自然村陈银水结婚，生育一子。虽是小脚女人，操持家务，一般农活都会做，下田插秧，下地种菜，还会爬树折柏籽。家庭和睦，邻里融洽，为人和善，乐于助人。如1984年，村里建造永济桥时，儿子代表家庭已捐过150元，而她又捐了15元。平时做人做事宽容谦让。饮食不讲究，不求吃好，只求吃饱。身子骨一直康健硬朗，没有生过大病。2013年重阳节，安仁村专门为她摆了“百岁大寿宴”，全村60岁以上老年人到场庆贺。

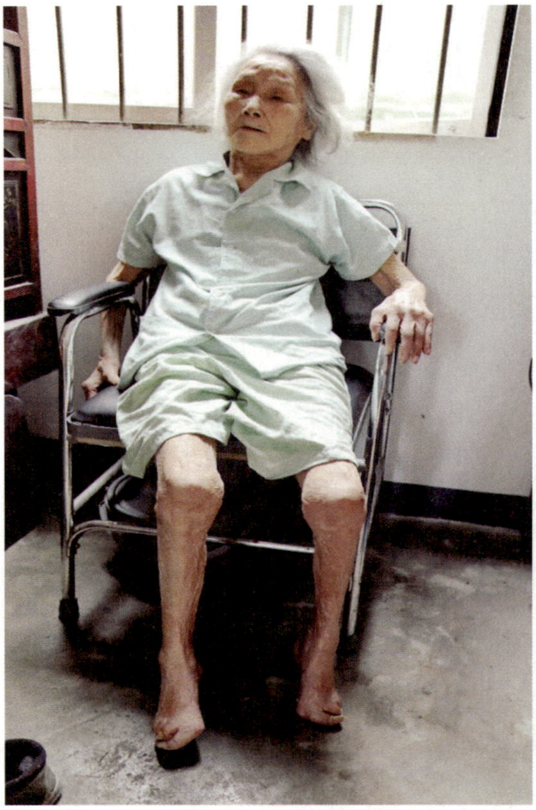
图 73　安仁村迄今可知最长寿者——何春仙
（摄于 2014 年 7 月 12 日）

附4—4：

钻石婚

2017年7月，安仁村有3对结婚60年以上、双方均健在的夫妻。他（她）们结婚60多年，不离不弃，成了人们口口相传的婚姻佳话，值得敬重。

他（她）们是：

1954年11月结婚的包有水（1928年7月出生）、应月光（1937年4月出生）夫妻。

1955年2月结婚的吴光堂（1933年1月出生）、施桂花（1934年9月出生）夫妻。

1956年9月结婚的俞松来（1928年11月出生）、王兰珠（1938年6月出生）夫妻。

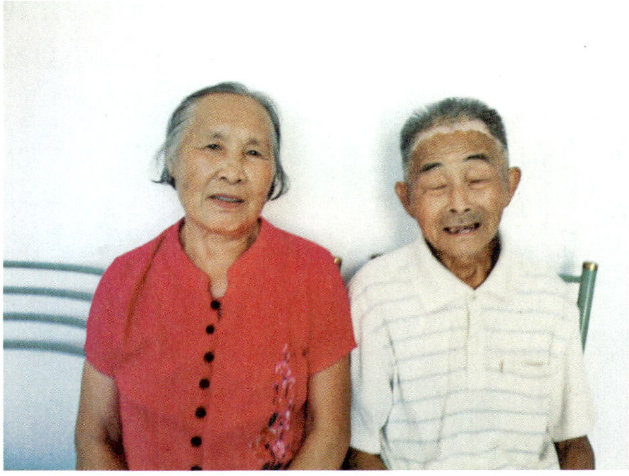

图 74　包有水（1928.7.12）　应月光（1937.4.26）

图 75　吴光堂（1933.1.10）　施桂花（1934.9.20）

图 76　俞松来（1928.11.13）　王兰珠（1938.6.19）

附4—5：

关心老年人生活

历年来，安仁村“两委”十分关心老年人的生活。

2016年年末，60周岁以上老人384人，占总人口数的27.68%。

自2012年起，对65周岁以上的老年人实行养老金（生活补贴费）发放政策。2012年每人每月50元，2013年提高到100元，2015年提高到200元，2018年提高到300元。

文化结构

从宋代直至民国，真正能够进学校读书的只有少数富裕人家的子弟。而女孩子入学读书，也只是民国才有的事，且能为者甚寡。

中华人民共和国成立后，贫苦村民的孩子才真正有了读书接受教育的权利。除安仁、荻州在民国时就办有学校外，20世纪50年代到21世纪初，党和政府还在高坪办有小学学校。特别是20世纪80年代以来，随着农村经济的迅速发展，以及政府普及九年制义务教育，村民的文化水平得到普遍提高，文化结构向高层次发展。

20世纪70年代初前，高中以上学历不多。70年代中期起，高中以上学历逐渐增多。80年代中期起，大专以上学历逐年增多。

据有关史料记载，1982年和1990年原安仁村、荻州村、高坪村村民文化结构状况如下表：

1982年村民文化结构状况表

表4—3

村名	合计	其中					
		大学本科	大专	中专	高中	初中	小学
安仁	539	—	—	—	46	165	328
荻州	265	—	—	—	38	88	139
高坪	94	—	—	—	3	24	67

1990年村民文化结构状况表

表4—4

村名	合计	其中					
		大学本科	大专	中专	高中	初中	小学
安仁	763	—	5	40	74	334	310
荻州	408	—	3	12	63	155	175
高坪	73	—	—	—	3	26	44

据不完全统计，截至2017年7月，安仁村籍（包括原荻州村、高坪村）具有大专以上学历122人。其中，博士1人，硕士5人。他们除2人在美国工作和定居外，大多数在本省各地有关单位工作或从事个体业，并有数人在香港、北京、上海等地就业。

原安仁村第一位大学生是董世源，1964年7月毕业于湖南长沙中南工业大学。原荻州村第一位大学生是潘金明，1986年毕业于武汉华中工学院。原高坪村第一位大专生是王巧琴，1996年毕业于广州林业学院。

截至2016年年底，安仁村籍出国留学生3人，分别是董爱农、陈丹倩、朱翰。其中董爱农为安仁村第一位博士，并是首个出国留学生。

自1996年起，安仁村实施中专以上学历奖学金制度。凡村民子女考取中专以上学校，并户口迁出的均发给一次性奖学金。奖学金标准为：大学本科生1000元，大专生800元，中专生600元。该制度一直延续至今。

第二节　姓氏构成

安仁村历史悠久。虎头山早在2000年前就有人类活动，为新石器遗址。据老辈人世传，早在北宋前，安仁村就有洪、童姓氏居住。《景定南宋新定续志》有“在芝川乡者，曰……治平桥……唯治平桥有田百亩，给修造费，里人童天任所捐也……”的记载，从中可看出安仁在南宋前确有童氏居住。但具体什么时候来这里，从哪里来，什么时候消失，什么原因消失，这些都已成为历史之谜。自宋代起，有陈、董等姓氏陆续迁居安仁，此后形成以陈、董姓氏为主体村民的大村落。荻州潘家，潘氏自明末清初由安徽省歙县迁入后形成潘家自然村。荻州汪家，汪氏于清道光初（约1821）从乾潭镇坌柏迁入后形成汪家自然村。高坪，据有关资料，自明嘉靖前，就有陈、章、王、汪等姓氏居住。

安仁为唐时古驿道上的重要节点，随着古街商业集散地的形成，许多外地外姓客商、学徒、手工业者、佃农等纷纷进入安仁。宋时设铺，民国时设镇。中华人民共和国成立后的1950年至2001年10月间，安仁村为安仁公社（乡、镇）政府所在地。一千多年来，有许多外来从业者在此定居，形成了多姓氏共存的大村落。

据2014年年末统计，安仁村共有420户1353人，108个姓氏。同姓氏人口在50人以上的有9个，其中陈姓人口最多为124人，占总人口数的9.16%。再依次分别为潘姓100人、董姓98人、汪姓96人、杨姓72人、俞姓62人、王姓61人、徐姓58人、张姓53人。另，10人以上的姓氏有20个，分别为：吴、钱、施、李、黄、叶、吕、金、刘、程、章、毛、周、羊、朱、曹、宋、费、方、石。2人以上的姓氏有47个，分别为：赵、包、江、马、胡、葛、郑、谢、傅、廖、余、何、卢、唐、虞、罗、孙、应、赖、邱、袁、骆、谭、韦、范、许、林、蒋、郭、蔡、潜、邓、严、詹、邵、童、万、祝、沈、曾、季、梅、夏、雷（畲族）、任、池、管。只有1人的姓氏有32个，分别为：萧、肖、舒、洪、邬、顾、宓、巫、涂、杜、韩、武、盛、齐、裘、邢、邹、符、单、苏、腾、裴、喻、熊、辛、项、贾、姜、荣、上官、申屠、欧阳。

2014年年末，全村总人口中除3人为畲族外，其余均为汉族。历年来，安仁村严格执行各民族一律平等原则，汉族和少数民族紧密团结，共同为建设新农村做贡献。

2007年7月，安仁村、荻州村、高坪村未合并前，陈姓和董姓大多数居住在安仁自然村，潘姓大多数居住在潘家自然村，汪姓大多居住在汪家自然村。

2009年开始实施“下山移民”工程，至2017年年底，原高坪村的全体村民，以及原荻州村的大多数村民均已搬迁到安仁新村、“杭派民居”居住点居住，此后，各姓氏融合居住在安仁集镇。由此，安仁村成了名副其实的百姓村。村民们和睦相处，生活其乐融融。

部分姓氏简介

陈姓　系出颍川郡。据《南宋图经》记载：“法源院在芝川乡安仁……”可见，在北宋或更早，就有陈姓在安仁居住。安仁陈姓最早的始祖应为陈志刚祖先，从河南省迁入。此后，有多支陈姓迁入安仁居住。其中一支，据陈文骏老人口述，其祖先于晚清时从今桐庐县分水百江迁入安仁居住，与陈志刚祖先为同一宗源。安仁地名的由来，与陈姓的迁入有一定关联。今全国叫安仁地名的甚多，其始迁入者多为陈姓。还如陈侯庙的建造、陈家弄名称的由来等，这与陈姓不无关系。因现无确切的史料证明，安仁村名与陈姓是否有关尚无定论。因安仁陈姓家谱尚未发现，具体情况待考。

2014年，陈姓人口124人，占总人口数的9.16%。

潘姓　系出荥阳郡。原荻州村潘家自然村，始祖潘日桥，于明末从安徽省歙县（徽州大佛中堂）迁至长坑埠荻州坞，后形成潘家自然村，其后裔已繁衍至第11代。据2008年辑修的《潘氏宗谱》载，潘公日桥祖上，于明末清初，由安徽省歙县迁入长坑埠荻州坞。自清康熙年间起，立足置产受业，开发矿山兼烧煤灰，并种植粮食、茶叶、生漆，建立家园，繁衍生息。潘家自然村潘姓均为同一宗源。潘家《潘氏宗谱》于民国35年（1946）十月由潘利增经办重修。原谱共八部十六本，20世纪60年代中后期散失。2001年，在潘秉忠的倡导下，重新辑修《潘氏宗谱》。新谱以明末清初为基点，时间跨度300年（1701~2001年）。新版《潘氏宗谱》记载了荻州潘氏家族从始祖一世到十一世的历代人名。2008年9月圆谱，共一册，现存。原安仁村的一户潘姓（潘天复）从潘家自然村迁入。

2014年，潘姓人口100人，占总人口数的7.39%。

董姓　系出广川郡。现今，安仁村有两支董姓，有上董、下董之说。其中董汝南（六十五世）家族以西汉江都相董仲舒为广川郡董氏宗族第一始祖。宋高宗绍兴十二年（1142），三十八世孙辛三公名爟，祖籍范阳（今河北涿县），自泗州改任乌伤（今义乌）县令。任满后的一天，与宗叔董少舒游历兰溪兰阴山游玩，见土地肥沃，山麓钟秀，更有瀫水长流，可稼可渔，可樵可药，遂携马氏和国昌、国盛二子，筑庐巢居。长子国昌居外董，次子国盛居园里。董爟公为广川郡兰阴始祖。明朝中期，第五十三世孙荣二公由兰溪园里迁居（建德芝川乡）安仁，为安仁广川郡董氏（上董）始祖。距今约500余年，至2016年历19代。为安仁村望族。2015年12月，由董世源辑修《广川安仁董氏宗谱》，2015年12月圆谱，共一册，现存。另几支董姓，即下董六十九世孙董文德等家族，还有董德贵家族，其先祖何时、何地迁入安仁，因无史料记载，无考。或为安仁广川郡始祖五十三世孙荣二公的后裔。安仁董氏多为同一宗源。

2014年，董姓人口98人，占总人口数的7.24%。

附4—6：

广川安仁董氏家训

人生斯世，孝悌当先。奉养父母，力竭心专。友爱兄弟，手足比肩。
惇宗睦族，裕后光前。出就师傅，仁义志坚。君臣朋友，不可党编。
酒色财气，悉为除蠲。力耕苦读，创新高攀。为国尽忠，为民奉献。
国税早纳，何有催缠。勤俭崇矣，奢华戒焉。日用饮食，学古圣贤。
忠厚谨慎，家法流传。扑作教型，纠缪绳愆。其各恪守，勿忘此篇。

（辑录自《广川安仁董氏宗谱》

附4—7：

广川安仁董氏家规

一、人之身是父母给的，人不知孝，唯不念父母爱子之心，当幼小时，饥不能自哺，寒不能自衣，为父母者察言观色，笑便是喜，啼便是忧，影形不离，滋养优教，爱子如命。父母的恩实同天地，为子者孝顺父母，理必之首，百善孝为先。

二、父子有恩，长幼有序，对同族叔伯父兄姐妹，按日用伦常礼遇。食让言顺，行坐立居下。当揖而揖，当拜而拜，不自以为是，才是对人对事、尊敬长上之道。

三、和睦相邻，恩厚乡邻。古人语："八百买宅，千金买邻。"远亲不如近邻，相邻指居邻、田地邻、物邻等。互相倚连，早晚相聚。为琐事易引起诸多矛盾，很多灾祸皆因不和睦而起。邻里不和外人欺。所以务必要出言温厚，出入相友，守望相助，有一个和睦相邻的好风尚。

四、俗话说："有个好儿孙便是福。"要知子孙不是生下来就是贤人，是由教训出来的。也不是生下来便是恶人，也是由不教训而坏的。为父母者有责教他读书，有责教他做好工农商学兵的每一员。做好人，存好心，明伦理，顾廉耻，尚勤俭，守法度，三百六十行，各执一行，行行出状元。有害无益之事一一戒之，则兴家有业定兑现。

五、大千世界，名目繁杂，做人要有自己的生存理念，不好高骛远，站在这山，望那山高，今天想东，明天想西，想入非非，终究乃一事无成。做人做事要精业，各其所能，尽力而为。古人云："万事不由人计较。"人生旅途的美好，实现个人的梦想，只能靠自己努力，去创造而赢得。愿我后嗣各安生理。

六、不做上辱祖宗，下牵累妻儿的败坏风俗之事。要子孙学好人，做好事。行止要端庄稳重，行事要顾名思义，则可保身而安家，望我子孙其慎之。

七、光宗耀祖，兴旺发达，乃我家族的宗旨，也是我家族每个成员需为之、能之、勉之。

（辑录自《广川安仁董氏宗谱》）

汪姓　系出平阳郡。安仁村有多支汪姓，其中主要一支在汪家自然村，其汪姓宗出乾潭垒柏；一支3户汪姓，于1978年因建罗村水库从原罗村公社白皮坞村移民至安仁。

原获州村汪家自然村汪氏始祖鸣五公于清嘉庆末年从安徽省歙县迁入垒柏，时汪氏三兄弟分居，长兄于清道光初迁入狄（获）州村，后形成汪家自然村。据《建德姓氏》载，汪姓源于姬姓，系出平阳郡，始商末。汪家村第一代祖先于清道光初（约1821）从乾潭镇垒柏迁入。乾潭《汪氏宗谱》载："汪氏祖先来自安徽歙县，时属大清嘉庆末道光初。时有兄弟三人，全部落户在浙江严州府七里泷垒柏村。落户不久，兄弟三人为了工作需要，哥迁七里泷南岸狄（获）州村，二哥留在垒柏，小弟迁至长淇村。"又载："鸣五公是来长淇的第一代祖先，也是积庆堂第一代创始人。"原汪家自然村汪氏字辈排行：樟、化、乔、云、丰、公、为、立。汪家自然村《汪氏宗谱》在"文化大革命"期间被焚。安仁村汪厚强家族，同出垒柏宗源。其他几支汪氏宗源因无史料记载，无考。

2014年，汪姓人口96人，占总人口数的7.10%。

杨姓　安仁村有多支杨姓，分别从磐安、仙居迁入。其中一支杨姓（杨文根、杨根朝祖先）从磐安县仁川镇黄余田村迁入安仁、堰下居住。住在安仁老街上的有二支杨姓，其中一支始祖杨氏兄弟2人（杨建平、杨相贤太公）于清晚期从仙居迁入，其后代已繁衍至第5代；另一支杨姓，即杨云初祖先也是从仙居卜居安仁。其他几支杨姓因无史料记载，无考。

2014年，杨姓人口72人，占总人口数的5.32%。

俞姓　系出河间郡，流水堂。安仁俞姓源于仙居九郎溪。先祖择九郎溪为基业，繁衍世族。此后以元为第一始祖，柄为第二始祖。后十七世孙永敬公智识高超，通理阴阳，揽胜郑桥，见山拱如环，溪流若带，重关交锁，别开胜地。乃谋诸父遂携二子迁居郑桥。19世纪80年代，第三十一世孙俞枝茂，字日茂，遂带妻杨氏并子培斌、培寅、培和卜居安仁。其后代已繁衍7代，字辈为日、培、钦、钟、森、光、垣。安仁村的俞姓多为同一宗源。

2014年，俞姓人口62人，占总人口数的4.58%。

王姓　安仁村的王姓有多个宗源。主要有二大支，一是原煤山新村自然村的王姓从淳安迁入。二是原高坪村的王姓从安徽省安庆迁入。其他各支的家谱均已散失或一直没有相关记载，故无法确定其宗源。

2014年，王姓人口61人，占总人口数的4.50%。

徐姓　徐姓最早繁衍于今山东南部郯城至淮河流域一带。徐姓于明清时已遍布大江南北，以江苏、广东、浙江、四川为多。安仁徐姓有多个宗源。其中一支以徐昌发（徐仁樟太公）为第一始祖，于清末由东阳市上卢镇清塘湖村迁居安仁，已繁衍6代。其字辈为：昌、士、希、圣、步、怡。其他几支因无相关史料，无考。

2014年，徐姓人口58人，占总人口数的4.28%。

张姓　安仁张姓据《鸿里张氏宗谱》载，出于青阳，青阳生挥，挥观弧星制弓箭，因赐姓张。周襄公十六年（公元前557年），晋平公即位，张君臣为中军司马。公元前369年，韩、赵、魏三强分晋。张氏属韩五世。公元前230年，韩被秦吞。太傅张良为复韩仇，运筹帷幄，佐刘邦建立汉朝，封万户侯。其家世显赫，子孙繁多。后来，有许多张姓渡江南迁至江苏吴江县北关村。吴郡张氏发展很快，门第昌炽，有十贤之名里。传至辅国定悖公由吴郡迁至金华。北宋末年，张氏建升公为藩室寿春公之婿，以同宗延茂公迁居桐庐质素乡，也买房居于桐庐璜栗村。宣和二年（1120），方腊造反，歙睦等地俱陷。童贯率军进剿，时有殿前招计使张仲德推荐建升公入伍剿寇，升戮力建功，被封为保义郎。至升公23代孙介宾公由璜栗村迁居桐庐金牛乡乌风塘。历三世阳瑞谦公勤学精医，于清光绪二十五（1899）年前后行医到安仁定居，并娶妻生子，其后代至今已续恤、礼、家、吉、祥5代。

2014年，张姓人口53人，占总人口数的3.91%。

羊姓　羊氏为周武王子唐叔虞之后，受姓于晋羊舌大夫，发祥山西太原，中兴山东泰山，后因战乱南迁。浙江盘安皿川羊氏鼻祖愔为清廉太守羊续、佐晋太傅羊祐之后裔、唐武宗侍御史羊鄂公第三子。安下羊姓由子沅（三十二世，下宅三房马岭派，羊洪根爷爷）于清光绪初从盘安迁入，汪家羊姓由宗宝（三十三世、下宅二房国光派，雪明爷爷）于清末从盘安迁入。安下、汪家羊氏为同一宗源。其后代至今已续宗、臣、耀、荣、昌五代。

宗谱简况

旧时，安仁村、获州村、高坪村有董氏、潘氏、汪氏等姓氏的多部宗谱，均在20世纪60年代中期因“文化大革命”被焚毁或遗失。

据调查，2017年，安仁村村民中存有5部于2008年前编撰出版的杨氏、朱氏、羊氏、潘氏、张氏宗谱。另，董氏、俞氏、张氏、徐氏宗谱尚在编撰中。

安仁村今存宗谱简况表

表4—5

序号	宗谱名称	册数	编撰	时间	收藏人
1	仁川杨氏宗谱	一套三册	磐安县仁川杨氏宗谱编委会	2001 年	杨根潮
2	茜溪义房朱氏宗谱	一套八册	浦江茜溪义房朱氏宗谱编委会	2003 年	朱尧仁
3	皿川羊氏宗谱	一套八册	磐安县皿川羊氏宗谱重修理事会	2005 年	羊洪根　羊雪明
4	潘氏宗谱	一册	潘秉忠	2008 年	潘玉明
5	桐江鸿儒里张氏宗谱	共八卷存二卷	绍鑑堂	1922 年	张小芳

第三节　计划生育

中华人民共和国成立前，村民普遍早婚、早育、多生，生育完全听凭自然，加之生活贫困，缺医少药，又常遇瘟疫流行，造成高出生率、高死亡率，人口增长缓慢。

中华人民共和国成立后，随着生活和医疗卫生条件的改善，人口增长加快。特别是20世纪50年代初，政府鼓励多生孩子。如安仁村张丽英在1952年生了双宝胎，被评为“光荣妈妈”。

国家为了控制过快增长的人口趋势，从20世纪70年代开始，在全国范围内推行计划生育政策，确保人口有计划、按比例增长。

从20世纪70年代初，安仁村、获州村、高坪村成立计划生育领导小组，由大队长和妇女主任分别担任组长、副组长。认真执行计划生育方面的政策、法规，提倡和鼓励村民一对夫妇只生一个孩子，有计划、有控制地安排符合国家生育二胎政策的育龄夫妇生育指标，做到有计划地生育二胎，坚决禁止计划外生育二胎和多胎。

80年代初，国家提出实行计划生育政策，并将此确定为基本国策。安仁村、获州村、高坪村均成立了以村党支部书记为组长，以村妇女主任为副组长的计划生育指导小组，由村妇女主任或村赤脚医生兼任计划生育药具管理员。采取多种避孕节育手段。每年开展一次计划生育宣传活动，宣传计划生育基本国策，用大量的事实教育村民着力改变“多子多福”“养儿防老”“重男轻女”等旧观念，树立“少生光荣”的思想，提倡晚婚晚育，少生优生，一胎率逐年上升，多胎率逐年下降，超生得到有效控制。

1980年起，对只生一个孩子的夫妇，经本人申请，大队核实，报县计划生育办公室批准后，发给“独生子女光荣证”。同时，对执行计划生育并领取独生子女证的育龄夫妇给予奖励。

1982年4月，县政府下发《建德县计划生育实施细则》，对有以下情况的夫妇，经提出申请，报大队（村）、公社（乡、镇）审核，经县计划生育办公室批准，可以再生一个孩子。其情况为：（1）经县以上医院证明，第一个孩子为非遗传性残疾，不能成长为正常劳动力的；（2）再婚夫妇未曾生育，另一方只有一个孩子的；（3）婚后10年不育，已领养一个孩子，而后又怀孕的；（4）连续三代独生子女或独女无子的；（5）持有残疾军人证的在乡二等或二等以上的残疾军人、伤残民兵、伤残民工；（6）多房合一（三兄弟以上），两房未曾生育，也不可能再生育，一房只有一个孩子的。

1986年3月，安仁乡获“全国计划生育先进集体”称号。

1987年，安仁村有42人领取“独生子女光荣证”，领证率25.93%；荻州村21人，领证率23.86%；高坪村5人，领证率17.86%。

进入21世纪后，随着经济的发展，各项社会保障制度的完善，村民的生育观念发生了重大变化，“少生快富，文明奔小康”的婚育观已被育龄夫妇，特别是年轻的育龄夫妇所接受，终身只生一个孩子和延长生育间隔期已蔚然成风，独生子女领证率逐年提高。

为了进一步提高人口素质，国家除了提倡少生外，同时还提倡优育，以保障国家计划生育基本国策目标的实现，安仁村、荻州村、高坪村严格遵照上级有关指示精神，在各村广泛开展《中华人民共和国婚姻法》宣传，教育广大未婚男女青年禁止直系血亲和三代以内旁系血亲结婚。组织婚龄青年开展新婚期、孕产期等方面的知识培训，通过婚前检查、孕前保健和新生儿保健等知识的普及，极大地提高了人口生育素质，确保优生优育目标的实现。

2013年，中共十八届三中全会决定启动实施“单独二孩”政策，即一方是独生子女的夫妇可生育两个孩子。

2015年10月，中共十八届五中全会决定：促进人口均衡发展，坚持计划生育的基本国策，完善人口发展战略，全面实施一对夫妇可生育两个孩子政策，积极开展应对人口老龄化行动。

至此，长达30多年的独生子女政策正式结束。

人口出生

据现有资料记载，1969年，原安仁村、荻州村、高坪村人口出生合计30人，是为有统计数据的最高年份。自1972年实施计划生育政策以来，人口出生数呈下降趋势。其中2000年，原安仁村、荻州村、高坪村人口出生合计7人，成为1969年以来的最低年份。2013年起，随着国家对计划生育政策的相应调整，人口出生数呈上升趋势。安仁村年人口出生数从2009年的8人上升到2016年的19人。

1969—2017年，安仁村、荻州村、高坪村择年人口出生情况统计表如下：

1969~2017年人口出生情况统计表

表4—6

年份	安仁			荻州			高坪		
	出生合计	其中男	其中女	出生合计	其中男	其中女	出生合计	其中男	其中女
1969	17	—	—	11	—	—	2	—	—
1970	12	—	—	16	—	—	5	—	—

续表 4—6

年份	安　仁			荻　州			高　坪		
	出生	其中		出生	其中		出生	其中	
	合计	男	女	合计	男	女	合计	男	女
1971	16	—	—	3	—	—	1	—	—
1972	13	—	—	3	—	—	4	—	—
1973	13	—	—	5	—	—	2	—	—
1975	12	—	—	7	—	—	4	—	—
1976	13	—	—	0	0	0	3	—	—
1977	14	—	—	8	—	—	3	—	—
1978	13	—	—	7	—	—	3	—	—
1979	11	—	—	9	—	—	3	—	—
1980	14	—	—	5	—	—	1	—	—
1981	13	7	6	8	5	3	2	0	2
1982	12	—	—	11	—	—	4	—	—
1983	10	4	6	8	5	3	0	0	0
1984	14	6	8	4	3	1	0	0	0
1985	8	5	3	2	1	1	0	0	0
1986	16	6	10	5	3	2	3	2	1
1987	14	5	9	12	7	5	0	0	0
1988	18	12	6	7	5	2	1	1	0
1989	11	6	5	6	5	1	2	2	0
1990	17	7	10	9	4	5	2	1	1
1991	11	5	6	6	3	3	3	2	1
1992	9	6	3	6	2	4	1	0	1
1993	10	6	4	4	2	2	1	1	0
1994	7	5	2	1	1	0	0	0	0
1995	6	3	3	8	4	4	0	0	0
1996	9	6	3	1	1	0	0	0	0
1997	6	4	2	3	3	0	0	0	0
1998	6	4	2	5	2	3	0	0	0

续表 4—6

年份	安仁			荻州			高坪		
	出生	其中		出生	其中		出生	其中	
	合计	男	女	合计	男	女	合计	男	女
1999	4	1	3	2	1	1	0	0	0
2000	4	2	2	2	1	1	1	1	0
2001	8	7	1	0	0	0	0	0	0
2002	6	4	2	4	3	1	0	0	0
2003	11	6	5	4	2	2	0	0	0
2004	5	3	2	5	2	3	0	0	0
2005	7	5	2	2	1	1	0	0	0
2006	5	5	2	1	0	1	5	2	3
2007	13	6	7						
2008	12	10	2						
2009	8	3	5						
2010	8	5	3						
2011	13	2	11						
2012	9	3	6						
2013	10	7	3						
2014	12	8	4						
2015	14	7	7						
2016	19	8	11						
2017	11	6	5						

说明：2007年7月，安仁村、荻州村、高坪村合并后，其数据合并统计

农村部分计划生育家庭奖励扶助制度

2006年，浙江省开始实行农村部分计划生育家庭奖励扶助制度。当时按每年不低于600元的标准发放扶助金，直至亡故为止。至2016年，建德市对奖励标准进行了多次调整。2016年的奖励标准为每人每年不低于960元。2016年的申请条件规定，奖励扶助对象必须同时符合以下条件：本人为建德市农业户口；1973年至2001年期间没有违反计划生育法规、规章或政策规定生育；现存一个子女或子女死亡现无子女；在1993年1月1日以后出生，年满60周岁。

2006年至2018年，安仁村有53户符合相关条件的计划生育家庭得到了奖励扶助。名单如下：

2006年：汪根良、王银春、董竹珍、张文祥、张乃昶、程小娜。

2007年：董乃文、陈复新、张乃强、潘樟木。

2008年：王菊香、潜光珍。

2009年：杨相贤、汪光洪。

2010年：王婉珍。

2011年：邱树忠、陈爱珠、陈　美、江跃华、施裕琴。

2012年：施光仙、陈六月。

2013年：余杭妹、潜玉香、程志云、朱承舜、汪方成、董来信、章赛荣。

2014年：吕峰玉、刘连荣、谢丽娟、吴金木。

2015年：葛金龙、胡　祝、汪义星、王秋玉、董玉星、章彩娟、潘新良、陈金华、刘正义、陈金莲。

2016年：李维新、潘光明、俞朝芳、俞光富、陈林荣、李坤林。

2017年：陈爱莲、朱尧仁。

2018年：郑金妹、徐金星。

计划生育家庭特别扶助制度

2008年，浙江省开始实行计划生育家庭特别扶助制度，特别扶助制度是解决独生子女伤残死亡家庭特殊困难的一项基本制度。历年来，对符合相关条件的家庭进行了特别扶助，其扶助标准进行多次调整。2016年的发放标准：2014年起对符合规定的对象，女方年满49周岁未满60周岁的特别扶助金标准为每人每月500元，年满60周岁且未纳入政府养老服务补贴范围的，特扶金标准为每人每月700元。其申请条件：具有建德市户籍的独生子女伤病残或死亡后，未再生育或未收养子女家庭的夫妻，并同时符合以下条件可申请享受特别扶助政策：1933年1月1日以后出生；女方年满49周岁；只生育1个子女或合法收养1个子女；现无存活子女或独生子女依法鉴定为伤残（伤病残达到三级以上）。

2008年至2017年，安仁村有1户符合相关条件的计划生育家庭得到了特别扶助。名单如下：

2011年：吴金婷。

第五章　党群组织

从社会主义革命和社会主义建设到改革开放、建设小康社会的各个时期，都有村民接受党的考验，自愿加入中国共产党。

安仁村、荻州村、高坪村均在1958年起相继建立村党支部。村党支部在不同的历史时期，围绕党中央、中共建德市（县）委等上级党组织的中心工作，克服各种困难，带领村民开展社会主义建设。其间，也因“大跃进”“文化大革命”等政治运动，造成村民（社员）在思想、理论上的混乱，党支部受到不同程度的冲击，并一度停顿工作，给村民（社员）的生产、生活带来较严重的影响。中共十一届三中全会以后，经过解放思想、拨乱反正，实行改革开放，大力发展经济，村党组织积极探索符合本村实际情况的发展道路，作出了多项重大、重要的决策，经济迅猛发展，村民生产和生活环境日益改善，物质文明、精神文明建设取得显著成效，村容村貌发生了巨大变化。

1958年，安仁村建立党支部。1961年，荻州村、高坪村建立党支部。2007年7月，安仁村、荻州村、高坪村合并为新的安仁村，原各村党支部被撤销，成立安仁村党支部。2009年7月，安仁村党支部升格为党委会。2016年年末，安仁村党委会下辖4个党支部，共有在册党员82名。

图 77　党建广场

第一节 行政村规模调整前的党组织

安仁村（大队）党支部

1954年9月—1958年9月，由于共产党员人数少，安仁村党员参加安仁乡党支部活动。

1958年9月，安仁村党员从安仁乡党支部划出，建立安仁公社安仁大队党支部，首任支部书记徐荣铭。1961年，安仁、后山、施家、羊毛坞合为联合大队，安仁大队党支部归属中共安仁联合大队总支委员会。1962年，撤销联合大队，复置安仁大队党支部。1967—1970年间，因“文化大革命”，党组织工作处于停顿状态。1983年9月，全县政社分设，为中共安仁乡安仁村支部委员会。1992年10月，撤乡建镇，为中共安仁镇安仁村支部委员会。2001年10月，安仁镇、乾潭镇合并，为中共乾潭镇安仁村支部委员会。2007年7月，安仁村、荻州村、高坪村合并成立新的安仁村，原安仁村党支部被撤销。

根据现有资料，1958年至2007年7月安仁村党支部历届组成人员名录如下：

1958—2007年安仁村（大队）党支部历届组成人员名录表

表5—1

时间（年月）	书记	副书记	委 员	备注
1958.9—1959.8	徐荣铭			
1959.8—1961	张银德			
1962—1965	张银德	汪芝瑞	俞茂松	
1965—1968	金保林			
1968—1979.9	陈关云	汪芝瑞		
1979.10—1987.2	汪厚强	陈关云	羊洪根 董书良（1984—1989）	
1987.3—1992.10	羊洪根		陈 美 朱尧仁	
1992.10—1994.9	羊洪根		陈 美 朱尧仁 唐秀娟	
1994.9—1994.11	赖新林（兼）		陈 美 朱尧仁 唐秀娟	赖新林时任安仁镇党委副书记、镇长
1994.11—1998.4	俞光来		陈 美 唐秀娟 杨云初 张银德	
1998.4—2002.4	俞光来		陈 美 唐秀娟 杨云初 陈敏文	1999年底增补傅海才为支部委员
2002.4—2005.8	俞光来		陈 美 唐秀娟	
2005.8—2007.7	陈志刚		方国良 曹国祥	

荻州村（大队）党支部

1956年11月至1958年10月，由于荻州村尚无共产党员，党组织领导归属乾潭区煤灰供销生产合作社（市石煤综合利用公司前身）党支部。1958年11月，杨桂莲加入中国共产党，成为荻州村第一个党员。

由于党员人数少，党员从乾潭区煤灰供销生产合作社党支部划出，归属下梓片党支部。1961年，党员从下梓片党支部划出，建立中共安仁公社荻州大队支部委员会。1983年9月，全县政社分设，为中共安仁乡荻州村支部委员会。1992年10月，撤乡建镇，为中共安仁镇荻州村支部委员会。2001年10月，安仁镇、乾潭镇合并，为中共乾潭镇荻州村支部委员会。2007年7月，荻州村与安仁村、高坪村合并成立新的安仁村，组建安仁村党支部。至此，荻州村党支部被撤销。

1961年—2007年7月，荻州村（大队）历任党支部书记先后为潘秉忠（1961—1985）、潘建华（1985—1994）、潘建新（1994—1996）、潘建华（1996—1997）、王昌发（1997—2007）。

高坪村（大队）党支部

1956年—1958年10月，高坪村尚无党员，其党组织领导归属乾潭区煤灰供销生产合作社党支部。1958年11月，王全民、赵藕喜加入中国共产党，成为高坪村第一批党员，归属下梓片党支部。1961年，建立中共安仁公社高坪大队支部委员会。1983年9月，全县政社分设，为中共安仁乡高坪村支部委员会。1992年10月，撤乡建镇，为中共安仁镇高坪村支部委员会。2001年10月，安仁镇、乾潭镇合并，为中共乾潭镇高坪村支部委员会。2007年7月，高坪村与安仁村、荻州村合并成立新的安仁村，组建安仁村党支部。至此，高坪村党支部被撤销。

1961年至2007年7月，高坪村（大队）历任党支部书记为王金民（1961—1970）、陈忠鑫（1970—1975）、王金民（1975—2004）、雷国军（兼）、王解民、王光泉（兼）、徐金炎（兼）、胡敏（兼）、曹建东（兼）、王立新。

说明：兼任支部书记的均为乡镇干部。

第二节　行政村规模调整后的党组织

2007年7月，建德市人民政府实施行政村规模调整，安仁村、荻州村、高坪村合并成立新的安仁村，原安仁村、荻州村、高坪村党支部撤销，组建中共安仁村支部委员会。安仁村党支部委员由7人组成。陈志刚任书记，王昌发、王立新任副书记。

2007年11月26日至12月29日，市委、市政府在安仁村开展建德市村级组织换届选举试点工作。通过全体党员投票选举产生安仁村党支部，由5名委员组成，陈志刚当选支部书记。2009年3月，中共乾潭镇党委任命吴米良（乾潭镇干部）兼任安仁村党支部书记。

2009年7月，乾潭镇党委开展行政村党组织设置调整工作。安仁村党支部升格为中共乾潭镇安仁村委员会（以下简称安仁村党委会），下辖4个党支部。原安仁村党支部委员转任党委委员，第一届安仁村党委书记吴米良。

2010年11月25日，采用“公推直选”方式，安仁村党委会进行换届选举。第二届安仁村党委会由5名委员组成，其中女委员1名。吴米良当选党委书记，潘玉明当选党委副书记。

2013年12月12日，安仁村党委会换届选举。第三届安仁村党委会由5名委员组成，其中女委员1名。吴米良当选党委书记，潘玉明当选党委副书记。2016年8月22日，中共建德市乾潭镇委员会任命叶建芳为中共乾潭镇安仁村委员会书记。

2017年3月25日，安仁村党委会换届选举。第四届安仁村党委会由5名委员组成。叶建芳当选党委书记，潘玉明当选党委副书记。4月28日，首次举行村“两委”干部就职宣誓仪式。

2007年至2017年，安仁村党组织历届成员名录如下：

2007—2017年安仁村党组织历届成员名录表

表5—2

时间（年月）	书　记	副书记	委　员
2007.7—2007.12	陈志刚	王昌发　王立新	方国良　曹国祥　陈一兵　施来坤
2007.12—2009.3	陈志刚		王立新　潘玉明　方国良　曹国祥
2009.3—2010.11	吴米良（兼）		王立新　潘玉明　方国良　曹国祥
2010.11—2013.1	吴米良（兼）	潘玉明	方国良　曹国祥　董菊红（女）
2013.1—2016.8	吴米良（兼）	潘玉明	曹国祥　董菊红（女）　张金炎
2016.8—2017.3	叶建芳	潘玉明	曹国祥　董菊红（女）　张金炎
2017.3——	叶建芳	潘玉明	张金炎　曹国祥　杨汪嗣

安仁村党委会下辖四个党支部。历任党支部书记名录：

一支部书记潘玉明；二支部书记王立新、杨汪嗣；三支部书记曹国祥；四支部书记方国良。

第三节　党组织荣誉

安仁村、荻州村、高坪村党支部成立以来，充分发挥战斗堡垒作用，成绩显著，曾获得较多荣誉。

根据现有资料，将原安仁村、荻州村党支部（1992—2006年）和2007年合并后的安仁村党组织获得建德市级以上的荣誉记载于后。

原安仁村党支部、荻州村党支部荣誉

据不完全统计，1992年至2006年原安仁村党支部获得建德市级荣誉14项，其中1995年至2003年连续9年被评为建德市先进党支部或先进基层党组织。原荻州村党支部获得市级荣誉1项。

1992—2007年原安仁村、荻州村党支部获得建德市级荣誉一览表

表5—3

获奖名称	颁奖机构	颁奖时间
一九九二年度先进党支部	中共建德市委	1993 年 6 月
一九九五年度先进党支部	中共建德市委	1996 年 6 月
一九九六年度先进党支部	中共建德市委	1997 年 6 月
一九九七年度先进党支部	中共建德市委	1998 年 6 月
一九九八年度先进党支部	中共建德市委	1999 年 6 月

续表 5—3

获奖名称	颁奖机构	颁奖时间
建德市“五好”党支部	中共建德市委	1999 年 6 月
一九九九年度先进党支部	中共建德市委	2000 年 6 月
二○○○年度先进党支部	中共建德市委	2001 年 6 月
二○○一年度先进基层党组织	中共建德市委	2002 年 6 月
建德市“五好”村党支部（荻州村）	中共建德市委	2002 年 6 月
二○○二年度先进基层党组织	中共建德市委	2003 年 6 月
二○○三年度先进基层党组织	中共建德市委	2004 年 6 月
二○○五年度党建工作示范点	中共建德市委	2006 年 6 月
先锋工程“五好”村党组织	中共建德市委	2006 年 6 月
二○○五年度先进基层党组织	中共建德市委	2006 年 6 月

合并后的安仁村党组织荣誉

2007年7月，安仁村、荻州村、高坪村合并成立新的安仁村，原各村党支部被撤销，组建安仁村党支部。2009年7月，党支部升格为党委会。2009年至2017年7月，安仁村党组织获得杭州市级荣誉1项、建德市级荣誉2项、乾潭镇级荣誉2项。

2007—2017年安仁村党组织荣誉一览表

表5—4

获奖名称	颁奖机构	颁奖时间
杭州市农村基层党风廉政建设示范村	中共杭州市委	2009 年
建德市星级党建示范点（二星级）	中共建德市委	2012 年 6 月
建德市团结干事先锋党组织	建德市委组织部	2012 年 6 月
乾潭镇先进基层党组织	乾潭镇党委	2016 年 6 月
乾潭镇先进基层党组织	乾潭镇党委	2017 年 7 月

第四节　党代会代表、党员名录

市（县）、镇（乡）级党代会代表名录

历年来，安仁村、荻州村、高坪村有多名中共党员当选市（县）级或镇（乡）级党代会代表。其中，安仁村（含原荻州村）有7人次当选建德市（县）级党代会代表。由于资料散失原因，镇（乡）级党代会代表名单仅据现有资料记载于后。

市（县）级党代会代表名录：

出席市（县）级党代会代表名录表

表5—5

党代会届别	时间（年月）	代表名单
建德县第六次党代会	1984.2—1987.2	汪厚强
建德县第七次党代会	1987.2—1990.2	汪厚强　潘秉忠
建德县（市）第八次党代会	1990.2—1993.2	羊洪根
建德市第九次党代会	1993.2—1998.2	俞光来
建德市第十次党代会	1998.2—2003.1	俞光来
建德市第十一次党代会	2003.1—2007.2	俞光来

镇（乡）级党代会代表名录：

出席镇（乡）级党代会代表名录表（据现有资料记载）

表5—6

党代会届别	时间（年月）	代表名单
中共安仁公社第五次代表大会	1983.11.9	安仁：羊洪根　董书良　陈关云　杨玉书　汪厚强　俞光来 荻州：潘建华　吴桂英　潘秉忠 高坪：王金民
中共安仁乡第六次代表大会	1987.1.7	安仁：汪厚强　羊洪根　张如华　杨玉书 荻州：潘建华　徐根富　潘秉忠 高坪：王金民
中共安仁乡第七次代表大会	1990.1.5	安仁：羊洪根　汪根良　俞光来　张如华 荻州：潘建新　徐根富 高坪：王金民
中共安仁镇第八次代表大会	1992.12	安仁：羊洪根　陈　美　朱尧仁 荻州：不详 高坪：不详
中共安仁镇第九次代表大会	1995.12.8	安仁：俞光来 荻州：潘建新　潘玉明 高坪：不详
中共安仁镇第十次代表大会	1998.12.12	安仁：俞光来　陈　美　唐秀娟　杨云初　方国良 荻州：不详 高坪：不详
中共乾潭镇第十一次代表大会	2001.12.8	安仁：不详 荻州：不详 高坪：不详
中共乾潭镇第十二次代表大会	2006.9.29	安仁：不详 荻州：不详 高坪：不详
中共乾潭镇第十三次代表大会	2011.9	吴米良　叶建芳
中共乾潭镇第十四次代表大会	2016.10.20	王百金　叶建芳　施　岚

党员名录

2016年12月31日，安仁村共有在册中共党员82名，其中女党员15名。党员中初中以上文化程度73人，其中大学本科2人、大专8人。

2016年年末在册中共党员名录表（第一支部）

表5—7

姓　名	性别	出生年月	文化程度	入党时间	职　务
潘玉明	男	1965.2	高中	1985.9	党委副书记兼支部书记
陈一祥	男	1947.5	初中	1971.9	
陈　卫	男	1974.1	初中	1996.1	
潘新柱	男	1943.5	小学	1966.7	
潘建明	男	1960.6	初中	1993.6	
陈一兵	男	1964.8	高中	1987.8	
潘建华	男	1955.4	小学	1978.5	
郭彩英	女	1962.9	高中	2006.3	
潘照明	男	1965.7	初中	2008.1	
徐根富	男	1936.2	高小	1969.11	
钱春樟	男	1936.2	初小	1959.12	
王昌发	男	1952.10	初中	1991.12	
施正良	男	1936.6	初中	1985.7	
汪建富	男	1962.11	中专	1985.9	
汪义星	男	1955.12	初中	1999.3	
袁小明	男	1969.8	高中	2004.8	
汪忠平	男	1975.12	大专	1997.7	
潘建新	男	1955.12	初中	1985.9	
汪建明	男	1965.11	初中	2008.1	
吴桂花	女	1951.9	小学	1974.6	
汪国华	男	1979.6	初中	2004	
汪红卫	男	1967.10	初中	2014.12	

2016年年末在册中共党员名录表（第二支部）

表5—8

姓 名	性别	出生年月	文化程度	入党时间	职 务
陈 美	男	1951.6	初中	1986.11	
杨光樟	男	1961.9	高小	1983.6	
杨云初	男	1947.8	初中	1992.7	
施力民	男	1948.6	初中	1995.1	
汪厚强	男	1952.1	初中	1974.6	
汪厚康	男	1956.11	初中	1979.11	
潘建亮	男	1962.10	高中	1999.8	
施 岚	女	1985.12	大专	2006.1	
吴燕虹	男	1987.1	本科	2005.11	
王小明	男	1978.9	初中	1997.6	
张春早	男	1972.2	高中	1990.7	
章金兰	女	1954.2	小学	1999.8	
王立祥	男	1970.9	初中	1999.8	
吴丽雯	女	1982.4	高中	2004.4	
章 鑫	男	1978.7	高中	2005.3	
王立新	男	1966.10	初中	2005.3	支部书记
毛连娟	女	1970.12	初中	2008.1	
杨汪嗣	男	1988.10	高中	2009.10	
虞国华	男	1987.9	大专	2010.6	
吴汉斌	男	1989.1	高中	2010.7	
董巧玲	女	1983.2	大专在读	2016.7	村委委员

2016年年末在册中共党员名录表（第三支部）

表5—9

姓 名	性别	出生年月	文化程度	入党时间	职 务
曹国祥	男	1969.9	初中	1993.7	党委委员兼支部书记
董菊红	女	1971.11	大专	2002.2	党委委员
唐秀娟	女	1944.4	初中	1985.9	
杨相余	男	1954.8	初中	1992.7	
陈明星	男	1951.2	初中	1993.7	
蔡金金	男	1974.11	初中	2004.6	

续表 5—9

姓　名	性别	出生年月	文化程度	入党时间	职　务
毛新国	男	1973.11	高中	1996.6	
付海才	男	1963.1	高中	1997.4	
黄金珠	男	1946.7	初中	1970.7	
陈　雷	男	1979.6	职高	2003.4	
陈敏文	男	1956.10	高小	1995.1	
汪樟云	男	1957.1	小学	1997.8	
杨秀芳	女	1965.2	初中	2000.3	
杨旭初	男	1954.4	初中	2011.1	
俞光土	男	1962.3	高中	2009.7	
董朝平	男	1971.4	大专	2012.5	村委副主任
傅黄鹂	女	1987.11	大专	2008.11	
俞　莹	女	1990.1	大专	2014.5	

2016年年末在册中共党员名录表（第四支部）

表5—10

姓　名	性别	出生年月	文化程度	入党时间	职　务
叶建芳	男	1966.10	初中	2008.1	党委书记、村主任
方国良	男	1957.8	初中	1993.7	支部书记
张金炎	男	1965.10	初中	2008.1	党委委员
俞光来	男	1944.11	中专	1970.3	
汪云良	男	1948.2	高小	1974.7	
朱尧仁	男	1957.3	初中	1986.11	
董光星	男	1948.2	初中	1994.11	
张小芳	男	1952.1	初中	1997.4	
董光标	男	1962.1	初中	1984.9	
徐金仙	女	1964.3	高中	2003.3	
陈天明	男	1958.7	初中	1990.2	
张金文	男	1968.10	初中	1995.6	
张文伯	男	1949.6	初中	1972.6	
苏红云	男	1969.2	初中	2003.1	
陈华军	男	1977.11	初中	2009.1	
董国强	男	1966.7	初中	1995.6	

续表 5—10

姓　名	性别	出生年月	文化程度	入党时间	职　务
董雯华	女	1988.7	本科	2009.4	
张家俊	男	1963.2	初中	2012.7	村委委员
徐　凯	男	1965.12	大专	2012.6	
徐仁章	男	1965.12	高中	2014.6	
金国娟	女	1977.11	高中	2015.2	

党员违纪处理情况

据现有资料统计，2016年年底前，安仁村（含原荻州村、高坪村）共有10名党员因违纪受到不同的党纪处分，其中开除党籍7人、劝退出党1人、党内严重警告2人。

第五节　青年妇女组织

共青团

中华人民共和国成立后，随着村政权组织的建立和巩固，一批青年积极分子陆续培养吸收进党的得力助手——新民主主义青年团。

1957年，新民主主义青年团改称共产主义青年团。

2007年7月行政村规模调整前，安仁村、荻州村、高坪村各建有团支部。

据现有资料记载，原安仁村（大队）历任团支部书记：俞伯文、陈关云、林成玉（1972—1976）、汪厚强（1976—1979）、朱尧仁（1980—1988）、黄爱兰（女，1988—1990）、曹国祥（1990—1994）、董健（1994—2007）等。原荻州村（大队）历任团支部书记：王丁宁、潘秉忠、袁丰良、施来坤、潘玉明、石贤芳、潘永红、郭彩英（女）等。原高坪村（大队）历任团支部书记：钱庆彪、王解民、钱树潮、包冬泉、王巧芳（女）等。

2007年7月，安仁村、荻州村、高坪村合并为新的安仁村，原各村团支部撤销，成立安仁村团支部。2007年7月至2016年底，安仁村团支部历任书记为董健（2007—2010）、董菊红（女，2010—2013）、董巧玲（女，2013—　）。

历年来，村党组织十分重视共青团工作，动员广大青年团员积极参加各类政治、社会和生产活动。团支部主要是围绕各个时期党的中心工作，组织团员学习和开展活动。如中华人民共和国成立之初，组织团员学习宣传保家卫国，号召青年积极报名参军。1951年，安仁村就有7名青年被批准入伍，参加志愿军。1963年开展向雷锋同志学习活动，争做好事。1982年开展“五讲四美三热爱”活动，争当新长征突击手。每年的“五四”青年节前后，组织青年团员在集镇上开展清洁环境等义务劳动，同时还组织广大青年、团员开展积极向上的文体活动等。

妇女组织

1951—2007年，安仁村、荻州村、高坪村均建立妇代会。

据现有资料记载，2007年前的安仁村、荻州村、高坪村历任妇代会主任名录如下：

安仁村（大队）：羊林贞、唐秀娟、董菊红等。

荻州村（大队）：方海仙、杨桂莲、武玉香、吴桂花、吕秀丽、郭彩英等。

高坪村（大队）：曹藕喜、王银仙、章金兰、钱美姣、毛连娟等。

1985年9月，原高坪村王银仙当选建德县第九次妇女代表大会代表。

2007年7月，安仁村、荻州村、高坪村合并为新安仁村，原各村妇代会被撤销，成立安仁村妇代会。

2007年7月至2017年5月，安仁村妇代会组成人员名录如下：

主任：董菊红；委员：郭彩英、毛连娟。

2017年5月31日，安仁村妇代会改置为安仁村妇女联合会。经安仁村第一次妇女代表大会选举，安仁村妇女联合会执委会由7人组成。第一届安仁村妇女联合会组成人员名录如下：

主席：董巧玲；副主席：董菊红；执委：毛连娟、杨秀芳、吴萍、徐永花、梅晓虹。

历年来，村党政组织一直十分重视妇女工作，动员广大妇女群众参加各类政治、社会和生产活动。妇代会主要是动员广大妇女积极投身各项社会活动，提高妇女政治、社会、经济地位。依法保护妇女儿童的合法权益，并配合乡（公社、镇）计生部门抓好计生政策的宣传落实，配合卫生部门抓好妇幼保健工作。

中华人民共和国成立后，大力宣传和贯彻执行新婚姻法，使广大妇女从包办买卖婚姻制度中解救出来。合作化以后，动员广大妇女从家务中走出来，参加农业生产劳动。改革开放后又组织妇女开展争创“三八红旗手”“五好家庭”“爱国守法户”“双文明户”“刹三风”（赌博风、迷信风、大操大办风），开展“清洁庭园”及“双学双比”等一系列活动，取得一定成绩。

在开展“清洁庭院”活动中，安仁村获得多项荣誉。主要荣誉有：2012年12月被杭州市妇女联合会命名为“杭州市‘美丽庭院’创建工作示范村”；建德市2010年度、2011年度“清洁庭院”创建工作先进集体；2012年12月被建德市人民政府命名为“2011年清洁乡村长效管理工作清洁村”。

第六章　村级组织

封建时代，凡遇重大事务，均由族长裁定，凡需告知公众的，则在宗祠中进行处理，俗称“开祠堂门”。

民国时期，乡村区划建制多变。民国16年（1927）废庄村制，全县设6个区，置区公所，由区长管辖村里。民国21年（1932）起，实行乡镇自治制度。民国23年（1934），废闾邻改保甲制，由保长负责处理村中有关事务。

1949年5月安仁村域解放后，保甲制随之解体。1949年7月，安仁村、荻州村、高坪村（除部分自然村归属泷江乡垒柏村外）分别建立农民协会（以下简称农会）。领导群众开展反霸斗争、减租征粮，培养选拔积极分子。1950年冬，开展“土地改革”，至1951年上半年完成“土地改革”任务。1958年9月，实行人民公社化后，各村设生产大队管委会，处理日常事务，领导农业生产。1967年12月，生产大队管委会改为生产大队革命领导小组，至1981年又恢复生产大队管委会。1983年下半年，撤社建乡，生产大队管委会改置为村委会。安仁村、荻州村、高坪村建立基层群众（村民）自治组织——村民委员会，设村长1人、委员若干人。村民委员会下设民政、治安保卫、调解、文教卫生、计划生育小组等，各组组长一般由村委会委员兼任，同时农业生产合作社设社长、副社长、会计各1人。选举产生的村民委员会，其职能为：办理本村公共事务和公益事业，调解民间纠纷，支持经济组织依法独立进行经济活动。在具体工作中，制定村规民约，实行村务公开，推选村民代表参与村务活动。

1989年，《中华人民共和国村民委员会组织法（试行）》和《浙江省村民委员会组织实施办法》颁布实施。1989年10月，安仁村、荻州村、高坪村首次依法进行村民委员会的换届选举。候选人由选民10人以上联合提名或由村民小组提名，经反复协商后，在尊重多数选民意愿的前提下确定正式候选人，并以差额选举产生。村长改称主任。2002年7月，采取由过半数选民直接提名候选人的方式。2005年9月，采取“自荐海选”方式选举产生村委会主任。此后，村委会选举均依法按期开展三年一次换届选举。1989年10月至2017年4月，安仁村村委会共进行过10次换届选举。村民自治制度不断完善。

第一节　村民自治组织

1949 年 7 月，安仁村、荻州村、高坪村分别建立农民协会（简称农会）。安仁村农会主任分别为吕林曲、杨海林，李时英、杨长春等；荻州村农会主任潘秉忠；高坪村农会主任王金民。由各农会行使各村的行政职权。同时，各村建立贫下中农协会（以下简称贫协）。安仁村贫协主任杨长春，陈关云、吕冬财等；荻州村贫协主任汪火贤；高坪村贫协主任魏天渭。

1958 年 9 月，全县实行政社合一的人民公社体制。安仁前进合作社（高级农业生产合作社）改置为安仁大队管理委员会。荻峰（含高坪）合作社改置为荻州大队管委会。各大队设大队长等职。同时建立各生产队（俗称小队），设队长、副队长和会计、记工分员、粮管员等若干人，负责生产等事务。1958 年年底，高坪村从荻州大队划出，单独设立高坪大队管理委员会。

1959 年 7 月，安仁村与施家、后山、羊毛坞合并为安仁管理区安仁联合大队。荻州村、高坪村归属下梓片管理区。1961 年，撤销管理区，安仁村、荻州村、高坪村仍恢复原建制，归属安仁公社。

1967 年 12 月，安仁、荻州、高坪分别建立大队革命领导小组，行使村级行政管理权。1970 年，撤销安仁、荻州、高坪大队革命领导小组，行政管理权复归大队管理委员会。

1983 年 9 月，大队管委会改置为村委会，大队长改称村长。1984 年 3 月，安仁村、荻州村、高坪村进行村民委员会选举。

1989 年 11 月，安仁村、荻州村、高坪村首次依法进行村民委员会的换届选举。此后，村长改称主任。

至 2007 年 7 月前，安仁村、荻州村、高坪村村委会分别于 1992 年 11 月、1995 年 9 月、1998 年 10 月、2002 年 7 月、2005 年 9 月依法进行换届选举。2005 年 9 月 18 日至 26 日，安仁村在开展村民委员会换届选举工作中，中央电视台社会专题栏目组到安仁村观察“自荐海选”现场。

2007 年 7 月，全市实施行政村规模调整工作，安仁村、荻州村、高坪村合并成立新的安仁村，原 3 个村的村委会被撤销，组建新安仁村村委会。至 2017 年 10 月止，安仁村村委会分别于 2007 年 12 月、2010 年 12 月、2013 年 10 月、2017 年 4 月依法进行换届选举。

一、1958—2007年安仁村、荻州村、高坪村历任村主任（大队长、村长）名录

安仁村：

安仁村自 1958 年 9 月设立大队管委会起，至 2007 年 7 月与荻州村、高坪村合并为新的安仁村止，村民自治组织历届成员名录如下：

1958—2007 年安仁村村民自治组织历任成员名录表

表 6—1

时　间	正　职	副　职	成　员
1958—1961	徐崇德		
1961—1963	张银德		
1963—1967	徐崇德	汪根良	
1967—1977	俞光来		(革命领导小组组长)
1977—1978	金阿荣		
1979—1982	徐崇德		
1983—1989.11	金阿荣		陈　美　唐秀娟
1989.11—1992.11	陈　美	金阿荣	唐秀娟
1992.11—1995.9	陈　美		方国良　唐秀娟
1995.9—1998.10	陈　美	方国良	唐秀娟　董光星　杨云初
1998.10—2002.7	陈　美		方国良　唐秀娟　董光星
2002.7—2005.9	陈志刚		方国良　董光星　傅海才　唐秀娟
2005.9—2007.7	潘建亮	叶建芳	张金炎　董菊红　傅海才

荻州村：

自 1958 年 9 月成立荻州大队管委会起，至 2007 年 7 月与安仁村、高坪村合并为新的安仁村止，历任村主要负责人先后为：汪云来、潘建华、潘建新、潘建华、王昌发、施来坤、袁小明。

高坪村：

高坪村自 1959 年从荻州大队划出，建立高坪大队管委会起，至 2007 年 7 月与安仁村、荻州村合并为新的安仁村止，历任村主要负责人先后为：吴春生、王解民、王中会、王解民、钱树潮。

二、2007—2017年安仁村历届村委会成员名录

2007 年 7 月，建德市实施行政村规模调整工作，安仁村、荻州村、高坪村合并为新的安仁村。至此，原安仁村、荻州村、高坪村村民委员会被撤销，组建新的安仁村村民委员会。第一届村委会由 10 人组成，潘建亮任主任，叶建芳、袁小明、钱树潮、潘玉明任副主任。统一管理原 3 个村的所有行政事务。

2007 年 11 月 26 日至 12 月 29 日，市委、市政府在安仁村开展建德市村级组织换届选举试点工作。采取“自荐海选”方式，将本人自荐名单和联名推荐名单作为预选候选人，提交村民代表大会投票选出正式候选人后，再提交全体村民选举。通过选举，第二届村委会由 5 人组成，其中女委员 1 人。潘建亮当选主任，叶建芳当选副主任。村委干部职数比换届前减少 50%。

2010 年 12 月 23 日，村民委员会换届选举。第三届村委会由 4 人组成，叶建芳当选主任，赵旭

图 78　2017 年 4 月 28 日，新任安仁村两委干部与镇领导合影。从左至右依次为董巧玲、张家俊、曹国祥、叶建芳、吴米良（镇联村干部）、苏晓明（乾潭镇副书记）、陈志刚、潘玉明、张金炎、杨汪嗣

初（村官）当选副主任。

2013 年 10 月 14 日，村委会换届选举。第四届村委会由 4 人组成，其中女委员 1 人。叶建芳当选主任，董朝平当选副主任。

2017 年 4 月 22 日，村委会换届选举。第五届村委会由 3 人组成，其中女委员 1 人。陈志刚当选主任。4 月 28 日，首次举行村“两委”干部就职宣誓仪式。

2007 年 7 月至 2017 年安仁村村民委员会历届成员名录如下：

2007—2017 年安仁村村民委员会历届成员名录表

表 6—2

时　间	主任	副主任	成　员
2007.7—2007.12	潘建亮	叶建芳　袁小明　钱树潮　潘玉明	张金炎　董菊红（女）　潘照明　汪建明　包冬泉
2007.12—2010.12	潘建亮	叶建芳	董菊红（女）　方国良　张金炎
2010.12—2013.10	叶建芳	赵旭初（村官）	董朝平　张金炎
2013.10—2017.4	叶建芳	董朝平	张家俊　董巧玲（女）
2017.4—	陈志刚		张家俊　董巧玲（女）

第二节　民主管理与监督

村规民约

20 世纪 80 年代初，安仁村在文明村建设过程中就已制订了村规民约。三十多年来，为适应社会的进步和时代的发展需要，先后对村规民约进行过多次修改。2015 年 8 月 15 日，为了推进安仁村民主法治建设，维护社会稳定，树立良好的民风、村风，创造安居乐业的社会环境，促进经济发展，建设文明新农村，经全体村民代表会议讨论并一致通过，修改完善了新的《安仁村村规民约》。全文如下：

图 79　2015 年 8 月 15 日，党员、村民代表大会一致通过《村规民约》

附 6—1：

安仁村村规民约

（2015年8月15日，经全体村民代表大会一致通过）

第一章　总　则

第一条　为切实加强中国共产党的领导，推进村民自治，增强村民法制意识，深化基层社会治理，建设社会主义新农村，提高村民自我管理、自我教育、自我服务的能力。根据国家有关法律、法规、政策，结合本村实际，制定本村规民约。

第二条　本村规民约在广泛征求本村住户代表意见的基础上，经党员、村民代表大会审议通过，全体村民（包括外来人员）应自觉遵守。广大党员干部、村民代表要以身作则，模范遵守。

第二章　行为规范

第三条　坚持党的领导，培育和践行社会主义核心价值观，维护社会公德、遵守职业道德、弘扬家庭美德、培养个人品德。

第四条　尊老爱幼，严禁虐待、打骂、遗弃等伤害老年人、未成年人的行为。子女对父母必须履行赡养义务。赡养支出不得低于本村村民的基本生活水平。与老年人分开居住的家庭成员，应当经常看望或者问候老年人。

第五条　夫妻双方男女平等，应互尊互谅，家庭事务共同承担，财产共理共享，反对家庭暴力。不干涉子女的婚姻自由。

第六条　实行计划生育，优生优育。按国家政策申请审批生育子女，严禁计划外生育。育龄人员自觉采取避孕节育措施，已婚育龄妇女自觉参加环孕检。引产、人流、放环已婚育龄妇女，车费给予报销，一年两次“三查”，每次补助30元，违反计划生育的个人，按国家的法律法规处理，未处理到位的，一律不享受村待遇。村民不得藏匿外来流动人口政策外生育。

第七条　相邻之间应当以邻为伴、视邻为亲，团结友善、以礼相待，邻里有难、互相帮助。

第八条　家庭和邻里发生纠纷，应本着团结友爱的原则平等协商解决，协商不成的可申请村、乡镇调委会调解，调解不成功的，可依法向市人民法院起诉。

第九条　爱护未成年人，重视未成年人的教育。父母对未成年子女必须履行法定监护、抚养义务，并保证他们接受国家规定的义务教育。村组织鼓励家长培养子女学习成才，对有子女上大学的家庭给予适当的物质和经济奖励。

第十条　积极配合参与“五水共治”“三改一拆”整治活动，争当志愿者、监督者，共建美丽家园，共创美好生活。

（一）严禁向河道、沟渠乱扔病死畜禽、垃圾，或将畜禽粪便堆放道路两边及其他公共场所。对违反者进行批评教育，情节严重的收取300~500元清理费。

（二）自觉做好农村生活污水治理工程入户管网的厨房、洗涤等垃圾，以及三格式改厕的维护、清理工作。

（三）自觉做好“四边三化”工作，严禁村民在公共场所、公路边、河道边等乱扔、乱倒垃圾，如建房、装潢产生的建筑垃圾要求堆放到指定地点，并积极开展区域洁化、绿化、美化行动。

（四）村内道路、房前屋后，户与户连体住房门前及弄堂，由所属各户负责打扫清洁，杂物堆放整齐，垃圾按要求分类袋装并投入垃圾桶，做到干净整洁，养成良好的卫生习惯。村民卫生保洁费按上级有关规定收取，每年一次性缴纳，低残保户等困难家庭减半收取。

第十一条　倡导文明新风，喜事新办，丧事俭办，不铺张浪费，不盲目跟风攀比；崇尚科学，反对邪教，不搞封建迷信；自觉抵制黄、赌、毒，积极参加五好家庭、美丽庭院、平安家庭等创建活动。

第十二条　自觉保护耕地，严禁荒废耕地。村内任何单位和个人使用土地都必须服从国家及村的统一规划和调整，不得侵占、买卖或者以其他形式非法转让土地。未经批准，不得改变土地用途，不得擅自在蔬菜地、承包田非法搭建建筑物及挖塘、挖砂、取土等。向村里承包的土地，任何人不得私自转租。

（一）村民建房应服从村庄建设规划，依法申请，经村委会和有关部门批准后方可建造，不得擅自动工。任何个人未经审批不得在所属的宅基地、蔬菜地、荒地搭建房屋，或养猪屋、养鸡房等，非法乱建的一律按“三改一拆”政策拆除。违章建筑必须自行拆除。农村的所有土地，除法律规定属于国家所有的以外，村民的宅基地、蔬菜地所有权属于集体，个人只有经营使用权。

（二）对于村民在空闲地私自交换的土地，必须经村委同意，按村规划进行批复，否则不得建房。

（三）农户建房在原址申请原拆原建且符合一户一宅要求，符合村庄规划（荻州、高坪迁移区块不得审批），可以申请在册人口4人以下占地面积不超过125平方米，5人以上占地面积不超过

140平方米（包括余房）。本人提交申请报告，并提供建房的平面图。由村民委员会讨论并经上级规划、土管、城建部门审查同意，并签订拆旧协议。如新址新建的，需向村里缴纳建新拆旧保证金1万元~2万元（每幢）。新房落成后60天内自行拆除旧房的，保证金如数退还，不计息；如60天后没有自行拆除的，保证金不予返还，并强制拆除。

（四）村委在合法规划中使用农田，村民不得以任何形式阻挠村集体规划用地；新建房屋必须符合村庄规划，坐落在村主道、道路两侧要留出一定的距离，不准建围墙。村民建房后因通水等原因对道路进行破解施工，必须先提交申请，由村委会讨论通过并交纳押金后方可实施，否则不予审批建房申请及不办理相关证件手续。

第十三条　加强村道管理，保护道路人人有责，保持道路畅通是每个村民应尽的义务。村民建房不得在道路上和绿化带上堆放建筑物及其他杂物，如确需临时堆放的，必须做好通行标志，堆放中如有通行者发生意外由堆放者负责相应经济和法律责任。村民及村工程施工或运输占用道路的杂物应当日清理，否则村委将派人清理，其清理费在该户施工队的保证金中扣除（村民建房申请缴纳道路及卫生费保证金500元，村工程队签订合同需缴纳道路畅通及卫生费保证金1000元，清理时村民需自行清扫，工程结束后没有影响道路清洁保证金退还）。

第十四条　保护生态环境，保护古树名木，珍贵树种，维护生态资源。

（一）采伐林木，必须依法审批，严禁乱砍滥伐。不得侵害他人承包经营的山林，严禁野外用火，严防山林火灾发生。上坟烧纸、放鞭炮和野外用火引发火灾的，应赔偿由此带来的一切经济损失，情节严重的要追究法律责任。

（二）擅自砍伐和盗伐集体和个人树木、毛竹的，五根以下每根补偿生态保护费300元，五根以上的由森林派出所处理。对举报盗伐树木的个人，按补偿生态保护费的60%奖励举报人。

（三）自然灾害（大风、大雨、雪、雹）毁坏的林木及毛竹，任何人不得占为己有，捡得归还集体，给予一定奖励，否则按盗伐林木条款处罚。

第十五条　严格执行殡葬法规，服从殡葬统一进村安乐堂和公墓的管理规定，严禁乱葬乱埋。提倡鲜花祭拜，文明安全祭祀。在荻州、高坪规定公墓区自建新墓，墓地总面积不得超过四平方米，超者，按国家法律法规及有关规定进行处理。

第十六条　增强生态环保意识，保护好村里的青山绿水，不得使用明令禁止的农药，推广生物防治技术，施用有机化肥；禁止焚烧农作物秸秆。珍惜和保护农田、山林、水源、水产等资源，严禁在河道、鱼塘电鱼、毒鱼、用网捕鱼。

第十七条　提倡邻里守望，积极参与平安创建活动。积极参加平安志愿者、义务巡逻等群防群治活动，加强安全防范，共同维护村庄平安和谐，营造安居乐业的环境。

第十八条　支持配合和积极参与“网格化管理、组团式服务”，发现安全生产隐患、社会治安问题、食品药品安全隐患、环境污染问题、各类矛盾纠纷以及各种可疑人员、违法犯罪行为，应及时告知网格员、村民小组长或村干部。对本市以外来经商或务工人员，居（租）住在本村超过七天以上的，房主要向村干部汇报登记，及时办理暂（居）住证。

第十九条　依法理性表达利益诉求，不得违反法定程序越级上访和聚众集体上访。不得借机煽动群众到机关、学校、医院、企业、事业单位、村民委员会办公地、他人住宅和公共场所起哄闹事、制造事端、扰乱社会治安秩序。

第二十条　党务、村务、财务要在村公开栏中按规定定期公开。涉及村民公共利益的事项，必须经村民代表大会或村民大会表决通过。

第二十一条　坚持党管干部原则，把党的领导与依法选举、村民自治有机统一，严格遵守村级组织换届选举纪律，严格村级组织成员条件，推选奉公守法、品行良好、公道正派、廉洁自律、热心公益、具有一定文化水平和工作能力的人员担任村干部。

制订村级组织换届选举办法时不得违背上级的指导意见，不得将上级明确规定的“不能”“不宜”担任村干部的人员推荐（自荐）、确定为村级组织候选人（自荐人）。

有以下情形之一的，不能确定为村级组织成员候选人（自荐人），如果当选，当选无效：

1. 被判处刑罚或者刑满释放、缓刑期满未满5年的；

2. 违反计划生育未处理或者受处理后未满5年的；

3. 涉黑涉恶受处理未满3年的；

4. 受到党纪处分尚未超过所受纪律处分有关任职限制期限的；

5. 丧失行为能力的。

有以下情形之一的，不宜确定为村级组织成员候选人（自荐人），如果当选，本人应当主动辞职：

1. 煽动群众闹事、扰乱公共秩序的；

2. 有严重违法用地、违章建房行为拒不整改的；

3. 长期外出不能正常履行职务的；

4. 有辞职承诺情形的；

5. 被评为不合格党员的；

6. 道德品质低劣，在群众中影响较坏的。

第二十二条　村民的福利享受和社会保障。

（一）本村村民参加新型合作医疗保险费由村集体出资缴纳。

（二）村民年满60周岁的，每年重阳节享受100元慰问金；65周岁以上的享受每月100元补贴。今后，根据村集体经济情况，经党员、村民代表大会决议通过，可以适当增加补贴。

（三）本村80岁以上老人去世，村委送花圈一个。

（四）村老年活动中心、青少年俱乐部，以及妇代会、民兵、团支部等组织的经费保障：按照各组织实际所必需的经费，由各组织书面申请，上报村两委讨论确定后，以正规发票报销。

（五）防火员，水利员以村实际情况经村安排人员执行任务，村不固定安排人员。

（六）对村民享受下拨款的规定：农户家庭有儿子的，其女儿出嫁后不得享受，女儿出嫁的按婚姻登记或群众公认结婚为准，儿媳按结婚证、户籍迁入为准；农户家庭只有女儿的，可以保留一个女儿享受村待遇；对年老病死的按年计算，出生的当年按月计算，对蓝印（按2007年并村时确定的人员名单）户口的，只能本人享受；离异的女方另嫁他地并户口不迁出的，第二年起不得享受村待遇。

享受人员范围：1. 在册农业户口。2. 蓝印户口（除协议条约规定不可享受）。3. 挂靠的居民不享受。

第二十三条　村干部的工资及工作绩效考核，村里其他务工补助及其他务工按照上级相关规定及村级财务管理规定，并经村两委会、党员、村民代表大会讨论通过后执行。

第三章　奖惩措施

第二十四条　村民委员会每年进行相关先进评比，经村两委联席会议商议后，由村民委员会表彰奖励模范遵守村规民约的家庭和村民个人。

建立村清洁卫生工作领导小组和评比委员会，由评比委员会对农户进行清洁卫生检查评比，严格按照条件评出等次。对获奖农户家庭在村公开栏里进行公示。

加大宣传力度，使评比活动家喻户晓，取得村民的支持，并积极参与活动，改变村民的生活卫生习惯，且成为其自觉行动。

评委会由妇代会、老年协会及分管卫生的干部组成，每季度检查一次各家各户环境卫生，重阳节前评比，给予一定的奖励。

第二十五条　凡违反本村规民约的，经村两委联席会议商议后，由村民委员会对行为人作出如下处理：

1. 批评教育，并在党员、村民代表大会上通报批评，在村务公开栏上张贴曝光；
2. 暂缓参加村（组）各项承包活动；
3. 暂缓办理一切证明手续，除死亡火化证明外；
4. 暂缓参与村各项评选活动；
5. 当年不列入低保、社会救济、送温暖等帮扶对象；
6. 损害个人和集体利益的应照价赔偿，情节严重触犯法律的，移交相关部门，依照法律法规处理。
7. 农户和个人违反上述规定的，村有权停止其各项村福利待遇。

第四章　附　则

第二十六条　本村规民约由村党委会和村民委员会负责执行和解释。本村规民约与国家法律、法规、政策相抵触的，按照国家法律、法规、政策执行。

第二十七条　本村规民约自党员、村民代表大会通过之日起施行。

村民民主监督

自1995年始，安仁村、荻州村、高坪村分别建立村务民主监督制度，并成立村务监督委员会、监事会。负责监督、审核村里的各项费用支出。

图80　每周村务联席会议（2016年5月14日）

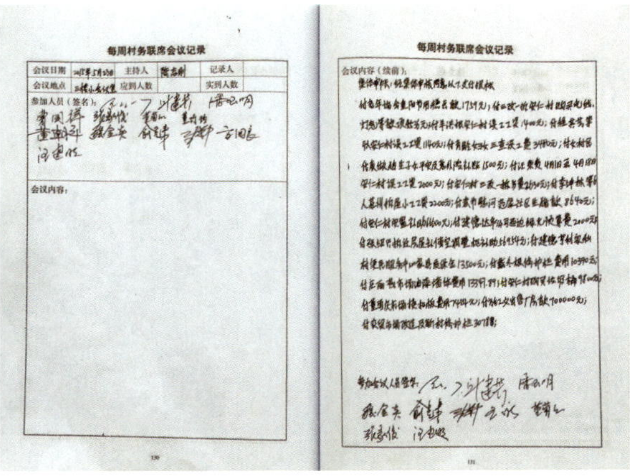
每周村务联席会议记录

每周村务联席会议记录

图81　每周村务联席会议记录之一

1995—2007 年原安仁村村务监督委员会、监事会成员名录表

表 6—3

时　间	主任、监事长	委员、监事
1995.1—1998.10	施力民	毛家生　金阿荣
1998.10—2003.2	叶官贤	金阿荣　毛家生
2003.2—2005.9	叶官贤	陈　美　陈柏林
2005.9—2007.7	金伟明	董朝平

2007 年 7 月，安仁村、荻州村、高坪村合并为新的安仁村，原 3 个村的村务监督委员会、监事会被撤销，组建安仁村村务监督委员会、监事会。

2007—2017 年安仁村村务监督委员会、监事会成员名录表

表 6—4

时　间	主任、监事长	委员、监事
2007.7—2010.12	金伟明	董朝平　潘照明　汪建明
2010.12—2013.10	潘玉明	俞光来　朱尧仁　王立新　汪建明
2013.10—2017.4	潘玉明	俞光来　朱尧仁
2017.4—	潘玉明	俞光来　朱尧仁

村级财务审核与公开

从 2005 年开始，安仁村、荻州村、高坪村根据市委办、市纪委、市农办等部门的有关文件精神，对村级财务实施村级财务集体审账和财务公开制度。2009 年 10 月 12 日，市纪委、市农办联合下达《建德市村级财务集体审账日制度》。安仁村规定：每月定期一天进行审账。审账日活动由村党支部（党委会）书记召集，村党支部、村委会、村经济合作社班子成员及村务监督委员会成员、联村干部共同进行审核审批。参加集体审核人员均在“财务收支审核单”上签字。并规定，村经济合作社支出需按规定手续进行报销，每笔支出都必须注明开支事由，先由经办人、证明人签名，再由村务监督委员会审核并签字盖章，由村委会主任、村经济合作社董事长签署姓名、日期，手续完

图 82　2015 年 4 月 30 日村民代表会议

图 83　2017 年 4 月 15 日安仁村第五届村民（社员）代表大会第一次全体会议

善后才能付款。

2010 年 9 月起，村财务项目由会计报表制公开改为“流水账式全公开”，村级财务必须逐人逐项逐笔于每月 10 日前在村委办公楼前宣传栏公开。同时每月 15 日前以村级财务收支明细公布表的形式在市政府门户网站予以公开。

村级财务宣传栏公开和网络公开，为群众提供了一个了解村级财务基本信息的便利条件，群众只要到村委办公楼前或打开电脑就能查看本村每月的财务收支情况。

“六事一日”工作法

根据市委、市政府的要求，安仁村从 2012 年 5 月开始实施“六事一日”工作法。“六事”：理事、议事、决事、办事、督事、评事。由村党组织牵头，乡镇联系干部、农村工作指导员（联村干部）、村两委干部、村监会成员、经济合作社成员以及党员群众代表等相关人员参与，每周六上午开展以“村民议事日、村级重大事项报告日、集中审账日、流水账公开日、集体接访日”等为重点的村级运行、管理和为民服务活动，推动村各组织理事、议事、决事、办事、督事、评事等“六事”工作的民主规范，务实高效。“六事一日”实施中重点做到“六个一”，即每日一人一记、每周一会一理、每旬一接一访、每月一审一报、每季一议一决、每年一述一评。融党务、村务、财务、事务、服务于一体的工作法，为做好村里的各项工作起到了重要作用。

图 84　2017 年 8 月 19 日安仁村“六事一日”会议

拥军优属和复员退伍军人安置

1949 年后，安仁村、获州村、高坪村都有拥军优属的优良传统。每年的“八一建军节”和传统春节期间，都会组织村干部到军烈属家中去慰问。在春节前，还要送上挂历、年货等慰问品和一定数额的慰问金。20 世纪 50 年代至 90 年代，在每一户军烈属的堂前或门额上还要挂上“光荣军属”或“光荣烈属”的匾额，以示敬重。

在农村经济与社会发展的不同历史时期，村党政组织采取不同的措施来帮助和照顾军烈属家庭。20 世纪 50 年代初期，对无劳动力和缺乏劳动力的军烈属采取土地代耕，优待劳动日，由互助组对军烈属家庭开展互助互济等方式，帮助军烈属开展生产。成立农业生产高级社以后，对军烈属采取集体统一照顾与社员帮扶相结合的办法，改代耕代种为给予优待工分，60 年代以后，按照有关政策，由国家对军烈属实行定期定量的补助，村里对生活困难的军烈属另外给予适当的照顾。1982 年以后，农村实行联产承包责任制，依照“国家抚恤，群众优待”的原则，村里对现役军人家属也提高了优待金标准，并进行了多次调整。

1949 年以后，国家对农村复员退伍军人的安置先后采取过国家指令性分配工作安置和退伍回乡原籍安置、退伍军人自谋职业安置等办法。至 2016 年年底，安仁村籍（含原获州村、高坪村）共有退伍军人 104 人，其中国家分配安置的 26 人、回村安置的 78 人。

安仁村十分重视复员退伍军人的安置工作，努力帮助他们解决生产、生活、婚姻、住房等方面的困难。同时，也十分关心他们的政治生活，吸纳他们中的优秀分子成为村“两委”的成员，重视人才培养，发挥他们的特长，为他们的成长创造条件。

2016年年底前，复员退伍军人中担任过村支书、村主任（大队长、村长）的6人（徐荣铭、金保林、陈忠鑫、羊洪根、潘建华、叶建芳）。

20世纪60年代至80年代初，安仁村、荻州村、高坪村对烈属、军属家庭实行优待政策，即根据对每个服役人员家庭的不同情况，分别实行200~600分的工分补贴。80年代初起，改发慰问金。自2005年起，在此基础上又增加对退伍军人每年发慰问金制度。2007年安仁村、荻州村、高坪村合并后，此制度继续执行。2016年，退伍军人每人发慰问金100元。

困难户救济和救助

本村经常会遭受洪涝、旱灾、风灾、雪灾等自然灾害，给农业生产和村民生活造成影响，有一定的救灾任务。1949年以来，按照市（县）民政部门灾害救济“实行自然灾害分级负责，救灾款分级负责”的指示精神，以及“重灾重救，轻灾自救”的原则，面对不同时期，不同形式和不同程度的自然灾害，在积极争取上级民政部门求助的同时，千方百计从村级集体经济中拨出专款或物资，用以保障灾民的生活需要和维护社会秩序的稳定。在村民遭遇意外事故，或因病因灾而致贫时，在给予适当经济补助的同时，还在家庭成员就业上给予照顾等，改简单“输血”为帮助健全“造血功能”，使很多家庭脱离了困境。

1949年以来，村委会根据国务院出台的《农村五保户供养条例》对本村“三无”人员实行“五保”供养。

图85　2012年年终总结会

逢年过节，村两委班子都要安排村干部带着生活用品（糕点、粮油、衣被等）和慰问金到五保户家庭慰问，使老人感受到社会的温暖，让五保老人老有所养，生活有保障。

历年来，村“两委”十分重视对低保户、困难户、残疾人的帮扶和救助工作。在积极向上级有关部门争取补助政策的同时，村里每年还给予适当救助。2017年，全村有低保户25人、持证困难家庭6人、持证残疾人27人。

第三节　村集体荣誉

中华人民共和国成立以来，在安仁村、荻州村、高坪村村委会（大队管委会）的带领下，全体村民奋发有为，与时俱进，从农业合作化到建设小康社会的各个时期，村（大队）集体获得过多项荣誉。由于1982年以前的资料已散失，无法记载。据现有资料显示，安仁村早在1983年就被中共建德县委、县人民政府命名为文明村。

据现有资料统计，1965年至2017年，安仁村共获得市（县）级以上各类集体荣誉43项，其中省级以上5项，杭州市级12项，建德市（县）级26项（其中原荻州村1项）。镇（乡）级各类荣誉多项。

主要荣誉有：2017年入选全国第一批绿色村庄；2007年浙江省全面小康建设示范村、浙江省绿化示范村；2016年浙江省“美丽宜居”示范村；2006年杭州市级“文明村”、杭州市全面小康建设示范村、杭州市园林绿化村、杭州市社会主义新农村建设标兵村；2012年杭州市“美丽庭院”创建工作示范村，等等。

安仁村获省级以上荣誉榜一览表

表6—5

获奖名称	颁奖机构	颁奖时间
浙江省全面小康建设示范村	中共浙江省委　浙江省人民政府	2007年1月
浙江省绿化示范村	浙江省绿化委员会　浙江省林业厅	2007年12月
浙江省“美丽宜居”示范村	浙江省美丽宜居村镇示范工作领导小组办公室	2016年12月
全国第一批绿色村庄	住房和城乡建设部	2017年5月
浙江省美丽乡村特色精品村	浙江省“千村示范、万村整治”工作协调小组	2017年12月

安仁村获杭州市级荣誉榜一览表

表6—6

获奖名称	颁奖机构	颁奖时间
杭州市农业学大寨先进单位	杭州市委、市政府	1965年12月
杭州市文明村	杭州市委、市政府	2006年
杭州市全面小康建设示范村	中共杭州市委、杭州市人民政府	2006年12月
杭州市园林绿化村	杭州市绿化委员会、杭州市林业水利局	2006年12月
2007年度杭州市社会主义新农村建设标兵村	中共杭州市委、杭州市人民政府	2008年2月
杭州市爱国卫生先进村		2008年2月
杭州市文化示范村	杭州市文化广电新闻出版局	2009年12月
杭州市文明村	中共杭州市委、杭州市人民政府	2009年
杭州市2011年度城乡区域统筹发展中心培育建设先进单位		2012年2月
杭州市示范农家书屋	杭州市农家书屋工程建设协调小组	2012年11月
杭州市“美丽庭院”创建示范村（社区）	杭州市妇女联合会、杭州市美丽乡村建设工作推进协调小组办公室、杭州市财政局	2012年12月
2015年度杭州市和谐（文明、平安）“示范”社区（村）	杭州市和谐社会建设领导小组	2016年5月

安仁村获建德市（县）级荣誉榜一览表

表 6—7

获奖名称	颁奖机构	颁奖时间
建德县文明村	中共建德县委　建德县人民政府	1983 年 2 月
建德市村民自治模范村	建德市人民政府	1999 年 12 月
新农村	中共建德市委	2002 年 2 月
建德市治安保卫工作先进集体	中共建德市委　建德市人民政府	2002 年 9 月
2005 年度农村改厕工作示范村	建德市爱国卫生运动委员会	
2005 年度建德市村级综合实力排名 20 强	中共建德市委　建德市人民政府	2006 年 2 月
2006 年度建德市村级综合实力排名 20 强	中共建德市委　建德市人民政府	2007 年 2 月
建德市全面小康建设示范村	中共建德市委　建德市人民政府	2007 年 2 月
2006 年度社会治安综合治理工作先进单位	中共建德市委　建德市人民政府	2007 年 2 月
2006 年度建德市社会主义新农村建设标兵村	中共建德市委　建德市人民政府	2007 年 3 月
2007 年度工作成绩突出行政村	建德市委组织部　建德市农业农村办公室	2008 年 2 月
建德市文明单位	中共建德市委　建德市人民政府	2008 年
信用村	建德市信用建德建设领导小组　建德市农村信用合作联社	2008 年
2008 年度建德市村级财务管理示范村		
建德市新农村电气化村		2009 年
建德市文明村	中共建德市委　建德市人民政府	2010 年
建德市 2010 年度“清洁庭院”创建工作先进集体	建德市妇女联合会	2011 年 5 月
2011 年度清洁乡村长效管理工作清洁村	建德市人民政府	2012 年 2 月
2011 年度社会治安综合治理（维护稳定）先进单位		2012 年 2 月
建德市 2011 年度“清洁庭院”创建工作先进集体	建德市妇女联合会	2012 年 5 月
建德市首批“无违建村”	建德市人民政府	2014 年 7 月
建德市 2014 年度普惠金融示范村	建德市人民政府	2015 年 1 月
建德市 2015 年度统计调查工作规范村	建德市统计局	2015 年 11 月
2015 年度建德市和谐（文明、平安）村	建德市城乡和谐社区建设领导小组	2016 年 1 月
服务保障 G20 杭州峰会先进集体	中共建德市委　建德市人民政府	2016 年 10 月

荻州村获建德市级荣誉榜一览表

表 6—8

获奖名称	颁奖机构	颁奖时间
建德市村民自治模范村	建德市人民政府	1999 年 12 月

安仁村获得镇（乡）级荣誉榜一览表（据现有资料）

表 6—9

获奖名称	颁奖机构	颁奖时间
一九八九年度先进集体	安仁乡政府	1989 年
一九九八年度民政工作先进集体	安仁镇政府	1998 年
二〇〇五年度投资环境优胜奖	中共乾潭镇委员会　乾潭镇人民政府	2006 年 3 月
二〇〇六年度投资环境优胜奖	中共乾潭镇委员会　乾潭镇人民政府	2007 年 2 月
二〇〇八年度人口与计划生育工作先进集体	中共乾潭镇委员会　乾潭镇人民政府	2009 年 2 月
二〇〇八年度投资环境优胜奖	中共乾潭镇委员会　乾潭镇人民政府	2009 年 6 月
二〇一二年度社会管理综合治理先进集体	乾潭镇人民政府	2013 年 1 月
乾潭镇二〇一二年度“清洁庭院”示范村	乾潭镇人民政府	2013 年 4 月
二〇一七年乾潭镇征地拆迁（项目推进）先进集体	中共乾潭镇委员会　乾潭镇人民政府	2018 年 3 月
二〇一七年度森林消防先进单位	中共乾潭镇委员会　乾潭镇人民政府	2018 年 3 月

第四节　人大代表、政协委员名录

1954 年至 2016 年，安仁村籍（含原荻州村、高坪村）共有 10 人次当选建德市（县）级人民代表大会代表。担任建德县政协委员 1 人。

市（县）级人大代表

自 1954 年建德县第一届人民代表大会始，至 2016 年年底止，安仁村（包括原荻州村、高坪村）共有 10 人次当选市（县）级人民代表大会代表。

市（县）级人大代表名录表

表 6—10

姓名	届　　别	时　　间
赵藕喜	建德县第二届人民代表大会	1956 年 11 月—1958 年 5 月
赵藕喜	建德县第三届人民代表大会	1958 年 5 月—1961 年 3 月
张银德　赵藕喜	建德县第五届人民代表大会	1963 年 12 月—1966 年 5 月
徐崇德　赵藕喜	建德县第六届人民代表大会	1966 年 5 月—1981 年 6 月
俞光来	建德市第十二届人民代表大会	1998 年 3 月—2003 年 3 月
陈志刚	建德市第十三届人民代表大会	2003 年 3 月—2007 年 2 月
陈志刚	建德市第十四届人民代表大会	2007 年 2 月—2012 年 2 月
陈志刚	建德市第十五届人民代表大会	2012 年 2 月—2016 年 12 月

市（县）政协委员

建德县政协委员名录表

表 6—11

姓名	届　　别	时　　间
汪云良	政协第六届建德县委员会	1984.10~1987.3

镇（乡）级人大代表

1980 年至 2016 年，安仁、荻州、高坪村（大队）有多人次当选安仁镇（乡、公社）、乾潭镇人民代表大会代表。

镇（乡）人大代表名录表

表 6—12

界　别	时　间	姓　名
安仁公社第七届人民代表大会	1980.12.21	安仁：叶光贤　羊光照　吕金珠　徐崇德　包安生　羊连贞　董万根　金阿荣　张忠良 荻州：潘秉忠　施来坤　汪云来　汪金良　吴桂花　张金弟　钱春樟 高坪：王解民　王银仙　王胜民
安仁乡第八届人民代表大会	1984.7.16	安仁：张文祥　陈　美　董书良　羊洪根　金阿荣　唐秀娟 荻州：潘建华　吴桂花　韦　旭 高坪：王胜民
安仁乡第九届人民代表大会	1987.2.5	安仁：俞光来　董光星　唐秀娟　陈明星 荻州：潘建新　武玉香　钱樟根 高坪：王解民
安仁镇第十届人民代表大会	1990	安仁：杨玉书　羊洪根　李时英　陈　美　唐秀娟　宋长跃 荻州：潘建华　潘建新　武玉香 高坪：王解民
安仁镇第十一届人民代表大会	1993	不详
安仁镇第十二届人民代表大会	1995.10	安仁：陈　美　方国良　钱樟良 荻州：王昌发　李樟海 高坪：王解民
安仁镇第十三届人民代表大会	1999.1	安仁：陈　美　钱樟良　唐秀娟 荻州：施来坤　汪火生 高坪：王解民
乾潭镇第十四届人民代表大会	2002.1.19	安仁：陈志刚　陈　美 荻州：施来坤 高坪：王解民
乾潭镇第十五届人民代表大会	2005.6.29	安仁：陈志刚 荻州：袁小明 高坪：钱树潮
乾潭镇第十六届人民代表大会	2007.1.4	安仁：陈志刚 荻州：袁小明 高坪：钱树潮
乾潭镇第十七届人民代表大会	2012.1.12	陈志刚　叶建芳　潘玉明
乾潭镇第十八届人民代表大会	2016.12	陈志刚　潘玉明　董菊红

第五节　经济合作社

2005 年 12 月 1 日，经建德市工商部门登记，安仁村领得“建德市乾潭镇安仁村经济合作社”营业执照。类型：集体企业。法定代表人：陈志刚。注册资金：3 万元。经营范围：本村集体资产的经营与管理。

2007 年 7 月，安仁村、荻州村、高坪村合并成立新的安仁村，原荻州村、高坪村经济合作社撤销，所有资产并入安仁村经济合作社，实行统一管理和经营。

2009 年 5 月 20 日，建德市人民政府颁发《浙江省村经济合作社证明书》，定名“建德市乾潭镇安仁股份经济合作社”。2009 年 9 月，成立董事会。2017 年 8 月，更名为“建德市乾潭镇安仁村股份经济合作社”。

2009—2017 年，安仁村股份经济合作社董事会成员名录如下：

2009—2017 年安仁村股份经济合作社董事会成员名录表

表 6—13

时　间	董事长	副董事长	董事会成员
2009.9—2013.10	陈志刚	潘建亮	叶建芳　方国良　潘玉明
2013.10—2017.4	陈志刚	叶建芳	方国良　王立新　汪建明
2017.4—	陈志刚		叶建芳　方国良

2007 年以来，安仁村通过多种经营，村级集体经营的收入逐年提高，村级集体经济的积累不断增长。据 2016 年年报统计，安仁村股份经济合作社资产总额 6130 万元。

第六节　其他组织机构

自 2007 年安仁村、荻州村、高坪村合并成立新的安仁村以来，在村党委、村委会和经济合作社的领导下，各个组织建设逐渐完善。2015 年，分别建有村民代表会议、社会服务管理站、老年人协会、调解委员会、志愿者协会、安仁粮油合作社、安仁警务室巡逻队、老年志愿者协会、生态环保志愿队、妇女儿童维权站、民间艺术领导小组、禁毒工作领导小组等组织机构。各个组织机构均围绕各时期的中心工作，分别开展相关工作，为安仁村的经济建设、和谐社会建设起到了重要作用。

2015 年安仁村各组织组成人员名录表

表 6—14

组织名称	组成人员
村民代表会议	组长：陈志刚；副组长：叶建芳；成员：董朝平　张家俊　董巧玲
社会服务管理站	主任：叶建芳；副主任：董朝平　潘玉明； 成员：曹国祥　董菊红　张金炎　张家俊　董巧玲
老年人协会	名誉会长：陈志刚 会　长：俞光来 副会长：杨云初　董光星　唐秀娟 秘书长：朱尧仁　施力民 理　事：王胜民　汪金鑫　张文祥
调解委员会	主任：董朝平；副主任：潘玉明；成员：王立新　俞光来
志愿者协会	会长：董朝平；成员：施力民　董菊红
安仁粮油合作社	社长：董朝平；成员：张家俊　王立新　汪建明
安仁警务室巡逻队	队长：杨相余；队员：黄金珠　陈敏文　施洪来　吴根良　金炳荣
老年志愿者协会	会长：俞光来；成员：杨云初　董光星　唐秀娟　朱尧仁　施力民
生态环保志愿队	队长：叶建芳；成员：董朝平　张家俊　董巧玲
妇女儿童维权站	站长：董菊红；成员：董巧玲　毛连娟　郭彩英
民间艺术领导小组	组长：施力民；组员：汪金鑫　王胜民
禁毒工作领导小组	组长：董朝平；副组长：杨相余；成员：陈敏文　黄金珠　施洪来

治保、调解组织

旧时，安仁村、荻州村、高坪村村民中如发生斗殴、争吵等纠纷，往往依照族训族规及一般人情等由族长、中人出面，采取双方坐下来评理的方式解决。通过评理，由中人提出解决的方案，若双方认为解决方案较公正，则由理亏者认错赔礼。错误严重的，须给受害方上门放鞭炮，以便邻里皆知。若打人致伤的，要赔偿医药费和误工费。

1949 年以后，村民间纠纷的调解方式，发生了根本性的转变，由族长、中人的“廷审”转变为有一套完整的有章可循的治安调解工作机制。50 年代中期，安仁村、荻州村、高坪村都有治保组织和调解组织。起初，治保组织的主要职责是维护村庄及村里举行大型活动时的安全和防火防盗，还要对“五类分子”（地主、富农、反革命、坏分子、右派）进行监督改造。调解组织的主要职责是调解村里的民间纠纷。后来，这两个组织合并为治安调解委员会。治安调解委员会中又设有人民调解委员会。2007 年 7 月，安仁、荻州、高坪村合并成立新安仁村后，原治保、调解组织被撤销，组建安仁村人民调解委员会。

据现有资料，2007 年未合并前，安仁村（大队）治保、调解组织历任负责人先后为杨治平（1962 年前后）、徐文言、黄金珠（1972—1982）、董玉良（1982—1989）、金阿荣（1989.12—1992.11）、陈美（1992.12—1995.8）、杨云初（1995.9—2002.3）、董光星（2002.4—2005.8）、叶建芳

(2005.9—2007.7) 等。荻州村（大队）先后为汪云电、潘国良、汪荣贵（1964—1986）、施来坤、王昌发等。高坪村（大队）先后为赵藕喜、陈如贤、唐荣奎、章海龙、黄玉勇、王解民、王忠楚、包冬泉等。

2007 年 7 月，安仁村、荻州村、高坪村合并为新的安仁村，原治保、调解组织撤销，组建安仁村人民调解委员会。至 2017 年，主任先后为叶建芳（2007.7—2010.12）、董朝平（2010.12—2017.4）、张家俊（2017.4—　）。

老年人协会

1993 年起，安仁村、荻州村、高坪村相继组建村老年人协会。至 2007 年 7 月合并前，安仁村老年人协会会长：李时英、徐崇德、董光良等。荻州村老年人协会会长：潘秉忠、潘建华等。高坪村老年人协会会长为钱庆彪。同时，专设一名村主要干部为名誉会长，以期支持老年人协会工作。2011 年 3 月至 2017 年，安仁村老年人协会会长为俞光来。

村老年人协会主要工作内容为：维护老年人合法权益，调解涉及老年人有关事宜，特别是赡养方面的矛盾与纠纷等；积极开展有利于老年人身心健康的各类文化、体育、娱乐等活动，使老年人"老有所养、老有所依、老有所乐、老有所为、老有所学"为主的工作。

为关心老年人和丰富老年人的文化生活，让老年人有了一个集中的娱乐活动场所，2009 年在老村中心专门新建了一座老年活动室，设有电教室、棋牌室、阅览室、声乐排练室等，还成立了舞蹈队、排舞队、腰鼓队、声乐队、婺剧坐唱班等。协会经常组织各个团队分别参加市、乡镇开展的各类文体活动，还经常开展与邻村老年协会的各类文化交流活动，取得较好的成绩。2014 年 7 月和 8 月，村排舞队分别参加了建德市文广新局和建德市体育局举行的排舞大赛，并取得二等奖和一等奖的好成绩，为提高安仁村的知名度做出了重要贡献。

村领导和老年协会在每年的老年节之前，上门慰问高龄老人和困难老人。老年人协会还每年组织老年人外出旅游观光。

历年来，村"两委"十分重视老年工作和关心老年人的生活。2009 年起，对全村 65 周岁及以

图 86　2016 年安仁村老年人协会班子成员

图 87　老年活动室

图 88　图书阅览室

图 89　棋牌室

图 90　老年协会每年春节上门慰问老年人

上的老年人给予每人每月 100 元的生活补贴；每年重阳节对 60 岁以上的老年人每人发放 100 元慰问金；每年年末对 75 周岁及以上的老年人给予价值 100 元的实物慰问。2016 年，65 周岁及以上老年人的生活补贴提高到每人每月 200 元。2018 年 1 月起提高到 300 元。

据 2017 年 10 月统计，全村 60 岁以上老年人共 382 人，占总人口数的 27.60%。其中男性 187 人、女性 195 人。

据现有资料，2008—2016 年，安仁村老年人协会及下属的各文化团队获得各类荣誉共 8 项，其中杭州市级 1 项、建德市级3 项。

2008 年—2014 年安仁村老年人协会及各文化团队获奖一览表

表 6—15

获奖名称	颁奖机构	颁奖时间
杭州市基层（社区、行政村）老年人体育协会先进单位	杭州市体育局　杭州市民政局　杭州市老龄工办　杭州市老年体协	2008 年 1 月
2009—2010 年老龄工作先进集体	乾潭镇人民政府	2011 年
建德市妇女排舞大赛优胜奖	建德市委宣传部　中共市直机关工委　市妇女联合会　市文化广电新闻出版局	2011 年 5 月
乾潭镇第三届排舞大赛金奖	中共乾潭镇委员会　乾潭镇人民政府	2014 年
建德市排舞大赛二等奖	市文化广电新闻出版局	2014 年 7 月
2014 年建德市“全民健身日”排舞表演赛一等奖	建德市全民健身领导小组	2014 年 8 月
2014 年横店·中国大妈节最佳风采奖		2014 年
乾潭镇第 28 届万乐节首届排舞大赛金奖	中共乾潭镇委员会　乾潭镇人民政府	2014 年 12 月

安仁警务室

安仁警务室的前身是1982年建立的安仁公社联防队，当初有队员2人。1983年改称安仁乡联防队。1985年3月，为表彰黄金珠在抓捕杀人犯行动中的突出表现，获得“浙江省公安厅二等奖章”一枚。1988年9月，乾潭派出所在安仁乡政府设立警组，于1989年4月撤销。2002年3月，联防队改组为安仁治安巡逻队，队员2名。2004年，增加1名。2005年，乾潭派出所在安仁村设立安仁警务室，巡逻队隶属警务室。2006年，安仁村、后山村、施家村各增加1名村警，隶属警务室。2016年年末，安仁警务室共有6名村警、巡逻队员。所辖区域为安仁、施家、后山、下梓、前陵、王岩、梓州等7个村。办公室设在安仁村办公楼内。经费由乾潭镇政府承担，安仁村委会负责管理，乾潭派出所负责业务指导。配有治安巡逻车5辆，每天不少于4人骑着电瓶车在辖区内的不同地点巡逻。经过30多年的坚守，安仁的社会治安状况大为好转，盗窃案发案率比成立前下降50%左右。安仁警务室巡逻队为促进安仁村及所辖区域的经济发展、保护百姓安宁做出了重要贡献。

安仁警务室巡逻队的主要职责：协助民警做好日常工作，积极参与民间矛盾纠纷调处；参与义务巡逻队开展对辖区的治安巡逻，控制发案；积极协助流动人口管理中心对外来人口和出租房屋的管理；协助民警查处治安案件；认真收集影响社会政治、治安稳定的情报信息；积极提供案件侦破线索；积极协助责任区民警开展阶段性中心工作；协助民警开展防范工作等。

安仁警务室巡逻队队长先后为黄金珠、杨相余。

2016年2月17日的《今日建德》对安仁夜巡队进行专题报道。现将全文附录于后，其事迹可见一斑。

图91　安仁警务室巡逻队（摄于2016年9月）

附 6—2：

安仁夜巡队守护一方平安

安仁位于建德北大门，建德、桐庐交界处，交通网络四通八达，历来治安状况比较复杂。2002 年 3 月，6 位热心的村民组成安仁夜巡队，两人一组，骑着电瓶车，打亮车前灯，每天从晚上 10 点开始，在安仁、前陵、后山、施家、王岩、下梓 6 个村巡逻，直到第二天天亮。十几年的坚守，安仁的治安大为好转，盗窃案发案率下降 50%左右，老百姓安居乐业。近日，记者走进安仁夜巡队，听队员们讲巡逻故事，了解夜巡队为促进安仁经济发展、保护百姓安宁做出的贡献。

姐弟闹矛盾，弟弟负气离开
夜巡队员帮助找回

2015 年冬至，从乾潭韩家坞移民到湖州的老韩带着女儿、儿子回老家扫墓。扫完墓后，一家人在乾潭吃了晚饭，准备赶回湖州。车子从乾潭上了高速，开车的姐姐却和弟弟在车上吵了起来。姐姐埋怨弟弟没有信用，借钱不还，两人还在车上争斗起来。开车的姐姐打了弟弟几个耳光，并喝令弟弟："不要坐我车子回去。"车子在高速上蛇行，引得高速交警一路跟着。

姐姐索性从安仁下了高速。停下车后，姐姐强行将弟弟拉下车，弟弟气愤难耐，下车后走到车前，一拳将前挡风玻璃打碎后离开了。不一会儿，老韩接到妻子的电话，称儿子打电话给在湖州的妈妈，说"下辈子再报答你！"老韩慌了，立刻报警求助。

冬至夜里格外寒冷，天又下着毛毛雨。接警后，夜巡队员杨相余马上将老韩等人安顿在村警务室等待，并和金炳荣骑上电瓶车，到处寻找老韩的儿子。

两人跑了很多地方，还去了安仁和桐庐芝厦的出租车聚集地，询问有没有年轻人打车去湖州，都没有结果。已经是晚上 10 时多，两人打算先回去把老韩一家安顿好，再去别的地方寻找。回安仁经过南方家园时，两人看到一个小伙子坐在草坪上，杨相余马上下车询问，小伙子却不理睬他。杨相余马上用手机拍下小伙子的照片，让老金在现场守候，自己返回警务室，将照片给老韩看。老韩一看，"扑通"一声跪在杨相余面前，不停地说着"谢谢"，继而号啕大哭。

公司失窃，存放 550 万元承兑汇票的保险箱不见了
夜巡队员连找7 天帮忙找回

2012 年 7 月，安仁某公司财务室被盗，一只存放 550 万元承兑支票的保险箱不翼而飞。公司立即报警，警方调取监控后发现，窃贼撬门进入财务室，先用一件工作服将监控盖住，再将保险箱从二楼窗户吊到一楼弄走。除保险箱外，公司还失窃一件工作服和一个头盔。

保险箱里不仅存放着 550 万元承兑汇票，公司企业、法人印章也一并在里面，承兑汇票可以在黑市变现，支取 60%。公司急得不得了，一面派出人员前往就近的业务单位所在地办理挂失手续，一面发动 60 名员工，分成 3 组到周边寻找，但连找 3 天一无所获。

安仁夜巡队队员分析后认为，保险箱重达几百斤，被偷后一定要有运输车辆；倘若要砸开保险箱，声音一定很大，肯定会运到远离农户居住的地方。因此，保险箱落在机耕路、农村小道尽头的

可能性比较大。

当时正是一年中最热的时候，队员们连续奋战，人晒得漆黑，搜查到第七天下午3时，几名队员在钦堂乡大溪边村下坑垅自然村一山坳里，发现路边溪沟的一棵树上挂着一顶安全帽，这正是公司失窃物品之一。接着，队员们在100米外的上坡处，发现了已经被撬开的保险箱，里面的400多元现金已被拿走，100多枚硬币还在，55张承兑汇票则被露水打湿结饼了。队员们马上打电话给乾潭派出所，刑侦大队队员快速赶到现场查勘。

被盗公司老总十分感激安仁夜巡队。他说，如果挂失，550万元承兑汇票将冻结，光利息就得一大笔钱。而且这些承兑汇票涉及8个省，每个省派两个人去挂失，不光麻烦，费用也不少。

村民上山挖冬笋，被困废弃蓄水池中

巡逻队员搜救幸免于难

2012年腊月十五，乾潭镇后山村的老张吃了中午饭，背着锄头到山上挖冬笋。直到晚上7时多，家人还不见他回家，电话也打不通，老张的妻子急得要命，打电话向安仁夜巡队求助。

安仁夜巡队全体队员紧急出动，上后山村青山蓬山搜救。山上荆棘遍布，队员们的手脚都被刺伤了。队员们在一处山脚发现了老张的自行车，便在这块区域开始了地毯式的搜救。

队员们打着手电，边找边喊。晚上9点钟左右，队员们隐约听到微弱的回音——“我在这里”。

原来，青山蓬山离山脚200米左右有一个直径6米、深6米多的废弃蓄水池，因废弃多时，上面已被枯草覆盖。老张经过此处时，一脚踩空跌进蓄水池，导致3根肋骨折断、股骨骨折。水池中的水有七八十厘米深，老张将长裤脱下，撕开自救，想借助锄头勾住水池顶爬上来，但一直够不着。池水寒冷刺骨，加上骨折，肚子又饿，老张都快绝望了。

找到老张后，一名队员立即跳进水池，用绳索系住老张的腰，水池中的队员托，上面的队员接应，将老张救了上来。后山村干部、村民也赶到现场，一起将老张抬下山，送往医院抢救。

队员们将老张抬下山时，天正下着雪。村民们都说：“幸亏夜巡队员及时找到老张，否则后果还真难预料。”

安仁夜巡队成立12年来，像这样的故事不胜枚举。夜巡队员每月工资只有1200元，队员们说，如果为了钱，到企业打工肯定比这赚得多，但是他们喜欢抓犯罪嫌疑人，喜欢看到群众开心的笑脸。安仁的治安好了，他们感到由衷的高兴。

（辑录自2016年2月17日《今日建德》第7版）

第七章　新农村建设

安仁村现域为原安仁、荻州、高坪3个村于2007年合并后形成。中华人民共和国成立至2001年，为安仁镇（公社、乡）政府所在地。2011年列为建德市重点推进中心村。分为2个片区，即安仁集镇主片区（安仁自然村、堰下自然村）和荻州高坪片区（荻州自然村、高坪自然村）。村委驻地安仁自然村。安仁集镇由老村区块和新村区块组成，清渚溪南岸为老村区块，北岸为新村区块。老村区块由老街和金秋街组成，老街自1981年进行街、巷道路硬化开始，经过三次的大规模改造，街、巷道路路面整体比原路面提高了约1米多，特别是陈家弄一带提高1.5米。尤其是经过2014年的“三改一拆”和2016年创建省级“农房改造建设（美丽宜居）示范村”项目，如今的老村是50年以上的

图 92　安仁街、安仁新村鸟瞰（摄于 2016 年 4 月）

图 93 安仁老街改造前（2014 年）

图 94 安仁老街改造后（2017 年）

老房子已全部改建成新楼房，且道路宽敞平整，房前屋后绿化成荫，面貌焕然一新；2003年在前畈征地28亩开始建设金秋街起，经过多年的建设，形成了安仁集镇的商业繁华带和企业集聚区。新村区块经过2009年“下山移民”公寓楼和2015年“杭派民居”的二次大规模建设而形成现状。安仁集镇建成区为1949年的5倍多。

安仁集镇经过数十年的不断建设，逐步落实了“一心二轴三组团”的发展思路，集镇基础设施渐趋完善，初具规模，已成为乾潭副中心。2006年11月获得“杭州市全面小康建设示范村”称号，2007年1月获得“浙江省全面小康建设示范村”称号。2015年为浙江省“美丽宜居”示范村。2017年入选全国第一批绿色村庄。

第一节 集镇发展建设规划

安仁村承载着建德东北大门的重要职责，是杭州进入建德的第一门户，并承担着安仁（后山）工业园区后勤保障基地的作用，具有重要的形象展示功能。安仁村也是乾潭镇的北大门，在乾潭镇战略地位十分突出，因而《乾潭镇总体规划（2010—2030年）》定位安仁为乾潭副中心安仁集镇。

安仁村建设规划起步于2004年10月。2005年4月，委托建德市村镇建设管理总站和乡镇规划设计院编制《安仁村建设规划》，并多次征求村民代表意见，同年12月26日通过专家论证。该规划于2006年11月2日经建德市建设局批复同意实施。此后，安仁村的建设项目均按此规划执行，并依法办理规划审批手续。2006年6月，按照《乾潭镇政府生态建设总体规划》要求，编制《安仁村生态建设规划》。为完善村庄规划，又编制完成《安仁村村庄建设规划（2010—2030年）》。该规划明确了安仁村20年的发展方向。发展定位是：以发展生态农业、旅游休闲、农贸物流为主的现代化新型农村社区。职能定位是：为绿色农业特色村、绿色人居示范村、绿色旅游特色村。规划结构是：形成“一心二轴三组团”的总体结构。一心：安仁公共服务设施中心。二轴：生态景观轴，村庄发展轴。三组团：北部居住组团，中部居住组团，南部居住组团。发展规模是：至2020年村域人口总量为9063人，村庄规划总建设用地规模为90.63平方千米，规划居住用地面积共29.73平方千米。产业结构是：产业采用镇村联动的方式，按照“人口集中、产业集聚、要素集约、功能集成”的要求，引导工业产业向乾潭镇工业园区（后山工业区块）集中，安仁村主要承担村民聚居功能，为村民提供必要的生活服务，并为安仁（后山）工业区块提供配套服务，重点发展一、二产业。

2014年，安仁副中心编制的《安仁风情片区修建性详细规划》又明确，安仁村以居为主，“居、商、游、文”多元复合的集镇风雅型“杭派民居”示范片区，打造集聚村民的美好家园、服务园区的快乐规划地块和吸引游客乡村休闲的门户驿站。

至2015年10月，又相继编制《安仁村“杭派民居”修建性详细规划》《建德市乾潭镇安仁村农房改造（美丽宜居）示范村建设规划》和《建德市安仁副中心居住组团建设规划》。

2015年，安仁村被杭州市政府列为“杭派民居”示范村，被省政府列为“美丽宜居”示范村，这两个建设项目，均在2016年基本完成。通过“杭派民居”示范村建设，大力弘扬具有杭州特色的农村建筑文化，丰富“美丽乡村”建设内涵，加快安仁村新型业态培育发挥重要作用。省农房改造（美丽宜居）工程的实施，安仁的村容村貌发生了翻天覆地的变化。安仁老村综合整治工程，包括提升村庄内部景观、完善服务设施、梳理道路交通，以及相关市政配套工程，有效地提升了安仁村民的生活水平。

经过几十年的建设发展，安仁集镇建成区比20世纪50年代扩大了5倍多。

第二节　村庄建设

随着社会经济的发展，村容村貌发生着很大的变化。尤其是安仁集镇、安仁中心村的城镇化进程的加速，村民的生活环境得到很大改善，传统的乡土住宅建筑也发生了重大变化。

中华人民共和国成立后，人心居安，各业渐兴，村民向往的便是安居乐业，丰衣足食的生活，憧憬未来的幸福。早前，农村中曾流传着“点灯不用油，舂米不用臼”“楼上楼下电灯电话”的说法。当时，有人对这一说法不以为信，认为是“大头天话”。可是经过几十年的努力，尤其是20世纪80年代以后，农村经济得到史无前例的发展，这种“大头天话”的农村景象已经一一实现。

但是，在遭受三年困难时期和“文化大革命”的较长时期中，农村经济极度萧条，各项建设发展滞缓。从1950年至1970年的20年间，村民私人建房几乎凤毛麟角，少之又少。当时，各类建筑物资也十分匮乏，如木料、砖瓦、毛竹、石灰、水泥等，样样都是计划分配的。对原安仁村来说，因山少，尤为紧张的是木料。荻州村、高坪村虽稍微好一点，但也不能完全满足。由于建筑材料的紧张，这个时期的房屋大都为低矮的平房，用材上能省则省，能代用便代用，不啻为省工减料的劣质建筑。这是人口增多，居住困难而无奈为之的下策。如砖头、石板紧张时，有拆除旧坟、旧庙建房，如用坟砖砌墙、坟石作房基或用庙宇的石板铺台阶等。

20世纪80年代起，农村私人建房逐渐呈现高潮。但当时多以老宅旧屋翻新房为主，

陈家弄改造前后对比

图 95　2014 年年初前的陈家弄

图 96　2014 年 10 月改造中的陈家弄

图 97　2017 年 6 月改造完成后的陈家弄

易地新建的也有一部分，其屋基利用菜园、荒地荒山等杂地的居多。村民珍惜土地农田的意识很强烈，惜地为宝是老一辈农民的传统观念。此时，占用农田建房的并不多。安仁村由于老村地基偏少，村民逐渐在嗯峰里（旧名）、窑逢后等山地、荒地建房。

1985年以后，村民的建房热一直方兴未艾。尤其是20世纪90年代起，安仁村私人建房进入高峰期，并多数为砖混结构。据现有资料记载，原安仁村1990年至1997年共有67户村民建房，竣工住宅187间，竣工总面积12138平方米。

1990—1997年原安仁村农民建房统计表

表7—1

年份	建房竣工户数	竣工住宅间数	竣工总面积（平方米）	建房总投资（元）
1990	13	35	2620	不详
1991	10	26	1580	184000
1992	11	30	1600	260000
1993	4	11	351	138000
1994	8	28	1930	470000
1995	9	32	1900	650000
1997	12	25	1970	620000

20世纪90年代起，安仁村在前畈（旧名）进行商业区开发，大量的多层砖混结构商住楼相继出现，即形成了现时的金秋街。一般多为连体建筑，每间阔约4米，进深12米左右，占地约50平方米左右，底层为商业用房，2~5层为住宅，厨房和卫生间等设施齐全。

2005年，开始实施新农村创建工作。当年投资360万元对安仁桥至金家堰坝段的清渚溪进行拓宽治理。2006年，投资400余万元对村庄进行整治，安仁集镇村道100%硬化，村庄及道路两侧种植绿化植物，铺设管网将污水进行净化后达标排放，建造虎头山公园和亮灯工程等。通过新农村创建，村道四通八达。高楼林立，别墅成群。河道砌塴，整齐美观。路灯明亮，绿化成荫。露天粪坑清除，建成清洁卫生的公共厕所。农村文明程度大为提高，城镇化，园林化目标逐步实现，村民的居住环境得到全面改善，新农村景象十分喜人。

自2009年起，随着“下山移民”工程的全面实施，在清渚溪北岸先后形成安仁新村（“下山移民”公寓）和“杭派民居”两个新的居住区。

在此基础上，从2012年起全面开展生态村创建工作。2017年入选“全国第一批绿色村庄”。

下山移民工程

2007年7月，在行政村规模调整时，安仁村、荻州村、高坪村合并为新的安仁村。2009年3月，高坪、荻州煤山新村的下山移民工程立项。2010年开始启动第一期下山移民工程项目，在清渚溪北岸安仁桥至老粮站的安仁新村区块内统一规划、统一设计、统一建设6幢5层的下山移民公寓楼，计96户(其中80平方米户型16户、100平方米户型64户、120平方米户型16户)。用地28亩，公寓占地总面积3317平方米，总建筑面积15705平方米，总投资1250万元。2011年建成。2012年有96户农户入住。主要安置高坪、荻州煤山新村的村民。

原高坪村和煤山新村自然村共96户村民搬迁至新公寓楼居住后，原住宅于2013年全部拆除，并将原宅基地均改造成农用土地。

第二期安置50户“下山移民”的“杭派民居”工程于2017年上半年基本完成。

“三改一拆”

浙江省政府决定，2013年至2015年在全省深入开展旧住宅区、旧厂区、城中村改造和拆除违章建筑（以下简称“三改一拆”）三年行动。2014年，建德市围绕全面开展创建“无违建市”活动。安仁村被市政府列为新农村建设和城乡区域统筹发展示范村和创建“无违建村”示范村。同年2月25日，在全市“三改一拆”暨无违建市创建动员大会上，陈志刚代表安仁村作表态发言。5月7日，乾潭镇安仁片、乾潭片、小源片联村干部，以及城管乾潭中队等近70人集结安仁村，开展“无违建村”示范村创建推进行动。在当天的“三改一拆”行动中，拆除违建点45个，计面积3600平方米。此后三天时间，又对20户3400平方米的违章建筑进行拆除。在此次“三改一拆”行动中，安仁村共拆除违法建筑占地面积9250平方米，拆除后腾出土地面积9300平方米，腾出土地利用面积11135平方米。涉及60户（其中“一户多宅”47户、搬迁户8户、原拆原建5户）村民，共支付拆除房屋补助款60余万元。同年7月16日，安仁村被市政府命名为建德市首批“无违建村（社区）”。

通过“三改一拆”，使街道、弄堂加宽，老村区域环境更加整洁，尤其为建造环集镇新道路腾出了空间，进一步彰显了“环境优、生态美、形象佳、品位高”的中心村特色。

图 98　“三改一拆”前旧影

图 99　“三改一拆”后的新景

图 100　“三改一拆”现场

图 101　“三改一拆”现场

杭派民居

2014年12月，杭州市人民政府办公室印发《“杭派民居”示范村创建工作实施办法》，并出台了“杭派民居”示范村创建扶助政策，提出计划用3至5年时间，结合培育农村新型业态，打造一批“杭派民居”典型。在此之前，村两委就已着手进行“杭派民居”建设的相关前期准备工作，并积极向上争取立项。2015年5月30日，为加快“杭派民居”建设，推进安仁村集镇副中心建设，召开村民代表大会，讨论通过：将“杭派民居”安置地清渚溪北岸（位于村民服务中心对面，杭新景高速安仁互通口道路北侧）的64.2亩土地转为国有土地。是年8月，杭州市政府公布首批杭州市13个“杭派民居”示范村，安仁村名列其中。据杭州城市规划设计咨询有限公司提交的《建德市乾潭镇安仁村“杭派民居”修建性详细规划》，工程立项批准文号：建发改〔2015〕281号。杭州市城市规划设计研究院确定的规划用地面积：31687.7平方米，总建筑面积：20387平方米。其中：低层联排民居53套（小户型33套、中户型14套、大户型6套），总建筑面积13934.6平方米；多层公寓24套，总建筑面积3872.4平方米；配套公建建筑面积2580平方米。容积率0.64，建筑密度22.5%，绿地率30.2%。预算总投资6100万元。2015年10月，“杭派民居”工程开工建设。第一期工程（53套低层联排民居）于2016年12月基本完成，第二期工程（公寓楼及配套公建）于2017年底完成。

“杭派民居”具有大天井、小花园、高围墙、硬山顶、人字线、直屋脊、露檩架、牛腿柱、戗板墙、石库门、披檐窗、粉黛色等12项建筑特征。安仁“杭派民居”建成后，将成为充满乡村特色又充满诗情画意的地方。

“杭派民居”由符合安置条件的本村村民以现金购置。

图 102　“杭派民居”开工前

图 103　“杭派民居”建设中

图 104　安仁杭派民居

图 105　“杭派民居”位于安仁桥上游清渚溪北岸

为加强“杭派民居”农居点的管理，2016年6月，村“两委”专门出台《乾潭镇安仁村“杭派民居”管理办法》。

附7—1：

乾潭镇安仁村“杭派民居”管理办法

为了营造良好的生活环境，创造清新、整洁、文明、有序的家居环境，经村两委讨论决定，现制定安仁村“杭派民居”居住点的相关管理办法如下：

一、治安管理规定

1. 每户户主应“看好自家门，管好自家人，守好自家物”，增加自我安全防范意识。

2. 业主要勇于制止、举报破坏农居点内的破坏治安秩序和造成治安隐患的人或事。

3. 业主之间应邻里团结，友好互助。

二、环境保护管理规定

1. 爱护农居点公共绿地，不采摘花朵，不践踏草坪，不损坏树木。

2. 爱护农居点公共设施，不乱拆、乱搭、乱建、乱贴，保持环境整洁。

3. 农居点内任何人不得制造影响农户正常休息的噪音。

4. 严禁任何车辆停在小区内，农居点内各种车辆需在指定的公共停车场停放，停放必须整齐有序。

5. 业主不得改变房屋周边绿化及基础设施，自家院内绿化需经村委同意后方可更改。

三、清洁卫生管理规定

1. 自觉维护农居点的卫生，不得随地吐痰和乱丢果皮、纸屑、烟头等，公共场所不堆放垃圾和摆放私物。

2. 自觉保持自家庭院整洁，做到洁化、序化、美化，垃圾置于垃圾收集点内，以便及时收集清理。

3. 不得在农居点公共区域饲养家禽、家畜和高大凶猛的动物。

4. 业主装修房屋，装潢施工有序，建筑装修材料定点摆放，不得将建筑垃圾等废弃物置于公共场所，建筑装修垃圾及时清运至指定地点。

5. 农居点内任何公共场所，均不得乱涂、乱画、乱张贴。

四、消防安全管理规定

1. 强化法律、法规和防火安全知识宣传，提高住户安全意识。

2. 村委应对农居点的公共设施、器材进行检查和维修、保养，使其经常处于良好备用状态，并将检查情况备案。

3. 禁止外来装有危险品车辆进入农居点内，教育儿童勿在农居点内玩火。

4. 自觉遵守电器安全使用规定，在进行室内装修时，不得乱拉临时电气线路，严禁擅自拆、改、装燃气（燃油）设施和用具。

5. 遵守建德市政府燃放烟花爆竹的有关规定，杜绝火险隐患。

五、农居点房屋管理规定

1. “杭派民居”农居点作为本村打造的属于农民宜居村落，农居点内不允许乱搭乱建和改变农居点房屋原有外观结构等，不得影响整体风格。

2. 本区块为新农村重点区块，配套有管道煤气，屋顶上不能安装太阳能热水器。

六、以上管理办法将纳入《安仁村村规民约》，望广大村民与农居点业主予以遵守。

乾潭镇安仁村委会

2016年5月17日

创建省级“农房改造建设（美丽宜居）示范村”

由于安仁老村（清渚溪南岸）形成历史悠久。近千年来，与清渚溪相对而言安仁老村一直处在地势偏低状态，加上街道弄堂狭窄、早期建筑破烂不堪、生活和养殖污水随意排放等，给村民的生活带来不便。尤其是陈家弄又处于安仁老街地势的最低处，如清渚溪稍微发点大水，陈家弄则要漫进水。如清渚溪发洪水的话，整个安仁老村便成了“水乡”。1981年，首次对所有弄堂、街道路面进行硬化改造工程，在原来的鹅卵石路面上浇筑一层厚0.15米的混凝土。2004年，第二次对整个老村地势进行提升改造工程，将所有公共区域的地势又提高了0.8米。虽经过前两次的街巷道路路基提高和硬化、污水管道埋设等改造，但仍存在缺乏合理的规划，建筑布局凌乱；基础设施不完善，环境普遍较差；道路系统不够完善，存在安全隐患等问题。对此，村“两委”十分重视老村的基础设施建设工作。通过整体规划，在2014年的“三改一拆”行动中，对老村区域的违章建筑进行拆除，特别是将原只有1.5米宽的陈家弄拓成了5米宽的大路。

图106　20世纪90年代初的清渚溪北岸旧影（朱尧仁提供）

图107　2015年9月的清渚溪北岸实景

2015年，安仁村被省政府列为“农房改造建设示范村”。此后，在创建省级“农房改造建设（美丽宜居）示范村”活动中，投巨资实施了“安仁老村基础设施建设工程”，该工程于2016年12月21日通过验收。此次改造再次将老村的整个地势在原来的基础上又提高了0.4米，改造面积达12302平方米，停车场及园路面积1014平方米，安装路灯61套，安装排水管（D160—300厘米）3000米。重要节点进行了绿化，建大小花坛30多个。安仁老村通过前后三次的改造建设，其地势总体提高了1.30米，将原来只有3米宽的安仁街拓宽到8米。安仁老村的面貌发生了巨变，成了环境优美、道路通畅、卫生安全、防洪标准高的怡然栖息之地。

2016年11月上报省政府的《安仁村“农房改造建设示范村”工作总结》附录于后。

附7—2：

安仁村“农房改造建设示范村”工程工作总结

2015年，在上级领导的关心指导下，根据省政府办公厅《关于实施农房改造建设示范村工程的意见》以及全省农房改造示范村建设工作动员培训会议精神，安仁村按照创建浙江省“农房改造建设示范村”工程的工作要求，按照37条考核标准，大力加强组织建设，全面推进农房改造建设示范村建设，取得了较好成效，得到了村民的认同。现将我村各项工作总结如下：

一、基本情况

乾潭镇安仁村位于建德市东北部，320国道沿村通过，设有杭新景高速安仁出口处。安仁村下辖安仁、荻州、高坪3个自然村，全村农业户424户，1389人，常住人口4000余人。村党组织属党委级别，全村共有党员89名，下设4个支部。村两委干部10人。2014年村集体经济258.81万元，农民人均收入20411元。村内有水泥、建材、家纺、五金等工业企业158家，有服务业个体经营户120余家，农贸市场、学校、卫生院等集镇功能配套齐全，是乾潭镇城东工业功能区所在地，也是乾潭镇发展副中心。

近年来，安仁村获得“杭州市2011年度城乡区域统筹发展中心村培育建设先进单位”“浙江省全面小康建设示范村”“浙江省绿化示范村”“杭州市农村基层党风廉政建设示范村”“杭州市社会主义新农村建设示范村”等荣誉称号。随着这几年新农村建设，村里基础建设日趋完善，全村在道路设施、供水、供电、排污、垃圾处理设施等基础硬件建设上投入了相当大的资金和精力。在乾潭镇政府的大力帮助和关心下，村里在社区建设上有了长足的发展，村里不仅在基础设施建设上投入大笔资金，并多次举办了各类技能培训，邀请专家来上课开拓村民视野，在服务业发展上下功夫找出路。

二、目标任务完成情况

完成示范村建设规划以及涉及的各项建设任务，做到无违法用地、无违章建筑、无农村危房，在示范村的建设过程中，避免发生重大质量安全事故。按照专项资金使用管理办法和有关规定，规范使用、管理财政专项补助资金，从村庄规划的特色性、农房建筑的风貌性、景观绿化的艺术性和设施配套的齐全性等多方面打造规划设计一流、质量安全一流、风貌特色一流、生态环境一流、村委管理一流的农房改造建设示范村。

1. 规划设计

2015年6月开展建德市乾潭镇安仁村农房改造（美丽宜居）示范村建设规划的编制。

安仁村农房改造（美丽宜居）示范村规划设计由建德市城乡规划设计院负责设计，在设计过程中充分考虑了农房设计符合安全、适用、经济、美观的原则，并且参考原来安仁村老村庄的房屋风貌，结合现代农民居住环境的要求进行了设计。

2. 拆违项目

一户多宅的拆除在农民新居建成后遵守《土地法》针对农村集体建设用地的要求保证“一户一宅”的原则，对原住宅进行了拆除夹带复耕，共投入5万元，拆除一户多宅1500平方米。

3. 拆危项目

安仁村老桥建成时间较早，桥身早已破损严重，计划投入500万元，实施1200平方米安仁老桥新建项目。

4. 美化项目

外立面改造对自然村里的老旧房进行外立面统一设计，进行粉刷整治，达到改善面貌治理村庄立面的目的，外立面改造项目改造面积4780平方米，资金投入78.2万元。

村主入口及主要节点景观进行改造，投入360万元，面积1500平方米。

自然村村落空间整治美化主要对清渚溪沿溪道路建设，硬化道路890米。

小区道路全面按照标准进行硬化，完成712米的路面硬化，极大提升了小区的建设水平，方便群众的生产生活。

开展传统文化宣传教育活动，搜集整理村史村传，编撰村志，将传说故事编撰成册在村里广泛阅读，为年轻一代了解村庄文化起到了极大作用。

5. 洁化项目

为洁化人居环境，我们在实施农房改造过程中同步推进配套设施建设，完善污水管网及厌氧池、公厕等基础设施建设，并对河道水体清淤整治。2016年，结合多城同创工作和“城中村”整治，投资159万元，发动干部、党员和村民大力开展环境卫生整治活动，清理杂物和卫生死角，完善污水管网及厌氧池2座，增设公共厕所3座，并清理了小区周边的露天粪坑，河道清淤18750立方米。同时，建立专业清洁保洁队伍，对全村进行全天候保洁。

6. 绿化项目

安仁村村庄美化在自然村村道边进行绿化，栽种花草树木，达到路边无杂乱点，使得路边路角也能得到整治，投入389万元，完成小区绿化面积3200平方米，庭院绿化200户，完成清渚溪堤坝改造工程，改造堤坝长度达750米。

三、加强领导，建立组织

为加强对农房改造工作的领导，确保工程顺利实施，经村两委研究，建立了安仁村农房改造领导小组，由党委书记担任组长，其他两委班子成员任小组成员。同时，按照每阶段的工作内容进行分工，明确工作职责，确保规划审批、拆违项目、美化项目、洁化项目及绿化项目等各环节都有人管事。工作中碰到具体问题和难点，班子之间及时沟通协调，切实做到分工不分家。每一阶段工作完成后及时召开班子会议，通报工作进度，分析存在问题，研究对策措施，并就下阶段工作统一思想，做到了整个工作连贯有序。

四、依法有序，精心实施

根据社会主义新农村建设的要求，整个农房改造工作严格按照土地利用总体规划、农村居民建房政策和商业街拆迁安置有关政策进行，做到三个统一。一是统一建房规划。按公寓式住房建设标准，做到布局合理、设计新颖，并充分结合本村自然地形，单体建筑景观与周边整体建筑风格相协调。同时，考虑农村生产生活实际，突出了安全、实用的特点，既凸显新颖现代，又体现乡村风情。二是统一调整用地。在实施农房改造建设整个过程中，打破村、队、组、户的用地界限，采用村集体统一征用的方式进行。三是做到征地工作与旧房拆迁同步进行。

五、存在的问题

总之，在广大党员、村民的配合下，经过近几年的努力，我村的农房改造工作取得了一定的成效，村民的住房条件得到了很大的改善，人居环境进一步优化，村民的生活质量有了很大的提高。但是，从村民对新生活的期望和社会主义新农村建设的高要求来看，我们还有很多地方做得不够。下一阶段，我们将进一步加强班子团结，解放思想、开拓创新、扎实工作，努力把各项工作做得更好。

中共建德市乾潭镇安仁村委员会
建德市乾潭镇安仁村村民委员会
二〇一六年十一月

图 108　2005 年清渚溪安仁桥下游段两岸堤坝改造中（金军明 摄）

图 109　清渚溪安仁桥上游段旧影（金军明 摄于 2005 年）

第三节　文明村建设

20世纪80年代以来，安仁村历届党组织、村委会、经济合作社十分重视精神文明、物质文明建设，并取得了明显成效。安仁村早在1983年2月就被建德县委、县政府命名为“文明村”。2006年、2010年先后两次被命名为“杭州市文明村”。

在建德市档案馆保存的一份安仁乡党委于1984年6月12日向县委、县政府上报的“安仁村文明村建设情况汇报”材料中，可看出当年安仁村建设文明村的工作情况。1984年6月19日—20日，建德县委、县政府召开全县建设文明村镇工作经验交流会，安仁村党支部书记汪厚强在会上介绍了建设文明村的经验。汇报材料全文如下：

附7—3：

搞好文明村建设的关键是建设好领导班子

——安仁村文明村建设情况汇报

安仁乡安仁村是我县的北大门。该村有农户220户796人，580亩水田，760亩山。中共十一届三中全会后，村党支部为搞好文明村建设，他们首先抓好自身的思想建设和组织建设，克服软弱涣散状态，在文明村建设中发挥战斗堡垒作用。其次是“两个文明”一起抓。他们一手抓发展商品经济，支持专业户增加收入，提高人民生活水平；一手抓精神文明建设，提高人民群众的文化科学技术水平，道德观念，思想觉悟。第三是发挥村团、妇、民兵等组织的作用。

经过几年的努力，这个村的文明村建设已经取得了明显的效果。在物质文明建设上他们办起了棒冰厂、水泥预制场、建工队（与乡合办），发展了茶叶210亩、生漆10亩。村办企业从无到有，利润不断增加，去年村办企业上交村里纯利润达15000元。社员平均收入从三中全会前的97元，增加到去年的337元，40%的农户家庭存款在千元以上；人民生活水平不断提高，现在全村有电视机14台，平均每户有一辆自行车，大部分农户有缝纫机。在精神文明建设上，该村办起了俱乐部、幼儿园、自来水厂，基本做到了道路“硬”化，环境“净”化，家庭和睦，邻里团结。尊老爱幼、助人为乐蔚然成风；爱国家、爱集体的共产主义风格不断发扬。该村的文明建设为我乡树立了榜样，提供了经验。他们的具体做法有以下三个方面。

一、在文明村镇建设中，领导班子一定要敢于碰硬。

1980年前，这个村的班子成员普遍年纪偏大，文化水平偏低。管理水平有限，不适应三中全会后群众对干部的要求。特别是在“十年动乱”的危害下，班子内部存在着软弱涣散的状态。对坏人坏事不敢斗，对好人好事不敢表扬，生产不敢抓，经济无人管。集体经济发展不快，私人欠集体经济不断增加，历年累计达1.1万多元。打架斗殴、纠纷闹事、小偷小摸、迷信赌博时有发生。社员骂干部，干部怨支部。对这些状况党支部、群众迫切要求改变。

在区委、乡党委的帮助下，对原班子进行了两次（1980年一次、1984年一次）整顿，选举产生了新的领导班子。新班子认真总结经验教训，认识到打铁首先要自身硬，过去出现的这样那样的问题，主要是班子还没有拧成一股绳，没有形成坚强的领导核心，没有发挥战斗堡垒作用。他们为了搞好自身的思想建设，制订了“三个制度”和“五个带头”。三个制度是：每月一次民主生活会制度；每月一次党课教育制度；每个党员联系三户农户制度。五个带头是：带头执行党的方针政策，不谋私利，热心为群众办事；带头执行国家生产计划，完成国家各项任务，正确处理好三者关系；带头参加文明村建设，在“五讲四美”活动中为群众做表率；带头破旧立新，移风易俗；带头学科学，勤劳致富。几年来。他们坚定不移地执行以上三个制度和五个带头，受到了群众的好评。如村办企业招收新职工，都采取统一考试的办法，择优录取，不开后门，不安排干部子女或亲属。在企业经济承包中，采取自愿报名，群众评议，领导批准的办法，把有技术特长，有管理经验的人推荐到村办企业当领导。再如，在处理欠款问题上，在祛邪扶正方面，党支部克服了过去软弱状态，敢于碰硬，敢于斗争。他们表扬先进树正气，打击歪风邪气。如邻村有一个单身汉经常到安仁村的山上偷树，原领导班子不敢抓、不敢管，致使破坏山林歪风漫延。新班子狠抓此事，他们组织人员对这个单身汉进行教育并罚款处理。在邻村党支部的支持下，没收了他的部分家产抵作押金。打击了歪风邪气，教育了群众。

二、在文明村建设中，要切实为群众办好事。

该村的党支部在文明村建设中，为群众办好了七件实事，受到了群众的赞扬和拥护。

第一，狠抓经济建设。制定了切合实际的建设规划，发展了商品生产，增加了经济收入。几年来，他们共投资38万元，办厂建场。去年，该村的村办企业年产值达24.3万元，纯利润1.8万元，为文明村建设打下了良好的物质基础。

第二，积极支持“二户一体”。发展了专业户、重点户101户，其中运输专业户7户，养蜂专业户6户，工业专业户20户，服务行业专业户8户，养殖专业户11户，种植专业户57户。这当中党员干部专业户有10户。他们在生产建设中为群众做出了示范，为“四化”建设做出了贡献。

第三，解决了多年来群众意见最大的欠款问题。该村的群众、干部从1962年以来累计欠款11000多元，成为村里的一个老大难问题。新党支部上任后，狠抓财务整顿，进行了清账查账，党员干部以身作则带头还款，在一个月时间内，有60多户社员还清欠款10400余元。有些社员无钱归还就自动用物资抵账。

第四，解决了道路“硬”化问题。该村原来的道路条件差，全部是泥路，每遇下雨，大街小巷道路泥泞，污水四溢。村集体投放资金1万余元，全部浇了水泥路。

第五，解决了饮用水不卫生的问题。村党支部采取两条腿走路的方针，集体投资3万余元，社员负担2400个义务工，办起了自来水厂，使全村农户吃上了安全卫生的自来水。

第六，办起了俱乐部，建立了文化中心。投资3700多元，组织了30多个劳动力，连续用了半个月的时间维修了房子，办起了俱乐部。购置了1台24寸彩色电视机，既丰富了群众的文化生活，又为群众提供了学文化、学技术、学军事、学政治的场所。

第七，对社会治安实行综合治理。他们利用广播等宣传工具大造社会舆论，利用各种会议进行法制宣传，利用典型进行教育。党支部经过群众讨论制定了《村规民约》，规定对迷信、赌博、破坏山林、破坏计划生育、打架闹事的要进行处罚。党支部成员还分工对赌博、破坏山林的人员进行帮教，促使他们提高认识，改正错误。现在该村的社会治安有明显好转，基本制止了迷信赌博活动，刹住了破坏山林歪风，民事纠纷、小偷小摸显著减少。

二、在文明村建设中，要充分发挥村团、妇、民兵等组织的作用。

文明村建设是一个综合性的工作，包括思想工作、物质生产、科技教育、文化娱乐、计划生育、青年民兵妇女工作、社会治安、民事调解等等。因此，必须动员各方力量，发挥各种组织的作用。紧密配合，通力合作，上下左右拧成一股绳，才能把文明村建设搞好。

共青团、民兵带头开展“五讲四美”活动，为群众做好事，开展义务劳动。他们在团支部、民兵的带领下，每月上街搞清洁卫生活动一次，使安仁大街保持清洁，被群众称为“民兵青年文明街”。

村妇委狠抓清洁卫生，开展“五好家庭”活动。她们组织各单位制订《清洁卫生公约》，并把公约印发给各机关单位和农户，划分了清洁卫生包干区，每月进行一次卫生检查，对卫生搞得好的单位和农户予以表扬，对差的单位和农户予以处罚，有效地治理了“脏乱差”。在争创“五好家庭”的活动中，制订“五好家庭”评比条件，总结了三个“五好家庭”的典型，利用广播、墙报进行表扬。在计划生育工作中，几年来基本实现一胎化，杜绝了三胎和计划外生育。

该村还安排好退居第二线和退休老干部的工作和生活，充分发挥他们的作用。安仁村有三名原来当过支部书记和副书记的干部，现在都退居第二线，党支部不但关心他们的生活，而且把他们安排在村办企业工作，为他们解除后顾之忧，使晚年生活有保障。对国家退休的干部职工，党支部经常召集他们开会，为建设“四化”出谋划策，并安排一定的工作，给他们一定的报酬，使这些退休干部都能发挥各自的作用。

村党支部十分关心对五保户、困难户、烈军属的照顾，帮助他们解决生活和生产上的困难。全村5户五保户，村里对他们实行“三包”，即包粮食、包医疗费、包柴禾。每月还发零用钱5元，每逢过年过节都上门慰问。对10户困难户，村里对他们采取困难多补助多的办法，解决他们生活和生产上的具体困难。

总之，安仁村党支部动员社会上各方面的力量，调动一切可以调动的人员，在文明村建设中发挥自己的作用。

安仁乡党委

1984年6月12日

（注：此材料由建德市档案馆提供）

第四节　小康村建设

1993—1999年，建德市开展小康村建设。安仁村、荻州村、高坪村的“两委”班子经过不懈努力，均完成小康村建设任务。1995年、1997年、1999年，安仁村、荻州村、高坪村先后被命名为“建德市小康村”。

从2005年开始，安仁村党支部、村委又积极按照“全面小康示范村”建设的各项指标要求，扎实开展创建活动，各项工程建设情况良好，精神文明建设和社会稳定、计划生育等各项工作有序推进，并取得显著成效。2006年10月，“全面小康示范村”建设工作，经建德市新农村建设领导小组考核，通过验收。2006年11月，中共建德市委同意安仁村申报浙江省、杭州市级“全面小康示范村”。安仁村于2006年11月获得“杭州市全面小康建设示范村”称号，2007年1月获得“浙江省全面小康建设示范村”称号。

现将安仁村在2006年10月26日上报的《建德市乾潭镇安仁村创建省级全面小康示范村工作总结》全文附后：

附7—4：

建德市乾潭镇安仁村创建省级全面小康示范村工作总结

乾潭镇安仁村地处建德市北部与桐庐县接壤，全村农业人口241户828人。2005年农民人均收入6763元。2005年以来，为了认真贯彻“三个代表”重要思想，全面落实中共十六大和十六届三中全会精神，按照统筹城乡经济社会发展的要求，围绕全面建设小康社会，提前基本实现农业和农村现代化这一总目标，以美化村庄、改善农村生产和生活条件为目的，村党支部、村委会以创建“全面小康建设示范村”和“杭州市生态村”为契机，从治理环境入手，加大村庄整治力度，积极开展创建工作。

一、物质文明建设

工业经济：安仁村现有工业企业40家，经营种类有塑料制品、五金工具、化工产品、家纺用品、建筑材料、石煤综合利用、水晶工艺等等。2005年全村实现工业产值15031万元。2006年引进杭州中华橡胶厂在安仁村落户，引进资金总额1.3亿元，该项目已进入厂房施工阶段，2007年年初可正式生产。

农业经济：通过几年来的粮、林产品结构的调整，基本形成粮经型、用材林与经济林相协调的产业结构，现有粮食种植面积303亩、板栗30亩、松柏林40亩、蔬菜100亩、吊瓜50亩、菜竹50亩。2005年全村农业经济总产值378万元，年人均纯收入6763元，集体经济年收入66万元。

人民生活：根据2005年统计显示，农民人均纯收入6763元，年年有提升，村民受教育、医疗条件、交通、通信明显改善，人口素质、文明程度不断提高。

1. 人均集体可支配收入：安仁村2005年集体可支配收入为65.84万元，人均795元。

2. 人均纯收入：2005年安仁村人均纯收入6763元。

3. 基础设施建设：2005年11月安仁村结合杭州市重点水利项目安仁清渚溪治理工程，投资360万元，对安仁村老国道至金家堰地段700米清渚溪进行拓宽治理，将原来的河道从30米增加到宽度40~50米。共拆除房屋36户91间，合计面积3270平方米。河堤用钟山石勾缝砌筑，河堤两岸道路拓宽至5米。河堤两岸设置雪花青石护栏。安装路灯25盏。种植行道树，安装石椅及健身器材，使安仁清渚溪达到百年一遇的防洪要求，形成了集防洪与休闲为一体的江滨景观。

2005年，安仁村结合村庄整治工程，投资45万多元用于道路建设，对村内主干道进行了拓宽和重新浇筑，使村内路网布局更加合理。通行政村主干道和村内通各自然村干道均达到宽4.5米，进户道路保证3.5米宽以上，硬化率达100%。投资15万元用于主干道和公共场所安装路灯60盏，布局合理，路灯安装率100%。投入4.6万元资金改造全村排水系统，重新铺设部分老化管网，安仁村饮用水安仁自来水厂自来水符合国家饮用水标准，入户率达100%。

4. 村庄规划建设情况：安仁村建设规划于2004年10月委托市村镇建设管理总站和乡镇规划设计院编制，并多次征求村民代表意见，于2004年12月通过专家论证，于2005年3月24日建设规字[2005] 32号文件批复准予实施。规划编制深度符合《导则》要求，达到建设规划深度。村庄建设项目符合村庄规划，并依法办理规划建设审批手续，公共建设项目配置符合国家标准，村庄布局合理、建筑美观，房屋错落有致，具有明显的地方特色和乡土风情。2006年6月，安仁村响应市委、市政府"生态立市、工业兴市"的战略号召，按照《乾潭镇政府生态建设总体规划》要求，特编制"安仁村生态建设规划"，扎实开展生态建设，以促进人与自然和谐，推动经济社会与环境全面协调、持续发展。

5. 土地利用：2003年，安仁村实施了100亩的造地计划，于2004年9月6日顺利通过市土地整理暨标准农田建设领导小组验收。2004年，又经市国土资源局立项，实施了面积569亩，投资39.9151万元的标准农田整理工程。目前总体工程已经基本完成，预计可以新增耕地25.5亩，整理效果明显。同时，积极推行一户一宅制度，抓住这一轮村庄整治的机遇，将多年来应拆未拆的农户多余房屋进行全部拆除。全村共拆除了破旧建筑和违章搭建36户计48间，3768平方米，拆除旧围墙5户275平方米。并将严格执行一户一宅制度的相关内容在《村规民约》中作为一项长期的制度确立起来。

6. 社会保障参保率：安仁村实施新型农村合作医疗保险。参加新型合作医疗保险805人，全村应保农业人口825人，参保率达97.2%。

二、精神文明建设

7. 计划生育率：2005年全村计划内新出生婴儿7人，死亡2人，人口自然增长率6.06‰。计划生育率100%。

8. 义务教育入学率：安仁村现有学龄儿童共142人，其中小学95人，中学47人，义务教育普及率达100%。

9. 社会各项事业发展：安仁村有较完善、规范的商业、服务网点，村内有安仁中心学校、幼儿园、安仁卫生院、安仁供电所、安仁邮电支局、安仁信用社、安仁农贸市场、华联超市、网吧、餐饮、副食品批发部、建材批发部、通讯电信营业部、台球、棋牌室、药店、家用电器、五金百货、文具杂百货、住宿、农资经营、汽车摩托车配件修理、家用电器维修等服务130余家。2005年，村投资20万元对村办公楼进行装修，设有党员活动室、老年活动室、村民学校，村内建有虎头山公园，配套有健身器材和休闲活动场所，供群众休闲和体育锻炼。村民参加新型农村合作医疗保险费用由村集体缴纳。各项服务网点较完善，为群众生产生活带来了方便。2006年获得建德市委党建工作示范点称号。

三、政治文明建设

10. 村务管理：安仁村组织规范健全，班子分工明确，具有战斗力；村内重大事项决策经过村民代表或党员以上会议讨论决定，决策程序规范到位；村务财务公开制度执行良好，定期公布无差错，档案、财务委托乡镇代理中心代管，执行制度规范。

11. 村组织建设：村党组织和领导班子坚强有力，勇于开拓，在群众中的威信高，2004年和2005年连续两年被评为建德市优秀党支部、建德市综合实力20强。

12. 社会风尚和治安环境：安仁村社会风尚和治安环境良好，三年来无重大刑事案件和一般性案件发生，村内邻里和睦，无赌博和封建迷信活动，执行殡葬改革制度良好。

四、生态文明建设

13. 村庄绿化覆盖率：2006年，安仁村开展园林绿化村创建活动，投资40万元，对全村中心、房前屋后、河道道路两旁进行了绿化。建成区绿化总面积38886平方米，村民人均绿地面积46.9平方米，绿化覆盖率达26.5%。做到主要道路和河道两边绿化，住宅之间有绿化带，农户庭院绿化情况良好。

14. 卫生厕所改造率：2005年，安仁村响应市委、市政府的号召，在全村范围内开展大规模的改厕运动。拆除所有的露天粪坑和简易厕所。按照标准三格式化粪池的要求进行了改造。全村共拆除露天粪坑和简易厕所98只，卫生厕所改造率达100%。2005年，安仁村改厕工作全部完成，被评为建德市卫生示范村。

15. 生产生活废弃物处理：

（1）生产废弃物处理：禁止燃烧秸秆，塑料农用薄膜回收率达100%，无规模畜禽养殖，工业污染排放达标。

（2）生活废弃物处理：2004年开始，村建立了健全的保洁制度，设置了必要的环卫设施，购置洒水车1辆，建造垃圾屋7座，购置垃圾箱50只，配备了6名保洁人员，每天两次对村庄卫生进行清扫，并将垃圾运至乾潭镇垃圾填埋场集中处理，真正实现了100%的无害化处理。村里建造了200立方米的无动力厌氧净化池，建造公厕1座，铺设污水管网1700米，生活污水经处理后达标排放。

（3）环境质量：全村环境质量良好，经过市环保部门监测，水、空气和噪声均达到国家二级以上标准。

16. 清洁能源利用普及率：安仁村有林地面积1190亩，全部进行封山育林。全村推行使用煤气。同时，村内普遍安装了太阳能热水器。据测算，全村清洁能源使用率超过80%。

17. 推行生态型墓葬建设：建造骨灰存放堂1座，遗体火化率100%，骨灰全部进入骨灰存放堂存放，既节约了土地，又节约了丧户的开支，并选派专人管理，骨灰存放堂外植树造林，符合生态墓区要求。

经过两年时间的建设，本村已经达到了全面小康示范村的要求，创建工作取得了明显成效，基本实现了村庄规划布局优化、主干道路硬化、村庄四旁绿化、村道夜间亮化、农户卫生洁化、生活污水净化，改变了过去环境“脏、乱、差、旧”的现象，呈现出村庄布局合理、村务管理有序、基础设施完善、经济社会发展、生态意识增强、民主法制健全、社会安定团结的新气象。

建德市乾潭镇安仁村村民委员会

2006年10月20日

第八章　农　业

第一节　耕作制度与农作物种植

一、耕作制度的变迁

安仁村的耕作制度，与建德北部的大多数村落相似。民国以前，农业一年大多为一熟，部分一熟或二熟。至民国年间，春、秋两季作物逐渐扩大，形成冬作（大小麦、油菜、绿肥）→早中稻→秋杂粮（大豆、荞麦等）的老三熟制。安仁村的土地属丘陵地带、土质、水利、光照等条件呈多样性，除种植稻、豆、麦外，兼种玉米、棉花、芝麻、薯类、瓜类和各种蔬菜等，也有少量甘蔗。

1949年以后，随着生产关系的变革，在农业合作化过程中，推行耕作制度的变革，大致经历了四个阶段。

第一阶段，全面推行“三改”。1952年至1955在扩大老三熟制的同时全面推广“三改”：一改迟中稻为早中稻，提早夏收夏种时间；二改低产作物为高产作物，减少棉花、荞麦种植面积，扩种玉米、番薯；三改一熟为多熟，消灭秋、冬闲田。

第二阶段，改“老三熟”为“新三熟”。1956年至1963年，推广以双季稻为主的新三熟。

第三阶段，高秆水稻品种改低秆品种，籼稻品种改粳稻品种。1964年开始推广耐肥、抗倒伏并高产的早稻良种“矮脚南特”。1967年晚稻实行籼改粳，推广矮秆、耐肥的高产良种“农垦58”。扩大晚稻种植面积，亩产从原110市斤提高到400余斤。

第四阶段，扩大杂交水稻。1976年开始全面推广杂交水稻，大大提高了单位面积产量。1978年，安仁大队有三个生产队（第1、2、7队）共207亩的粮食平均亩产达1621斤。1978年至2010年间，先后经历了“新三熟制”扩大（1978—1992年）、多熟制和高效种植并存（1993—2000年）、大田种植业大调整和效益农业全面发展（2000—2010年）三个阶段。

据1982年年报：安仁村粮食种植面积579.78亩，总产量956310市斤，平均亩产达1649市斤；获州村粮食种植面积318.8亩，总产量318300市斤，平均亩产998市斤；高坪村粮食种植面积92亩，总产量101800市斤，平均亩产1094市斤。1987年，安仁村粮食种植面积580亩，总产量1176900市斤，平均亩产2029市斤，成为“吨粮田”。

由于旱地面积小，又零星分散，土质差异性又大，历来耕作粗放。一般沿种麦、薯两熟，少数实行麦、豆，玉米、大豆、甘蔗套种或间作。

据现有资料记载，1963—1998年（并村前），安仁、荻州、高坪村（大队）部分年份粮食总产统计如下：

部分年份粮食总产统计表

表8—1　　面积：亩　产量：市担、吨

年份	安仁		荻州		高坪	
	耕地面积	总产量	耕地面积	总产量	耕地面积	总产量
1963	550	3738	210.5	1174	48.4	300
1969	601.4	5759	250	2567	80	768
1970	601.4	5926	262	1968	80	750
1971	601	6308	202	2522	81	742
1972	601	7105	231.4	2850	91.9	998
1974	598	7121	237.4	2648	86.8	954
1975	598	6595	237.4	2658	86.8	1076
1976	583	7708	250	2913	93	1100
1977	581.6	7006	242.5	2632	93	894
1978	580.3	8329	242.1	3037	93	964
1979	580.3	9340	242.1	3601	93	1105
1980	580.24	7862	239.1	2858	93	674
1981	580	8112	314.1	3064	92	963
1982	579.78	9563	318.8	3183	92	1018
1983	578.78	9943	318.8	3373	92	1054
1984	580.3	11208	318.8	3825	不详	不详
1987	580	11769	318	3319	92	980
1988	580	11094	318	3382	92	792
1989	580	11005	318	3446	92	742
1990	568	592.60 吨	374	174.89 吨	不详	不详
1991	568	622.77 吨	374	185.3 吨	不详	不详
1993	557	476.52 吨	374	154.71 吨	不详	不详
1997	513.3	499.21 吨	346	220.81 吨	不详	不详
1998	509.5	405.28 吨	346	224.79 吨	131	67.6 吨

图 110　插秧（金军明 摄）

2007年7月，安仁村、荻州村、高坪村合并成立新的安仁村。此后，粮食总产不列入年报统计范围。

二、农作物种植

农作物品种

水稻　民国时期，早中稻品种有八十日、半迟早、早白禾、三百粒、五百粒、红谷。糯稻有白壳糯等品种。

20世纪50年代，早籼品种有南特号、早三倍。早中稻种植面积占80%左右。晚稻推广晚籼九号。1958年后，新三熟制面积扩大，早籼改种矮脚南特。晚稻以粳稻老来青、太湖青为主。60年代为适应双季稻发展需要，早稻以莲塘早、莲塘早四号、矮南早一号取代早稻品种。70年代早稻品种更新为二九南一号、二九青；迟熟以广陆矮四号、先锋一号为主。晚稻以中籼广选三号、爱武、南塘矮16号为主。1976年起，试种杂交水稻汕优6号品种，因产量高，种植面积逐年扩大。80年代，水稻新品种不断更新，早稻推广祥湖47、广六矮四号等。晚稻以杂交稻汕优64、咸优、南优、矮优64等，还有京引15和双糯四号等。

春粮　以大小麦为主。1949年以前品种不多，农家世代种植，很少更换新品种。20世纪60年代，小麦有吉利、杨麦三号，大麦有早熟三号。70年代以后，小麦有浙麦一号，大麦有早熟3号等。因大麦产量低，70年代后期很少种植。春粮种植面积约占土地面积的30%。进入21世纪，小麦种植面积越来越少。

油菜　油菜旧时以土种为主，1959年开始先后种植胜利油菜、川油8号。70年代起推广广汉油菜、浙油7号、四〇八等甘蓝型油菜逐步代替土种。油菜种植约占土地利用面积的30%。

大豆　大豆主要有大黄豆和青豆。秋大豆有田青豆、田黄之分。夏大豆有九月黄、猴狲毛等。主要在田塍和旱地种植，面积不多。

玉米　土名六谷。1949年前主要分山玉米和地玉米。20世纪50年代始有田玉米种植，品种主要有半迟早等。60年代后期，因推广双季稻，玉米种植减少，仅在少数水利条件差的田块种植。山地种植约占土地利用面积的1/3。70年代初推广杂交玉米。80年代起，玉米很少种植。

番薯　20世纪50年代以前有红皮白心、白皮白心、红皮白心等品种，以红皮白心六十日为主。60年代引入胜利百号，土名黄心番薯，产量高，含水分少，耐贮藏，出淀粉率高。80年代后，以徐薯8号为主。番薯主要在旱地种植。21世纪初之前，种植面积约占旱地利用面积的60%。现时，已很少种植。

棉花　20世纪70年代前少有种植，主要在旱地。70年代后，已无人种植棉花。

肥料

1949年以前，农田和旱地多以人畜肥、绿肥、塘泥、饼肥、灰肥、石膏、石灰为主，没有化肥。1949年后，随着化肥工业的发展，氮、磷、钾等化学肥料逐年增多，施肥习惯改变，施肥水平提高，化肥使用相当普遍。下面就肥料的种类分别述之。

1. 家肥

家肥也称土杂肥，有以下种类：

人畜肥 人粪尿和猪粪尿，是多元素的有机肥料，适用于各种农作物。旧时，各家各户都有肥缸或肥桶积累人粪尿，待充分腐后施用。也有人家在猪栏边挖一个坑，以积累猪尿当作肥料施用，但不与人粪尿混施。

栏肥 栏肥主要是猪栏和牛栏铺垫稻草或干草后形成的肥料。往往将栏肥堆在田间地头，经充分腐烂后再施用。栏肥在冬季可覆盖在麦地上，起保暖作用，次年可作为其他农作物的基肥；在夏季，施用于水田，也用于蔬菜瓜果等作物的基肥。

塘泥 每年春夏之交将水塘底的塘泥捞起，作为有机肥，多用于旱地，以改良土质。旧时，安仁曾有几口小池塘。

饼肥 主要有菜籽饼和柏子饼。这是榨油后的副产品，肥质很高，往往作瓜果的基肥或番薯的追肥。

灰肥 主要有农家的炉膛灰和夏秋季节在野外用草泥焖烧成的焦泥灰。植物灰含钾高，是主要肥料之一。用于麦类、薯类的基肥和水稻的追肥。

垃圾 主要是农家废弃的生活垃圾。一般用于旱地的基肥。

2. 绿肥

安仁村的绿肥主要是种植紫云英（俗称草子）以及春天割青草作基肥，也曾有过稻田养绿萍和晚稻田青稻草还田的施肥方式，也用麦秆、油菜秆“压青”作绿肥的。

紫云英同，又名红花草子。20世纪50年代后就有种植，人民公社化时期的种植面积占水田面积的50%左右。秋分过后，晚稻成熟前25~30天，排干田水，洒播于稻丛间，每亩用种子5斤左右。晚稻收割后开沟排水，冬前施灰防冻。翌年清明盛花期翻耕入土，作为早稻基肥。二十世纪六七十年代，各生产队往往在春季也以农户养猪头数分给相应的紫云英，作为青饲料。

60年代后期，也曾在稻田养绿萍作基肥，因效果不佳，仅几年就淘汰。

70年代起，随着新三熟制面积的扩大，为解决有机肥不足的问题，晚稻田推广青稻草还田，每亩用本田1/3稻草作基肥，并施石灰或泼氨水，秋耕入土，促使腐烂。也有到荒山野地割青草还田，在早稻成熟前，将青草堆在田角，经腐烂后，作为晚稻基肥。

3. 石灰

安仁村历来就有用石灰等非金属矿物质作基肥或追肥的习惯，往往用于绿肥田早稻返青前期，有促使早发，防止发僵作用。旧时，也有用石膏的习惯。

4. 化肥

化学肥料，俗称肥田粉。有氮、磷、钾以及复合肥，常用的氮肥有氨水、碳酸铵、硫酸铵、尿素等；磷肥有过磷酸钙、钙镁磷肥；钾肥有氯化钾。复合肥是氮磷钾三元素混合化肥。

栽培技术

旧时，各季农作物栽培管理方法大多粗放。1949年后，为提高农作物单位面积产量，不断改进栽培技术。下面就水稻、大小麦、油菜、大豆、番薯等主要农作物的栽培管理技术分类简述。

水稻 水稻的主要栽培技术是培育壮秧、插秧密植、合理用水、耕田除草等。

培育壮秧：1949年前，习惯“清明浸谷子”。先行进行种子处理：晒、筛、风车吹，再用冷水浸种不催芽，待谷芽露白后散播于秧田。秧田水耕水作，容易烂秧。从50年代中期开始，推行晒种、选种（风选、筛选、盐水或泥水选）、药剂浸种、催芽（箩筐催芽、牛栏粪催芽、焦泥灰钙镁磷肥催芽、“5406”菌种催芽、温室蒸汽催芽等），达到根短芽壮，然后播种，实行“半旱秧田”育秧技术，有效防止烂秧。70年代初，推广尼龙薄膜育秧、小苗带土移栽、无土育秧、旱地育秧等新技术。80年代初，逐步推广地膜覆盖育秧，能提早季节，防止烂秧和节省种子。杂交水稻则采用“两段育秧（即小苗寄养）”。秧田管理则做到沟清畦平，施足有机肥与钙镁磷肥，泥浆落谷，稀播匀播。

插秧密植：1949年前插秧是“立夏开秧门”。用大苗栽种，株行距1.2尺见方插五丛，每丛10多株，土地利用率很低。50年代初株行距改为7寸×8寸，每丛7~8株。1958年“大跃进”时期，强行推广2寸×5寸，所谓“越密越好”，结果大幅减产。60年代，贯彻“八字宪法”（即水、肥、土、种、密、保、管、工），提倡科学种田，推广合理密植，株行距一般5寸×6寸，早稻田每丛6~8株，迟插田10株左右。晚稻插秧密度比早稻略稀。70年代，推广株行距5寸×5寸或5寸×4寸密植技术，每丛5~7株。80年代起，推广杂交稻栽种技术，

图 111　做秧田（陈小平　摄）

合理用水：1949年前，因水利条件差，灌水不易，故长期满灌田水，待稻穗抽齐后才挖沟排水，不易分蘖，往往造成只长叶、少抽穗、病害多、结实率低。20世纪50年代起，水利条件逐步改善，提倡浅灌勤灌，促使水稻产量逐年提高。从70年代开始，普遍实施适时“烤田”，挖好丰产沟，浅水促分蘖，露田发新根，足苗搁透田，活水养老稻的科学灌溉法。

耘田除草：秧栽插7~10天后，进行耘田除草。耘田工具多用铁制的“田籂”，也有直接用手操作，既耘田又除草。耘田一般2~3次。20世纪90年代后，多数采用化学除草剂，耘田次数减少，降低劳动强度。

图 112　播种（陈小平　摄）

大麦、小麦　1949年前多为点播，畦宽3尺~4尺，沟宽1尺，行距1.2尺左右，土地利用率低。50年代后期开始推广阔幅条播，提高密植度，畦宽5尺，沟宽1尺，行距6~7寸，播幅3寸。70年代初开始推广免耕种植“稻板麦”，即在水稻收割后，稻田不翻耕，分畦开好排水沟，将麦籽均匀播撒在稻田板上，再撒上焦泥灰或盖上栏肥，用沟土覆盖。为了消除杂草，在麦苗出土前施以除草剂。在麦苗三叶期后的越冬阶段，用木板槌敲打压麦，有“麦子屁

股痒，越压越肯长”之说。压麦，可促分蘖，防冻害，抗倒伏。山地种大小麦，不论点播、条播，多用焦泥灰覆盖麦籽。

油菜　1949年前种植较少。20世纪50年代，为白菜型土种油菜，且为点播式，产量低。60年代推广高产品种“胜利油菜”，其栽培有直播和移栽两种。70年代推广育苗移载，9月底至10月初播种，“立冬”前后移植。播种要播得稀并基肥足。约40天后，可移栽。株距5~7寸。栽秧后，一般人粪尿滴孔，磷灰肥盖孔，浅水保苗促成活。培育管理掌握早施苗肥，重施腊肥，施好苔花肥，并做好清沟、培土、防冻和治蚜虫防毒素病。70年代末，大力推广新栽植法，提高移栽质量，全面增施磷、钾肥，普遍施用硼砂，防止“花而不实”症。80年代中期，推行“稻板油菜”，在晚稻收割后，免耕，挖沟做畦，散播，既可移栽也可直播种植。

大豆　大豆栽培大致有两种形式，一是“田塍豆”，早稻插秧后，在田塍边用小锄开穴，穴距30厘米左右，每穴播豆籽3~4颗，上盖黄沙、焦泥灰或麦壳。苗长到20厘米高时，中耕除草并田泥护根部。秋后收获。二是在旱地上用相同方法种植，除草2~3次，管理上较简单。在“立冬”前收获。

番薯　安仁属丘陵地带，尤其是高坪、荻州，山杂地较多，番薯种植较普遍。“夏至”前翻土做好畦，畦宽60厘米左右，畦高30厘米左右。用锄头开穴，穴距40厘米左右，在穴内放入焦泥灰或栏肥，饼肥为佳。将种藤剪成留叶2~3片的段（节），俗称“番薯秧”。用小锄将其植入穴边，再将穴填平。种植时，叶芽朝上，不得倒插。番薯秧种植后，如遇晴天需浇水保成活（每天早晚各一次）。如遇太阳较烈时，还需用麦秆覆盖保苗，晚间撤盖。成活后中耕除草二次。藤长80厘米后，需翻藤数次，防藤蔓生根而影响产量。

图 113　收割油菜（陈小平　摄）

玉米　俗称“六谷”。在田间，50年代前后有零星种植，60年代后期，因推广双季稻，玉米种植减少，仅在少数水利条件差的田块种植。山地种植约占土地利用面积的1/3。玉米栽培有育秧移栽和点穴直播两种，后一种为多。加强中耕、施肥、防旱、防病虫，“立冬”前收获。

病虫害防治

1949年前农作物的病虫防治完全靠人工。20世纪50年代以人工防治为主，药剂防治为辅。70年代开始，采取“预防为主，综合防治”的方针。80年代中期起，发展为病、虫、草并治。

安仁村农作物病虫害，历来水稻有螟虫、卷叶虫、纹枯病、白叶枯病、稻瘟病、稻苞虫、稻飞虱等；麦类有赤霉病、黑穗病、锈病、黏虫、蚜虫等；油菜有菌核病、毒素病病。1949年后，水稻以白叶枯病和矮缩病发生较多。下面就农作物常见的病虫害分类述之。

水稻病虫害

螟虫：又叫“蛀心虫”。二十世纪五六十年代，三化螟、二化螟危害较严重，被害率达10%以上。1969年四代三化螟大暴发，造成晚稻大量白穗，粮食减产。20世纪80年代后，由于大面积种植杂交水稻，以及杀虫脒等有机氮农药全面使用，三化螟危害显著减少，但二化螟危害仍时有发生。

响虫：主要有黑尾叶蝉、褐飞虱、灰飞虱、白背飞虱等，危害早中稻、晚稻后期和秧田。高温干旱年份易造成黑尾叶蝉大暴发，严重者可减产7~8成，甚至颗粒无收。

稻瘟病：又称稻热病，是水稻的主要病害。早晚稻成熟时往往造成穗颈病，影响产量，严重时颗粒无收。

纹枯病：俗名“烂脚瘟”，是普遍的病害。在高温高湿情况下容易流行，对产量影响很大。

白叶枯病：20世纪60年代后期由外地引种时随种子传入，便逐渐扩散。在洪涝和多台风的年份易发，分蘖末期至孕穗期最易感染。

矮缩病：主要有普通矮缩病、黄矮病、黄萎病和条纹叶枯病。前三种由黑尾叶蝉传播，后者由灰飞虱传播。20世纪70年代初，曾有过黑尾叶蝉大暴发，造成晚稻严重减产。

麦类病虫害

赤霉病：是麦类主要病害。在麦穗扬花至完熟期，如恰遇3天以上连续阴雨易流行。

黑穗病：俗名“黑麦头”。20世纪50年代前是麦类主要病害，60年代后基本消灭。

锈病：俗称“黄疸病”。有秆锈、叶锈、条锈3种，以秆锈为多。3—4月间，如遇气候干燥，黄沙弥漫天气过后易发生。排水不良，施肥过足发病较严重。

黏虫：迁飞性害虫。安仁村在20世纪70年代初曾大量发生过。

油菜病虫害

毒素病：俗名“油菜瘟”。蚜虫传播病毒所致，白菜型土种油菜发病率较高。

菌核病：20世纪70年代起发病渐多。迟熟品种，种植过密，氮肥过量，排水不良，连年种植的田块较为严重。

病虫害防治措施

1949年前，对小范围内的农作物病虫害，往往采用烟秆茎、雷公藤、黄茎柴花、石灰、草木灰等作为土农药进行防治，但效果不佳；对大范围的病虫害，视为天灾，束手无策，有“靠天吃饭”之说。1949年后，对病虫害的防治措施主要有农业防治、人工防治和药剂防治三大形式。

农业防治　主要方法有：加强植物检疫；选用抗病品种和无病种子，并做好种子消毒处理；清除田边杂草和前茬作物残株，防治病稻草还田等。农业防治效果显著，如麦类黑穗病已基本消灭，稻瘟病、纹枯病、白叶枯病已降低发病率和危害程度。20世纪70年代后期起，推广除草剂（除草醚、绿麦隆、草甘膦等），除草效果佳，降低引发率。

人工防治　人工防治的方法很多，因地制宜，如摘除卵块，点灯“诱蛾”，捕杀螟虫、稻苞虫、黏虫等，效果尚可。

药剂防治　20世纪50年代，杀虫剂有滴滴涕、六六六粉、敌百虫、甲基一六〇五等，杀菌剂有西力生、赛力散等。60年代后期至70年代末，农药品种增多，杀虫剂有敌敌畏、杀螟松、马拉松、甲胺磷、杀虫螟、乐果等，杀菌剂有稻脚青、稻瘟净、井冈霉素等。80年代中期，农药更新换代，停用有机氯一类高残留农药，如六六六粉、滴滴涕等。推广高效低毒，低残留类农药，如杀虫剂有杀灭菊酯、溴氰菊酯、速灭威、呋喃丹、叶蝉散、氧化乐果等，杀菌剂有抗菌剂402等。

通过采取多种防治措施，有效地减少了农作物病虫害，大幅提高了粮食产量。

第二节　养殖业、副业及土特产

一、养殖业

安仁村、荻州村、高坪村的养殖业主要是畜禽养殖，淡水鱼甚少。

畜牧业在20世纪末前是农业的一个重要组成部分，是农业畜力、肥料和资金的重要来源，也是农户的主要家庭副业。据《建德县志》记载，民国25年（1936），建德县畜牧业产值占农业产值的13.78%。1957年占农业总产值的22.61%，居整个农业经济的第二位。又据《建德市志》记载，2005年，畜牧养殖业产值6.1亿元，居农业六大主导产业首位。

畜禽养殖

生猪　生猪饲养在安仁村、荻州村、高坪村历史悠久，养殖广泛。一般以户养为主。

中华人民共和国成立后，家庭养猪发展较快。20世纪50年代合作化时期，贯彻“私有私养公助”方针，农民养猪积极性提高。人民公社化时期，实行“公养为主”的方针，刮起“共产风”，挫伤农民养猪积极性，家庭养猪数量急剧下降。1961年开始纠正“五风”，继续贯彻“私养为主”的方针，家庭养猪量又回升。60年代中期因禁养、限养家禽家畜，养猪业处于停滞状态。70年代前后，集体养猪兴起，养猪量大幅上升。1982年以后，落实了农业生产责任制，开展了农村多种经营，农户家庭的养猪业不断扩大。根据1970—1989年的统计报表分析，安仁村的生猪年末存栏数最高值是1982年，其存栏数达803头，户均3.56头，人均1.02头。荻州村的最高值是1975年，其存栏数达305头，户均2.80头，人均0.65头。高坪村的最高值是1976年，其存栏数达137头，户均3.51头，人均0.79头。1985年，生猪取消统一收购，放开经营。自20世纪末以来，随着新农村建设和下山移民政策的实施，农户家庭养猪业逐渐消退。现今，农户家庭养猪甚少。

部分年份年末生猪存栏数统计表

表8—2　　　　单位：头

年 份	安 仁	荻 州	高 坪
1969	247	109	93
1970	324	224	83
1971	400	257	100
1972	382	217	107
1974	424	276	105
1975	420	305	128
1976	383	201	137
1979	661（其中集体 180 头）	237（其中集体 17 头）	110
1980	528（其中集体 23 头）	268（其中集体 14 头）	89
1981	670	256	62
1982	803	275	101
1983	479	346	68
1984	524	221	65
1988	530	270	28
1989	545	240	27
1990	580	238	不详
1991	720	157	不详
1992	650	117	不详
1993	450	125	不详
1994	408	117	不详
1995	350	122	不详
1997	305	150	61
1998	262	44	60
1999	270	不祥	不详
2002	360	32	15
2003	310	不祥	不详
2004	311	40	20
2005	260	不祥	不详
2006	50	不祥	不详

图 114　安仁村畜牧场旧址（摄于 2014 年）

集体养猪　安仁村，20世纪60年代中期，在庙湾（旧名，今为安仁中心学校）建有一座村级集体养猪场，当初养生猪10头左右。70年代中期将位于后宅的茶叶加工厂改建为大队畜牧场，时称“百头养猪场”，曾获县政府拨款3000元。由1幢12间猪舍房和1幢2层泥坏房组成，总建筑面积480平方米。饲养员有杨长春、麻芝春、施琳英、宋定玉等人。据现有资料记载，1976年，安仁大队和各生产队集体养殖生猪124头，其中母猪8头。是年出栏9头。1979年集体养猪存栏数180头，为集体养殖生猪最高年份。六七十年代，生猪养殖是村级和生产队经济的重要支柱产业。集体养殖生猪于1982年全面退出。后宅畜牧场旧址尚存，今为水泥厂职工宿舍。荻州村，20世纪70年代在大青山顶建有大队养猪场，因管理不便，于70年代末弃用。80年代初在大湾（大屋里）建造新的养猪场，共5间，面积约150平方米。其间，各生产队也办过养猪场。据现有资料记载，1976年，集体养生猪101头，年末存栏数17头。1982年停办。高坪村，20世纪60年代在和睦堂（五亩塘）等地办有生猪养殖场，并各生产队也办过养殖场。1976年，集体养生猪74头。70年代末停办。

牛　1949年前，耕牛大部分为富裕农家所有。安仁村历来以水牛居多。据现有资料记载，1952年，安仁村有耕牛67头，其中水牛55头、黄牛12头。自1960年代起，黄牛逐渐被淘汰，并饲养数逐年下降，至60年代末，安仁村耕牛数饲养数下降50%。耕牛来源大多从外地购入，少量为本地繁殖。从“人民公社化”到80年代初，耕牛以集体饲养为主，是各生产队耕田的主要畜力，当时的每个生产队均养牛3~5头。以1972年为例，安仁村共有耕牛30头，平均每个生产队3.75头；荻州村23头，平均每个生产队3.83头；高坪村11头，平均每个生产队3.67头。

1982年起，随着农田全面机械化耕作，以及联产承包责任制的落实，耕牛由农户养殖。

现今，随着农田面积的减少和机械化耕作水平的提高，耕牛畜力已忽略不计。至1989年，安仁村、荻州村、高坪村的耕牛存栏数共计6头。

择年年末牛存栏数统计表

表8—3　　　　单位：头

年　份	安　仁	荻　州	高　坪
1952	67（其中黄牛 12 头）	不详	不详
1969	31	18	10
1970	26	20	10
1971	27	17	9
1972	30	23	11
1974	21	14	10
1975	19	18	7

续表 8—3

年 份	安 仁	荻 州	高 坪
1976	18	18	8
1979	23	17	7
1980	16	15	8
1981	15	12	5
1982	16	10	6
1983	7	6	5
1984	2	4	4
1988	1	1	2
1989	1	1	4
1990	0	1	0

羊　由于安仁村地理环境等因素限制，不太有养羊的习惯。1965年6月，响应政府的号召，曾饲养过从余杭等地引进的湖羊。1966年“文化大革命”开始后，湖羊饲养逐渐消退，1970年绝迹。

荻州村、高坪村处于山区，有少数农户养殖羊。1996年年末，荻州村山羊存栏数12只。

2010年后，陈中来在高坪陈家阳办有养殖场。2014年养殖羊70多只。

家禽　安仁村、荻州村、高坪村有史以来几乎是家家户户饲养鸡，少数家庭还养鸭、鹅。20世纪50年代后期，受粮食产量减少的影响，家禽饲养量大幅下降。60年代初至70年代末，家禽养殖的收入成了村民用以支付家庭零星开支的主要来源，并成了招待客人的重要菜肴。80年代起，家禽饲养逐步走向专业化和规模化，家庭饲养量逐年下降。现今，随着创建“清洁乡村”工作的进一步深入，安仁集镇家禽饲养已基本绝迹，荻州自然村、堰下自然村、高坪自然村的少数农户有零星饲养。

特种养殖

蜂养殖　1949年前，村民中有少量饲养中蜂（统称土蜂，就地桶养），大多集中在高坪村和荻州村一带。20世纪60年代后期，有少数村民开始养殖意蜂（意大利蜂，采用箱养）。70年代初，安仁村组建大队养蜂队，到全国各地流动放养，产品有蜂蜜、皇浆、黄蜡等。安仁村养蜂队养蜂人员有汪光龙、杨相富、陈敏文、卢志明、吴春荣、汪芝瑞等。据安仁村年报记载：村集体养蜂，1974年21箱，1976年58箱，1984年65箱。80年代初起，村民个体养蜂业兴起。80年代中期，集体养蜂业

图 115　土蜂养殖

图 116　收土蜂

退出后，有汪光龙、陈敏文、吴春荣、杨相富、方国良、董光锡、董生泉、杨乔登、俞海波、董光明、汪阿林、董邦根、杨相庆、李维新、董来庆等村民自行组成个体养蜂专业户，每户养蜂30~100箱不等，足迹遍布吉林、内蒙古、山东、江苏、安徽、青海、黑龙江、辽宁、河北等省、自治区。每箱每年经济收入200~600元不等。据现有资料记载，安仁村1981年个人养蜂量达441箱；1988年达600箱，为最高年份。进入21世纪以来，个体养蜂业逐渐消退。现今，高坪自然村、荻州自然村、堰下自然村的少数农户有零星的土蜂养殖。

部分年份安仁村蜂养殖统计表

表8—4

年　份	养蜂年末箱数	蜂蜜产量（吨）	蜂王浆产量（公斤）
1981	441	—	—
1987	460	60	—
1988	600	—	—
1989	550	—	—
1990	560	46	—
1991	300	16.43	—
1994	320	22.5	200
1997	500	10	200
1999	430	15	230
2002	400	40	400
2003	380	32	300
2005	270	35	400

二、副业

普通果蔬种植

安仁村农户种植的瓜果蔬菜除自食外，少部分在安仁菜市场销售，四季常青，品种多样。主要有以下八大类（括号内的文字为本地土名或另作说明）：

瓜类：黄瓜、冬瓜、南瓜（北瓜）、蒲瓜（葫芦）、丝瓜、苦瓜、甜瓜（菜瓜）等。另还有作水果用的西瓜、香瓜等。

茄类：茄子（落苏）、辣椒（辣虎）、西红柿（番茄、洋辣虎）等。

豆类：四季豆（梅豆）、豇豆（豆节，有长短两种，有红青黑三种颜色）、毛豆（青豆）、扁豆、刀豆、蚕豆（佛豆）、豌豆（蚕豆）等。

根菜类：白萝卜（老卜）、胡萝卜（红老卜）等。

叶菜茎菜类：白菜、小白菜（水白菜）、落汤青、芥菜、九头芥、雪里蕻、结球白菜（胶白菜、大白菜）、黄芽菜、油冬菜、生菜、三月青、红球苷蓝（包心菜）、花椰菜（花菜）、苦荬菜（苦菜）、芹菜（川芎）、菠菜（有尖叶和圆叶两种）、莴苣菜（乌苣笋、有尖叶和阔叶两种）、苋菜（哈菜，有红叶、青叶、尖叶、圆叶数种）、蕹菜（空心菜）、茼蒿（菊花菜）等。

薯芋类：芋艿（芋头）、马铃薯（洋芋）、生姜等。

葱蒜类：小葱、洋葱、大蒜、藠头（老芥头）、韭菜等。

水生蔬菜类：茭白、莲藕、菱角、荸荠等。

安仁村的蔬菜种植历来以分散型的个体生产为主。20世纪50年代至90年代，集体将闲杂山地按人口分给各家各户作为自留地，由农户各自按需种植蔬菜，自给自足。据现有资料记载，1981年，安仁村共有村民自留地43亩、荻州村25亩、高坪村10亩。90年代后期，安仁村将土地全部收归集体后，多数农户已疏于种植。现今，仅少数农户尚沿袭蔬菜种植习惯。

20世纪90年代初起，堰下自然村村民羊光洪、杨光军、杨根潮、王光土先后专门从事蔬菜种植业，成了蔬菜种植专业户。1991年，杨光军在自家的田里种植蔬菜，全部销往邻县桐庐，后在安下田畈租赁大田建造蔬菜大棚。1998年，杨根潮也从事蔬菜种植业，其产品除供应安仁农贸市场外，均销往桐庐县江南蔬菜自产自销市场。2016年，杨光军、杨根潮两专业户蔬菜种植面积共有30多亩(向村里承包土地)，其中蔬菜大棚20多亩。年产值20多万元。21世纪初，杨光军、杨根潮、王光土均获得全国农技推广示范县“科技示范户”牌匾。

农产品加工

粮食加工　20世纪50年代以前，稻谷碾米完全靠水碓或牛力，磨粉、磨豆腐则全是人工手推石磨，油料加工以人工为主的榨油车来完成。60年代前，安仁村尚有水碓一座，榨油坊一家。60年代初，自通电后，改为机械碾米。60年代至90年代，安仁村粮食加工厂设在董家厅，荻州村粮食加工厂设在潘家，高坪村粮食加工厂设在湖田。自90年代起，粮食加工业务由个体经营，原村办粮食加工厂均先后停业。

食品加工　食品加工主要是做豆腐和做糕点等。20世纪70年代初前，在安仁下街头有一家汪姓开办的豆腐作坊。现今的豆腐和糕点坊有多家，均为个体经营。

其他副业生产

运输业　20世纪50年代前，安仁的商品流通运输方式完全靠人工挑担，到梅城要两天往返，起早摸黑，甚是辛苦。50年代初成立手工业社，有专门的搬运工人开始用独轮车运输，后改为双轮车，到梅城两天往返一趟。搬运工人有徐荣铭、陈寿全等。荻州村办有煤矿，并县石煤矿有大量的石煤和煤灰要运至长坑码头，在公路交通不发达的六七十年代，荻州村村民以双轮车从事运输业相当普遍，几乎男劳力均有一辆双轮车，多的年份有150辆左右。至1982年尚有32辆。70年代末，有了手扶拖拉机后，其运输方式发生了大变革。1982年，安仁村董光龙个人出资3000元购置一台手扶拖拉机，从事个体运输，承揽了安仁供销社的物资运输业务，成为安仁村第一个拖拉机运输经营户，直至安仁供销社被撤销。梅城或新安江、桐庐可当天往返。80年代后期，陈汉标、董光锡、董荣寿、董雪良、陈敏儿等人，购置了方向盘拖拉机，从事运输业务。90年代，又改换成农用车（四轮车）从事运输业务。现有不少大型车辆从事运输业。

其他手工业　20世纪50年代起，设立安仁手工业社，专业的师傅有木匠、篾匠、铁匠、裁缝、棕棚匠等。民间还有泥水匠、漆匠等。手工业社于80年代中期被撤销。此后，均由个体经营。

三、土特产

1949年前，安仁的主要特产有苎麻（俗称仔麻）、生漆、棕、乌桕、茶叶等。特别是仔麻，是杭州麻纺厂的重要原料基地之一。

1949年后，由于各种原因，多种土特产产量均逐渐消退。

生漆，据有关资料记载，1981年，安仁大队有漆林20亩，年生漆产量80市斤。荻州大队年产生漆10市斤。《建德林业志》载，1983年，安仁乡有漆林328亩，占全县漆林面积的24.6%。荻州村1983年产生漆30市斤。1995年后，人工合成涂料影响生漆的出口和内销，漆树生产萎缩，停止种植。

乌桕，栽培历史悠久。乌桕树大多在田塍、山脚地和村庄周围培植。20世纪60年代前，安仁村、荻州村、高坪村各生产队均产乌桕籽。例，1969年的桕籽产量，安仁村37市担；荻州村64市担；高坪村7.2市担。之后产量逐年下降，1983年的产量为：安仁村4市担，荻州村15市担，高坪村1市担。80年代中后期全部淘汰。

茶叶，栽培历史悠久，为安仁村、荻州村、高坪村的主要经济特产之一。据《建德县供销合作社志》记载，1953年4月，全县设立6个专业收茶站，安仁乡专业收茶站列其中之一。可见当年安仁乡的茶叶生产较旺盛。20世纪60年代起，除对老茶园加强培育管理外，均有开垦新茶园。安仁村、荻州村、高坪村的茶叶生产均由林业队培育管理，茶叶产量逐年提高，并分别建起了茶叶加工厂。90年代起，茶叶生产逐渐消退。

现时，主要土特产有薄壳山核桃、白茶等。

自1998年始，王立新在高坪建立农特产生产基地，主要种植薄壳山核桃、白茶等。王立新山核桃滴灌工程被列入“2010年度建德市中央财政小型农田水利重点县项目”。该项目总投资23.28万元，新建泵站2座，埋设干管0.6公里，支管1.1公里，铺设毛管25公里，安装滴头1.8万个。其创办的建德市乾潭镇高坪山核桃专业合作社被市政府评定为“建德市2014年规范农民专业合作社”。该合作社于2015年1月1日起向安仁村租赁山林地695亩（在高坪区块），租赁经营期限为30年，种植山核桃、白茶、毛竹等。

图 117　手工炒茶

第三节　农机具

老式农具

老式农具一般分为耕种类、收割扬晒类、盛装运送类、捕捞类、加工类、防护类等。

耕种类农具有以下几种：

犁　传统木犁，经以牛力牵引翻耕田地。犁身为木制，犁脚前装铁铸三角形犁头，犁腰装铁铸

图 118　犁耙耖锄等

图 119　板锄

图 120　调机（左）、谷耙（右）

图 121　调机、簟皮

“犁臂”以翻土。犁构件上还有犁冲、犁柄等。

耙　为长方形木架，木架下装有两排耙齿，人立架上，控牛曳架前行，用以平碎泥块。木架下装有铁铸刀片的叫铁耙，装有木制刀片的叫木耙。

耖　粗木轴上装有凿齿10多根，凿齿长约35厘米左右，铁质凿齿叫铁耖，木制凿齿叫木耖。粗木轴左右各有一立柱，上有横木梁组合成提手架，可提可按，专用耖平水田。

犁耙耖配件　有牛轭、铁链、横扛、牛鼻栓、牛绳、牛鞭、牛口包、牛眼包等。

锄类　一种用以掘地、摊田、锄草、糊田藤、种植等工序可用的铁制农具，由锄身、锄柄组成，锄身为铁制，锄柄一般采用硬木。有直锄（平板锄）、两齿锄、铁耙、阔板锄、小锄头、羊镐等。

锹　一般用于工地，掘土、挖沟、卸车、装沙等等。锹身为铁质，柄为木质。

图 122 水车

水车 一种木制脚踏或手动的提水工具。由车身、龙头、车搭组成。车身又叫车壳，长度有丈八、二丈、二丈四等，车壳内装有链条式的可转动的木片，由它转动而提水。龙头即是带动木片转动的脚踏，有两龙头、三龙头等区分。车搭是架龙头的木架，一架水车有两只车搭。手动水车无需龙头和车搭，在出水口处装两只手摇柄，转动手柄即可提水。

田箍 水田中用以耕田除草的工具，由铁皮圈和长杆竹柄组成。铁皮圈宽3厘米左右，直径约20厘米左右。自水稻密植后，直径改为13厘米左右。

秧耥、秧凳 秧耥是秧田中制作秧板的农具，呈丁字形，在长约80厘米、直径约4厘米的木棍中间装上长木柄。秧凳是拔秧时的坐具，为独脚小凳。

图 123 柴刀和刀鞘

图 124 稻桶

收割、扬晒谷物用的农具有几十种。常用的有以下几种：

刀具 有镰刀（土名：索机）、大镰刀、柴刀等。

稻桶 稻桶为约1.5米见方、深70厘米、呈斗形的木质桶。在手工脱落稻谷时盛谷物用。

风车 一种木质的能扬去麦壳秕谷的大型工具。

簟皮 又名地簟，是一种长约3米、宽约2米的竹制席，摊平在地面上晒谷物之用。

图 125 风车与箩筐

图 126 竹帘、谷耙、畚箕、米筛、畚斗

图 127　捻筛

图 128　团箕

筛类　一种呈圆形的竹制品。根据筛孔的大小和用途的不同，分为拦头筛、豆筛、米筛、糠筛等多种类型。也有用铁丝或钢丝织成的筛。

盛装运送类农具主要有以下几种：

桶类　肥桶、肥勺、水桶以及各种木桶等。

图 129　肥桶、肥勺

图 130　屎浇

图 131　沃斗

图 132　水桶

图 133　腰形木桶

图 134　圆形木桶

图 135　猪血桶

箩类　箩、丝箩、板箩、畚斗、畚箕等。

扁担类　担、柴冲、搭柱、杠等。

绳索类　箍、棕络、柴索、棕绳等。

车类　独轮车、双轮手拉车。

捕捞类农具主要有竹排、竹篙、渔网、捞捽、鱼篓等。

加工类农具主要有水碓、油车、石碾、石磨、石臼、木杵等。

图 136　斗箩

图 137　菜篮（左）、豆腐篮（右）

图 138　饭篮

图 139　谷柜、饭蒸、猪血桶

图 140　箩筐

图 141　双轮车

图 142　酒坛

图 143　石臼、石磨、磉鼓

图 144　20 世纪 30 年代的印模

图 145　蜂箱

图 146　鸡笼

图 147　做豆腐的工具

图 148　猪篓

图 149　笠帽

图 150　火桶

图 151　木工锯

图 152　木梯子

防护类农用农具主要有蓑衣、笠帽、草鞋、钉靴、护肩、绑腿、布袜、大手巾等。

新型农机具

新型农机具一般可分为耕种排灌类机械、收割加工类机械、植保类机械和运输机械类等。

耕种排灌类机械主要有以下几种：

单轮铧犁、双轮双铧犁　20世纪50年代中期使用，后因牛力不及（需2头大水牛拖拉）、操作不便等原因而被淘汰。

手扶拖拉机　1972年，为推广农业机械化，县政府无偿拨给安仁村一台手扶拖拉机（无拖斗，仅耕作用），羊光照为安仁村首位拖拉机手。根据各生产队的农田耕作需要，由村里统一调配。此后的1974年、1977年、1978年各新购置了一台手扶拖拉机（连拖斗），既可耕田，又可运输。1979

图 153 拖拉机耕田（陈小平 摄）

年，将所有拖拉机折价给个人经营。到1980年，安仁村共有手扶拖拉机7台。1978年，荻州村有手扶拖拉机3台、24匹马力四轮拖拉机2台。手扶拖拉机配套的旋耕机将犁田耙田一次完成，速度快、效率高，大幅地降低劳动强度。20世纪80年代起，水田机耕面积达80%以上。90年代起，手扶拖拉机逐渐减少。

抽水机　20世纪60年代中期开始使用，大多以电为动力，也有用柴油机。泵型有离心泵、混流泵、潜水泵，分不同扬程、不同出水量多种规格。1969年，安仁大队有各种水泵10台。

插秧机　20世纪60年代中期至70年代中期有推广使用，有手动、机动多种类型，后因有漏、勾、漂秧等缺点，陆续停用。

收割加工类机械主要有以下几种：

打稻机　20世纪50年代后期开始使用滚筒式打稻机，分单人脚踏和双人脚踏两种类型。1969年，安仁大队有打稻机9台（其中人力5台、电动4台）；荻州大队有人力打稻机6台；高坪大队有人力打稻机2台。70年代起动力多改为电动机，少量柴油机。电动打稻机一直延续至今。

麦类脱落机　20世纪70年代初期开始使用麦类脱落机，动力为电动机或柴油机。

碾米机　20世纪60年代中期普遍使用电动机。

其他加工类机械，有磨粉机、饲料粉碎机、切草机、刨丝机等。

植保类机械主要是喷雾器。最早使用的是圆筒式手动喷雾器，而后使用背负式手摇喷雾器。1969年，安仁大队有喷雾机13部，荻州大队7部，高坪大队2部。喷粉器和机动喷雾机也有过使用。

运输类机械

20世纪70年代中期起，手扶拖拉机是耕作和运输兼用，农时耕作，闲时运输。1981年3月，荻州村汪云良自筹资金13900元，购置跃进车一辆，2.5吨，从事货物运输，成为建德县最早的个体运输户。1982年，董光龙自筹资金3000元购置手扶拖拉机1台，从事个体运输，专门为安仁供销社运输较大宗物资。此后，发展为方向盘拖拉机，后又发展为四轮农用汽车，成为主要运输工具。

第四节　农业经济组织

农业合作化前的个体农业经济

1950年土地改革前的安仁村、荻州村、高坪村，是一个以个体农业经济为主，个体商业、手工业、采煤烧石灰等多种经济成分并存的村落。其一家一户的农业经济，其中包括自耕农兼佃农、佃农等经济类型。农家经营，除少数地主外，其经营形态，大多属于家族经济之范畴，不以商品生产为目的，而以运用自家的劳动力，去获取最大的劳动收益，来供给家庭成员生活之必需。

由于大部分土地被少数地主、富农占有，而占总人口绝大多数的贫困村民则无地或少地，靠租田耕作为主要谋生手段。

旧时的田地出租有定租制和分租制两种。定租制：业主确定定租额，佃农按固定租额向业主缴纳，一般租额为正产物的50%。分租制：在受灾歉收的年份，佃农无法按租额缴租，要求业主“落田对份”，其租额为“三七分”“四六分”“对半开”或“倒四六”不等。

民国16年（1927）实行“二五”减租。最高租额为正产物的50%，佃农依最高租额减25%向业主缴租。民国18年（1929），“二五”减租无法继续实行，佃农仍按原租额缴纳，佃农负担重重，生活困苦。

农业合作化中的农业经济组织

1951年后，安仁村、荻州村、高坪村的农业经济组织在农业合作化形成、发展和变化经历了互助组、初级农业生产合作社、高级农业生产合作社三个阶段。

互助组 1951年实行土地改革，实现耕者有其田，土地由农户自行管理。互助组是随“换工”、“调工”等多种形式的常年、临时互助合作后形成的固定性的农业生产协作组织，一般由6~10户农户组成。组内，农民一家一户的生产经营权和生产资料所有权并未改变，土地、耕牛和农具等生产资料仍属私人所有。农民以自愿的方式加入。按劳动力强弱、生产技术高低来评工记分，按分计酬，如果一方出工少，就要付钱给出工多的一方。当时的劳动力分为整劳动力和半劳动力。1952年互助组成立初期，以贫农、贫雇农和中农参加为多，自家劳动力充足，耕牛农具不缺的一般不参加互助组。当时，安仁村、荻州村、高坪村约有30%的农户参加。根据“劳力搭配、土地分配、耕牛安排、生活照顾、代耕包干、黄谷进仓、白米下锅”的方针，成立互助组。

安仁村最早的互助组有董仕进组，后来相继建立了俞仕青、陈岩芳、陈友生等互助组。

荻州村有潘家互助组和汪家互助组，潘家互助组组长潘光义，汪家互助组组长汪江潮。

高坪村有陈福跃互助组。

后来，随着形势的发展，互助组不断增多，至1954年冬，基本覆盖全村。

初级农业生产合作社 1954年冬，安仁村将原4个互助组合并组建为2个初级农业生产合作社(以下简称初级社)，即和平初级农业生产合作社（董仕进组、陈岩芳组）和中心初级农业生产合作社(俞仕青组、陈友生组)。荻州村将潘家、汪家、高坪三个互助组合并组建为荻峰初级社。1955年将原属泷江乡岔柏村的部分自然村划归高坪，隶属荻峰合作社。

土地、耕牛、农具入社（股），参加分红。收入分配在保留土地分红的基础上按劳计酬。初级社的组织机构一般设有社务管理委员会，由社长（主任）、副社长（副主任）、会计、保管员等人员组成，负责社内生产、管理、分配等工作。社员由初级社统一调配使用，评工记分，按劳计酬。记分办法一般采取“底分活评”“按活评分”“按件记分”等形式。

高级农业生产合作社 1955年冬，根据中共七届六中全会《关于农业合作化问题的决议》精神，停止收缩，转向全力巩固。县委工作组到本村进行了整社工作，贯彻“全面规划，加强领导”的方针，掀起办高级农业生产合作社（以下简称高级社）。1956年春，合作化运动全面升级。安仁村2个初级农业生产合作社合并组建前进高级农业生产合作社，统一管理所属村的行政、生产等有关事务。获州村在2个初级农业合作社的基础上，改置为和平高级社（潘家）和巩固高级社（汪家）。高坪村初级社与获州合称获峰合作社。

土地归集体所有，耕牛、大型农具折价入社，社员参加集体生产劳动实行评工记分，按劳分配。高级社下设生产队，以生产队为核算单位，对土地、劳动力、耕牛、农具固定到队。实现了农业合作社高级化。

1957年，根据中共中央《关于整顿农业合作社的指示》，开展整顿合作社和农村社会主义教育运动。主要是提高合作社的经营管理水平，推行季节包工，常年包工制，实行“三包（包工、包产、包成本）一奖（超产奖励）”责任制，推行劳动定额，按件计酬，做好合作社的收益分配，处理好山林入社等各项政策。社员占有一部分生产资料，以利于经营家庭副业，也分配给社员一定的自留地。

1958年上半年，普遍推行“三包四到田”和“一年早知道”，进一步加强合作社的经营管理。

人民公社化运动中的农业经济组织

1958年8月以后，根据中共中央《关于在农村建立人民公社问题的决议》，把高级农业合作社升并建立政社合一的人民公社，取消乡村建置。9月，安仁乡改建为安仁人民公社，建立安仁大队、获州大队管理委员会。1959年上半年建立高坪大队管理委员会。

建社初期，实行“一大二公”和“政社合一，工农商学兵五位一体”的制度。“一大”，即规模大；“二公”，即公有化程度高，不仅土地等基本生产资料收归集体所有，而且社员自留地被取消，家庭副业也被禁止。“政社合一”，就是把国家政权和社员集体经济组织合为一体，建立公社、大队、生产队三级管理委员会，既负责经济职能，也承担政权职能，实现“工、农、商、学、兵”五位一体的组织，按照“组织军事化，行动战斗化，劳动集体化，办公机关化”的管理方式进行生产劳动管理。生产上实行劳动力统一调配，搞“大兵团作战”“田头扎营”，吃饭办集体食堂，推行伙食供给制。

1958年起，安仁村、获州村、高坪村分别办起4个公共食堂（俗称大食堂）。按劳动力和非劳动力实行粮食定量，发给饭票。粮食定量偏低，社员基本吃不饱。开始时，白粥尚能保证供应，但到了后期，由于粮食紧缺，每餐只能供应稀粥，严重影响农业生产和社员的身体健康，社员的生产积极性受到挫伤。

安仁村大食堂设在董家厅（今董光标屋前花坛处，旧址无存）。有500余人用餐，除本村村民外，还包括乡政府、供销社、粮站、医院、手工业社等单位工作人员等，为当时安仁周边村坊最大的公共食堂。安仁大食堂负责人汪芝瑞，司务长先后分别为施琳仙、吴芝珍、俞如宝（后山村人）、杨美珠等。李大娜、郑彩球、谢菊花、章雪花、羊林贞、马秀珍、陈蕴莲、杨兰花、吕金珠、王兰珠等人为食堂烧饭工作人员。

获州村共办2个食堂。潘家食堂设在潘家祠堂，司务长潘光良等，烧饭工作人员有潘爱香、陈兰花等。汪家食堂设在汪家祠堂，司务长汪云樟等，烧饭工作人员有刘茶香、汪桂香等。

高坪村食堂设在和睦堂，司务长王胜民等，烧饭工作人员有包茶香、陈玉娥等。

人民公社化后，又提出“大跃进”口号，随之刮起“五风”（平调风、共产风、浮夸风、强迫命令风、瞎指挥风），无偿调用各种财物，严重挫伤社员积极性，粮食减产，农村经济陷入困境。

1959年3月开始整顿人民公社。7月，公社下设管理区（相当于原来的乡），管理区下设生产队（相当于原来的高级社）。12月，安仁公社并入乾潭公社。实行“三级核算，队为基础”的农村分配制度。

1960年，安仁、后山、施家、羊毛坞四个大队组成联合大队，称乾潭公社安仁管理区安仁联队。时任党总支书记：翁樟良（后山村人）；联队大队长：张银德（安仁村人）；会计：董玉良（安仁村人）。荻州、高坪属乾潭公社安仁管理区下梓片。

同年7月，撤销管理区，重新划建安仁人民公社，复称安仁公社安仁大队、荻州大队、高坪大队。

1960年11月开始纠正“大跃进”中的“平调风”“共产风”，对无偿调用的财物进行算账、退赔。

1960年年底，大食堂均停办。

1961年后实行“三级所有，队为基础”管理模式

1961年贯彻《农村人民公社工作条例（草案）》（即六十条），把基本核算单位落实到生产队，劳动力、土地、耕牛、农具固定给生产小队使用，保障生产队自主权，实行定额包工，评工记分。允许社员经营少量自留地和家庭副业，农业生产得以恢复。

1962年2月，贯彻中共中央《关于改变农村人民公社基本核算单位问题的指示》，提出“三级所有，队为基础”的人民公社管理体制。安仁大队下设8个生产队，荻州大队下设5个生产队，高坪大队下设3个生产队。以生产队为核算单位，实行独立核算，自负盈亏，全面执行“各尽所能，按劳分配”的原则。

在1964年“四清”运动中，再次出现急于过渡到以大队为核算单位的错误倾向，取消农村集市贸易，取消自留地，以评政治分取代按劳计酬，再度挫伤社员的积极性。20世纪70年代后期，试行定工、定产、定产值、定成本、增产奖励的“四定一奖”生产责任制，但仍不能从根本上克服平均主义的倾向。

“三级所有，队为基础”的管理模式自20世纪60年代初实施后，一直稳定下来。安仁村、荻州村、高坪村的农业经济组织分为生产大队、生产队二级。生产大队组织机构为管理委员会，设大队长、副大队长、生产委员、会计、粮食保管员、经济保管员等职位；生产队组织机构为队务委员会，设队长、副队长、植保员、记工员、会计、粮食保管员、经济保管员等职位。以生产队为基本核算单位一直持续了20多年。由于经营体制有相对的稳定性，农业生产得到恢复和发展。

联产承包责任制以后的农业经济组织

1978年12月，农村开始经济体制改革，陆续出现了不同形式的联产承包责任制。1980年9月，贯彻执行中共中央《关于进一步加强和完善农业生产责任制的几个问题的指示》，1981年夏，安仁村、荻州村、高坪村开始实行包产到户或包干到户责任制。以家庭为单位，按人口落实责任田，联产承包到户，凡完成国家粮食征购任务，按规定给集体上交公积金、公益金后，余下的为农民自己所有。农田可以自种，也可转让给他人耕种，但征购任务不变。实行联产承包责任制后，农业生产中的“大锅饭”弊端被革除，村民生产积极性高涨。

这时，往往以大队为经济组织的主体，成为承包中的发包方，而个体农户或小组成为承包方，原来生产小队一级的经济组织的职能被弱化，生产队原有的农具资金等生产资料全部分配到户，生产队不再成为独立的核算单位。1983年下半年，管理体制上政社分设，安仁公社改置为安仁乡，安仁大队、荻州大队、高坪大队改称安仁村、荻州村、高坪村。每个行政村将原生产队改设为村民小组，即时，安仁村设8个村民小组，荻州村设5个村民小组，高坪村设2个村民小组。虽然村民小组

也称作生产队，但已不再是经济实体，只是在行政村与村民之间起到管理和连接的作用。行政村的村级经济得到加强，成为独立的经济单位。20世纪80年代初起，村民可自主经营各类家庭作坊式的种植、养殖业等业态，产品自产自销，并出现了专业户。1987年，安仁村有各类专业户28户，其中种植业2户、畜牧业10户、渔业3户、运输业11户、商业饮食业4户。荻州村有专业户11户，其中运输业7户、商业饮食业4户。高坪村有专业户5户，其中种植业2户、其他行业3户。实行联产承包责任后，各村又分设了多个村民小组。据现有资料记载，1988年，安仁村有村民小组22个，荻州村有村民小组10个，高坪村有村民小组2个。

2005年，安仁村、荻州村、高坪村分别建立村经济合作社，负责经营和管理集体资产。12月1日，安仁村经建德市工商部门登记，取得“建德市乾潭镇安仁村经济合作社”营业执照。

2007年7月，建德市实施行政村规模调整工作，安仁村、荻州村、高坪村合并为新的安仁村。3个行政村合并后，原各村的债权债务及资产、山林、土地全部合并，建立一级核算单位。同时，原各村的所有经济组织全部被撤销，组建安仁村村民委员会。下设14个村民小组（队）。

2009年5月，为了区分村民自治组织——村民委员会和村经济组织的不同职能，经建德市人民政府批准组建“建德市乾潭镇安仁股份经济合作社”。9月，成立董事会，在组织结构上村干部交叉任职。

第五节　农业收入与分配

1949年前的粮食政策

1949年前的粮食市场，基本是开放自由型的，安仁村、荻州村、高坪村的农户，大多是自给自足。在安仁集镇上有小的粮食经营商号，如老和记、新和记等商号都有粮食经营。政府征收的田赋也基本上以收取现粮为主，民间的帮工，往往以大米来折算工价。

粮食统购统销政策的演变

1949年，根据《浙江省1949年早季预征公粮公草暂行办法》进行征收公粮，规定以户为单位计征，每亩征5公斤，6亩累进，150亩以上一律每亩15公斤。1950年，浙江省人民政府颁布《1950年农业税征收实施办法》，公粮改为农业税，实行“种多少土地，应产多少粮食，依章计征，依法减免，征多少是多少”的政策进行粮食征购。土地改革后，每亩征农业税现粮45公斤。1953年11月23日，中央人民政府政务院发布《关于实行粮食计划收购和计划供应的命令》（以下简称统购统销），开始在农村统购余粮。1954年1月，本县开始实行粮食统购统销。根据农户实际产量，减除应交公粮（农业税）和免购数量后，多余部分依照分级累进的购销比例，按户制定统购任务。统购粮食的品种为稻谷、小麦、大豆、玉米等。余粮户完成征购任务后，还有多余的粮食可以继续卖给国家或在粮食市场上出售，也可以在农户间互通往来，但禁止任何人以粮食进行投机。

1955年8月，国务院颁布《农村粮食统购统销暂行办法》，在农村实行粮食定产、定购、定销的“三定”政策，给初级农业社和单干户颁发粮食三定证。定产按户为单位，以1954年实际产量，加上1955年计划产量可靠增产部分减去5%左右，作为定产产量。定购以户为单位，依照定产、定量，减去口粮、种子、饲料粮和应交公粮后，余粮部分应交售80%~90%。1955年起对农业生产合作社实行购销包干办法，原定包干任务5年不变，增产不增购，减产不减免。而1958年掀起的“大跃进”和人民公社化运动，出现了高估产、高征购现象，如稻谷每亩实际产量只有300~400斤，而估产上报每亩产量为600~800斤，国家则按上报数减去自留数征购，实际收获数缴了征购粮后，农民的实际自留粮已很少，有的生产队没有粮食可分配给农户。如遇上自然灾害严重，引起农户粮食极度短缺，出现种粮者没有粮食吃的怪现象。安仁村为产粮区，每年要上交粮食定购任务55000多公斤，农业税15600多公斤。荻州村、高坪村为山区村，不仅没有粮食定购任务，而且还吃返销粮。1965年10月，中央批转国务院财贸办公室《关于稳定农民粮食负担，下苦功夫进一步做好粮食工作的意见》，粮食征购实行一定三年，在定购中做到该增购的增，该减购的减，应免的免，应退的退。1971年，中央发出《关于继续实行粮食定购一定五年的政策》，合理调整农民负担，兼顾国家、集体和社员的利益。规定社员口粮以基本核算单位计算，在正常年景下杂粮地区口粮达不到200公斤，水稻地区余粮队口粮达不到255公斤的，国家不予征购，也不给予返销。

1971年5月9日，安仁公社分别与安仁大队、荻州大队、高坪大队签订了1971—1973年粮油征购“一定三年”责任书。在下列三张表格中可清楚地说明当时的实际情况。

1971—1973年安仁公社安仁大队粮油征购“一定三年”一览表

表8—5

队别	粮食征购任务			油料统购任务		备注
	合计	其中		油菜籽	茶籽	
		征粮	购粮			
大队合计	120780	32794	87986	585	—	—
1 队	14820	3624	11196	68	—	—
2 队	12237	4372	7865	77	—	—
3 队	13132	4112	9020	75	—	—
4 队	14547	4348	10199	76	—	—
5 队	15822	3510	12312	61	—	—
6 队	11333	3429	7904	61	—	—
7 队	17778	4349	13429	79	—	—
8 队	21111	5050	16061	88	—	—

1971—1973年安仁公社荻州大队粮油征购“一定三年”一览表

表8—6

队别	粮食征购任务			油料统购任务		全年定销
	合计	其中		油菜籽	茶籽	
		征粮	购粮			
大队合计	—	—	—	100	300	16000
1 队	—	—	—	40	50	—
2 队	—	—	—	40	100	—
3 队	—	—	—	20	150	—

1971—1973年安仁公社高坪大队粮油征购“一定三年”一览表

表8—7

队别	粮食征购任务			油料统购任务		全年定销
	合计	其中		油菜籽	茶籽	
		征粮	购粮			
大队合计	—	—	—	—	3500	14000
1 队	—	—	—	—	1200	—
2 队	—	—	—	—	1400	—
3 队	—	—	—	—	900	—

说明：此表由建德市档案馆提供

从上列表格中看出，安仁村年粮食征购任务每年达120780市斤，平均每亩214市斤。由于当年的粮食产量并不高，几乎是70%左右的早稻收成用来完成粮食征购任务。获州村、高坪村为山区，无粮食征购任务，还每年吃返销统购粮（俗称供应粮，即国家发给粮票），获州村每年16000市斤，高坪村每年14000市斤。此后，获州村、高坪村的返销统购粮数根据不同情况进行相应调整。据现有资料记载，高坪村1988年供应粮1486市斤、1989年3050市斤，1991年1943市斤。1992年全部取消供应粮制度。

1982年，国务院下达《关于实行粮食征购销售调拨包干一定三年的通知》，实行购、销、调“三包”合同定购。据有关年报，1983年安仁村交售给国家的粮食合计2627担，其中农业税325担、统购粮2302担。1985年1月1日，中共中央国务院发出《关于进一步活跃农村经济的十项政策》，从1985年起取消粮食统购，实行合同定购，定购以外的粮食可以自由上市。

1993年1月1日起，省委、省政府决定取消粮食统购统销制度，全面放开粮食价格。农业税仍征收现粮。粮食收购由粮站与农户本着自愿互利原则签订收购合同，粮价随行就市。

图 154　全国流动粮票（伍市斤）

图 155　全国流动粮票（叁市斤）

图 156　全国流动粮票（壹市斤）

图 157　全国流动粮票（半市斤）

1993—2003年安仁村粮食定购任务和农业税统计表

表8—8

年份	粮食定购任务（公斤）	其中：农业税（公斤）	年份	粮食定购任务（公斤）	其中：农业税（公斤）
1993	71100	15761	1999	52600	13537
1994	71100	15761	2000	35000	13537
1995	71100	15085	2001	—	13669
1996	71100	15085	2002	—	13537
1997	71100	15085	2003	—	13537
1998	52600	13598	—	—	—

说明：以上数据不含荻州、高坪村

1992年前，安仁村（不含荻州、高坪村）的粮食定购任务数基本不变。1993年起，粮食定购任务有所调整。上列统计表显示，1998年，因建新320国道和金秋街等建设，减少水田60多亩，故粮食定购任务和农业税相应减少。2000年，因国家政策调整，粮食定购任务相应减少，农业税不变。2001年起，国家取消粮食定购任务。

2004年2月4日，省政府发出通知，从2004年1月1日起，全面取消农业税附加，减轻了农民负担。这是继2003年取消农业特产税后的又一项重大的政策调整。

2005年12月29日，十届全国人大常委会第十九次会议高票通过决定，自2006年1月1日起废止《农业税条例》，中国延续了2600多年的“皇粮国税”走进了历史博物馆。

图158　浙江省定额粮票（5000克）

图159　浙江省粮票（贰两半）

图160　浙江省粮票（壹市两）

图161　浙江省粮票（半市两）

非农业人口的粮食供应

居住在安仁村域内的有近千非农业人口，他们是干部（主要是安仁镇政府干部）、工人（多为安仁石煤矿工人）、商人（主要是安仁供销社、粮站、手工业社等员工）、教师（安仁学校老师）、医生（安仁卫生院员工）等，农民往往称其为居民户或供应户。他们在国家实施粮食统购统销政策的1955年至1992年间，由政府粮食管理部门按国家规定分别不同的职业和年龄，按月按季发给购粮、购油凭证——粮票、油票，按国家牌价购粮、油。成年人每人每月供应粮食（成品粮）24~35市斤，已工作的每人每月27~35市斤，无工作的每人每月24市斤；非成年人分年龄段又有不同的档次，即7市斤、9市斤、13市斤、23市斤。食用植物油每人每月供应4市两。1955—1975年间的粮油价格，大米每市斤0.09元左右，食用油每市斤0.50元左右；1976—1992年间，大米每市斤0.138元左右，食用油每市斤0.70元左右。其粮食供应相对稳定，生活比农业户口相对有保障。

1993年1月1日起，省委、省政府决定取消粮食统购统销制度，粮价随行就市，停止使用粮票。同时，停止使用油票。

当时，国家对城镇吃商品粮户和农村户口在户籍管理上有严格的规定，不能随意迁移，城镇迁入农村较为宽松，而农村迁入城镇就必须具备各种条件，如招工、升学、随配偶等。

图 162　城镇居民定额粮票（2500 克）

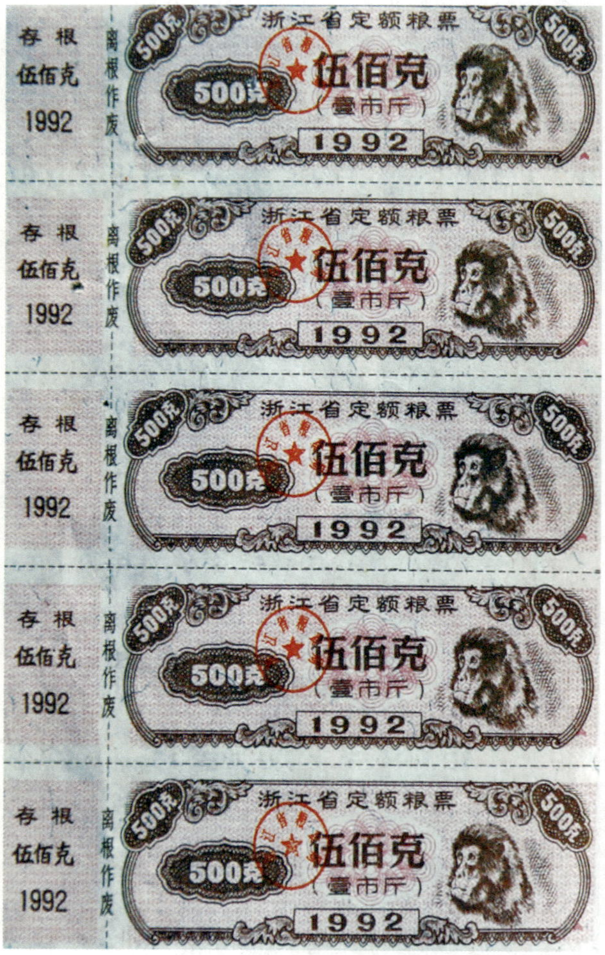

图 163　城镇居民定额粮票（500 克）

图 164　城镇居民粮食供应券（杂交米）

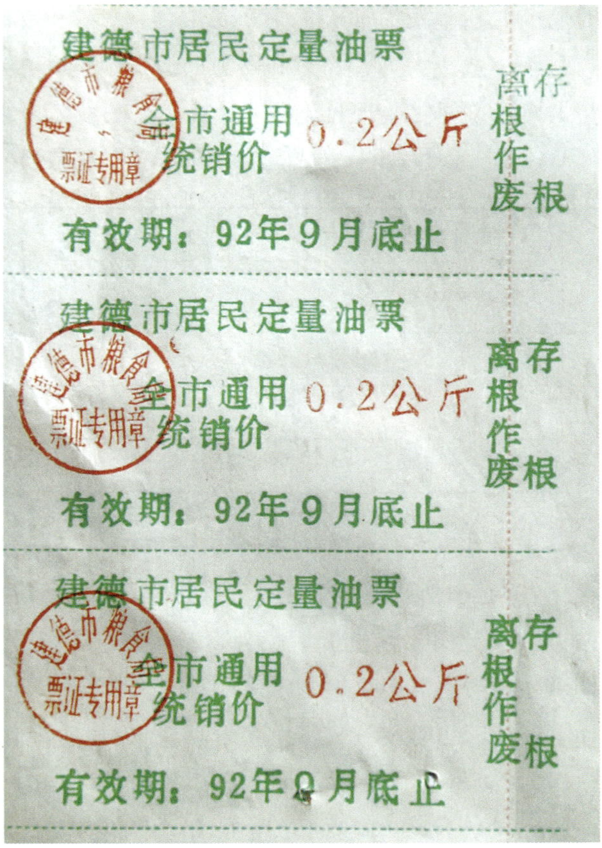

图 165　城镇居民定量油票（0.2 公斤）

农业合作化中的分配制度

互助组　互助组在本质上还是个体经济，农民一家一户的生产经营权和生产资料所的权并未改变，其收入除了支付生产成本、农业税和必要的帮工费外，完全归私人所有。互助组内成员之间只是以“换工”的形式来组织生产，交换不平衡也只是以部分现金来找补。

初级农业生产合作社和高级农业生产合作社　初级社内收入按三块进行分配，一是上缴国家税收；二是提留集体积累，包括公积金、公益金，但一般不超过年总收入的5%，主要用来社里添置耕牛、农具等生产资料和解决社员福利，包括特困户的照顾和病伤残社员的补助；三是社员所得，社里将一年总收入扣除成本和上述两部分后，剩余部分在社员之间进行分配。一般按土地40%、劳动力60%的比例进行分配，劳动力分红以户为单位，按社员的年劳动工分和每工分的工值进行测算，实行季节预分，年终结算的办法进行分配。高级社与初级社相比较，在分配上的不同点就是高级社取消了土地分红，在经济核算上将总收入扣除成本和税收及集体提留后剩余部分完全按劳动工分分红，实际上取消了土地所有权。

人民公社化运动中的分配制度

发展初期的分配概况　人民公社化初期，由于“一大二公”和刮“五风”，搅乱了农村正常的农业生产和社员生活秩序，生产力受到极大的破坏，粮食产量大幅度下降。在收益分配上由公社统一经营核算和分配，实行工资制和供给制。在粮食供应上是供给制，即吃饭不要钱，菜由各户自行解决。为了体现人民公社这种供给制度的优越性，安仁村、荻州村、高坪村分别大办公共食堂。当时，公共食堂又为常年食堂和农忙食堂。农民在“鼓足干劲搞生产，放开肚皮吃饱饭”的平均主义口号下，造成人力、物力和财力的极大浪费。1959年1月，安仁村、荻州村、高坪村先后办起了4个公共食堂，具体情况见下表：

1959年安仁、荻州、高坪公共食堂简况表

表8—9

食堂名称	所在位置	所属范围
安仁大食堂	董家厅	安仁、堰下社员和当时乡机关单位工作人员
高坪食堂	和睦堂	高坪全体社员
潘家食堂	潘家祠堂	潘家自然村社员
汪家食堂	汪家祠堂	汪家自然村社员

当时各家各户的铁锅都砸碎炼钢铁，各种炊具被收缴，大家都到食堂吃饭。正劳力每人每天发饭票10两（16两制，约为10两制的6两，为现今的312.5克），其他人员按年龄递减，分别为8两、6两、4两、2两。社员持饭票到食堂买粥。早、中、晚餐多为白粥或番薯粥。以正劳力为例，早餐3两，中晚餐各为4两。初时，白粥还能勉强维持，到后来每天只能供给稀粥。由于吃不饱，很多人面黄肌瘦，以致多人得了“黄胖病”。农村经济陷入困境。

“三级所有，队为基础”的分配制度　1961年，贯彻《农村人民公社工作条例（草案）》（即“六十条”），把基本核算单位放到生产队。安仁村、荻州村、高坪村经济实体的核算分大队和生产队二级。生产大队要汇总各生产队的收入和分配情况，并厘清二级之间的粮食和经济往来。这一核算形式一直稳定和延续了二十年（1961—1981年）。

分配的总体原则　人民公社化时期分配的原则是：经济分配上，总收入扣除生产成本支出、国家税收和集体提留后按劳动工分分红；粮食分配上，按口粮、肥料粮、饲料粮、种子、集体储备粮分配后，多余部分按劳动工分分红。分配有季度分配和年终结算，每年规定秋收后（一般为11月15日）为年度结算日，无论是季度分配还是年终结算，都要编制预分和决算两次分配方案。

劳动工分的评定和结算　劳动工分的多少，决定着农户一年的经济收入，所以工分的评定至关重要。凡是参加生产队劳动的农民，都要评定底分，即出工一天的工分。年轻力壮的、农业技术好的男性整劳力为9~12分，体弱的、女的、未成年的半劳力为2~8分不等，每天所得工分按出勤时间和底分标准记分。农忙时，也有按农活总量包工记分的。按季结算一次工分，以户为单位参加分配，年终有总决算。一个整劳力全年大约挣3000分左右，相当于300个劳动日。大队的管理人员（大队干部、会计、经济保管员、粮食保管员等）、民办老师、赤脚医生、队办企业从业人员的误工由大队评定工分，落实到生产队参加分配，大队则与生产队进行经济核算。据现有资料记载，1975年，每个劳动日（10分工分）分红情况为：安仁村0.70元；荻州村1.10元；高坪村0.92元。

生产大队一级的收入分配　大队一级的收入和分配主要是汇总各生产队的收支情况来制定一些分配政策。大队分配由经济分配和粮食分配两块组成。

二、联产承包责任制中的收入与分配

1981年，推行联产承包责任制后，安仁村、荻州村、高坪村集体收入分配水平和村民纯收入增长幅度在逐年提高的同时，收入与分配的方式也发生了重大变化。以安仁村的经济类型为例，按照经营主体性质来划分，主要是农户家庭经营、集体统一经营和村合作企业经营三种形式，结束了人民公社化时期村域集体经济一统天下的局面。20世纪80年代中期至90年代中期，村域经济纯收入中，农户家庭经营收入占绝对优势，集体统一经营收入较低。

联产承包责任制的实施，土地所有权属于集体，经营权属于承包农户，所有权变成了名义所有权或法律意义上的最终所有权，村集体不再向农户提取积累，依靠土地创造收入的条件消失。由于土地的开发、矿山的承包、集体资产的经营，使村级集体经济的收入逐年提高，村级集体经济的积累也不断增长。20世纪90年代后期至2006年，安仁村由于村办企业的收入增幅较大，村集体统一经营的收入也大幅提高。1997年改建320国道时，其土地征用款按比例支付个人外，其余款项全部作为村集体收入。2000年，安仁村（不含荻州、高坪）集体资金积累达800多万元。

经济收入

未合并前的1978—2006年，安仁村、荻州村、高坪村的择年经济总收入情况分别列表如下：

部分年份安仁村经济总收入统计表

表8—10　　　　单位：万元

年份	总收入	其中								
		农业	林业	牧业	工业	建筑业	运输业	商饮业	服务业	其他收入
1978	12.26	9.61	0.08	0	0	1.08	0	0	0	1.49
1979	14.87	10.99	1.11	0	0	1.00	0	0	0	1.77
1980	12.62	10.67	0.10	0	0.19	0	0	0	0	1.66
1981	15.74	9.72	0.10	0	0	4.16	0	0	0	1.76
1982	28.12	12.39	0.23	0	0	1.06	0	0	0	14.44
1985	68.41	43.37	0	0	0	12	6.69	1.71	2.84	1.80
1986	97.48	49.97	0	0	5.71	28.30	7.00	3.15	1.25	2.10
1987	108.01	47.17	0	0	10.80	28.00	3.00	1.00	1.00	17.04
1988	143.71	53.81	0	0	59.45	7.80	8.50	5.04	5.90	3.21
1989	257.17	60.37	0	0	111.90	50.00	5.00	6.20	8.50	15.20
1990	244.13	61.49	0	0	113.48	38.30	8.50	3.20	6.70	12.46
1991	292.33	72.51	0	0	97.80	39.50	40.20	2.00	37.20	3.12
1992	324.60	89.23	0	0	100	40	43.50	4.20	29.80	17.87
1993	393.03	94.23	0	0	95	100	49.50	5.20	31.40	17.70
1994	612.90	109.53	0	0	220	130	89.50	8.20	51.40	4.27
1995	1119	137	0	0	400	300	235	16	15	16
1996	1571	119	214	85	474	270	286	39	46	38
1997	1469	125	0	98	748	101	256	42	51	48

续表 8—10

年份	总收入	其中								
		农业	林业	牧业	工业	建筑业	运输业	商饮业	服务业	其他收入
1998	1515	128	3	102	755	116	257	43	55	56
1999	1561	111	3	101	648	320	247	34	46	51
2000	1593	108	2	107	559	283	219	49	55	211
2001	1628	118	2	109	583	286	205	55	52	218
2002	1875	120	2	115	709	359	209	67	65	229
2003	2279	128	2	130	963	363	310	76	71	236
2004	2668.91	185	3	190	1168	375	320	89	94	244.91
2005	16261.84	185	3	190	15031	100	295	85	95	277.84
2006	18740.18	195	0	185	17227	130	345	128	111	419.18

部分年份荻州村经济总收入统计表

表8—11　　单位：万元

年份	总收入	其中								
		农业	林业	牧业	工业	建筑业	运输业	商饮业	服务业	其他收入
1978	9.81	3.63	0.56	0	0	2.00	0	0	0	3.62
1979	9.91	4.54	0.41	0	0	0.57	0	0	0	4.39
1980	9.78	4.82	0.58	0	3.38	0.06	0.72	0	0	0.22
1981	9.42	5.33	0.30	0	0	2.99	0	0	0	0.80
1982	10.59	4.42	1.13	0	0	3.13	0	0	0	1.91
1983	10.17	5.49	0	1.69	2.99	0	0	0	0	0
1985	22.43	18.98	0	0	0	0	0	0	0	3.45
1986	23.08	16.81	0	0	0	0	0	0	0	6.27
1987	26.70	14.01	0	0	0	0	0	0	0	12.69
1988	39.53	15.28	0	0	4.15	0.50	4.40	0.50	0	14.70
1989	46.25	18.58	0	0	5.56	1.20	2.47	0.61	0	17.83
1991	54.48	24.58	0	0	9.17	1.93	1.35	0.40	0	17.05
1993	94.50	35.70	0	0	23.55	3.34	4.11	0.68	0	27.12
1994	91.54	22.00	4.82	7.41	20.28	3.51	4.32	0.71	0	28.48
1995	120.00	24.00	11.00	8.00	34.00	4.00	8.00	2.00	0	29.00
1996	116.04	15.80	6.28	8.14	42.80	2.71	6.58	0.89	0	32.84
1997	131.06	22.12	4.61	4.52	49.08	0	10.15	1.17	0	39.41
1998	146.98	25.00	4.98	4.56	38.02	5.32	1.56	1.50	0	66.04
1999	155.84	25.44	5.30	1.15	56.44	0	14.25	1.30	0	47.92

续表 8—11

年份	总收入	其中								
		农业	林业	牧业	工业	建筑业	运输业	商饮业	服务业	其他收入
2000	185.81	26.71	6.50	5.45	73.40	0	15.17	1.60	30.00	78.89
2001	201	79	7	6	81	0	16	3	33	35
2002	287	27	8	6	112	2	20	3	39	70
2003	402	32	8	6	250	11	22	5	15	53
2004	553	30.63	8.25	8.17	322	11	20	8.70	40.20	93.85
2005	3615.86	35.48	10.93	9.82	3362	13	32.20	10.70	42.50	99.23
2006	4266.78	44.00	10.00	11.00	4003	15	35	27	45.00	76.78

部分年份高坪村经济总收入统计表

表8—12　　单位：万元

年份	总收入	其中								
		农业	林业	牧业	工业	建筑业	运输业	商饮业	服务业	其他收入
1978	2.95	1.55	0.77	0	0	0	0	0	0	0.63
1979	3.32	1.95	1.01	0	0	0.12	0	0	0	0.24
1981	3.79	1.37	1.02	0	0	0.18	0	0	0	1.22
1982	4.70	1.60	1.23	0	0	1.53	0	0	0	0.34
1983	4.78	1.61	0.53	6.89	1.62	0	0	0	0	0.32
1985	10.36	5.99	0	0	0	0	0	3.00	0.06	0.80
1986	8.86	7.68	0	0	0	0	1.00	0	0.10	0.10
1987	11.00	8.50	0	0	0	0	0	0	0	2.50
1988	12.73	11.53	0	0	0	0	0	0.06	0	1.20
1989	12.74	9.28	0	0	0.08	0	0	0	0.06	3.32
1991	15.35	10.35	0	0	0	0	0	0	0	5.00
1993	20	16.30	0	0	0	0	0	0	0	3.70
1995	29	11	0	0	0	0	2	1	0	15
1999	55	13	5	2	0	3	6	3	3	20
2001	70	20	7	6	0	3	5	10	2	20
2002	80	20	8	5	0	4	5	10	3	25
2003	101.13	20	8	5	16	4	5	10	3	30.13
2004	103.88	21	8	5	16	4	5	10	3	31.88
2005	657.98	27.84	8	5	567	4	5	10	3	28.14
2006	718.69	27.00	11.34	7	570	10	6	12	5	73.35

合并后的2007—2017年经济收入情况

2007年7月，安仁村、荻州村、高坪村合并成立新的安仁村。此后，所有财产、经济实体统一经营与管理。经全体村民同意，并经村民代表大会表决通过，将原承包给村民耕种的土地全部流转到村，由村集体统一经营和管理。如少数村民需耕种的，由村统一安排将部分土地承包给个人耕种，每年上交承包费。大部分耕地流转给专业户或农业经营机构经营，签订土地流转承包协议，承包费逐年递增。2007年起，村民每人每年的口粮款（2010年后为股份分红款）均由村集体经济支出，并根据村集体经济收益情况逐渐提高。2007—2010年，每人每年340元（含金秋节慰问金100元，下同）；2011年每人450元；2012年每人500元；2013—2016年每人每年600元；2017年每人700元。

2007—2017年安仁村经济总收入统计表

表8—13 金额：万元

年份	总收入	其中								
		农业	林业	牧业	工业	建筑业	运输业	商饮业	服务业	其他收入
2007	25912.17	282	22	209	23800	155	402	176	173	693.17
2008	27350.80	300	22.10	209	25200	210	347	170	179	713.70
2009	27569.80	461.20	1.90	200	25371.28	220	340	175	180	620.42
2010	31710	521	1.60	230	29153.88	255	395	201	207	745.52
2011	35198.82	578	0	255	32063	283	438	223	229	1129.82
2012	37135.29	1220.29	0	255	33872	283	438	223	229	615
2013	41520	866	0	260	38517	297	460	234	241	646
2014	44893.31	748.56	0	218	42037.50	286	458	239	236	670.25
2015	44826.10	612	0	218	42037.50	286	458	239	236	739.60
2016	45775	616	0	76	42301	326	481	245	261	1469
2017	40215	615	0	52	36846	412	533	265	318	1174

经济合作社的收益分配

2007年7月，安仁村、荻州村、高坪村合并成立新的安仁村，原荻州村、高坪村经济合作社撤销，所有资产并入安仁村经济合作社，实行统一管理和经营。

2009年5月20日，安仁村经济合作社进行改制为股份经济合作社。

自安仁村股份经济合作社成立以来，通过多种经营，村级集体经济的积累逐渐增长。

据2015年年报，股份经济合作社有股东1389个，股金分红68.10万元。

据2016年年报，安仁村股份经济合作社资产总额6130万元，其中：流动资产1342万元（货币资金494万元、应收款848万元），长期资产4788万元（固定资产4713万元、其他资产75万元）。其中：流动负债1037万元，长期负债339万元，所有者权益4754万元（资本26万元、公积公益金4728万元）。

2007—2017年安仁村股份经济合作社收益分配如下表：

2007—2017年安仁村股份经济合作社收益分配统计表

表8—14 金额：万元

年份	总收入	总支出	收益	各项分配情况		
				提取公积公益金	提取应付福利费	农户分配
2007	122.17	57.70	64.47	22.47	10.00	32.00
2008	258.80	55.60	203.20	105.70	50.00	47.50
2009	132.12	46.50	85.82	10.00	28.60	47.22
2010	195.12	56.06	139.06	50.00	33.57	55.49
2011	514.82	70.59	444.23	306.73	75.00	62.50
2012	642.29	214.82	427.47	0	365.60	61.87
2013	780.90	699.00	81.90	13.80	0	68.10
2014	258.81	181.24	77.57	9.47	0	68.10
2015	191.6	123.27	68.33	0	0.23	68.10
2016	754.23	162.90	591.33	0	509.43	81.90
2017	252.28	90.71	161.57	0	23.56	138.01

人均收入

1978年前，村民仅仅依靠种植粮食作物，或养殖少量的家畜家禽，经济收入来源甚少，人均年收入一直低下。原荻州村、高坪村属山区，出产木材、毛竹、茶叶等经济作物，荻州村办有石煤矿，其人均收入略高于原安仁村。自20世纪70年代末起，国家实行改革开放政策，安仁村、荻州村陆续办起了村办企业，集体收入逐年提高。加上80年代初推行联产承包责任制后，村民的生产积极性高涨，人均年收入增长幅度逐年提高。据现有资料记载，1968年前，安仁村、荻州村、高坪村的人均收入不足100元。1981年，除高坪村人均收入有244元外，安仁村、荻州村仅在150元左右。1991年，安仁村的人均收入突破千元。2002年，荻州村的人

图 166 高坪毛竹园

图 167 高坪白茶园

图 168　高坪薄壳山核桃早实丰产实验林

图 169　大棚蔬菜

均收入突破5000元。在合并前的2006年，安仁村、高坪村的人均收入尚不足8000元。2007年7月合并后，人均收入增长较快，2008年人均收入突破万元大关，2014年人均收入超过20000元。2017年人均收入达27716元，为历史最高。

据现有资料记载，安仁村、荻州村、高坪村合并前部分年份人均收入统计如下：

部分年份安仁村、荻州村、高坪村人均收入统计表

表8—15　　单位：元

年份	安仁村	荻州村	高坪村
1969	68.50	70	107
1974	81.40	120	95
1981	150	143	244
1991	1036	570	752
1992	1193	777	880
1994	1872	1225	1288
1999	3359	3380	3163
2000	4646	3774	4200
2001	4125	4194	4130
2002	4646	5201	4666
2004	6901	6615	5955
2006	7849	8166	7338

安仁村、荻州村、高坪村合并为新的安仁村后，历年人均可支配收入统计如下图：

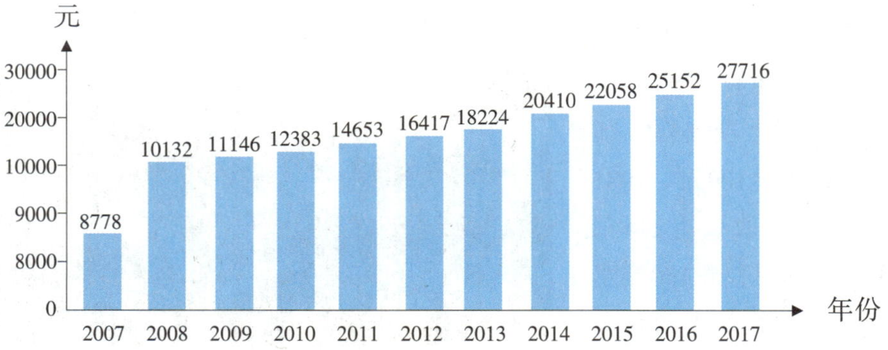

图170　2007~2017年安仁村人均可支配收入统计

户口政策

自中华人民共和国成立至2016年年底，村民皆为农业户口。2017年1月1日起，建德市实行城乡统一的户口登记制度，取消农业户口、非农业户口以及由此派生的自理口粮、自产粮等各种户口性质划分，统一登记为浙江居民户口。2017年7月1日起，《建德市户口迁移暂行规定》《建德市户口迁移实施细则》施行。户口迁移政策规定，户口迁入地系农村行政村的，除正常配偶投靠及未成年子女投靠父母，须经迁入地行政村及乡镇（街道）同意。分户登记规定，各行政村的经济合作社成员：符合分家立户或离婚分户条件的户可申请分户；原家庭内只有一个子女的，不可单立分户；两个子女以上的，父母必须跟其中一子女同户。离婚分户规定，有居住条件，离婚满二年且一方再婚的，或离婚满三年的。

第六节　农业税赋

民国（1912）以前的田赋

田赋是历代统治者对田地征收的税，历代国库收入咸以田赋为大宗。时代不同，征收数量和征收方式亦有异。唐行"租、庸、调"法；宋为"两税法"；元承宋制；明万历实行"一条鞭法"；清初按明制，雍正二年实行"摊丁入亩"制度，到咸丰、光绪年间略有改制。

旧时，安仁村、荻州村、高坪村赋税主要有田赋、捐税附加带征等。1912年将征田赋数额银两折征银币。

民国时期（1912—1949）的田赋

民国时期的田赋附加捐税名目繁多，有粮捐、水利捐、建设附加捐、保安附加捐、山地收益捐、碗茶捐、旅店捐、肉捐、特产捐等30余种，百姓不堪重负。

1941年，田赋和各种附加税征实物——稻谷。安仁村、荻州村、高坪村的田赋农田每亩征收稻谷三斗零一合（约折合今15千克），地每亩征收稻谷一斗零四合（约折合今5千克），青山每亩征收稻谷三升（约折合今1.5千克），白山每亩征收稻谷二升四合（约折合今1.02千克），塘每亩征收稻谷九升二合（约折合今4.5千克）。抗日战争时期，还新增了鸡捐、猪捐、牛捐、油车捐、水碓捐等地方性杂项捐税，加重了村民负担。

1949年后的税收制度

中华人民共和国成立后，人民政府税收遵照《全国税征实施要则》规定。1954年，安仁村、荻州村（含高坪）根据上级政府要求开征商品流动税、货物税、工商业税、印花税、牲畜交易税、屠宰税、文化娱乐税、车船使用牌照税、利息所得税、农业税、农村特产税等9个税种。

1973年，国家简化税制兼并，试行工商税制。1990年以后，征收的税种由原来的30个减少到20个。1991年起，农业税附加降至3%左右。2002年，屠宰税和部分农业特产税停征。后来逐步完善并开始实施农业税减免政策。2004年1月1日起，省政府决定停征农业税和农业特产税，比国务院2006年决定全国停征农业税早2年。

农业税　安仁村是粮食产区，农业税多以稻谷（俗称公粮）缴税。1951年土地改革后，村民分到田地，农业税按土质好差的田、地块评定征收农业税，由村民纳税，安仁村划为乙等区亩产评定300千克计算征收。1953年的农业税制度，实行“种多少田地，应产多少粮食”依率计征，依法减免，增产不增税。1956年，随着农村合作化运动的深入开展，村民的田地山塘全部入农业生产合作社，农业税征收改为以农业生产合作社为征收单位，实行“三定”指标与生产定购三年不变。1958年人民公社化后，因土地发生较大变动而对农业税进行调整，废除累进税制，实行评产计征的比例税制，并按照耕地面积由生产队缴纳。安仁村年平均税率为10%左右。如遇稻谷歉收年份，要按当时国有粮食收储单位的粮价折算为现金代缴农业税。此政策一直延续到20世纪80年代中期。80年代中期，实行联产承包责任制后，农业税征收改为以户征收对象，农业税实行稻谷征收，村民凭“售粮证”和《农业税现粮任务单》产公粮和代金，直至2004年停征农业税和农业特产税止。

农业税附加　属于地方性财政税收，从1950年开始随农业税正税一同征收，其征收比例占农业税的3%~15%之间。1956年改为12%，1964年，农业税附加增加5%，1991年起降至3%左右。2004年停征。

机构

1941年1月成立建德县国税稽征局，下设安仁稽征所。

1949年10月，中国人民解放军建德军事管制委员会接管县国税稽征局后，安仁乡的税款征收由乾潭区稽征税务所管辖。1959年1月成立乾潭区财政税务所，在安仁公社设税务征收专管员。1993年2月，安仁财税组改称为安仁财税所，归乾潭财政税务所管辖。2001年，安仁镇与乾潭镇合并，安仁财税所并入地税乾潭税务局。

第七节　农业企业

自20世纪80年代中期起，随着改革开放的深入发展，农业企业逐渐兴起。2016年，在安仁村域内有5家农业企业。

2016年安仁村域内农业企业简况表

表8—16

序号	企业名称	法人、业主姓名	企业地址
1	建德市乾潭镇安仁股份经济合作社	陈志刚（法人）	安仁村
2	建德市乾潭镇高坪果蔬专业合作社	王立新	高坪
3	建德市高坪山核桃专业合作社	吴　民	高坪
4	建德市安仁农业综合服务站	吕克贤	安仁村 63 号
5	献华饲料经营部	吴献华	金秋街

第九章　商贸服务业

第一节　商　业

明清至民国时期

安仁村位于与桐庐县交界的建德东北部。唐时建的古官道穿镇而过，为古时陆路的重要驿站之一。位于村北的清渚溪，其旺水季节可通过竹筏将货物运到富春江渡济码头，再通过钱塘江水系直通杭州、江苏等地。水陆交通相当发达。

从明代中叶开始到清代中下叶，江南的城镇集市进入鼎盛时期。安仁村民一向崇尚商业，老街两旁均有各类商铺。再加上民国时期所建的公路又从村东通过，是北方人南下江西、福建、广东等地的必经之路。因而安仁村也随着外部环境的变化而发展成为商贾来往，贸易频繁的重要之地。

旧时商业均为个私商业。其商业经营，一般自由选货，自由买卖，自由竞争。20世纪40年代中期前，安仁村域内以老和记、新和记、义沄记等商号为代表，成了安仁村域及周边村的重要商品供应商，还有从事加工业的刘公大油坊等。

老和记，由叶长青在清末民国初创办，旧址位于今安仁街（陈杏林住宅处），时为安仁当时最大的商号之一。经营南杂货，如烟、酒、糖、油、盐等生活必需品，并开有酿酒坊。当年的酒坊位于安仁街（今杨建华、杨建平住宅区域）。据俞松来口述，老和记生产的白酒主要销往上海、杭州等地，同时将本地的农产品运销外地后，再将日用商品运回安仁销售。运销量大的时候，每天有10张竹排（竹筏）通过清渚溪将本

图 171　老和记

地产品运往桐庐县蒋家埠码头后，装上大船，再转运至杭州、上海等地。然后，10张竹排又将南杂货运回安仁销售。

据现有资料统计，清末民国初至抗日战争时期，在安仁老街上开有十几家各类商号、店铺。经营范围涉及南杂货、中草药、食品、棉布、理发等。可见，当时的商业较兴旺。自1942年5月日军进犯安仁后，造成公路、水路交通中断，外面的货运不进来，本地的农产品又运不出去，加上民不聊生，致使多数商号被迫先后歇业。据民国34年（1945）建德县政府进行的工商户调查，安仁有7家工商户（其中豆腐1家、国药2家、杂货2家、手工2家）。

图 172　老和记米斗

安仁老街20世纪50年代初前主要商号、店铺简况表

表9—1

商号或铺名	业主姓名	经营时间	经营范围	地　址	备　注
老和记	叶长青（绍兴人）	20 世纪 20 年代初至 40 年代后期	南杂货，酿酒等	今陈杏林住宅等处	
新和记	倪云生（绍兴人）	民国初至 1945 年	南杂货	陈家弄堂南口西侧	
中草药摊	吕世连（永康人）	二十世纪二三十年代	中草药	今李坤林住宅处	
春源堂	张希淑（义乌人）	二十世纪四五十年代	中草药	先后为今李坤林住宅、董玉良住宅、张小峰住宅处	
义沄记（胡一大）	胡兆相（绍兴人）	20 世纪初至 40 年代后期	南杂货	今李素云住宅处	
蜡烛店	小名：矮子（义乌人）	民国初至 40 年代	生产并销售蜡烛	原俞松来老房子	
蒋芝怀药店	蒋芝怀（芝厦人）	20世纪初至40年代	中草药		
刘公大（同兴）油坊	陈关源	20世纪初至50年代	加工油脂产品	今张文祥住宅处	1956年公私合营时改称安仁榨油工场，70年初歇业
安仁豆腐店	黄开顺（江西人）	1927 年至 50 年代中期	各种豆制品	安仁老街中段	
安仁馄饨店	张明清（江西人）	1945 年至 50 年代后期	馄饨、面条	安仁老街	土改时，手工业社合并
安仁剃头店	谢德全（天台人）	1914 年至 50 年代中期	理发	安仁老街上街头	土改时，手工业社合并
安仁糖坊		民国初至 40 年代中期	饴糖	安仁老街	
安仁布店	江秀清（安徽歙县人）	1942 年至 1952 年	棉布	安仁老街	
安仁轿行	黄海根（施家人）	民国初至 40 年代中期	花轿出租	安仁老街（今汪冬春住宅）	
陈记南货店	陈敬伦	1943 年至 1964 年	杂货	安仁老街	1964 年并入供销社
永和杂货店	徐金福	20 世纪 40 年代	南杂货	安仁老街	
胡记铁铺	胡樟祥	20 世纪 50—70 年代	打铁	安仁老街	

20世纪50年代后的商业

中华人民共和国成立之初，安仁的商业均为私营商业。

1949年5月后，一方面继续保留私营经济、个体商贩，以确保市场的稳定；一方面，新政权开始组建供销社作为农村商品流通的新平台，并逐渐加强对私营商业的引导，使其为新政权经济建设服务。20世纪50年代初期，安仁老街上有私营经济、个体商贩7家，其中杂货店（副食品商店）、药店、理发店、布店、油坊加工厂、饮食店、豆腐店各1家。

1951年6月，建立安仁供销社，设址在安仁老街上街头北侧。1956年，安仁村域内个体工商业完成社会主义改造后，相继成立了安仁手工业社、安仁榨油工场等集体所有制企业。20世纪80年代初起，市场全面放开，个体工商业蓬勃兴起。国营、集体工商企业均都退出市场。90年代起，安仁村域的商贸服务业逐渐向金秋街、仁和路（后坞线）一带发展。现今，安仁老街的商业氛围已淡化。

商业企业选介

安仁榨油工场　前身为刘公大油坊、同兴油坊，于20世纪初创办，俗称麻车，为安仁早期的私营企业。据民国32年（1943）八月的一份统计资料记载，刘公大油坊的主体人为陈关源，资本额1.5万元（法币，当时稻谷每百斤法币三百元）。后改名同兴油坊。据有关史料记载，同兴油坊在中华人民共和国成立前属私营企业。中华人民共和国成立初，基本保持原状态。1953年年底实行统购统销后，禁止私营油坊进行购销活动，因而同兴油坊均靠国家代加工收取加工费。1956年1月，同兴油坊公私合营。经县人民委员会批准，于1956年12月20日与洋溪恒利油厂、梅城朱同丰私营油坊、施家裕源油坊合并成立“公私合营建德榨油厂”和“公私合营利群油厂”，主厂址在梅城朱同丰油坊，时称公私合营建德榨油厂安仁榨油工场。1957年4月改称利群油厂安仁工场。1959年，安仁工场被评为建德县先进集体、省工交财贸社会主义先进单位。1960年，安仁工场划归乾潭米厂管理。1962年7月30日，安仁工场从乾潭米厂划出，复归利群油厂统一核算管理。1966年1月1日，安仁工场又移交乾潭米厂管理。20世纪70年代初歇业。1973年厂房圮。旧址位于清渚溪北岸，今安盛路张文祥住宅处。

安仁供销社　安仁供销合作分社成立于1951年6月9日。李时英为主任，胡建勋为会计，徐荣棠为出纳。初创时期有社干5人，社员1191人，股金1191元。仅有一个南货部（旧址位于今安仁街吴金泉住宅处）。1953年起，逐步增设棉布百货部（旧址位于今安仁街吴土英住宅处）、收购站（旧址位于今安仁街李坤林住宅处）、生产资料部（旧址位于今好宜购超市安仁店处）等。主要经营百货、副食品、针纺织品、五金交电、日用杂品、农业生产资料等。

1958年8月，建德县政府决定农村基层供销社下放给人民公社，人员、资金、财产和业务管理权一律划归公社管理，改置为“安仁人民公社供销部”。性质由集体所有制转为全民所有制。1960年2月，安仁供销部并入乾潭供销部，时称安仁供销分部。1961年9月，恢复安仁供销社名称。1962年7月，根据中央精神，供销社恢复集体所有制性质。1965年10月，又改为全民所有制。1966年4月，按照以经济区域建社的原则，将全县24个供销社撤并为15个基层供销社。安仁供销社继续保留，钦堂供销社并入后改称安仁供销社钦堂综合商店。1969年1月27日，为安仁人民公社供销服务社，下属各大队的“代购代销”店一律改称服务站。1970年2月4日，为开展夺煤大会战，在安仁石煤矿增设购销店。1972年12月，为建德县安仁供销合作社，钦堂综合商店划出另立。1973年，安仁供销社征地2.29亩，建造收购站（旧址位于今张家俊住宅东侧）。1982年，安仁供销合作社恢复为集体所有制的合作商业。

1983年9月，安仁供销社直接由县供销合作联合社管理。供销体制进行改革，改官办为民办。安仁供销社实行独立核算、自负盈亏，恢复供销合作社合作商业性质，清股分红，扩股增股。召开社员代表大会，民主选举产生理事会，监事会。供销社行政领导改称经理，实际司事主任职权。同时，全面推行承包责任制，并以签订合同形式，实行利奖挂钩的办法。1984年1月，安仁合作商店并入安仁供销社。1985年7月，安仁供销社综合楼建成，总投资135546元，建筑面积1586平方米。是年12月，在全县全面调整基层供销合作社体制中，改称乾潭供销合作社安仁供销分社。1992年，在撤区扩镇并乡后，全市基层供销社调整为16家，重新调整为安仁供销合作社，下设钦堂供销分社。

2000年7月，为适应农村商品经济发展和全社会市场经济化，在实施产权制度改革中，安仁供销合作社（含钦堂分社）列为清理解散终止企业。对37名职工解除劳动合同，支付补偿金30万元。对30名退休人员和9名遗属移交市社险部门实行社会化管理，共支付经费62.80万元。并按照“先本企业内部、后外部”的原则，通过公开招标的方式，处理企业的经营性资产，用以安置职工。此后，安仁供销合作社注销。

安仁供销社历任主任（经理）：李时英、赵世明、方炳坤、姜柏生、包祝英、麻光义、毛和生、李田英、徐钦柏等。

安仁粮站　1955年5月21日，建立安仁乡粮食购销站，设址在安仁老街下街头。1950年7月至1955年，在未建立安仁乡粮食购销站时，粮食统购统销均委托供销合作社代办。当时，设有两个仓库：一个设在东山村（今属前陵村），为木板类型仓库，库容量30万公斤。另一个设在后山村，为散仓，库容量15万公斤。1957年前后，安仁乡粮油购销站迁至东山村。

图 173　位于后宅的安仁粮站旧址

1959年7月19日，为适应人民公社化体制，时称安仁人民公社粮食管理所，下设安仁粮油购销站、钦堂粮油购销站。是年7月29日，安仁粮管所挂两块牌子，既是国家设置的粮管所，又是人民公社的粮油部。不久，取消人民公社粮油部。1960年2月，安仁粮管所并入乾潭粮管所。

1964年7月27日，建德县人民委员会下发《关于征用安仁大队旱地1.8亩的通知》：安仁公社：县粮食局在安仁建一粮食仓库，经报省人民委员会批准，同意征用安仁大队旱地1.8亩，请即通知大队，并同时办好土地补偿手续。1965年，地址在安仁对面畈（旧名，电镀厂旧址）的安仁粮站建成。将位于东山村的安仁粮站全部迁入此地。1975年，安仁粮站迁建至后宅。占地面积4.81亩（1973年征地）。建有两座房式仓库：一座建筑面积达632平方米，库容量80万公斤；另一座建筑面积195平方米，库容量26万公斤。原对面畈粮食仓库改建为安仁公社电器厂、农机厂厂房。

1984年，取消食用油统购，实行按“倒四六”（40%按统购价、60%按加价）的比例价敞开收购。1987年，对油菜籽实行定购。1993年，粮油购销和价格放开，将油脂收购改为食用油料收购，由合同定购改为议价收购。2001年以后，安仁粮站停止食用油料收购。

1985年，国务院决定取消粮食统购，改为合同定购。即粮食定购合同由粮管所直接与农户签订定购合同。1993年7月，放开粮食购销市场和价格，取消国家定购任务，改为指导性收购计划。是年，停止使用粮票，口粮供应部分的粮食销售不再统一纳入计划管理。至此，实行40年的粮食统购制度宣告取消。2000年6月，按国务院要求，进一步放开搞活粮食销售市场，支持和引导多渠道经营。

2004年，安仁粮站被撤销。

此后，位于后宅的粮食仓库已改作厂房。部分旧址今尚存。

安仁农贸市场（菜市场）　1978年改革开放后，国家逐步开放城乡市场，允许农民经商，个体、私营商业进入城乡市场，集市、贸易开始活跃，沿街设摊、沿路叫卖的自发性市场迅速形成。1984年，安仁农贸市场兴起，并渐成规模。1993年，在原食品公司的原址上投资3万元，将简易棚改建为钢架大棚，是为安仁村域真正意义上的农贸市场。2009年，在原址上（今老村委办公楼东侧）建造的村综合改革市场（农贸市场）竣工并投入使用。砖混结构，总建筑面积4436平方米。共六层，第一层为农贸市场，占地面积1270平方米，设有摊位近30个。二至六层为民居。

2016年，市场交易额160万元。

图 174　菜市场

图 175　20 世纪 90 年代的安仁农贸市场旧址

图 176　安仁菜市场大门

安仁食品站　1966年9月，在安仁前畈征地0.8亩建造建德县食品公司安仁站，翌年开业。主要经营生猪收购、屠宰加工与销售。为国有商业单位。1989年，随着市场的开放，企业进行改制，安仁食品站退出商业流通领域。旧址位于今安仁菜市场处。

安仁仔猪、耕牛市场　早前，安仁就有一个远近较为闻名的仔猪、耕牛交易市场。1979年，恢复建立安仁仔猪专业市场。每月逢五逢十交易，每次成交300多头，成交额达5万元左右。仔猪除来自安仁周边乡镇农户外，也有江苏以及丽水、龙游、浦江、兰溪、桐庐、富阳等地的仔猪贩销户。外地及本地的农户都在该市场购买猪仔。1985年，又增加了耕牛市场。1990年起，随着农业生产结构的调整，农户生猪、耕牛饲养量逐年减少，至1994年上半年，仔猪、耕牛市场也随之停办。

第二节　服务业

餐饮业

20世纪40年代，安仁老街仅有一家由张明清经营的饮食店，50年代由陈杏林经营，至1964年并入安仁供销社，时称安仁饮食店。在70年代中期前还仅此一家。70年代末起，饮食业才逐渐发展。改革开放以后，随着安仁集镇民营企业的发展，外来人口迅速增加，作为第三产业的餐饮业，随之快速发展。

进入21世纪，安仁集镇的餐饮业迅猛发展，在金秋街和后坞线上出现一批餐馆和副食品店。如聚人缘餐馆、湘聚楼饭店、金秋饭店、安仁大酒店等，均为一定规模、上档次的餐馆酒店。2016年，安仁村域内有食品经营单位40余家，从业人员100余人，年营业额2000万元左右。

2016年安仁村域内食品经营单位简况表

表9—2

旅馆业

经营单位名称	负责人	经营地址
乾潭镇实惠来副食品商店	曾六珍	安仁新村
乾潭镇惠隆副食品商店	官铺财	安盛路口
乾潭镇国裕副食品店	徐国裕	安仁桥头
乾潭镇湘聚缕饭店	朱成俊	安仁桥头
李维峰早餐店	李维峰	后坞线
傅雪花早餐店	傅雪花	后坞线
乾潭镇燕琳副食品店	韦露锋	后坞线
乾潭镇仙珍副食品店	徐仙珍	后坞线
乾潭镇宏毅小吃店	张　红	后坞线
乾潭镇华君小吃店	梅熠华	后坞线
乾潭镇庆伟副食品店	鲍忠明	后坞线
乾潭镇炎祥副食品商店	王炎祥	安仁街53号

续表 9—2

经营单位名称	负责人	经营地址
乾潭镇建芳副食品批发部	叶建芳	后坞线
乾潭镇金炎副食品店	张金炎	安仁农贸市场
乾潭镇安仁村麦克西饼屋	陆丽娟	金鸡弄路口
建德市供销连锁有限公司安仁加盟店	陈爱芳	后坞线
乾潭镇兴康小吃店	王兴康	后坞线
建德市乾潭镇香浙烧酒坊	冯志平	金鸡弄 2 号
乾潭镇雪芳副食品店	包祖星	后坞线
乾潭镇黎祥白酒商行	王庆云	后坞线
乾潭镇艳红小吃店	毛新中	农贸市场旁
乾潭镇郑土松豆制品加工坊	郑土松	安仁农贸市场
乾潭镇艳红小吃店	毛新中	金秋街 14 号
乾潭镇晶晶排档	汪　俊	仁和路
金湖世纪华联超市安仁加盟店	陈丽延	金秋街
乾潭镇孙莲珠副食品店	孙莲珠	金秋街
建德市乾潭镇石骏饭店	王玉珍	金秋街
乾潭镇聚人缘餐馆	王秋萍	金秋街
乾潭镇铃杰小吃店	方红玉	金秋街
乾潭镇慧群粮油店	徐慧群	金秋街 28 号
乾潭镇吴凯副食品店	吴晓华	金秋街
乾潭镇金荣副食品店	杨金荣	金秋街 57 号
乾潭镇大海碗面馆	董小平	金秋街 55 号
乾潭镇安仁烧烤店	谢建忠	金秋街 51 号
乾潭镇旭辉烧烤店	刘旭辉	金秋街 43 号
乾潭镇奕樟水果店	包小琴	仁和路
乾潭镇明仙副食品店	吴明仙	汪家
乾潭镇金秋饭店	唐金芳	金秋街 5 号
馨梦苑农副产品经营部	陈惠平	金秋街 30 号

旧时的安仁老街上有多家客栈，是往来商贾投宿的好地方。同时还传有此地晚上特别宁静，是旅途安神的理想之地，安仁地名由此而来的说法。此说法无任何文字记载，安仁地名的由来是否与之有关有待考证。虽然这是一种坊间传说，但宋时在安仁设铺（《建德县志》中有记载），从中可看出古时安仁的客栈业有一定规模。

20世纪70年代初，安仁公社在庙湾建有公社招待所，90年代整体拆除，在原址上建起了安仁中心学校初中部。

2004年起，安仁集镇的旅馆业才得到快速发展，先后有馨梦苑旅社、借山楼宾馆、好宜客宾馆等。

2016年，安仁村辖区有宾馆、旅社3家，客房35间，客床52张，从业人员6人，年营业额60万元。

2016年安仁村域内旅馆业简况表

表9—3

旅馆名称	开办时间	地址	经营者	从业人数	床位数
建德市乾潭馨梦苑旅社	2004 年 8 月	金秋街 30 号	张丽明	2	18
建德市安仁借山楼宾馆	2006 年 12 月	仁和路	林关泉	2	10
建德市乾潭镇好宜客宾馆	2014 年 10 月	仁和路 16 号	陈新民（谢田人）	2	24

新型业态

超市

随着市场经济的发展，开架销售，顾客自选购物的较大型的自选商场在安仁村域内有2家。

世纪华联安仁店　位于仁和路（原安仁电影院旧址），2005年8月开业。营业面积180平方米，从业人员3名，经营11个大类5000种商品。年营业额200万元。

好宜购超市　位于仁和路16号，2013年8月开业。营业面积220平方米，从业人员2名，经营11个大类5000种商品。年营业额180万元。

图 177　世纪华联安仁店（摄于 2016 年）

图 178　好宜购超市（摄于 2016 年）

连锁店

2016年年末，安仁村域内有3家小规模的连锁商店，主要分为供销社、药品经营店、手机经营店等。

个体工商户

中华人民共和国成立之初，安仁有7家私营商业。1956年，域内个体工商业完成社会主义改造后，成立安仁供销社、安仁手工业社等，私营商业全部进入供销社和手工业社，使私营商业几近销声匿迹。直至20世纪70年代中期，村民俞泉法开办自行车修理行，是为安仁村较早的个体户。80年代初，后山村民马柏顺在安仁街开办了一家小卖部。

1984年，县政府转发县工商局《关于进一步放宽发展城乡集体经济和个体工商户等若干政策意见的报告》，私营个体商业得到恢复和发展。1994年以后，随着市场化进程加快，长期主导域内商业经济的供销合作社退出市场，个体私营商户发展进入快车道。至2016年，在安仁村域内有个体工商户（含服务业）60余家户、从业人员100余人，实现社会消费品零售总额1600万元左右。

2016年，安仁村域内除食品经营以外的个体工商户有6户。

2016年安仁村域内工商户简况表

表9—4

名称	业主姓名	经营范围	地址	备注
安仁煤气供应站	周　飞	煤气、灶具	金秋街	下梓村人
光头家电维修部	张惠文	家电修理	金秋街 12 号	前陵村人
建桐水卫商行	俞雪伟	水卫系列	仁和路 16 号	安仁村人
方成百货店	汪方成	百货床上用品	仁和路 4 号	安仁村人
光良杂货店	董光良	各类杂货	仁和路 5 号	安仁村人
卫良杂货店	周卫良	各类什货	仁和路 7 号	安仁村人

第十章　工　业

第一节　工业概况

安仁村域内的工业雏形是清乾隆至民国年间在煤灰山开设的小灰窑，以开采石煤、石灰石，烧制石灰（煤灰），主要用于建筑材料及农田耘田。石灰销往本县及周边县市。除此之外，仅有从事农用器具制造（如打铁铺等）、粮油加工的手工业作坊，无近代意义上的工业企业。

1952年，在煤灰山由100余名农民为自谋出路，每人出资15元入股联营并取名“向群煤灰窑”，即建德县安仁石煤矿（后又改名为建德市石煤综合利用公司）的前身。此时起，真正意义上的工业企业在安仁村域内开始出现。1955年手工业合作化时期，原分散的手工业者响应国家“组织起来”的号召，组建安仁手工业生产合作社，从事棉棕被服生产、小型农具竹木制造、理发等。20世纪70年代后期起，安仁公社在杭州知青挂钩单位的扶持下，在安仁村域内兴办了新安江电器开关厂、农业机械修理厂、水泥厂等社办企业。

安仁村办企业起始于20世纪60年代。1964年年初，安仁村在堰下自然村兴办造纸厂，单一生产毛纸（俗称草纸）。当时，乾潭、安仁、钦堂，以及桐庐县芝厦供销社供应的毛纸均由该厂供应。生产人员有杨治平、陈汉标、俞松来、羊林贞、马巧云、张乃烈、曹洪宝、陈彩娥等。杨治平为负责人。1966年停产。20世纪70年代初，安仁村建立林业队，林业队所属有茶叶基地、茶叶厂、饲养场、养蜂场、副业队，是当时大队集体经济的主要来源，由徐崇德任队长、董玉良任会计、朱尧仁任出纳。

在20世纪70年代末，安仁村在知青社队挂钩单位浙江省物资局的支持下，创办了建德县安仁五金厂，由徐崇德任厂长，朱尧仁任采购员。生产BK50控制变压器，产品由浙江省机电公司包销。到80年代初，由于市场经济的冲击和产品质量不过关滞销而停厂。

中共十一届三中全会以后，实行“改革、开放、搞活”的方针，安仁村办企业蓬勃兴起。自20世纪80年代起，安仁村兴办了水泥预制场、建筑工程队、棒冰厂、水泥纸袋厂、福利厂、菜馆、丝绸厂、石矿等村办企业。据现有资料记载，1990年，安仁村村办企业共6家，年总收入132.10万元，其中建工队36.30万元、预制场21.60万元、福利厂26.10万元、纸袋厂45.20万元、加工厂1.00万元、菜馆1.90万元。村级经济收入2.17万元。当年，村办企业的收入占全村经济总收入的60%。90年代初，安仁村将8家村办企业（建工队、预制场、丝绸厂、纸袋厂、石矿、福利厂、棒冰厂、林业队）进行全面转制，确定年上交基数后，承包给个人经营。此后，随着企业产权制度的改革，除部分村办企业改制为私营企业外，多数企业因各种原因陆续歇业。

荻州村于20世纪60年代兴办石煤矿。年开采石煤6000~22000吨。于21世纪初全面关停。80年代末，兴办配件厂。

在“夺煤大会战”时期的1969年至1970年，乾潭公社、罗村公社、钦堂公社曾派人到荻州村开办过煤矿，时名为乾潭公社红旗煤矿、罗村公社向阳煤矿等。如乾潭公社从每个生产队抽调1人当矿工，共有100余人，每天开采石煤20吨左右。矿工由生产队记工分，煤矿另发补贴每人每天0.10元。借住在潘家、汪家村民家中。

自1992年撤乡建镇起，安仁村域内的工业企业蓬勃发展。随着前畈土地的大面积征用，有效地解决了企业用地问题，使大批企业在安仁村域内相继出现。1993年，由朱尧仁在朱儿坞路口开办第一家私营企业“建德县新安江水泥电杆厂”起，陆续有企业家在安仁的后宅路、金秋街、安盛路等处办起了企业。至2016年，在村域内有各类工业企业40多家，其中年产值超亿元企业4家，规模以上企业5家。2014年工业产值超亿元的企业分别为杭州朝阳实业有限公司64334万元，建德红狮安仁建材有限公司24974万元，杭州圣德义塑化机电有限公司13209万元，建德市成利建材有限公司10039万元。

经过30多年的发展，安仁村域的工业企业逐渐发展壮大，工业总产值占乾潭镇总量的15%左右。现已形成区域特色及块状优势明显的水泥建材、家纺服装、五金工具（旋具）、塑料制品、胶板竹木制品、机械加工制造、节能灯具等行业，成为乾潭镇工业大村之一。

第二节 村办企业

安仁村、荻州村的村办企业起步于20世纪60年代中期。安仁村先后兴办过8家村办企业。为加强村办企业的管理，安仁村于1990年成立村工业办公室（主任：朱尧仁，副主任：杨相余），1995年撤销。荻州村先后兴办过2家村办企业，主要企业是煤矿。高坪村位于海拔500余米的山区，交通不便，故未办过企业。

安仁村

安仁村真正意义上的村办企业起步于1980年，首家企业是安仁水泥预制场。此后，陆续办起了建工队、棒冰厂、水泥纸袋厂、福利厂、丝绸厂、石矿等企业。2005年前，所有村办企业由于各种原因，均先后停（歇）业。

据现有资料记载，1990年各企业上交村收入2.17万元。村办企业的总收入占全村经济总收入的60%。1991年村办企业总收入140.30万元，1995年320万元，1996年406万元，1998年346万元。

安仁水泥制品厂　1980年创办，地址设在安仁桥南头西则（今安仁中心学校大门口处），初期名称为安仁水泥预制场。主要经营四级水泥预制件。1990年总收入21.60万元。1998年歇业。主要负责人分别为黄金珠、汪芝瑞、陈美、杨云初等。

建德市安仁春江建工队　前身为安仁乡建工队（挂靠安仁乡政府），于1981年10月创办，初期管理班子由何公权（诸暨人）为主组建，其骨干技术人员都由诸暨人组成，实行承包制。安仁村指派黄金珠、朱尧仁、陆雨香为队长、会计、供销员，后期队长由汪厚强、汪芝瑞兼任。1982年年底，有职工70余人。1983年1月4日，由于何公权与诸暨人产生内部矛盾，导致管理混乱。为此，安仁乡管委会下文（建安字［83］10号）整顿，缩减至28人，并选派专职队长、副队长、会计等。1983年6月由朱尧仁为主的原安仁建工队村属人员向上级主管部门要求，重新获取安仁乡建工队的所有权，后经建德县乡镇企业局调解，主管部门同意由朱尧仁以安仁村的名义，另行成立建德县安仁春江建筑工程队，由朱尧仁、朱成舜、俞光来、陈明星等人组成管理班子，朱尧仁任队长，自负盈亏，每年上交村管理费5000元。1991年经营收入达39.50万元。1995年因所有权与管理权的问题，由朱尧仁转为建德市安仁建筑工程有限公司，属私营企业。1996年，安仁村重新审批组建建德市安仁春江建工队，由施力旋个人承包经营。后由曹国祥负责经营。2005年停业。

安仁棒冰厂　1980年创办，地址设在原安仁公社邮电所老房子里（旧址位于今金鸡弄路口商品房）。1983年停业。负责人金阿荣等。

安仁水泥纸袋厂　1984年6月5日注册成立。地址先后设在大会堂、原安仁小学旧址、牛鞍湾新厂房（8间）。主要生产水泥纸袋。初期有职工24人，最多时达36人。1990年，生产水泥纸袋65万只。1991年经营收入48.50万元。1998年停业。厂长先后为张小芳、杨相余、陈敏文、张文祥等。

建德市天兴隆第二丝绸厂　1992年创办。地址设在牛鞍湾，建有厂房24间，1000余平方米。职工70余人。主要经营丝绸、棉布加工。年产值最高时达200余万元。2000年停业。厂长杨相余。

安仁福利厂　1986年创办，地址设在原村属公房（旧址位于今老年活动室处）。初期名称为安仁滴塑瓶盖厂，1987年更名为安仁福利厂。1989年开发“熊猫骑车”产品成功，并被选入“1990北京亚运会亚运产品展销会”展销产品。是年，更名为安仁童乐玩具厂。1991年产值29.30万元。1992年初歇业。厂长黄玉富。

安仁石矿　1995年创办，时名为安仁镇安仁村石灰石矿。1994年，新安江第二水泥厂为解决水泥配料的供应问题而选择了多个供应点，经俞光土等人的积极争取，其供应点定在安仁村。石矿的采石点先后为前山园蛇头山、白岩山、鱼坑坞。年开采石灰石2万吨~7万吨，销售给水泥厂用于水泥配料。1995—2007年，由董光星任矿长。期间，石矿由羊光照、俞光富、陈伟东等人承包，每年上交承包费。2007年后租赁给王岩村施红卫经营，更名为建德市安仁石矿。

安仁菜馆　1983年在原棒冰厂（老邮电所）开办菜馆，为村办企业，由陈汉标、陈桂芬等人经营。1984年承包给徐根泉（王家人）经营。1985年停业。

荻州村

荻州村于20世纪60年代中期就开始创办企业，先后办有荻州煤矿、安仁自行车配件厂两家企业。1990年村办企业总收入17.57万元；1994年村办企业总收入11.78万元。90年代后期陆续停办。

荻州煤矿　荻州村于20世纪60年代中期开始创办小煤矿，所开采的石煤全部销往外地。1972年正式批准为村办企业，时名安仁第二石煤矿。1978年更名为荻州煤矿，此名一直沿用至关停止。

1985年，承包给汪云樟、纪根富、袁风良、王昌法等人经营。1986年起由王昌法个人承包经营。90年代后期在全市开展小煤窑整治时，淘汰关停。矿长王昌发。

据现有资料记载，石煤开采年产量：1968年6000吨，1974年6886吨，1975年21190吨，1978年20098吨，1980年8911吨，1983年5000吨，1984年12000吨。年产值：1968年0.78万元，1978年4.22万元，1990年7.45万元，1995年12.00万元，1997年40.08万元。石煤销售价格：60年代至70年代每吨1.30元；1977年提高到每吨2.10元，1990年提高到每吨10元左右。

安仁自行车配件厂（建德市安仁福利配件厂）　20世纪80年代末创办，属村办集体所有制福利企业。1990年经营收入11.12万元。1992年产值30万元。90年代中期转制为私营企业。

第三节　市（县）属企业

在安仁村域内，有县属企业2家，即建德市石综合利用公司和新安江第二水泥厂。

建德市石煤综合利用公司

建德市石煤综合利用公司的最早前身是清代的“益大”“裕大”“荣福”灰窑，从200多年前私人经营的石灰窑逐步发展壮大起来的，历史悠久。从1952年到2001年企业宣告破产止，该企业经历了50余年的建设发展过程。

图 179　20 世纪 80 年代石煤开采旧影

沿革

1952年，由100余名农民为自谋出路，每人出资15元入股联营并取名“向群煤灰窑”，年产石灰1000吨左右。1956年1月，在手工业合作化时，由建德县手工业联社组织建立“乾潭区煤灰供销生产合作社”，有职工240余人，年产石灰2500吨。

图 180　20 世纪 80 年代石煤公司生活区旧影

1958年7月，由建德县商业部门接收，改置为“地方国营建德县安仁化工厂”，有职工500余人。1961年9月，由建德县手工业管理局接管，更名“建德县安仁煤灰合

图 181　20 世纪 80 年代五氧化二钒厂旧影

图 182　20 世纪 80 年代石灰立窑旧影

作工厂”，为县属大集体企业。1969年9月，在“扭转北煤南运”即“夺煤大会战”过程中，企业由建德县煤铁指挥部接管。

1970年5月，县生产指挥组下文将“建德县安仁煤灰合作工厂”更名为“建德县安仁石煤矿”。1971年12月划归建德县矿务局管辖。1973年，煤矿扩建，年开采石煤生产能力达10万吨，生产石灰近万吨，职工398人。1974年，与省冶金研究所合作，从石煤中提取五氧化二钒获得成功。1975年，开始利用石煤作原料，土法提取五氧化二钒生产，并建立车间，有职工40多人，年产五氧化二钒4~10吨，销往内蒙古、辽宁、湖南等地。1981年被浙江省政府列为重点企业。

1982年2月21日，为发展石煤综合利用，县政府〔1982〕21号文件决定，建立“建德县石煤综合利用公司”，性质为县属全民企业，并被煤炭部列为石煤综合利用基地之一。至此，“建德县安仁石煤矿”名称停用。1983年有职工417人，年产值124.9万元，年实现利润7.9万元，税金1.4万元。主要产品有石煤、石灰、五氧化二钒、轻质碳酸钙、硫黄等。1985年在安仁村后宅新建年产4.4万吨水泥厂1座。1986年4月5日，安装的我国第一台全石煤燃烧每小时6吨双床沸腾炉试烧成功。是年4月10日，利用沸腾炉余热安装的750千瓦汽轮机组正式并网发电。1988年，有职工784人，工业总产值（80不变价）334.50万元，固定资产750万元，企业占地面积39.43万平方米。下设5个分厂：石煤矿、石灰厂、五氧化二钒厂、汽车队、水泥厂。年产石煤10万吨、石灰1万吨、五氧化二钒100吨、电力300万千瓦时和水泥5万吨。

1993年，工业总产值1100万元，利税144万元，首次突破利税百万元大关。

1998年上半年起，因企业严重亏损，瘫痪停产。

随着国有企业转制工作的推进，2000年7月，开始进行清理劳动关系工作。2001年3月，经建德市人民法院裁定，企业宣告破产。

名录

企业党组织变动情况及正职名录：

1956年11月，与荻州村、高坪村合署建立乾潭区煤灰供销合作社党支部，书记王衍甫。

1958年11月，荻州村、高坪村的党员划出，单独建立建德县安仁化工厂党支部。书记先后为王衍甫、秦怀堂、李崇喜。

1961年9月，安仁煤灰合作工厂党支部书记先后为毛锡春、朱吉校。1967—1970年因“文化大革命”，党组织受到冲击。1970年2月恢复党支部，书记程子江。

1970年5月，更名为建德县安仁石煤矿党支部。书记先后为程子江、王诚智、周同生、邹松庭。

1981年7月，建立中共建德县安仁石煤矿委员会。党委书记先后为邹松庭、洪燮鑫。

1985年5月，建立中共建德县石煤综合利用公司委员会，1992年为中共建德市石煤综合利用公司委员会。党委书记先后为洪燮鑫、汪渭民。1997年1月至2001年3月，由副书记主持工作，先后为林成玉、郑小宁。

图 183 远景为原新安江第二水泥厂，近景为原安仁粮站

企业行政组织变动情况及正职名录：

1956年1月，建立乾潭区煤灰供销合作社，因刚组建，行政领导尚未任命。

1958年7月，更名为地方国营建德县安仁化工厂。厂长先后为王衍甫、秦怀堂、周炳生。

1961年9月，更名为建德县安仁煤灰合作工厂。厂长：吴洪登。1966年下半年因“文化大革命”开始，行政组织及领导受到冲击，一度瘫痪。1966—1968年由副厂长毛天祥主持工作。

图 184 原建德市石煤综合利用公司（安仁）办公楼

1968年8月，建立建德县安仁煤灰合作工厂革命委员会。主任先后为吴洪登、程子江。

1970年5月为建德县安仁石煤矿革命委员会。主任先后为程子江、王诚智、周同生。

1978年4月取消革命委员会名称。矿长先后为徐寿荣、洪燮鑫。

1982年2月设立建德县石煤综合利用公司。矿长（经理）先后为洪燮鑫、汪渭民、吴惠群。1986年10月实行经理负责制后。公司经理先后为吴惠群、林成玉、郑小宁。

图 185 2016 年进行废矿区整治和土地复耕

建德市太阳石水泥有限公司（新安江第二水泥厂）

1984年，经省煤炭厅批准，在安仁村后宅征地27.07亩新建年产4.4万吨水泥厂一座。1985年动工，1987年3月20日试生产成功（竣工），5月份正式投入生产。总投资623.45万元。时为建德县石煤综合利用公司水泥分厂。1987年5月，建德县人民政府同意建立“地方国营新安江第二水泥厂”，实行独立核算，归属地方国营建德县石煤综合利用公司。

1997年1月，根据建政办〔1996〕78号《关于建德市石煤综合利用公司企业分立有关问题协调会议纪要》精神，新安江第二水泥厂从建德市石煤综合利用公司分离出来，成为独立的企业法人。

1998年1月，改制为建德市太阳石水泥有限公司。企业采取经营骨干控股、职工自愿入股的办法，租赁经营。

2001年3月企业整体转制。是年6月，市工业总公司租赁给洪德彰等人经营。2004年3月，企业以整体出让形式改制为民营企业，转让给吴雪东个人经营，2005年更名为建德市成利建材有限公司。

第四节　乡镇企业

原安仁镇政府创办过多家乡镇企业，在安仁村域内有4家。20世纪70年代中期，在杭州知青挂钩单位省物资局等单位的扶持下，安仁镇利用原安仁粮站搬迁至后宅后的闲置仓库，办起了电器开关厂、农机厂等。1977年在徐坞（今杭州朝阳实业有限公司厂区）兴办水泥厂。1984年，社办企业改称乡镇企业。此后，乡镇企业进入蓬勃发展期。1996年在荻州村创办建北化工厂。1996年后，安仁镇政府将水泥厂、电器开关厂、建北化工厂进行产权制度改革，相继转制为私营企业。

建德市特种水泥有限公司　位于徐坞（今杭州朝阳实业有限公司厂区，安钦路南侧）。企业经过多次易名，先后为安仁公社水泥厂、安仁乡水泥厂、安仁镇水泥厂、建德市特种水泥有限公司。1977年7月动工兴建，1979年11月竣工投产，总投资38万元。年设计生产能力4000吨。创办初期有职工201名。经过1984年、1995年两次技术改造，水泥年产量提升到4.4万吨，机立窑机械化生产工艺。1993年5月改制为股份合作制企业。1996年8月29日，安仁镇政府决定将该厂整体进行公开拍卖，由陈樟林以200万元的价格买下了这家集体所有制企业。1997年3月，转为私营企业，是为建德市第一家由乡镇集体企业转换体制成为私营企业的水泥厂。1998年11月，更名为建德市特种水泥有限公司，有员工160多人。1999年，国务院下发《关于清理整顿小玻璃小水泥的意见》，建德市政府于1999年6月成立了全市水泥行业拆窑压产工作领导小组，全面开展水泥拆窑压产工作。在全省水泥行业结构调整中，对窑径在2.20米以下，生产工艺落后、环境污染大的水泥企业进行强制淘汰。建德市特种水泥有限公司于2002年破产停业。

建德市新安江电器开关厂　由安仁乡政府出资成立于1975年。厂房为原安仁粮站的老仓库（旧地名对面畈，今安仁新村东侧）。据现有资料记载，1988年，职工66人；工业销售收入100.90万元；全年销售税金5.80万元；利润总额3.50万元。1996年，企业转制给陈寿峰个人经营。2001年企业整体搬迁至后山工业园区新厂房。原厂房转让给建德市安盛电镀厂。该旧厂房于2015年整体拆除，其旧址作为建农居房储备用地。

安仁农机厂　由安仁乡政府出资成立于1975年。初期厂房设在今金鸡弄朱桂秀住宅处的原手工业社平房里，后搬迁至对面畈原安仁粮站的老仓库，原电镀厂旧址。据现有资料记载，1988年有职工25人。1995年歇业。厂长陈关福等。

新安化工集团建北化工厂　1996年创办，位于原获州茶叶加工厂旧址（庙后）。主要产品是亚磷酸（罗刚发明的专利产品）。首任厂长汪光贤。1997年引进吴秋明49%股份，吴秋明任厂长。年产值500万元左右。1999年，企业整体转制给卢明强个人经营。2000年厂址迁至煤灰山（原石煤公司钒厂厂址），为新安化工集团配套企业。2011年12月歇业。

第五节　股份制、私营企业

安仁村首家私营企业是朱尧仁于1983年6月创办的安仁乡春江建工队。1993年，由朱尧仁在朱儿坞路口开办第一家私营企业“建德县新安江水泥电杆厂”起，安仁村域的股份制企业、私营企业蓬勃兴起，至2016年有各类企业40多家。

2016年安仁村域内企业简况表（排名不分先后）

表10—1

企业名称	法人	企业地址	主要业务活动
建德红狮安仁建材有限公司	章德忠	后坞线	水泥制品
杭州圣德义塑化机电有限公司	应文珠	320 国道旁	塑料制品　五金工具
杭州小鹏进出口公司	吴雪荣	金秋街 22 号	家纺
建德市新帛家纺有限公司	吴云秀	安仁村	家纺
建德市捷峰日用品厂	黄宇宏	农贸市场旁	塑料制品
建德市滨业包装制品有限公司	王奕滨	金秋街 22 号	纸箱
建德市和平塑料制品厂	毛和平	金秋街	薄膜袋
建德市爱惜工具厂	董　海	金秋街 67 号	五金工具
建德市雅康医疗器械有限公司	陈军强	金秋街	医疗器械
建德市精良五金工具有限公司	徐金良	金秋街 69 号	五金工具
建德市神虎包装材料厂	于旭铭	金秋街 75 号	包装带
建德市成利建材有限公司	胡雪东	后宅路	水泥制品
建德市红伟新型墙体材料厂	陈菊英	鱼坑坞	
建德市安仁石矿	施红卫	鱼坑坞	建筑用石开采

续表 10-1

企业名称	法人	企业地址	主要业务活动
建德市安仁污水处理厂		鱼坑坞	污水处理
杭州新桐建材有限公司	简　路		水泥制品
杭州朝阳实业有限公司	姚水林	安钦路	橡胶轮胎
建德市精诚塑料制品有限公司	杨　燕	金秋街	塑料制品
建德市大同金鸿新材料有限公司	廖晓鸿	金秋街 71 号	材料
建德市新丽塑胶有限公司	潘建新	旺乐路	塑料制品
建德市雪峰五金工具有限公司	张　洪	安盛路 11 号	五金工具
建德市洪达塑料制袋有限公司	陈敏洪		
浙江赫德进出口贸易公司	张　毅		
建德市利远商品展销服务有限公司	葛祥林		
建德市法拉第节能科技有限公司	楼仁龙		
建德市尚能科技有限公司	吴　展		
建德市杭新土石方工程有限公司	吴　洁	金秋街 38 号	
杭州科技有公司	张　毅	金秋街	
建德市天晨薄膜有限公司	董朝平	安仁村 40 号	
建德市远大建筑机械厂	施玉珍		
建德市三江海绵厂	吴雪荣	金秋街	
建德市新拓工具有限公司	赵月兴		
建德市安仁建筑工程有限公司	朱尧仁	金秋街	建筑
建德市鹏达纺织有限公司	周荣其		
建德市盛大市政工程有限公司乾潭分公司	陈伟霞		
馥蓝特娜（杭州）纺织有限公司	陈华君		
建德市梅红家纺有限公司	邓永红		
建德市飞龙非标机械厂	叶炳忠		
建德市宝森鞋业有限公司	施武艺		
杭州韩江进出口有限公司	郑　旭		
建德市鑫达防腐材料有限公司	张孚群		
建德市思利科精细化工有限公司	洪建良		
建德市艾美纺织品有限公司	包铁明		
建德市安仁自来水厂	施仲良		
建德市玉珍海绵厂	章玉珍		

企业选介

建德市安仁建筑工程有限公司　1983年6月，朱尧仁组建安仁乡春江建筑工程队。每年上交安仁村管理费5000元。1995年，整体转制成立建德市安仁建筑工程有限公司，为安仁村首家私营企业。

杭州圣德义塑化机电有限公司　位于安仁新村东侧320国道旁。私营企业，1990年由应文珠创办。占地面积3.68公顷，建筑面积21000平方米。产品通过国际ISO9001:2000质量体系和ISO14001:2004环境管理体系认证，并取得自营出口权。2012年在澳大利亚建立五金工具仓库，2013年进入互联网跨境电商销售产品。专业生产手动螺丝批、旋具、五金组套工具等产品。产品分为手工工具、组合套装工具、家居花园用品三大类5000余个品种，出口欧美、中东、南美、亚洲等40多个国家和地区。公司具备完善的产品科研开发体系，拥有产品设计国家专利50余项。“圣德义（SEDY）”“赫德（HORUSDY）”系列产品为杭州市名牌。建德市级重点工业企业，杭州市最具成长型中小工业企业，2015年中国（杭州）跨境电子商务综合实验区首批试点企业。

图 186　杭州圣德义塑化机电有限公司老厂区

图 187　杭州圣德义塑化机电有限公司新厂区

企业法人代表应文珠，总经理张毅。2016年，共有职工160余人，其中专业技术人员30名；工业销售产值1.5亿元。

杭州朝阳实业有限公司　位于安钦路徐坞。根据杭州市政府办公厅［2009］214号《北大桥地区省市属工业企业搬迁实施方案》文件精神，杭州橡胶（集团）公司胶鞋厂和杭州万里有限公司两

图 188　杭州朝阳实业有限公司外景

家企业，通过拍卖取得原位于徐坞的建德华乾橡胶鞋业有限公司和杭州华斗橡胶鞋业有限公司的土地和厂房及部分设备。2011年6月注册名为杭州朝阳实业有限公司，隶属于中策橡胶集团有限公司，为中策橡胶集团有限公司投资5000万元的全资子公司。2012年2月投产，形成年产“朝阳”牌汽车轮内胎600万条、汽车垫带1500万条的生产规模，轮胎技术和生产能力在国内处于领先地位。建德市重点工业企业和纳税大户，今属乾潭镇辖区内最大企业。法人代表沈金荣。公司厂区占地面积4.33公顷，总建筑面积28000平方米。2016年，共有员工508人，其中技术人员13名。

2012—2016年杭州朝阳实业有限公司重要经济指标一览表

表10—2

年份	销售产值（亿元）	企业利润（万元）	上缴税收（万元）
2012	3.22	–696	127
2013	5.79	1020	974
2014	6.43	1000	1440
2015	5.06	304	1394
2016	4.53	312	1291

建德市红狮安仁建材有限公司　位于牛鞍湾。2001年创办，隶属红狮控股集团。法人代表章旭明。公司占地面积4.2公顷（其中部分占地面积在下梓村境内），建筑面积25600平方米。主要产品有P·042.5级普通硅酸盐水泥和P·C32.5级复合硅酸盐水泥，实际年生产能力为150万吨。2016年，拥有固定资产9800万元。建德市重点工业企业。

建德市成利建材有限公司　位于后宅。前身为新安江第二水泥厂(建德市石煤综合利用公司水泥厂)，2004年3月，企业以整体出让形式改制为民营企业，2005年转让给建德市成利建

图 189　红狮水泥、成利建材、朝阳实业鸟瞰

图 190　建德红狮安仁建材有限公司

图 191　建德市成利建材有限公司

材有限公司，初期创办人吴雪东。2007年9月25日省经贸委批复，在拆除机立窑后新建了年产60万吨水泥生产粉磨线，2011年5月建成投产。2012年10月22日，与海螺集团正式合作，委托建德海螺水泥有限责任公司进行"托管"。2012年11月至2016年10月，共生产水泥169.81万吨，销售水泥169.1万吨。企业占地面积6.83公顷（102.4亩），建筑面积6832平方米。企业法人胡雪东。2016年，共有员工71人，其中技术人员12名。

图 192　建德神力包装材料厂

图 193　建德市雅康医疗器械有限公司

图 194　建德市新帛家纺有限公司

第六节　经营机制的变革

据现有资料，20世纪60年代至2016年年底，在安仁村域内的工业企业，因各种因素而转制、停产、歇业、破产的约33家。这些企业在安仁村域内的工业经济发展历史上，曾作出了自己的贡献。

安仁村域内有关企业转制、歇业、停产、破产情况一览表

表10—3

企业名称	法人代表	企业性质	创办时间	转制、停产、歇业、破产时间
建德市石煤综合利用公司	郑小宁	国营企业	1952 年	2001 年破产
建德市特种水泥有限公司	陈樟林	集体转私营	1978 年	2002 年破产
新安江第二水泥厂	洪德彰	国营企业	1985 年	2004 年转制
建德县新安江水泥电杆厂	朱尧仁	私营企业	1993 年	1999 年停业
建德市金圣箱包厂	吴志强	私营企业	1995 年	2001 年停产
建德市华盛纺塑有限公司	阮土木	私营企业	1993 年	2013 年停产
建德市安盛镀业有限公司		私营企业		2014 年歇业
建德市新盛镀业有限公司	方红文			
建德市春江建筑工程队	曹国祥	安仁村企业	1981 年	2004 年歇业
建德市安仁盛发活性炭厂	羊洪根	私营企业	1999 年	2010 年歇业
建德市新安江电器开关厂	徐素娟	集体转私营	1925 年	2001 年搬迁至后山园区

续表 10—3

企业名称	法人代表	企业性质	创办时间	转制、停产、歇业、破产时间
建德市绿源固废综合利用有限公司	冯兰秀			
建德市安仁塑料厂	董建中	私营企业	2000 年	
建德市安兴隆铜材厂	董光锡	私营企业	2004 年	2006 年停产
建德市振涛铜材厂	刘振涛	私营企业	2004 年	2006 年停产
建德市安仁东方助剂厂				
建德市安仁木制品厂		荻州村企业		
建德市合力五金工具厂				
建德市安仁兴辉铸造厂			2003 年	
建德市安仁钠制品厂				
建德洁达海绵制品厂	章玉土			
建德市华力胶板有限公司	万荐兰			
安仁水泥制品厂	杨云初	安仁村企业	1980 年	1998 年歇业
安仁水泥制袋厂	张文祥	安仁村企业	1984 年	1998 年停业
荻州石煤矿	王昌发	荻州村企业	1968 年	1993 年关停
安仁乡农机厂		乡办企业	1975 年	1995 年歇业
安仁棒冰厂	金阿荣	安仁村企业	1981 年	1983 年歇业
安仁福利厂	黄玉富	安仁村企业	1986 年	1992 年歇业
安仁自行车配件厂	潘建新	荻州村企业	1989 年	1994 年转制
安仁菜馆		安仁村企业	1984 年	1985 年歇业
天兴隆第二丝绸厂	杨相余	安仁村企业	1992 年	2000 年停业
新安化工集团建北化工厂	卢明强	镇办转私营	1996 年	2011 年歇业
杭州中华橡胶厂			2006 年	2014 年搬迁至富阳

第七节　手工业

安仁手工业社创办于1956年。在手工业合作化时，将原来较分散的手工业者组织起来，成立“建德县安仁手工业综合社”。地址设在安仁老街，旧址位于今李樟林住宅处。

负责人先后为吴国良、吴学荣。初时的主要人员有裁缝：吴国良、汪月梅、俞光富、钱雨兰等；棕棚工：吴光松、陈林英等；理发：谢光洪、谢水银、吴金福等；铁匠：吴樟良、吕家福等；

泥工：李益初等；蔑工：曹樟道、俞品泉、江登财等；木工：吴满祥等；油漆工：陈昌荣等。

1959年8月，增设安仁手车队。队长：徐荣铭，队员：陈松泉、汪树根、李荣华等。主要为安仁供销社的货物运输。1969年，安仁公社创办企业后，人员转入安仁公社五七煤矿。

1966年11月，建德县联社手工业体制下放安仁公社管理。

1973年4月，根据省革委会〔1972〕16号和县革委会〔1972〕78号文件精神，安仁公社手工业社与安仁农机厂分开，手工业社归口县手工业局统一管理，隶属建德县手工业联社梅城办事处。

1989年，随着市场的逐步开放，安仁手工业社整体退出。

第十一章　建　筑

第一节　村落布局与建筑结构的演变

安仁村村落于北宋前形成，距今1000多年，主要布局在清渚溪南岸安仁老街一带。原荻州村潘家自然村村落于明末清初起形成，原荻州村汪家自然村村落于清道光初（约1821）起形成，原高坪村明嘉靖起形成。

旧时，村民多为简易茅草篷为栖身之处。明清时，在安仁老街逐渐出现了徽式建筑。至20世纪50年代，安仁老街尚有多幢清时建的徽式建筑。

中华人民共和国成立后，村民的居住环境逐渐改观。有人这样形容，20世纪50年代窝茅草房，60年代盖泥墙瓦房，80年代砖墙加走廊，90年代砌三层楼房，21世纪起建别墅式洋房。

20世纪80年代起，村民私人建房逐渐呈现高潮。1985年以后，村民的建房热一直方兴未艾。尤其是90年代起，安仁村私人建房进入高峰期，并均为钢筋混凝土结构楼房。

20世纪90年代中期起，安仁村前畈（土名，位于安仁老街南侧）形成了金秋街。2009年起，随着“下山移民”工程的全面实施，在安仁集镇清渚溪北岸先后形成了安仁新村（“下山移民”公寓）和“杭派民居”两个新的居住区。

2007年7月，安仁村、荻州村、高坪村合并成立新的安仁村时，由10个自然村组成，分别是原安仁村的安仁、堰下；原荻州村的潘家、汪家、煤山新村；原高坪村的苦竹坪、高坪、和睦堂、陈家阳、乔坞。自2009年开始实施“下山移民”工程起，至2016年年末，原居住在煤山新村、苦竹坪、高坪、和睦堂、陈家阳、乔坞、潘家、汪家的大部分村民陆续搬迁到安仁新村居住后，原村民住房全部拆除，原宅基地全面复耕，故煤山新村、苦竹坪、高坪、和睦堂、陈家阳、乔坞自然村村落于2014年消失，潘家、汪家自然村村落于2017年消失。

如今，安仁集镇上50年以上的老旧房屋几乎不见踪影，全部改建为新的钢筋混凝土结构楼房。6层楼房比比皆是，别墅式建筑成群，村民居住环境发生翻天覆地的变化，村容村貌焕然一新。

通过多年建设，至2016年年底止，安仁集镇建成区面积为中华人民共和国成立初期的5倍多。

2016年12月，安仁村被评为浙江省“美丽宜居”示范村，2017年入选全国第一批绿色村庄。

第二节　宗祠厅堂

宗祠厅堂是旧时各姓氏宗族祭祀祖先或先贤的场所。除了“崇宗祀祖”之用外，还用于各房子孙办理婚、丧、寿、喜等事。另外，族亲们有时为了商议族内的重要事务，也利用祠堂作为会聚场所。宗祠祭典代表着汉族祖先信仰的优秀文化形式，具有较大的影响力和历史价值。

旧时，安仁村的陈、董、王姓等家族和荻州村的潘、汪姓家族均建有各自的宗祠厅堂，多为徽式建筑。现均无存。

陈家祠堂

陈家祠堂由安仁陈氏家族约建于明代。清末民初时为安仁村最大的祠堂，建筑面积占安仁所有祠堂总面积的1/3。大部分建筑在20世纪40年代被毁，仅存一间房子在80年代拆除。旧址位于今陈志刚、陈金华、黄玉富住宅区域。

董家祠堂

安仁董姓家族有两座祠堂，以居住在安仁老街的上街头和下街头而分立上董祠堂和下董祠堂，均建于清代。于20世纪60年代拆除。上董祠堂旧址位于今好宜购超市处。下董祠堂旧址位于今吴成标住宅处。

潘氏祠堂

荻州潘氏祠堂始建于清嘉庆六年（1801）桂月。位于潘家自然村中部北侧。20世纪40年代，其大门上方的“潘氏祠堂”四字由潘天复书写。

据《潘氏宗谱》载，祠堂中堂挂有《敦本堂》匾额。两边栋柱的楹联与安徽祖祠相同，左联：支分大佛贤孝贤慈仁里垂奕世规模；右联：派发之川恒仕恒农基日义门绍前人。中堂边柱写有：一堂俱已冠而拜，耕读传家特之风。中堂及两厢各挂有历代寿匾：中堂为潘如发九十寿诞匾“期颐将臻”；左厢为潘兆庆公何氏夫人寿匾“节励松筠”，由建德县教论钱钦赐。右厢为潘正海公夫人郭氏孺人之匾“晚景齐荣”，友族同敬。

图 195　潘氏祠堂旧址。20 世纪 70 年代中后期拆除后，改建为村代销店。2016 年此地基改造为农田

香火堂大门横批：千祥云集。左联：洛阳望族。右联：汉水名家。香火堂二厢排位：左穆

“振振兮宜尔子孙，洋洋乎如在其上。”右穆“念念不忘祖宗德，诚心常报祖宗恩。”

20世纪50年代起，潘氏祠堂改作荻州村粮食加工厂。70年代中后期拆除，在原址上建起了村代销店。随着“下山移民”工程的实施，原址于2016年改造成农田。

图 196　汪家祠堂原址，2017 年复耕

汪家祠堂

清晚期，由荻州村汪家自然村汪氏家族所建。历年几经修缮。20世纪50年代起改作生产队仓库。2012年整体倒塌。旧址位于原汪家自然村村东口大樟树西侧，2017年复耕为土地。

董家厅

董家厅由安仁上董家族建于清晚期。20世纪50年代至70年代改作粮食加工厂。80年代拆除，旧址位于今董光标住宅房前公园处。

王家厅

王家厅由安仁王姓家族建于明代。20世纪50年代末圮。旧址位于陈家弄堂东侧今俞顺昌住宅处。

英烈祠

安仁村为外姓人祭奠祖先而建，同时又将对安仁有杰出贡献的英烈牌位供奉于祠。何时建，无考。20世纪60年代圮，旧址位于今董来信住宅处。据50年代初《安仁村农业税土地清册》记载：英烈祠，占地0.3亩。

附11—1：

“禄班重建”碑

2015年1月25日，在村民潘建亮住宅西侧发现“禄班重建”石碑一方，落款时间为“清道光拾贰年捌月”，距今185年。碑高158厘米，宽64厘米，厚11厘米。上部“禄班重建”四个大字清晰，碑文小字部分模糊。后因保管不慎，石碑断裂。今由潘建亮保存。

安仁村早期有福、禄、寿三个班，此碑为“禄班重建”时所立。碑文中有“英烈大帝为本境正神，神有祠，祠有产，以备岁时香火之需及二十两月演戏之用”，“倡余人各于四八两月捐资生息”，“今日无产而有产”，以及里人捐田、钱、物的姓名、数量等字样。

图 197　“禄班重建”碑（摄于 2015 年 1 月 25 日）

第三节　住　宅

中华人民共和国成立前的住宅

中华人民共和国成立前，大部分的村民生活困苦，若遇饥荒年，更是苦不堪言，种田人无田无地，家无安身之所的比比皆是。有部分村民只好搭简易茅草篷，暂作栖身之处。茅草蓬低矮潮湿，还十分阴暗，尤其是火灾隐患迭出，又不经风雨，容易破损。草苫多用茅草或稻草编扎而成，一经日晒雨淋，极易腐烂，不出三年就得揭旧换新，远没有瓦房的一劳永逸。

图 198　清晚期的民宅旧影

20世纪70年代前，在安仁老村，尚有多幢明清时期所建的住宅。由董姓、陈姓、张姓等家族拥有，多为徽式建筑，大都坐落在安仁老街北侧至清渚溪之间，较集中的区块是今老年活动室附近，其中董寿全老宅(1997年，董光标在原址上新建住宅）最具代表性，青砖小瓦白墙，马头墙，砖木结构。柱子、樑椽多用上等木料。坐南朝北。布局以中轴线对称分布，面阔三间，中为厅堂，两侧为室，厅堂前方为天井，采光通风。这些徽式建筑多在二十世纪八九十年代拆除后改建为新楼房。最后一幢徽式建筑（今董书良住宅处）于2005年消失。

图 199　清末民国初的民宅旧影。位于安仁街北侧，原一楼门面早期为木制排门，后改建为墙。在 20 世纪 50 年代前，安仁街两侧的房子多为此式样

中华人民共和国成立后的住宅

据1952年安仁村土改资料统计：楼房141间，平房169间，茅草房37间，总面积21.379亩（宅基地)。

20世纪70年代前，大多安适家庭，父母子女住在一间屋子里，三代人、四代人同居一室也很平常。80年代中期起，农村经济改革后，农民生活富裕，出现前所未有的建房

图 200　20 世纪 40 年代的民宅旧影

热潮。住宅质量今非昔比。

居住条件的改观主要始于20世纪80年代中期。之前，住宅的建设大都因陋就简，建筑材料也只求凑合能用就行，绝大部分是传统的土木结构。墙体多为泥土墙，稍微考究点的在泥土中掺入石灰，称之“三合土”。墙面涂一层石灰。梁椽多用杉木，有的也用松木。以木柱串成框架式，串榀作架，逐收搭建至屋顶，渐成“人”字形，柱下填磉鼓、磉板。楼房的楼板用杉木板。瓦片为土瓦。间数一般是三间两弄或两间一弄。弄多为楼梯间。其时房子的缺点是门小、窗小而低矮，光线暗淡。20世纪80年代后，随着社会经济的发展，村民建房热掀起，砖混结构的楼房既牢固又宽敞明亮。起初，砌墙体的砖头多为碳化砖。至90年代，碳化砖淘汰后全改用红砖砌墙，规格为九五砖。楼板采用水泥预制板。建筑的风格式样也一改过去的老样，楼上设有走廊阳台，门大窗大，窗明几净，通风舒适。仅过了十年，所建住宅的设计、用材、风格，乃至建筑面积、布局、层次，又更上一层楼。设计新颖，建筑美观，用料考究，建筑层次也向三层以上发展。楼面采用混凝土现浇，花岗岩、大理石作地面和外墙面的装饰材料。进入21世纪，建筑材料讲究环保、实用，以钢筋水泥框架式结构建房，用空心砖或轻质砖砌墙。现今，单幢独院的别墅式住宅已层出不穷。别墅式住宅，文明气派，极富时代气息。2009年在安仁新村建成六幢“下山移民公寓楼”，2016年在清渚溪北岸建成“杭派民居”，房屋连成一片，其建筑别具一格。

图 201　20 世纪 80 年代初的民宅

图 202　20 世纪 80 年代中期的民宅

图 203　20 世纪 90 年代的民宅

比起华丽的外观，现如今的村民们更讲究房子的居住环境和使用功能，室内装修讲究豪华美观，大理石地面，多彩的石板、光洁的瓷砖、地板等。室内的电器一应俱全，空调、冰箱、冰柜、彩电、洗衣机等。卫生间发生根本性变化，淋浴房、抽水马桶、热水器等。厨房的革命最彻底，烧柴土灶已基本淘汰，电饭锅、煤气灶、吸油烟机、电磁炉、消毒柜、烤箱等。有的还有专门的健身房、棋牌室。城乡差别已越来越小。

图 204 2007 年建成的民居

图 205 2016 年建成的别墅式民居

例：村民张小芳亲身经历了两次建房，住过三种类型住宅的过程，其家庭住宅条件的不断改善，也印证了安仁村民随着生活水平的不断提高，其住宅条件也在不断变化的过程。现将张小芳于2017年5月的口述材料附录如下：

附11—2：

两次建房的经历

我叫张小芳，今年67岁。家族五代人一直居住在安仁老街的下街头。我从出生到1985年，均居住在祖先于清同治初建造的老房子里，为徽式建筑的二层楼房，占地面积约110平方米，房子中间有三个天井。二十世纪五六十年代，公私合营安仁联合诊所（今安仁卫生院前身）就设在这里。

由于老屋已有120多年的历史，破旧不堪，阴暗潮湿并光线差，我于1985年在原址上新建了一幢二层砖瓦楼房。30多年后的2016年又在原址上重建了一幢三层框架结构别墅式楼房。我的一生中共造过两次新屋，住过3种类型的房子，住宅样式越来越漂亮，居住条件越来越舒坦。从中可以看出，在中国共产党的领导下，人民的生活水平越来越好，社会主义新农村建设日新月异。我的经历是最好的历史见证。

前后两次建房，其建房价格发生了较大变化，这也体现出社会的进步和老百姓的收入水平在不断的变化中。基本情况分述如下：

图 206 张小芳于 1985 年建造的二层楼房

图 207 2017 年完工的新楼

第一次建房：1985年，将百年老屋整体拆除，在原址上建造了一幢二间一弄的二层砖混结构房子，第二层有走廊（兼作阳台），这是当年最时兴的样式。占地面积80平方米，建筑面积约160平方米。总造价约1.50万元。建房纯人工工资每平方米7元（含木工、泥水工工资，每工工资2.08元）。当年的建筑材料价格：红砖每块0.04元，水泥每吨60元，钢材每吨400元。

第二次建房：经过30年的变化，1985年建造的房子已相对落后，与新农村建设不相适应。2016年，将旧房整体拆除，在原址上重建了一幢三间三层框架结构别墅式楼房。占地面积140平方米，建筑面积约400平方米。房子造价约30万元，装潢费用25万元，合计55万元。建房纯人工工资每平方米220元。建筑材料价格：多孔砖每块0.57元，水泥每吨270元，钢材每吨2300元。如另请木工、泥水工的话，其工资为：木工每天300元左右，泥水工每天260~350元不等。

第四节　文教建筑

学校

20世纪50年代至90年代，安仁村、荻州村、高坪村均分别建有小学，除安仁学校有一幢二层建筑外，其他均为平房。随着1998年荻州、高坪小学的撤并，以及2013年“下山移民”工程的实施，其校舍均于2014年整体拆除。安仁中心学校，经过60多年的发展，校园面积不断扩大，教学用房和生活用房（教职工、学生宿舍）大幅增加。2016年年末，学校占地面积26108平方米（其中绿化用地6500平方米、运动场地3780平方米）。建筑面积13264平方米（其中教学用房5561平方米、生活用房5568平方米、其他用房2135平方米），为中华人民共和国成立初期的10倍多。

电影院

安仁电影院位于原安仁公社办公楼前，系浙江省文化部门最早资助兴办的乡镇影院之一，由建德县电影公司与原安仁公社联建合营。

1980年完成征地工作，地块原属安仁大队第七生产队。1982年年初开工。1983年6月8日建成并开业。总投资28.80万元。砖混结构，设座位950个。电影机为松花江5503型座机。

1984年，著名演员小六龄童题写“安仁电影院”院名。1986年12月7日，举行越剧戏剧片《桐江泪》首映式，其编剧包朝赞、摄影张珥、主演单仰萍（安仁人，上海越剧院演员）等主创人员到安仁电影院与观众见面。

1990年共放映电影685场，观众124515人次，放映收入41082元。为历年最盛时期。1994年起，由于闭路电视进入千家万户，电影院的观众明显减少。1994年8月，市电影公司退出经营，电影院归安仁镇政府管理。1998年电影院全面停业。2001年10月，由乾潭镇政府接管。

原址现为世纪华联安仁店（超市）。

幼儿园

1996年11月，由荻州村潘来娥、吴桂花等人投资，在安仁村安春路3号建造幼儿园一座，时称安仁育苗幼儿园。此为安仁村域内首所正规的幼儿园。2012年1月，由兰美兰全资收购后，定名为乾潭镇育苗幼儿园。2016年年末，乾潭镇育苗幼儿园建筑面积2639平方米。

第五节　庙　宇

法源院

宋景定《严州图经》卷二“寺观”载：“法源院：在芝川乡安仁，距城四十五里。旧名归善寺。国朝嘉祐二年改赐今名。”

法源院的前身为归善寺，建于何时，无考。宋嘉祐二年（1057）改名为法源院，距今960余年。据此，归善寺的建造历史至少在1000年以上。法源院，是为培养青年僧侣和研究佛教文化的重要场所。何时何因被毁，无考。又据1919年《建德县志》载：“法源院钟，在城北安仁镇，乾隆十二年铸。”据此，乾隆年间法源院有一硕大的铜钟，窥见规模之大。法源院旧址位于今安仁中心学校操场西侧，此地旧名庙湾。据俞松来口述，20世纪50年代初，在庙湾里建造小学挖墙脚时，曾挖到过诸多50厘米见方、10厘米厚的古砖以及直径40多厘米的磉鼓和1米多长的青石板等古建筑材料。60年代，在建造安仁公社招待所和安仁大队畜牧场时，又挖出过数件此类的砖头、磉鼓、磉板等。

20世纪70年代末前，在庙湾中心地带（今学校操场中心）、庙湾口（今安仁中心学校教工宿舍）一带，分别曾有一口井、一口塘（俗称寺塘）和三十多亩水田（俗称寺田）。

法源院，以及水井、寺塘、寺田遗址今无存。

陈侯庙

陈侯庙建于明洪武年间（1368~1398），旋毁。清嘉庆十六年（1811）重建。清同治元年（1862）又毁，同治五年（1866）又建。1983年因建安仁学校教工宿舍时整体拆除。据1951年《乾潭区安仁乡安仁村农业税土地清册》记载：陈侯庙，21间，占地一亩。

陈侯庙是一座具有佛教文化的徽式建筑。在民间，盛传明太祖朱元璋因避元兵夜宿土地庙逃过一劫而拓建此庙的传说（1919年《建德县志》有记载）。特别是该庙每年有一对朝廷所送“京烛”的真事。1949年前，周边13个村坊均在此庙供奉着各自的神像（俗称菩萨），多时达百尊，香火盛旺，有“十三社”之说。最尊的神像为陈恽，字子厚，桐庐人。每逢过年过节或遇天灾人祸，乡民们都要到此庙朝拜，祈求风调雨顺、人生平安。

据史料记载，陈侯庙三建三毁，历经600多年。但真正存世时间前后约180多年，其中从清同治五年（1866）重建到1983年整体拆除，连续幸存119年，为存世最长时间。1866—1942年

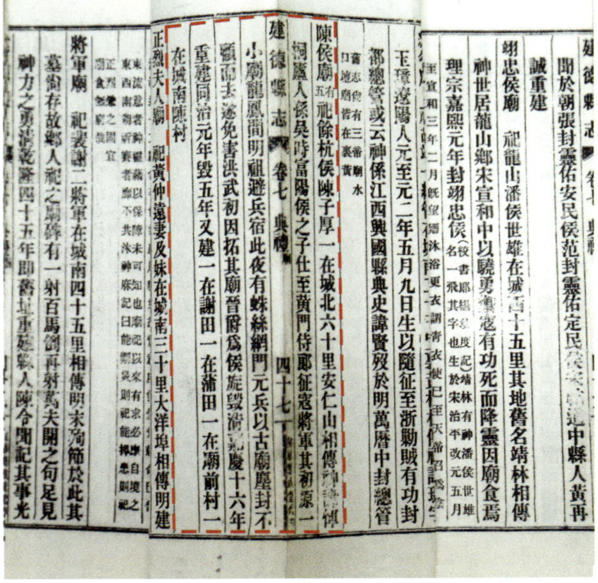
建德縣志　卷十　典禮

聞於朝張封靈佑安民侯范封靈佑定民侯[illegible]中縣人黃再

誠重建

翊忠侯廟　祀龍山潘侯世雄在城西十五里其地舊名靖林相傳

神世居龍山鄉宋宣和中以驍勇禦寇有功死而降靈因廟食焉

理宗嘉熙元年封翊忠侯（校書郎楊[illegible]度記）靖林有神潘侯世雄名一飛其字也生於宋治平改元五月

[illegible]

玉環遼陽人元至元二年五月九日生以隨征至浙勦賊有功封

都總管或云神係江西興國縣典史諱賢歿於明萬曆中封總管

陳侯廟（五有）　祀餘杭侯陳子厚一在城北六十里安仁山相傳神[illegible]

舊志侯有三番廟水口地廟者在裏黃

建德縣志　卷七　典禮　四十七

祠廬人係吳時富陽侯之子仕至黃門侍郎征寇將軍其初祟一

小廟龍鳳間明祖避兵宿此夜有蛛絲網門元兵以古廟塵封不

顧而去遂免害洪武初因拓其廟晉爵為侯旋毀清嘉慶十六年

重建同治元年毀五年又建一在謝田一在蒲田一在瀨前村一

在城南陳村

正烈夫人廟　祀黃仲蒐妻及妹在城南三十里大洋埠相傳明建

[illegible]

將軍廟　祀裘謝二將軍在城南四十五里相傳明末殉節於此其

墓尚存故鄉人祀之廟碑有一射百馬劍再射萬夫開之句足見

神力之勇清乾隆四十五年即舊址重建縣人陳令聞記其事光

图 208　1919 年《建德县志》关于陈侯庙的记载

图 209 陈侯庙一角旧影（摄于 20 世纪 60 年代，李其乐提供）

间为陈侯庙鼎盛期。

20世纪80年代初前，陈侯庙东南侧山坡有一条呈直角形的青石台阶路。台阶用整块的青石板（长约1.5米、宽约0.6米）铺成，由东向西再折向北到达庙前的第一个约30多平方米的平台，鹅卵石铺面，平台南、东、北侧用青石条筑成。北侧有一条由西向东的鹅卵石小径直通山下。北侧山坡有多棵直径50厘米、高10多米的枫树，树龄约150年以上。平台东侧正前方还有2棵苍老遒劲、巍峨挺拔的古刺柏。平台西侧正中有十几级台阶直通陈侯庙的大门。台阶中部两侧各有一个小平台。据安仁村年长者回忆，早前，这两个平台上各放着一个高约1.5米，直径约80厘米的生铁铸钟。拾级而上，便是陈侯庙的大门。大门是用柏木板制成。大门外有一走廊。陈侯庙大门朝东。据俞松来口述："庙址由徽州风水先生选定。大门朝东开是明朝太祖朱元璋钦定的。"正殿是一座三开间四进的徽式建筑。进入庙门三五步，再上三步台阶即为大殿。大殿面积约400平方米左右，呈正方形。大殿用24根柏木柱子撑起，殿中央的4根柱子最粗并最高。每根柱子上分别有2只或4只雕刻着各种精美图案的樟木牛腿，斗拱飞檐，雕梁画栋，甚是气派。大殿里共有四个天井，前厅的两个天井，呈方形，深约1米，面积各约4平方米左右。后厅的两个天井，呈长方形，深约0.3米，面积各约8平方米左右。天井四周及底部均用青石板砌筑。大殿南北两侧各有偏房，是为配殿。大殿西北角为香积橱，西侧设法堂。大殿西南角有一座两层的木楼房。整座大殿的墙均用青砖砌成，上盖土瓦。

20世纪50—80年代初，为安仁中心学校教学场所。

旧址位于今安仁中心学校小学部教学楼处。

附11—3：

陈侯庙

陈侯庙有五。祀余杭侯陈子厚。一在城（今梅城）北六十里安仁山。相传，神讳恽，桐庐人，孙吴时富阳侯之子，仕至黄门侍郎、征寇将军。其初原为一小庙。龙凤间（1355~1367），明祖避兵宿此，夜有蜘蛛网门。元兵以古庙尘封，不顾而去。遂免害。洪武初（约1368）因而拓其庙，晋爵为侯，旋毁。清嘉庆十六年（1811）重建。同治元年（1862）毁，五年（1866）又建。一在谢田（钦堂乡），一在浦（蒲）田（钦堂乡），一在庙前（钦堂乡），一在城南陈村（今大洋镇三河村陈村自然村）。

辑录自民国8年（1919）《建德县志》卷七典礼·庙

大唐古寺

图 210　大唐古寺旧址（全军明 摄）

大唐古寺始建于唐开元年间（约720），距今约1300年。位于荻州、高坪之间山坳的燕子穴。古寺面临七里泷江畔，属古时荻州、高坪、泷江一带佛教信徒的重要活动场所，香火盛旺。古寺附近，有接石庵经堂、西峰岩娘娘庙等遗址。

大唐古寺原名永安庙。庙距七里泷仅一华里，成了当年草寇的居住点。古时七里泷江面狭窄，地势险要，往来商船颇多，草寇常常利用江两岸的树荫作掩护，打窃金衢严杭等地来往于七里泷的官船及商船。在高坪附近有一黄巢岩（幸福村境内），为当年黄巢军所部的驻点，住在永安庙的草寇属黄巢军的部下。唐广明元年（880）五月黄巢军攻占了睦州。唐中和四年（884）朝廷派兵征剿，平息睦州，草寇受株连，罚其削发为僧，并将永安庙更名为大唐古寺，此名一直延续至今。

古寺历经宋元明清的多次修缮。民国35年（1946）开光时，古寺佛像完整，殿宇犹新。大唐古寺建筑面积400余平方米，分前后两殿，前殿中堂为如来佛像，两边排列十八罗汉，左后角为伽蓋僧、特谟祖师（达摩祖师），右后角为东眉大王。后殿有玄女娘娘、送子观音像。前后两殿共有大小佛像三十余尊。大殿对面有一水塘，名月亮塘，塘对岸建有韦护殿、皇陵宫。韦护殿墙上嵌有历代主持僧石碑。

古寺历代主持僧，在清乾隆前已无考。自清乾隆起的主持僧尚有记录，从大修妙荣禅师到嘉庆十七年（1812）海林禅师尚有石刻碑记，清末民初的主持僧为陈炳槐。1944—1947年的主持僧为张轩裕道士。1948—1953年，由仇献昌道士等人持寺。

大唐古寺原有水田17亩，山林近千亩。中华人民共和国成立后的土改时期，将水田分给仇献昌道士和雇工羊金相耕种，一部分山林分给张松房等农户，其余山林归坌柏林场所有。寺院客堂、厨房归仇献昌、羊金相、张松房等人居住。

图 211　“大唐古寺”匾额

1958年，大唐古寺无人居住。1959年，地方国营建德县安仁化工厂（建德县安仁石煤矿、建德市石煤综合利用公司前身）将古寺拆除后的木料运到煤灰山用于建造厂房、宿舍等。1961年，坌柏林场在原址上盖了平房，作为山林管理员用房。今旧址尚存。

大唐古寺曾有一古铜钟。1919年《建德县志》载：“大唐寺，在城北四十五里，为唐时古刹，中有古钟。”据潘秉忠述，古铜钟于1958年“大办钢铁”时被熔。还据潘家自然村年长者述，大唐

图 212 荻州水口庙

寺曾有一尊用生铁铸成的“手持宝剑武将像”。

“中华民国三十五年秋月”制作的“大唐古寺”匾额今尚存。匾额高73厘米，宽198厘米。仅为该寺的唯一物证。

水口庙

水口庙（又称文昌阁）位于荻州大湾（又称大屋里）口，为徽式古建筑。建于清晚期。建筑面积45平方米，宽6.5米，进深7米，高6米。据传，庙后的山名叫尖刀山（又称犁头山），似一把尖刀(犁头）直刺汪家自然村。为拦住刀尖直刺村庄，先人们便在此处建此庙避之。旧时，庙里供有菩萨。又传，该庙的菩萨是由长坑人做的。此庙为何有人叫“文昌阁”？据汪云樟述，“文昌阁”为荻州村旧时的学校，以前荻州民间曾流传“读书读严州，不如读荻州”的说法，意为旧时荻州的教育水平不比严州差。但该庙是不是古时的学校？尚待考证。20世纪70年代前，该山湾曾有一幢古老的大房子，因而该地名又称大屋里。

此庙今尚存，但已破损严重。

高坪主要庙宇

旧时的高坪村区域，曾有多座庙宇。

西峰奄　又名娘娘庙，位于高坪西峰岩。建于何时，无考，圮于清末民初。该遗址现残留部分墙基，以及直径80厘米的磉鼓和圆形磉板等旧物。据传，古时的西峰奄菩萨十分灵验，香火盛旺，方圆几十里的民众都要到此进香。清晚期的某一天，桐庐县太爷到高坪西峰奄来进香，由于当时荒山野岭，野生动物颇多，其护卫须携带铳（猎枪）保护。由于不慎，因铳走火发出响声，惊动了西峰奄边的一只野山鸡飞向远处。据说，这只野山鸡就是娘娘的化身，娘娘误认为是县太爷来赶她的，由此娘娘不得不逃到外地去了。此后，该奄就逐渐衰落了。

水口庙　位于高坪老篷记（苦竹坪）。建于何时，圮于何时，无考。

横坞庙　位于高坪横坞。建于何时，圮于何时，无考。

狗头湾庙　位于高坪狗头湾。建于何时，圮于何时，无考。

第六节　公共事业建筑

原安仁镇（公社、乡）政府办公楼

二十世纪五六十年代的安仁乡（公社）政府办公场地　20世纪50年代至70年代初的安仁乡政

府办公场地设在安仁街吴家弄堂北口东侧的一座二层木结构老房子里，砖墙青瓦，为清晚期徽式建筑。大门朝北，门外有走廊。进入大门即为门厅，东侧为信用社，西侧为邮电所。门厅向南有两个小天井，通过天井便是一个约150平方米的大厅，当时乡（公社）政府召开的各类大会都在这里举行。政府办公室设在大厅里侧的东南角。二楼为干部宿舍。70年代初前，此处成了当时安仁公社的政治、经济、文化中心。该老房子于2005年整体拆除，村民陈志军在原址上新建民宅。

图 213 原安仁镇政府 20 世纪 70 年代的办公楼

20世纪70年代的安仁公社办公楼　该楼位于虎头山南侧山脚（今世纪华联安仁店北侧），旧地名嗯峰里（音译）。1973年8月，报经浙江省革委会生产指挥组农林局批准，征用山地3.58亩，分别建造公社办公楼、公社大会堂和广播邮电所。公社办公楼于1973年建成并投入使用，七间二层，砖墙。建筑总面积305平方米，使用面积576.2平方米。1985年4月乡政府搬入新办公楼后，转为乡干部宿舍楼，后又转租用于民居。今存。

图 214 原安仁镇政府办公楼

安仁镇政府办公、住宅楼　位于公社原老办公楼东侧，原址为公社大会堂。1984年5月开工，1985年4月建成并投入使用。四层，砖混结构，建筑面积1212平方米。造价8.98万元。2001年10月，安仁镇并入乾潭镇后，此处为乾潭镇政府安仁办事处。今存。

大礼堂

安仁公社大会堂　旧址位于原安仁镇政府办公楼及宿舍处。1975年建成，8间泥墙平房，长29.5米，宽11米，计建筑面积324.5平方米。1983年，因建造原安仁镇政府新办公楼时拆除。

安仁村大礼堂　旧址位于今安仁中心学校教工宿舍处。1969年建成，共9间，建筑面积约500平方米。闲时为重要的文化活动（演戏、放电影、开大会）场所，农忙时作为稻谷脱粒及堆放场地。1988年整体拆除后，改建为安仁血站。1998年血站迁址于新安江后，改为安仁中心学校教工宿舍用房。

荻州村大礼堂　旧址位于荻州庙后（原荻州小学西侧）。20世纪70年代中期建造。共7间，建筑面积约450平方米。21世纪初拆除后，其旧址恢复为耕地。

安仁粮站

1964年在安仁对面畈（旧名，今为安仁新村东侧）征地1.8亩，1965年建成并投入使用，1975年移交给安仁公社改为社办企业厂房。1975年迁建至后宅大湾（土名），占地4.81亩。2004年粮站撤销后，改为企业用房。两处旧址部分房子今尚存。

图 215 安仁粮站办公楼（后宅）旧址

图 216 安仁粮站（对面畈）旧址

安仁村便民服务中心

2012年10月12日，安仁村便民服务中心大楼建成并投入使用。共五间，五层，框架结构。总建筑面积2140.6平方米，总投资423.30万元。位于安仁新村西（后坞线东侧，安仁桥北端）。二至五层为办公楼，一层为文化礼堂（宴会厅）。村委办公室全部搬进此楼后，原位于菜市场旁老村委办公室改建为村老年协会办公室。

老年活动室

安仁村老年活动室于2009年建成并投入使用。位于安仁老村中心。总投资45万元，三间2层，砖混结构，建筑面积240平方米。设有电教室、棋牌室、阅览室、声乐室排练室等。

知青点

安仁村有两处知青点。一是旧址位于今老年活动室处，于20世纪60年代建成，为七间泥墙平房，原由移民居住（又称移民屋），1970年改作知青居住点，2009年整体拆除改建为老年活动室。二是位于金鸡弄（后宅）的安仁知青点，于1976年上半年建成，2层10间，总建筑面积730平方米，三合土泥墙，水泥预制楼板。1976年10月起，来自省物资局系统干部职工的子女，即“知识青年”入住。1980年，所有知青全部回城工作后，曾一度闲置。1986年，此楼出售给县石煤综合利用公司水泥厂(新安江第二水泥厂）作为办公和宿舍用房。今存。

图 217 安仁（后宅）知青点旧址

荻州村于20世纪70年代中期在新窑里（土名）建有知青点，共5间平房。1980年所有知青回城后，一度闲置。于2005年复耕土地时整体拆除。

附11—4：

知识青年上山下乡

1968年，毛主席发出“知识青年到农村去，接受贫下中农再教育”的号召。是年10月初，第一批7名知识青年“上山下乡”到安仁村插队落户。他（她）们是：章琳仙、刘丽英、胡静芳、胡志旺、郑六娥、董雪琴、蒋林凤。除胡志旺为本地居民外，其余6名知青均来自梅城镇。此后，又有梅城、新安江、本地（安仁居民），以及杭州的知青陆续到安仁村、荻州村“上山下乡”，先后共约60余名。1976—1979年间，省物资局系统共有32名知青先后落户安仁村。知识青年下乡初时的三个月时间均分散居住在农户家中，与村民同吃、同住、同劳动。3个月后均集中居住到“知青点”。1971年12月起知青陆续回城工作。至1980年，除董雪琴（与堰下自然村村民王来兴结婚）至今未回城外，其余知青全部回城工作。

附11—5：

戴勇，男，1948年出生。1962—1968年在严州中学读初、高中。1968年10月至1971年8月插队落户在荻州大队第5生产队。1972—1978年在安仁中学任教。1978年调往杭州市教育局教研室从事教学、教研工作，2008年退休。副教授职称。他于2016年夏写的《历史与命运》一文收录在《建德知青》一书中，现将此文（略有删节）附录于后，当年知青的劳动生活情况可见一斑。

历史与命运

“没人去，我去！”一言择命运

1968年下半年，我是严州中学第33届高中毕业生，国家正以“知识青年到农村去，在那里可以大有作为”号令天下。当时在建德县境内下乡，有多个地方可选，我选择了乡土习惯相似、容易融入水土的安仁公社。

1968年10月3日，汽车将我等一批青年人直接从学校送往安仁公社。在安仁，已是人山人海，锣鼓喧天，红旗招展，这是当时群众运动的“标配”。我们是第一批下乡知青，是一件破天荒大事，因此，人们赶集似地来到公社欢迎我们。分配到安仁的首批知青由梅城和新安江两地组成，约六七十人。新安江出发的车子先到，梅城出发的车子后到。欢迎人群中有各大队书记带领生产队长和知青同吃同住的东家，任务是将知青领回生产队落户。还有一批是公社书记带领的公社干部们。

十时许，车子停稳，知青鱼贯而出。一位干部模样的长者上前打听：“谁是戴勇？”我举手示意：“我是。”他拉着我的手说：“有个大队离这里有十多里山路，没有人去，你去不去？你是班长，带个头。”我不假思索地回答：“没有人去，我去。”接着就将我等两男两女交给了在场的大队支部书记。其他知青也以同样方式很快被各大队、生产队认领。

图218　荻州村办公楼旧影

我落户的是荻州大队，地处桐庐、建德两县交界的深山里。从直线距离推算十里路外便是富春江水电站和严子陵钓台。大队书记姓潘，名秉忠。他对我开玩笑说："荻州、杭州都有个'州'，你一定是奔着'州'来的吧。"我默默一笑，心想：这位书记真幽默，肯定是好人。在徒步去荻州的路上，我了解到刚才下车问我"去不去？"的这位长者是公社书记，名叫吕鸿章。

去荻州大队必经堰下独木桥（今称永济桥）。一条50多米宽的清渚溪发源于桐庐县钟山，流向富春江。一个个伸向溪对岸的松木桥墩，支撑着50厘米宽的木板桥面，桥下水流湍急。越向前看，桥面越窄。越向下看，水流越快，令人头晕目眩。记不清自己当时是怎么过桥的。可与我同行的两位女知青的过桥情景仍记忆犹新：一位农民兄弟在前拉着她一只手，一位农民兄弟在后拉着她的另一只手，三人一组，停停走走，不时发出"哇哇"尖叫声，桥身发出"嘎嘎"的响声。

经过一个多小时的山路跋涉，到荻州大队已是中午，肚子早已饿瘪。潘书记（后来我们亲切地叫他秉忠）问我："有个小队在煤山，离大队所在地还有五里山路，没有人去，你去不去？"这不是刚才公社书记一问吗？我又一次回答："没有人去，我去。"心想："当农民，哪里都是农民。"接着就将我交给了在场的小队长、共产党员、东家钱春樟。我被二次分配，继续走向深山。

煤山是一个总称，四周群山连绵，平均海拔五六百米。一个小队十来户人家、四五十人散落在煤山山间中。还要爬五里山路，来接我的几位农民兄弟一声不吭地为我扛着沉重的行李，流着汗一步一步前行。他们给我上了第一课：务农就是务实，务实就在脚下。

东家女主人已经做好了丰盛的饭菜，淳朴的乡情全体现在饭桌上。在东家的招呼过后，我便坐下准备吃饭。此时，看热闹的人堆里发出一个声音："还没有向伟大领袖请示呐"。我心一愣，"这里也时兴'早请示，晚汇报'？"（当年流行的"三忠于"仪式）。于是，我连忙拿起"红宝书"说："祝伟大领袖毛主席万寿无疆！"这是我下乡吃第一顿农家饭时遇到的第一个尴尬。

我两次回答："没人去，我去。"无畏地选择了自己的命运。我既然当农民就做个好农民，正如学生时代我立志当一个好学生一样。1968年10月到1971年9月，我在安仁公社荻州大队第5生产队度过。在人生征程中留下了坚卓、刚毅和务实的元素，这是有钱买不回、想要要不来的源代码。

当农民，青春无悔

半个世纪之后，回忆"上山下乡"，我仍以平常心态来叙说这段历史。

历史没有假如。假如历史上推十年：灾荒之年，假如历史上推二十年：抗美援朝，假如历史上推三十年：倭寇入侵。"上山下乡"与中国历史上重大时期相比则幸运许多，至少不用经历"枪林弹雨"，不用"抛头颅、洒热血"。因此，无须太多遗憾，青春无悔。

煤山，一座有煤的山，方圆几十里都是黑乎乎的石头——石煤，学名煤矸石，与煤层同期形成，一般存于地表，热量不高，含硫量大，污染严重。但对于紧缺能源的浙江，在当时不计环境污染的情况下也能缓解能源急需，充入部分石煤可节省优质煤的使用量。当地农民直接用于烧饭、烧水。在"夺煤大会战"时期，杭州市运输公司派车队进驻，每天几十辆运输车日夜不息地转动，通过富春江水道运往杭州，以解燃眉之急。煤山上有一家县属企业——建德县安仁石煤矿，职工300多人，其中不乏县里各社会团体"下放劳动"的干部或文化人。我记得有一位白天劳动衣衫褴褛的"工人"，下班后洗澡、换衣、吹过头发，晚间在他的宿舍里传出阵阵悠扬的二胡琴声。洪荒之地，寂寞山野，这简直是天籁之音。后来知道，他原是建德越剧团的一位琴师。他对生活的豁达，让我印象深刻。

石煤矿不仅开采石煤，还利用石灰石资源，建窑烧制石灰，用于农田，供应富阳、桐庐、兰溪等县市。当然，我们小队的农民靠山吃山，靠厂吃厂。男劳力运输石灰，女劳力捡灰子。虽说辛苦一天，但能赚得几毛钱也是不错的。同时生产队鼓励农户养鸡、养猪，种植自留地。这在当年“割资本主义尾巴”的背景下，这条“尾巴”得以在山高路远的小山村留存，无疑具有安徽“小岗村”色彩。

拉双轮车搞运输是当地农民的一大基本技能，也是生产队一大副业。农闲时，男劳力将石煤或石灰用双轮车运往富春江长坑码头，按量计酬，一般每车负重千斤。我第一次拉双轮车，是东家帮我装车，约五六百斤石灰。出车前再三吩咐我如何注意安全，因为重车下山会遇到惯性，尤其是崎岖路面等诸多不可控因素。路上有一段叫“十八窟”的地方，一边高山，一边水库，路面斜坡落差很大，且急转弯多，以前曾有人在此殒命或致残。我谨慎地与前车保持距离，缓缓跟着东家的车。到了“十八窟”，眼见前面东家的车已经停稳，可我的车到了最危险地段时，却车速越来越快，根本无法控制，险情瞬间即将发生。此时，只见我的东家和一位农民兄弟一左一右一个箭步上前将我的车把紧紧扛住，稳稳地顶住这匹脱缰的野马，帮我脱离了险情，化险为夷。

种田是务农的基础技能。我们队的水田不多，每丘田的面积也不大，俗称“木碗田”，产量不高，却是农民的口粮田。第一次下田，我除了帮助送些秧苗外，一直在田头观察农民如何插秧。当天收工后，我拔了几把松毛丝回家，晚上黑灯瞎火下练习插秧技巧，不久有了感悟：“插秧快慢，重在左手；分秧匀称，重在中指；种田效果，落在右手；是否笔直，眼看前株。”第三天下田，有年轻农民挑战我。结果，我插秧速度快，并苗距均匀，横竖成行，让他们刮目相看。

在农村过着“日出而作，日落而息”的生活。农民除了种田、运输、开山，还种植经济作物，如种茶叶、种茶树（榨油原料）、拓展林业等。每当采茶季节，白天劳作，晚上炒茶，因为当天茶叶是不过夜的。茶叶制作需要经过烘—炒—揉等多个环节，我当过炒茶工。但没几天就被我的东家劝说下来。他说：“炒茶很辛苦，白天劳动，晚上炒茶，连睡觉时间都没有，年轻人吃不消。”这是实在的话，也是体贴的话。

下乡不久，生产队记账、记工分等事项全交给了我。当天出工，当天“画圈”（农民把出工叫“画圈”），公布于众，避免错误，受到农民兄弟的信任。平时，我为农民兄弟理发、修理电器，随叫随到，为他们带来方便。我为村里办起夜校，为失学儿童及青年文盲教文识字，读报纸讲故事，普及科学常识，迎来山村热闹。我在乡村小学当代课教师时，学生十分羡慕我这位“知识青年”的知识。

农村三年，我参加了诸多体力活，学会了男劳力必会的农活，虽然不精，也无长力，但身体力行，尽力尽心。如果说，三年是艰苦的，那么也是“奢华”的。这里呼吸的空气新鲜，吃的蔬菜、粮食没有污染，喝的山水清澈、甘甜。现代城里人的奢侈追求，我在半个世纪前就享受过了。

感恩，乌鸦反哺

1971年9月的一天，山下的大队部传话到山上的小队，叫我第二天到公社去一趟，与分管知青干部潘义美同志联系。第二天，义美一见面便问：“县里有个名额，有次师范学习机会，你去不去？”我答：“没有人去，我去。”这次回答已不是前两次的“不假思索”，而是带着几分成熟。她听了我的回答后，拿出《入学通知书》说：“党委决定选派你去。”就这样，命运把我转向了教师行业，教书育人成为我的终生职业。

据统计，1968年到1978年，安仁公社共计安置知青2000余人。高潮时期，用轮船作为交通工具从杭州将知青运送到富春江，一个批次竟达1350人。公社调用几十辆运煤的运输车，洗干净后来回接送，才完成安置到各生产大队的任务。根据当时省、市、县三级知青办协调，安仁公社主要接纳杭州市上城区、下城区、江干区、省物资局、市运输公司以及本县梅城、新安江等地的知青。为了一代人的生存，安仁公社几乎每个大队、每个生产队、每户农民都分担了国家的责任，做出了无私的奉献。

半个世纪后，见证知青历史的干部潘义美居然成了我的近邻，这就是缘分。古稀之年的她依旧身体健朗，精神矍铄，手脚勤快，思路清晰。问起健康的秘诀，两个字："勤劳。"从当年的安仁公社党委副书记、分管知青干部，到大同区委委员、镇党委书记，再到建德县纪律检查委员会委员，一路走在田埂上，劳动本色没有忘。为官一生，廉洁奉公，关注民生，躬亲百姓，展现了一位农村妇女干部的成长史、奋斗史。

好人一路平安。我感恩于好人的一路相助。

我感恩于我的家风传承。父亲钟爱我这个小儿子，读完村小四年，父亲让我重读一年。因为高小要到五里路外的小学读书，这一"留级"，注定我在同龄人中显得老成。又由于良好的基因，看上去"人大力不亏"，下乡第一年就拿九个工分，第二年拿九个半工分（当年计酬制：男劳力最高十个工分/天，约1元；女劳力最高六个工分/天，约0.6元）。母亲告诉我："戴家世代传贤。你爸有个愿望，小儿子如有本钱，培养他做个郎中（中医）。"父亲这个遗愿是"不为良臣，即为良医"的济世传承。我无法选择职业，但可选择道路，两者融合，便是一个"人"字。

我下乡的行囊特别重，其中有《中医药学》《民间草药》，在农村几年真的用上了。有《水浒全传》《三国演义》，我在夜校里连续讲原版"水浒"和"三国"故事，让大人小孩听得惊喜交加。带去的《红日》《红岩》《红与黑》等小说，在村小代课时作补充教材，讲故事，深受学生欢迎。杭州大学的三本《物理》教材是高中学习的继续，我做完上面所有的练习题，为后来成为文理皆备的教师打下了基础。带去的《唐诗三百首》《毛主席诗词》《鲁迅全集》，农闲时节"躲进小楼成一统，管他东南西北风"，实在分不清在农村看书，还是在城里读书？带《毛泽东选集》是政治任务，还有四部《马恩列斯选集》。我把这些书当故事看，当历史学，当教材做，实乃开卷有益。

我感恩于我的东家钱春樟。作为党员的他，一年365天里，天天辛苦，事事躬亲，保障生产，开拓经营，为全队农户带来福祉。作为队长，他协调每一天的生产，安排每一人的劳动，安顿全队百姓民生，努力实现人人有活干，户户有粮吃。我看到小小山村淳朴的乡情，互帮互助的民风，齐心合力发展生产的共同意愿，这在当时的历史和自然环境下，应归功于队长默默奉献，勤于劳作，以身作则。东家四个孩子，最大的十来岁，后来成为我的学生。如今他们都已成家立业。孙辈、曾孙辈也有了，四代同堂，尽享天伦之乐。他们感谢我为他们做出榜样，我受之有愧，因为当年我也是一个不谙世事的"小鬼"。

我感恩于我的引路人——乡村教师潘天复。他是一位本乡本土、德高望重的老师。在荻州小学，他一个人能教语文、算术、思想、体育、音乐、美术等多门学科，教五个年级（小学五年制），真是天才的教育家。20世纪70年代中期，县教育局将他调往乾潭区中心小学委以重任。后来，我步其后尘，在教育岗位上不需扬鞭自奋蹄，得益于潘老师这位导师、永远的楷模。

我在师范学习结束后，回到安仁中学教书，乌鸦反哺，不忘初心。直到1978年我被调往杭州市教育局教研室。细细算来，我在建德读书、下乡、教书共16年，有人把我当作建德老乡，我把建德当作第二故乡。农村三年练就的"踏实劳动、务实做事、诚实做人"深深地烙在我心里。

戴　勇

2016年仲夏写于杭州

第十二章　交通运输与金融通信

第一节　道路、凉亭和桥梁

安仁村先是有唐时驿道，再是有国道，接下来又有了县乡公路，以及高速公路互通口，在建的杭黄高铁位于村西，交通日益发达，生活节奏日益加快。

道路

古道

安仁村是浙西交通要道上的重地，是江浙至赣闽的主要通道。古道（驿道）建筑历史悠久，《新唐书·地理志》所举干道中，第五条是途经安仁老街，“自杭州西行三百六十里到睦州，又自睦州西行二百八十里到衢州”。“睦州分歧经衢州至福州干道，浙境长六百八十里”。据《建德交通志》载，本市境内自界牌经安仁、大蓬村、陵上……乌龙岭、奄口、武定门进梅城。这条干道全线在唐时建成。系昔日官办之交通大道，其路面多为卵石或青石板结构，晴不扬土，雨不泥泞，方便旅行。

图 219　古驿道后宅段

古道在安仁村的走向：自桐庐县芝厦入建德境，从后山村青山蓬大路山北侧西行，在现加油站处折南至老油车（今张文祥户住房东侧）过清渚溪进安仁老街，折西沿街行至虎头山南侧（旧名嗯峰里，今名金鸡弄），到后宅、牛鞍湾，再西南直达梅城（睦州）。20世纪70年代初前，在后宅至牛鞍湾路段曾有一凉亭，为供行人车马歇脚。青山蓬大路山北侧至清渚溪段因建房等原因，路基已无存。安仁老街—金鸡弄—后宅段尚保持原路形状，老街和金鸡弄段已改成水泥路面。仅后宅段（今建德市成利建材有限公司围墙外侧）约100米路段尚保持原貌。

铺

宋时，在安仁设有铺。明万历年续修的《严州府志》“建德县境图”标示“安宁铺”名，此为驻兵镇守之地。据史料记载，建德除梅城总铺外，有十一个冲要铺，安仁铺为其中之一。设夫4名，每名给银八两四钱。递铺清末间陆续废。安仁铺遗址无存。

公路

早期公路　据《建德县志》记载：“民国17年（1928），浙江省政府制定了浙江省修筑公路计划大纲，桐庐—建德—寿昌线列入第一期工程。1932年12月16日开始测量施工，1934年建成，是沪、桂七省市干线的一部分。”1934年7月17日桐（庐）建（德）白（沙）公路建成通车。客运班车为梅城—桐庐，每天两个班次。公路位于村东南，从后山村入安仁村境，在今张文祥住宅（20世纪70年代中期前为粮站）东侧处将治平桥改建为公路桥过清渚溪，从金秋街一直向西南延伸至建德县城梅城，然后再向西南经新安江白沙渡到达寿昌县。该路在1937年至1949年间，因战争屡次被毁。

320国道　320国道（上海至云南瑞丽）在安仁段有过多次改造，并形成老国道线（今后坞线）和新国道线之别。

图 220　320 国道位于安仁集镇东南

老国道　于1957年建成，自村北过安仁桥，沿村西虎头山脚向南行至今安仁农贸市场处转西与早期公路会合。初期为泥结碎石路面，道路弯曲，属技标三级和少量四级。1979年，320国道进行改弯取直，拓宽填基的改线工程。安仁桥进行拓宽改造，并同时将村西南的弯道改建到今安仁信用社前面，即形成现存的老国道线（今称后坞线）。1990年，又进行斩弯取直工程，并改建为二级沥青公路。安仁至新安江县城44.03公里。

新国道　1997年320国道进行一级公路扩建。安仁至绪塘段为一期工程，是年8月动工，1998年11月完工。限速100公里，双向4车道。在安仁段，将320国道改线到村东南，即今320国道。2014年7—10月，320国道进行“白改黑”维修改造工程。由于路况好，到杭州的时间从4小时缩短为1小时，到县城新安江的时间原需2小时，现只要40分钟。

图 221　杭新景高速安仁出口

高速公路安仁互通线　2003年年末，杭新景高速公路开建，2005年12月建成通车。全封闭，全立交，双向6车道，路基宽33.50米，限速120公里/小时。高速公路从村西的施家村通过。其高速公路安仁互通口建在村西北的安仁大畈，收费站出口道路直通本村村北，与后坞线相连。其收费站与连接线均在本村境内。

安钦公路　1997年，在村西安仁桥沿清渚溪北岸至徐七线连接建成安仁—钦堂公路（简称安钦公路）。为三级县道，沥青路面。路长3.35公里，路基宽6~8米，路面宽6米。1998年砂改油。2014年8月进行扩建工程。从后坞线与高速互通连接交叉口起，终点与徐七线连接，全程3.524公里。采用二级公路标准建设，设计时速每小时60公里，路基宽10米，总投资5385万元（包括安仁桥）。2015年12月完工。在安仁村域段约1.5公里。

图 222　安钦公路安仁村域段

坞煤线　始于320国道前陵村坞口自然村，经王岩村王家自然村至煤灰山，于1970年建成，全程4.1公里，泥结碎石，属等外级公路。2004年，在建德市实施康庄工程（通村公路）中，坞煤线至荻州村段，改建为沥青路面。2006年，改建为水泥路面。

后坞线　俗称老320国道，线路自后山至坞口，故名。原为320国道路段，1999年将该路段改线至村东南后，降为乡道，2008年又升级为县道。总长2819米，宽9米。在村域内长约1200余米，处于中段。后山至信用社段又称仁和路，信用社至朱几坞路口段又称金秋街。2000年，原安仁镇政府投资200万元对后坞线原镇政府门口至下梓村路口，长1500米进行拓宽，将路面拓宽至12米，两边各4米的人行道铺上彩砖，路面浇筑沥青。安仁集镇的大多商铺、饭店、旅社及厂房建在该路段两侧，为商业、工业繁华带。2016年，沥青路面进行翻修。

码头

长坑埠码头位于富春江北岸长坑垄南口，严子陵钩台上游。清末民国初起，在长坑设有客运码头。下行桐庐、富阳、杭州等地，上航兰溪、梅城、白沙、淳安和徽州的屯溪。20世纪60年代初，富春江大坝工程竣工后，下游航线缩至七里泷（今富春江镇）。客运航线分别由钱江航运公司和建德梅城航运公司经营。钱江航运公司经营兰溪—梅城—七里泷航线，建德梅城航运公司经营梅城—七里泷航线，每天有四班客船在长坑码头停靠。

图 223　长坑客运码头旧址（摄于2016年）

长坑距梅城25公里。20世纪60年代，长坑—梅城的船票价约0.36元，到1992年的票价为2.60元。

随着公路交通的便捷，至1993年7月，客运航线停业。

《建德市交通志》载：“土改后期（20世纪50年代），安仁煤灰厂之煤灰，肩挑到长坑用船运至本县三都、梅城两区。70年代，经由长坑外调的煤灰，年运量在3000吨左右。”

20世纪70年代初期“夺煤大会战”时，为适应石煤运输，建德航管所在长坑设立航运工作组，修筑简易装卸码头，以利石煤、石灰外运。《建德市交通志》载：据建德县石煤综合利用公司统计，1970年至1987年经由长坑、七里泷、渡济三地外调石煤达82.1万吨。

机耕路

在安仁村域内列入县（市）级的机耕路有两条：一是煤灰山至长坑（以下简称煤长线），路经荻州潘家、汪家，长5公里，宽6米，1970年3月建成，为砂石路面。由省煤炭局投资建造。2004年，煤灰山至汪家路段2.2公里，改建为路基宽4米、路面宽3米的沥青路面，后又改建成水泥路面。二是煤灰山（原市石煤公司）至田公田，路经高坪村，长7.5公里，宽3.5米，泥石路面。1987年4月建成。2006年改建成水泥路面。

安仁街老地名

安仁老街呈东西向，南北两侧有多条小巷延伸至村外，其老地名有近千年的历史。20世纪80年代起，随着新农村建设的推进和村民住房的改扩建，原小巷的面貌已发生了巨大的变化。安仁街老地名选介如下：

图 224　吴家弄

图 225　三排弄

陈家弄　北起清渚溪南岸安洁路，南至安仁街。以陈姓人居住为多，故名。此名一直沿用至今。陈家弄为安仁老街的中心地段，因而以此弄南口为界分上街和下街，即以西为上街，以东为下街。陈家弄为安仁村古时成村时的主要道路之一，具有千年历史。路宽仅1.5米左右，早期为鹅卵石路面，20世纪80年代改为水泥路面。2014年起，在创建省“美丽宜居”示范村时，拆除了路两侧的大部分旧房屋，拓宽成3~5米的水泥路。

吴家弄　北起安仁街，南至金秋街（今黄新潮住宅西侧）。据传，清末间，由一个姓吴的人在此建造了两幢二层楼的砖瓦房，两幢楼之间留有一条南北向的弄堂，故名。21世纪初，此老房子都已被新住宅所取代，弄堂两侧的样子虽已变了样，但弄堂的走向未变。吴家弄名称一直沿用至今。

钱庄弄　位于今叶卫民住宅东侧，南北向。北起安仁街，南止杨建平住宅西南角。

董家巷　北起安洁路（今黄玉富门口），南至李林樟住宅折东又折南至安仁老街（今王炎祥住宅西侧）。以董姓集居在董家厅、厅明堂一带，故名。

三排弄　早时，此处有三条小弄堂，故名。又名石板弄、三牌弄。位于下街头，南北向，长100余米。南至安仁街（今董万根住宅处），北至安洁路（今杨云初住宅处）。

安仁集镇新地名

1996年上半年，原安仁镇政府向市政府上报《关于要求批准新建街、路、巷命名的请求》。是年9月3日，市政府下发建政发〔1996〕140号《关于对安仁镇新建道路命名的批复》。经过20年的变迁，特别是老320国道已改建至村东南，原道路命名的起止点已发生了较大变化，因而新地名的起止点根据现时的实际情况相应调整。新地名简况如下：

安仁集镇新地名简况表

表12—1

序号	路　名	起	止	路长（米）	路宽（米）
1	旺乐路	南起朱几坞	北至后坞线	400	3~4
2	东兴路	南起窑蓬后	北至金秋街	250	3~4
3	安春路	东起东兴路	西至电杆厂	150	4
4	金秋街	东起董玉明住宅	西至后宅路	1000	12
5	安盛路	北起后坞线	南至清渚溪北岸又折西至安仁桥	600	3~5
6	后宅路	南起金秋街	北至成利建材公司大门口	100	6
7	安钦路	东起后坞线（安仁桥）	北至徐七线（钦堂乡境）	3500	8~10
8	安仁街	东起安洁巷	西至仁和路（后坞线）	300	8
9	仁和路	北起桐庐交界处	西至金秋街（与后坞线重叠）	2000	8~12
10	翠和路	北起后坞线	南至后山村	300	5
11	安洁巷	东起污水处理厂	西至后坞线（安仁桥南头）	600	3~4
12	新星路	南起仁和路	北至安仁中心学校	30	2~3
13	村前巷	南起新星路	北至安钦路	60	3~4
14	金鸡弄	东起仁和路	西至后坞线（金秋街）	500	2~3

图 226　旺乐路

图 227　东兴路

图 228　安春路

图 229　金秋街

图 230　安盛路清渚溪南岸段

图 231　后宅路

图 232　安钦公路安仁段

图 233　安仁街

图 234　仁和路

图 235　翠和路

图 236　安洁路

图 237　仁和路（后坞线）东段

图 238　新星路

图 239　村前巷

图 240　金鸡弄东入口

凉亭

步霄亭　位于清渚溪南岸（原治平桥南端，今施力民住宅东侧），建于元代。20世纪30年代后期因战事被毁。遗址无存。

安乐凉亭　位于潘家自然村东侧的大路上（旧名双角塘边）。始建时间无考，今无存。

牛鞍湾凉亭　位于后宅与牛鞍湾之间的古道上，由安仁村董氏家族出资建于清末。20世纪70年代圮。

荻州岭凉亭　原位于孝荻线荻州岭上，建于何时无考。20世纪70年代，因建石塘下至汪家公路时（今孝荻线）向东移建120米。20世纪80年代中期圮。

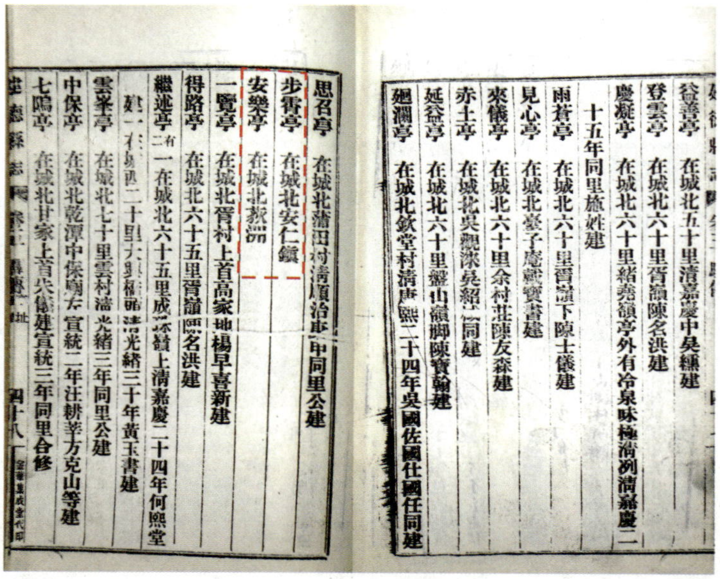

發善亭　在城北五十里清嘉慶中吳纁建
登雲亭　在城北六十里胥嶺陳名洪建
慶凝亭　在城北六十里緒堯嶺亭外有冷泉味極清冽清嘉慶二
十五年同里施姓建
雨蒼亭　在城北六十里胥嶺下陳士儀建
見心亭　在城北臺子庵戴寶書建
來儀亭　在城北六十里余村莊陳友森建
赤土亭　在城北吳觀深吳紹□同建
延益亭　在城北六十里盤山嶺脚陳寶翰建
廻瀾亭　在城北欽堂村清康熙二十四年吳國佐國仕國任同建

思召亭　在城北蒲田村清順治甲申同里公建
步霄亭　在城北安仁鎮
安樂亭　在城北茲淵
一覽亭　在城北胥村上首高家坤楊早喜新建
得路亭　在城北六十五里胥嶺熙名洪建
繼述亭　有二一在城北六十五里成家嶺上清嘉慶二十四年何熙堂建一在城西二十里大坑嶺清光緒三十年黃玉書建
雲峯亭　在城北七十里雲村清光緒三年同里公建
中保亭　在城北乾潭中保嶺左宣統二年汪耕莘方克山等建
七鳴亭　在城北甘家上首天傍建宣統三年同里合修

图 241　1919 年《建德县志》关于步霄亭、安乐亭的记载

虎头山凉亭　2006年建成。位于虎头山东侧中部，为虎头山公园的重要景点之一。六角单檐亭，造型兼具古典与现代，融合古今之美，成了村民休闲娱乐的好去处。

图 242　虎头山公园

图 243　虎头山凉亭

仁善亭　意为仁爱善良。位于清渚溪北岸安仁桥上游100米处。2014年12月建成。仿古四面通透走廊式建筑，为木结构、木基层、瓦屋面。柱、梁、美人靠、横条等所有木结构均采用美松木。建筑面积51.58平方米。全长20.80米，宽4米，总高4.30米。廊两侧配有鹅项椅（美人靠），可供村民小憩。2017年向西进行扩建，凉亭长度和面积扩大了一倍多。为村文化长廊之一，属村“文化礼堂”的重要组成部分。

仁和亭　位于仁和路与金鸡弄路口，故名。2015年8月建成。仿古四面通透走廊式建筑，为木结构、木基层、瓦屋面。三间，中高两边低，总高4.6米，长6.3米、宽4.3米。建筑面积27平方米。可供村民小憩。

图 244　仁善亭（文化长廊）

图 245　仁和亭

桥梁

治平桥

治平桥，俗称安仁桥。南北向，横跨清渚溪。旧址位于今安仁桥下游200米处，北岸旧址位于今张文祥住宅东侧水埠处，南岸旧址位于今施力民住宅处。治平桥桥名意为“克家之治治其外，一心之平平人情”。南宋《景定严州续志》（卷五）载：“在芝川乡者曰朱紫桥、治平桥、杜息桥。惟治平桥有田百亩，给修造费，里人童天任所捐也，今命钓台九陇寺主之。”据清邵章程《治平桥碑记》云，治平桥由明

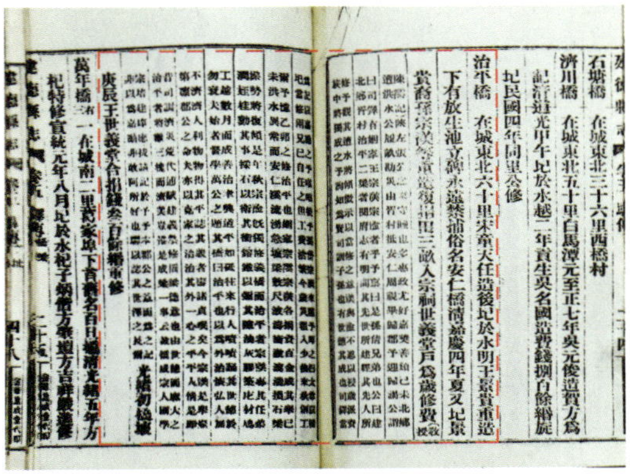

石塘橋　在城東北三十六里西橋村

濟川橋　在城東北五十里白馬潭元至正七年吳元俊造賀方爲記清道光甲午圮於水越二年貢生吳名國造費錢捌百餘緡旋圮民國四年同里公修

治平橋　在城東北六十里宋章天任造後圮於水明王景貴重造下有放生池立碑永遠禁捕俗名安仁橋清嘉慶四年夏又圮景貴裔孫宗渓等重造復捐田三畝入宗祠世義堂戶爲歲修費

庚辰王世義堂合捐錢叁百餘緡重修

萬年橋　在城南二里窯家埠下首舊名百日橋清光緒五年方杞特修宣統元年八月圮於水杞子炳衡等方吉祥續修

图 246　治平桥记（1919 年《建德县志》）

图 247 治平桥旧址（清渚溪北岸）

图 248 治平桥遗留石块（1）

图 249 治平桥遗留石块（2）

嘉靖间乡贤王景贵、王景瑢重建。后遭洪水损坏，明朝王景贵又重建。在桥下方建有放生池，并立“永远禁捕”碑。后改铺石板桥面，为七省交通必经之桥。清陈沄《治平桥记》述，清乾隆六十年（1795）之修治平也，姻家宗沄、宗渼各捐资百金成其举。嘉庆四年（1799）夏遭洪水，泻湍损石桥跺，势将复倾，王景贵之孙王宗渼，宗淦又捐资重修，并捐田三亩，入宗祠世义堂，为每年的修理费。清光绪初年，桥又坏，庚辰王世义堂合捐钱三百余修复。民国初年，为三孔石拱桥。民国23年〔1934〕年在建造桐（庐）建（德）白（沙）公路（沪、桂七省市干线的一部分）时，将登桥石阶拆除，改石拱桥，桥面用进口水泥、钢筋浇铸，同时加宽，成公路桥。民国26年〔1937〕年抗日战争时，为阻挡日军机械化部队，国军两次将桥面并桥墩摧毁。民国35年（1946）在原址上架起木桥，可供汽车通行。民国38年（1949）2月、3月，金萧支队和安仁村群众为阻挡国民党残兵逃跑，两次将桥梁烧毁。在桥未修复前，车辆只能从下游100米处水中便道水口庙（旧名）处通行（今址约为320国道安仁1号桥西侧）。1956年，为合理安排公路之线，移桥址于上游200米处，建成320国道安仁桥（今名后坞线安仁桥）。此后，原治平桥和水中便道完全废弃。2005年前，位于清渚溪南岸的桥墩曾有残留，在清渚溪拓宽治理时绝迹。

今存原桥残石两块。

陈沄《治平桥记》和邵章程《治平桥碑记》全文附录于后。

附12—1：

治平桥记

清·陈沄

陕左张公之来守睦也，多惠政，尤好嘉奖善类。己未（清嘉庆四年，1799），北乡遭洪水，公履亩戡定，由胥村抵安仁，同视毕，归郡，予迎归，谒，公谓曰：“司铎有姻家王宗渼、宗淦者乎?”予禀曰：“是孙倩兄弟也。”公曰：“建北胥村、治平二梁者，阅府志有明间其先世所建，经其先人所修，予观其遭水将倾，微示以当修之意。渼与淦不忍以祲岁派资，族中将独成之。予询知为贤司训子孙也，有世德其成也。司铎当为记以嘉励之!”予唯唯。

后予孙倩宗润来郡，予叩之，曰：“太尊以桥圮当修，两史已自任之也，但工费浩繁，今岁灾，租入少，俟来秋创工尔。”予忆乙卯（乾隆六十年，1795）之修治平也，姻家宗沄、宗渼各捐资百金成其举。己未洪水异常而安仁溪流涌急，坏梁数尺，波涛冲激，泻湍损石梁垛，势将复倾。是年秋，宗淦既独资修义桥，而治平桥者宗渼专其任，弟润、侄桂襄其事，采石以卫其冲，镕铁以弥之隙，油灰胶筑，庀材鸠工，越数月而成，善治聿兴，道平如砥，往来行人，啧啧诵其世德于弗衰。

夫始者督学万公之题其桥曰“治平”也，以为外恢弘，人无不济；济人利物，物得其平，志其义者，寿诸贞珉矣。今宗渼是举，岂第凛郡公之命，夫亦以克家之治治其外，一心之平平人情，是即昔司训济灾荒，代逋赋，建义塾，修桥梁德意也。由世德而廓大之，治平者将继三槐而济美，岂惟是成梁一事云哉!

桥成，宗人国学宗培、建庠应跋请记于予，予本郡公之意而为之记，非以为嘉励，非敢可所好也。聊以志其世泽之长尔。

（录自民国《建德县志》第二册卷五《驿传·桥梁》第24页）

附12—2：

治平桥碑记

清·邵章程

桥名治平，明嘉靖间乡贤王景贵、王景瑢所建，督学万公记而名之。文载府县志。严滩距桐庐百余里，行舟有七里之险，若取道北岭过义桥，走渡息经治平，则一日可至。盖三桥者为置邮商贾络绎之冲，乡贤治此以平水道也。渡息溪狭，义桥与治平源深水汇，涨激易损，而治平为甚。自明来经五修，皆景荣、景贵、景瑛、景瑢公之裔，记俱载于家乘，并勒石以垂久远。嘉庆己未水，义桥激裂，治平竟冲去两环，虽一环仅存，亦势就倾坠。前太守张①勘临嗟叹无措，以桥基湍水，叠石当空，横之广，纵之长，积之高，修固不易，建亦更难。时宗渼与从弟宗淦，不忍祖泽之遂湮。淦任义桥事，而渼任治平焉。爰与弟宗润、侄桂合谋重建，族人咸运木经襄事。渼买青溪巨石，乘涸填石为基，桩木为卫，基固而垛垛而瑜，联以铁锭胶以油灰，浇以豆浆糜粥，凡诸所作，心坚其固，工兴至三月，鲜淫雨霜雪，时人感叹异为天相云。桥广丈四尺，长二十六丈，高五寻，环三洞。工既成，计费银千两，仍其名曰治平。彰显德也。更捐田三亩入祠。每岁收租为后时修用，是则计其大者，复计其远者也。诵王氏世德者。口碑载道，知其后必有继三槐之荫者，岂第治平乎。此哉爰代口碑寿诸石。

时大清嘉庆十年岁次乙丑春三月吉旦，眷弟邵章程拜撰；董事裔孙王云一、王并川、裔孙王宗渼，侄男王桂栋、王桂重、王桂春建。

（摘自乾潭镇大畈村《胥村琅琊郡王氏宗谱》）

注①：太守张，指严州知府张丙震。

鱼坑坞口桥

鱼坑坞口桥位于鱼坑坞坞口，故名。为单孔石拱桥，南北走向，横跨小溪。据有关史料记载，鱼坑坞口桥约建于1875年前后，由安仁村董氏家族六十五世孙董汝南出资建造。距今140余年。

石拱桥全长10.5米，桥面宽2.2米，桥高3.5米。拱券为并联，以青石板（条、块）砌筑，净跨8.12米，矢高2.9米。该桥在全国第三次文物普查时登记入册，建德市人民政府于2010年4月在桥南端竖有一块编号为GQ111“历史建筑　重点保护”碑。

1998年，由于320国道与小溪出口改道时，故两端的台阶被土填埋而损，并一时用作机耕路。现今，桥两端的道路均高于桥面，已失去其功能。

旧时，该桥为梅城、安仁通往桐庐县境以及长坑码头的重要通道。

图 250　“历史建筑　重点保护”碑

图 251　鱼坑坞口桥

鱼坑坞口桥保存尚好，为研究安仁早年的交通提供了实物资料。

安仁桥

安仁桥于1957年建成，为320国道（上海至云南瑞丽）桐庐入建德境后的第一座大桥。1975年因富春江水电站从法国进口水轮机，有150吨大型机械需通过而进行改造。1986年《建德县志》载：“安仁桥位于村北，横跨清渚溪，南北向。系4孔铪T梁，中两孔净跨17.6米，左右边孔净跨8.38米，全长53.46米，宽9米，高6.5米。”载重：汽车20吨，拖挂车225吨。1998年320国道改道至村东南后，安仁桥成了后坞线上的一座桥。后因该桥超负荷运行，损坏严重，2014年8月整体拆除重建，2015年2月建成。重建后的安仁桥桥长50米，两跨，宽21米。设计荷载：公路Ⅰ级。总投资408万元。上

图 252　改造前的安仁桥

图 253　2015 年改造后的安仁桥

部结构为2×25米预应力砼组合小箱梁，下部结构桥墩为柱式墩，桥台为U形。

320国道安仁1号桥

1997年，320国道进行一级公路扩建。在安仁段，将320国道改线至村东南。在村东新造了一座新桥，横跨清渚溪，名安仁1号桥。1998年11月完工。桥长108米，宽24.50米，桥面净宽22.50米。桥荷载重为汽车（超长车）20吨，挂车120吨。6孔、跨径16米。2014年8月进行桥面修理。

320国道安仁2号桥

320国道安仁2号桥位于村南东兴路南口，横跨小溪。1998年建成，桥长26米。路线编号名称：G320沪瑞线，中心桩号：K310+764。

永济桥

永济桥位于堰下自然村，俗称堰下桥。桥长60米，宽4.6米，三拱石桥。南北横跨清渚溪，是堰下自然村至安仁集镇的主要通道。

图 254　20 世纪 70 年代前永济桥样式

早前，原是一座简易木桥。安下村村民居住在桥南端，大部分农田在桥的北端，是堰下村民每天出行、劳作的必经之路。在交通不发达时代，该桥也是安仁至七里泷、荻州村、长坑码头的重要通道之一。由于木桥简陋，一遇洪水即被冲垮。垮了修，修好又垮，一年中不知要折腾多少回，使来往的过桥者十分不便。尤其是风雪雨天过桥，更是难上加难。因木桥腐烂断裂或遇洪水冲垮时，常有人掉入河中而丧命。

要造一座坚固的水泥桥，成了安仁人多年的梦想。

永济桥于1984年9月20日动工，1985年12月2日竣工。总投资2.35万元。除县政府拨款1万元和安仁乡政府出资1000元外，其余款项均由有关村委、企业及热心公益人士自愿所捐。其中有5家企业共捐款1900元；22个村共捐款7540元；103人共捐款3060元。

工程动工后的90多天，当第一期工程即将完工时，桥南侧的两拱坍塌（因当时经费紧张，只能南侧两拱先施工，由于其产生的压力向北侧挤压所致）。翌年，造桥工程重新启动，11月竣工。

图 255　1984 年建造的永济桥

图 256　1984 年立的“永济桥碑”

图 257　2015 年改造后的永济桥

图 258　2015 年改造后的永济桥桥面

在桥北端东侧，今存一块由安仁村委会于1985年12月1日谨立的“永济桥碑”。

2015年11月，在实施堰下自然村消防通道及基础设施建设工程中，对永济桥桥面和护栏进行修缮。护栏全部换成石板材料。

2015年12月，在堰下自然村曹坤祥门前的洗衣埠发现一块早期的“永济桥碑”。碑高142厘米，宽53.5厘米，厚7厘米。石碑上部的“永济桥碑”四字尚存，但已模糊，碑文已完全无法辨识。原因是多年洗衣被磨损所致。立于何时？何人立？无考。残碑今存曹坤祥家。

图 259　永济桥老石碑

图 260　“永济桥碑”四字尚存

附12—3：

永济桥碑文

桥与天地竞长久　碑同日月赛光华

永济桥今昔

（一）

古往木桥横架，春夏十有九垮。

余走行人生命，继延耕耘庄稼。

（二）

建桥志诚已久，只因心余力微，

幸有文明领导，感谢仁人筹募。

（三）

今来飞渡新桥，牢固万代千秋，
车畜任达畅通，行人无忧无愁。

永济桥志铭

新建石桥名为永济，动手于甲子年八月廿五日，竣工翌年乙丑十月廿一日。此桥人车往来，道所必经，为便利民众安全过渡，车畜通行须筑牢固。石桥但需费资巨大，共计支付人民币二万三千五百元，建成桥宽四米六，长六十米。以上建桥支付资金所赖各地仁人君子、热心公益之士，慷慨解囊，喜舍乐施，各阶良善仁人，已植现在之因，定犷未来之果。为铭刻难忘募捐建桥之功，故立此碑，誌纪念于永存。

下列计开　全王芳名　募捐金额　永存嗣后

县政府一万元	安仁乡政府一千元	县石煤矿六百五十元	
乡水泥厂六百元	荻州村五百元	春江建工队四百元	
电器厂二百元	下坑垅村一百三十元	施家村一百元	
朱几坞四队一百五十元	金家村二百七十元	里董村二百元	
梓坞村一百五十元	大庄村一百五十元	孝门村一百元	
石塘下村一百元	高坪村一百元	横山村一百元	小庄村五十元
柏塘垅村五十元	蒲田村五十元	后山村五十元	石舍村五十元
大路上村五十元	沙湾村五十元	乡农机厂五十元	
安仁村三千元一百元	安仁一队二千九百元	龙庄教会二十元	
汪光龙一百七十五元	钱樟根一百七十五元	吴其瑶一百七十五元	
池顺山一百五十元	陈东昇一百五十元	宋长和一百二十五元	
张焕林一百二十五元	王兴良一百二十五元	王来兴一百二十五元	
张长友一百二十五元	曹风宝一百二十五元	羊关照一百二十五元	
羊关洪一百二十五元	羊洪根一百元	杨国刚一百元	杨光尧一百元
宋长耀一百元	钱樟良一百元	杨根潮五十元	王光庆五十元
王松良五十元	王正良五十元	丁翠珍四十元	张彤花八十元
马柏顺五十元	宋建铭七十元	何红梅四十元	陆盛年二十元
何春仙十五元	胡治中十五元	张　英十元	阮美春二十五元
吴凤花四十三元	郑玉香二十二元	刘茂槐二十元	宁樟如二十元
杨雪有二十元	卢光金二十元	杨桂林十五元	陈　美十元

张小芳十元	董樟良十元	吴正佩十元	刘文钟十元	白百花十元
金林锋十元	李德乔十元	徐惠芳十元	陈　昌十元	吴金柱十元
王福祥十元	施樟荣十元	戴金海十元	陆世忠十元	吴洪玉十元
廖樟良十元	陈樟贵十元	赵宗明十元	舒金凤十元	马超梅十元
章雪花十元	李根来十元	金桂仙十元	董小苟十元	羊莲珍五元
朱秋云五元	马占顺五元	付小牛五元	汪荣良五元	陈雪妹五元

钟阿高五元	金保林五元	王冬英五元	洪银娥十元	沈有根五元
沈彐保五元	蒋长和五元	吴静凤五元	蔡仙仙五元	戴世开五元
李樟火三元	朱冬花五元	杨汝梅三元	蒋春光二元	钟大贵二元
雷文贵二元	廖金龙二元	王金根二元	戴世法二元	戴道龙二元
王权林二元	郭凤姣二元	张莲珠二元	陈小妹二元	王冬花二元
马文青二元	王占清二元	王金根二元	施　花一元	杨夏兰一元
钟德芳一元	钟光松一元	陈樟定一元		

安仁村委会　谨立

公元一九八五年十二月一日

第二节　货运和客运

货运

旧时，货物运输主要靠挑夫脚力来实现。安仁集市商铺的货物进出大多靠人力肩挑搬运，也有部分销往外地的农副产品是通过清渚溪以竹筏运至富春江码头，再装上木船转运各地。然后，竹筏回程时将本地急需的南杂物运回。

20世纪50年代起，开始使用独轮车运输，后来逐渐发展到手拉双轮车。70年代前，安仁就有专门的手拉双轮车运输队，经营搬运装卸业务，由安仁手工业社管理。安仁供销社的物资均由该运输队搬运。到梅城拉一趟货，来回要两天时间。

20世纪70年代起，手扶拖拉机成了主要运输工具。因拖拉机到梅城拉货可当天来回，因而手拉车运输被逐渐淘汰。70年代初，手扶拖拉机为供销社运货的运费按趟计算，单趟13~15元，如来回都有货的话，运费20~25元。80年代起，运费单趟提高到30多元。后来，按货物重量计算运费，一般每百斤0.50元。

1981年3月，荻州村村民汪云良自筹资金13900元，购跃进车1辆，2.5吨位，从事货物运输，成为建德县最早的个体运输户。在县城新安江从事汽车运输业务。

1982年，安仁村村民董光龙自筹资金3000元，购手扶拖拉机1辆，从事安仁供销社的大宗货物运输，成为安仁村最早的个体手扶拖拉机运输户。

此后，逐渐发展到方向盘拖拉机、农用车、大型车辆等从事货运业务。

客运

旧时，安仁村的民间客运主要是轿。

20世纪30年代起，随着公路的建成，客运以汽车为主要交通工具。那时的建桐公路上，客运班次很少，每天仅两班，且为烧木炭的客车，到杭州要6个多小时，去建德县城（梅城）也需2个多小时。50年代起，经过安仁的客运班车逐渐增多。特别是320国道建成后，坐汽车出行快捷方便。

20世纪80年代后，汽车客运已很普遍。由于安仁所处的特殊交通地理位置，建德县城到省城杭州是必经之地，故每天通往省内外的过境班车有100多个班次。今时的客运交通十分发达。新安江至杭州的城市公交车和其他客运班车均在安仁设有停靠站。

20世纪90年代末起，随着私有家庭轿车拥有量的不断增多，村民出行乘车十分方便。1995年，安仁村村民朱尧仁购置一辆红旗牌轿车，成为安仁村第一辆私家轿车。安仁村今有私家轿车150余辆。

安仁汽车站

图261　20世纪60年代的安仁汽车站旧影

1934年7月17日桐（庐）建（德）白（沙）公路建成通车。当年的客运班车为建德（梅城）—桐庐，每天两个班次。1934年12月1日起，设安仁停靠站。民国23年（1934）十二月三日《严州民报》报道：“桐建淳公路原设车站，距离太长，中途旅客乘车，多感不便。省公路局自本月一日起，特添设圆通寺、蒋家埠、安仁、坞口……等二十站。除杭州—界口、杭州—淳安联运车仍由各原站站上售票搭客外，其余各次行车，一律改为车上售票，挨站停靠。”

20世纪30年代末40年代初因战事频发，安仁桥被毁、公路被破坏，故客车停运。

1950年后，安仁车站为建德县当时4个代办站之一。二十世纪五六十年代的安仁汽车站租设在安仁老街上街头杨海林的房子里（今杨建华住宅北侧花坛处）。

20世纪60年代末，在安仁村西虎头山脚（今金鸡弄东入口凉亭东侧）320国道傍新建了安仁汽车站，为三间砖瓦平房（其中两间为候车室），是当时安仁的地标性建筑。每天有近20辆班车在此停靠。到杭州需4~5小时，到县城新安江需2小时多。为建德县12个自办站之一。

1979年，320国道进行改弯取直，即形成现存的后坞线。由于国道取直，将原车站拆除后移建至村西南的弯道南侧（320国道317K+14），即现今的安仁信用社西南的花坛（安仁村碑处），每天有30多辆班车在此停靠。有站房3间（其中候车室2间），工作人员1人。

1998年，320国道安仁段改建至村东南，汽车站距新国道100余米。2000年12月起，客运经营进入市场化运作，尤其是安仁集镇化建设，汽车站被淘汰而拆除。此后，安仁汽车站便消失在人们的视野中。

20世纪70年代大型客车票价：安仁—白沙1.05元；安仁—杭州2.70元。

20世纪80年代末，中巴招手车兴起。1992年票价：安仁—大畈1.00元；安仁—杨村桥2.00元；安仁—白沙3.50元。

2016年客车票价：安仁—新安江9.50元；安仁—杭州25元。

第三节 金 融

图 262　20 世纪 70 年代的安仁信用社办公楼

建德市农村信用合作联社乾潭信用社安仁分社

前身为安仁乡、前陵乡、施家乡3个信用合作社。前陵、施家乡信用合作社创建于1954年10月，安仁乡信用合作社创建于1955年1月。建立初期，实行双重管理体制，党政关系归安仁乡党政部门，业务管理归银行。1956年3月，前陵信用合作社、施家信用合作社并入安仁信用合作社。1958年10月，建立安仁人民公社信用部，辖安仁、钦堂信用分部。1961年调整公社规模，时称安仁信用合作社。1978年5月，改置为安仁公社信用合作社，信用社干部职工由公社党委管理。1988年7月，安仁信用社由县（市）信用合作联社管理，成为独立核算、自主经营、自负盈亏单位。1998年9月1日，更名为安仁农村信用合作社。2001年5月，并入乾潭信用社，更名为建德市农村信

图 263　安仁信用社（摄于 2016 年）

用合作联社乾潭信用社安仁分社和中心储蓄所，形成现状。

自创办以来，随着经济、社会的发展，安仁信用社社址三易其地。初时地址设在安仁街吴家弄北口东侧的陈关源老宅内（今陈志军住宅）。1972年搬迁至虎头山南侧嗯峰里（旧名）。2004年搬迁至今址仁和路（后坞线）。

1956年并社前的专职干部：前陵信用社：高赐权；施家信用社：施功升；安仁信用社：陈兰贞。1956年3月合并为安仁信用社的专职干部为王海根、陈兰贞。1959—1979年，专职干部为夏潮水、董春兰。1980—2017年，历任主任先后为夏潮水、董春兰、余海云、董春兰、覃慧芳。

第四节　邮政通信

古时，人们需要传递信息，没有现代的设备和相应的通信条件，而借助于鸣锣、烽火、马驿等多种原始手段传递信息。

北宋时，在安仁设有递铺，由兵卒代替百姓充任递夫，传递官方文书。据史料记载，建德除梅城总铺外，有11个冲要铺，安仁铺为其中之一。古代的递铺还具有驿站功能，是接待传递公文的差役和来访官员途中休息、换马的处所。递铺于清末间废。

民国36年（1947），建德全县设信柜20个，安仁为其中之一。

1950—1956年，建德全县设信柜17个，其中安仁信柜设在张春源堂药店内。本埠报纸、信件放在此处，由店主张希淑义务兼职保管并通知各接收人自取。

1956年，架设乾潭至安仁的单铁线10杆程公里，并延伸至钦堂。安仁公社装电话机一部。1958年，乾潭至安仁的单铁线改为双铁线，并在安仁公社安装20门总机一部。是年4月，安仁邮电所正式开办。此后，邮电事业迅速发展，不仅借助于各种现代的交通运输工具，而且直接使用电子、微电子等新技术为核心的各种通信设备，缩短了信息交流的时空距离，成了人们社会联系的一种重要方式，利用便利的邮电联系来解决工作、生活中的问题，提高了办事效率。

安仁邮电（政）所

邮电（政）所主要是替用户电话转接、寄送书信、邮寄物品、汇总款项、邮票及报刊发行等业务。安仁邮电所于1958年4月开办，由县邮政局直接管理。初创地址设在吴家弄北口东侧的公社办公楼内。当初全公社电话机不足10门，主要是公社、供销社、医院、粮站、学校等部门和周边的几个生产大队装有电话机。1962年，安仁邮电所下放到安仁公社管理。1963年为安仁邮政代办所。

图 264　安仁邮政所（摄于 2016 年）

1972年搬入位于老320国道（今后坞线）傍的邮电楼（今址为金鸡弄路口商品房），磁石总机扩容为30门。1982年，为加强公社邮电所的管理，建德县实行邮电联营，与乾潭邮电所联合经营，安仁邮电所的管理权划归乾潭所。1995年6月8日，安仁邮电所新增邮政储蓄网点。1996年搬迁至今址金秋街1号。1998年8月，实行邮、电分营。2004年12月10日，邮政储蓄实现全国联网。2005年6月5日，邮政储蓄、汇兑两网互通，实现了汇兑网和储蓄网在网络和业务上的对接。

电信

1993年，建德市首期开通新安江A网基站，开始移动模拟A网通讯业务。1995年开通乾潭等3个A网基站，并开通呼叫转移、呼叫等业务。浙江电信公司建德分公司在金秋街1号设安仁营业所。1995年，开通移动GSM网通讯业务。1997年，安仁建成A网基站，实现移动电话全覆盖。1998年5月，安仁开通移动电话基站，扩大了全球通移动电话信号覆盖面，用户使用移动电话更加方便。

杭州长途电信线务站

1966年12月3日，经建德县人民委员会批准，在安仁村征用宅基一分八厘，用于杭州长途电信线务站基建。1967年建成并投入使用。今名杭州市长途电信传输局安仁管理站。地址吴家弄8号。

图 265　杭州市长途电信传输局安仁管理站

图 266　位于村中的电信基站

第十三章　教　育

安仁村域内现代意义上的教育始于清光绪年间创办的济文小学。民国年间，办有荻洲初等小学、（安仁）仁峰初等小学。

中华人民共和国成立后，党和人民政府接收了旧教育体系中的教师队伍，对旧的教育体制进行了改造，不断增加教育设施投入，教育事业得到空前发展。20世纪80年代，村域内有安仁、荻州、高坪、石煤矿子弟小学等4所小学。1998年，荻州小学、高坪小学并入安仁中心学校。现今的安仁中心学校为乾潭镇唯一一所九年一贯制学校。至2016年年末，安仁村域内有幼儿园1所，6个班级，入园幼儿178人，专任教师13人。中心学校一所，19个班级（其中初中班7个），在校生709人（其中初中生236人），教职工56人。小学适龄儿童入学率、小升初升学率、初中适龄人口入学率、九年义务教育覆盖率均达100%。

第一节　1949年前的教育

旧时，安仁办过私塾。私塾均由有一定声望、家境尚好、热心于教育事业的人士创办。私塾教师一般聘请外地有知识的人士担任，其日常餐食由学生家庭轮流供给，工资待遇由学生家庭以米粮折价提供。因种种原因，私塾时办时停。

据安仁村民董竹�口述，20世纪初，安仁村在董文源家设有私塾。当时有2名教师，分别是刘启力（桐庐金家人，教文化课）、陈季玉（施家村人，教体育课）。据徐光泉（78岁，王家自然村人）口述，20世纪40年代，陈柏华（烧煤灰老板）个人出资在煤灰山煤坪办有私塾。当时的荻州、高坪、下梓、王家4个村的部分学生在此读书，免学费。1947年有30多名学生，设一个复式班。1950年停办。教师潸福连等。

民国初期，尚无正规学校。学区依照自治区域划分，建德县分为5个学区，安仁、钦堂为仁行区。据1919年《建德县志》载，民国4年（1915）在荻洲设有荻洲初等小学，又称荻峰小学。民国5年（1916）在安仁设有仁峰初等小学，是为今安仁中心学校的前身。民国26年（1937），仁峰初等小学改名为安仁代用中心小学。民国28年（1939），改称安仁中心小学。据安仁村民董竹�等口述，

20世纪30年代，仁峰小学设有2个班。分别设在汪树根、董高生家（旧名煤局）。至30年代中期，班级数发展到4个，即在原有基础上分别在潘金堂和潘天复家各增设1个班。老师有陈三友、张益香、潘天复、施汉标、陈树根等。1939年，因学生大幅增加，由董文源、吴柏泉等人发起募资在庙湾（旧名，今安仁中心学校校址）兴建校舍。后因校舍不足，将陈侯庙改作校舍。校长吴柏泉。抗日战争时期，庙湾里的部分校舍被日寇飞机炸毁，故部分学生转移到施家、芝厦等地读书。民国34年（1945）改称施家国民学校，又称施家小学。1949年5月，设安仁辅导完小。

第二节　1950年后的教育

小学教育

1950年秋，在庙湾创办安仁乡完全小学，为民办。同年，荻州村创办荻州小学。1952年，改民办为公办。1959年，创办高坪小学。1968年9月，公办小学下放到安仁大队、荻州大队、高坪大队，实行贫下中农管理学校制度。公办教师全部回大队任教，国家不再发工资，改记工分。1971年，原下放到大队的小学收回，恢复公办。

1978年4月，安仁乡完全小学改称安仁公社中心学校。1982年9月，县石煤矿创办职工子弟小学，其所有教育费用由石煤矿出资。是年，安仁中心学校进行初中、小学分设，称安仁乡中心小学。

1983年，安仁村域内办有4所小学，分别为安仁乡中心小学、荻州小学、高坪小学、县石煤综合利用公司职工子弟小学。共有11个班，255名学生。

1983年小学分布情况表

表13—1

校名	班级数							学生数					
	合计	一年级	二年级	三年级	四年级	五年级	复式班	合计	一年级	二年级	三年级	四年级	五年级
安仁	5	1	1	1	1	1	—	170	36	31	35	31	37
荻州	2	—	—	—	—	—	2	29	7	10	5	7	—
高坪	1	—	—	—	—	—	1	10	5	—	5	—	—
石煤公司	3	—	1	—	1	—	1	46	9	18	9	10	—
合计	11	1	2	1	2	1	4	255	57	59	54	48	37

自1988年起，各小学毕业班（六年级）均集中至安仁乡中心小学。是年12月，石煤公司职工子弟小学搬迁至荻州小学，与荻州小学合作办学。1992年10月撤乡设镇，安仁乡中心学校改称安仁镇中心小学。1992年，荻州小学设复式班3个，学生27人，教师4名（其中石煤公司3名）。高坪小学设复式班1个，学生10人。1993年，石煤公司子弟小学停办。1998年，撤并荻州小学、高坪小学，其学生全部转入安仁镇中心学校。

2001年10月，安仁镇并入乾潭镇，改称安仁中心小学。2002年，安仁中心小学复与安仁初中合并，改称安仁中心学校。2004年，羊毛坞小学、岩下小学并入。2010年9月，姚村片绍谦希望小学49名学生和11名教师并入，形成学校现状。2013年，安仁中心学校小学部设有13个班（其中一年级2个、二年级2个、三年级2个、四年级2个、五年级3个、六年级2个）；学生464人（其中一年级74人、二年级76人、三年级78人、四年级70人、五年级102人、六年级63人）。2016年，安仁中心学校小学部设有12个班（其中一年级2个、二年级2个、三年级2个、四年级2个、五年级2个、六年级2个）；学生473人（其中一年级82人、二年级83人、三年级80人、四年级80人、五年级71人、六年级77人）。

安仁中心学校小学部2014年、2015年、2016年的小学毕业生数分别为68名、81名、77名。

初中教育

1969年，安仁公社完全小学开设初中班，始有初中教育。1976年，在荻州增设1个初中班，为“戴帽”初中班，1980年并入安仁公社中心学校。1982年，安仁公社中心学校分设初中部、小学部。1983年，安仁乡中心学校初中部有7个班，学生238人，教职员工18名。1989年，初中部有6个班，学生286人，教职员工18名。1992年，初中部有8个班，学生357人，教职工25名。2009年8月，姚村初中并入安仁中心学校初中部。2012年8月，钦堂中心学校撤销初中班，部分师生转入安仁中心学校初中部。2016年，安仁中心学校初中部设有7个班，在校生236人（其中一年级72人、二年级70人、三年级94人）。

安仁中心学校初中部2014年、2015年、2016年的初中毕业生分别为115名、110名、94名。

普通高中教育

1976年9月，安仁公社完全小学附设2个民办高中班，开创了安仁公社普通高中教育的历史。1980年7月停止招生，1981年7月停办。

学校简介

安仁中心学校　建德市安仁中心学校位于村西的安钦公路南侧，旧地名庙湾。始建于1905年5月8日，早期名称为济文初等小学、仁峰初等小学。中华人民共和国成立后，学校名称7次易名。

1950年1月，创办安仁乡完全小学。

1959年1月，按照人民公社建制，改称安仁公社完全小学。1969年9月开办初中班2个。1976年9月开办高中班2个（1981年停办）。

1978年4月，建立安仁公社中心学校。1979年4月，建立安仁公社中心学校党支部。1980年，原安仁公社所辖学校的各初中点全部并入。1982年，初中与小学分设。

1983年11月，恢复乡镇建制，改称安仁乡中心小学，仍设初中。1984年，安仁乡普及初等教育，是全县较早实现普及初等教育的乡镇之一。

1992年10月，撤乡建镇，改称安仁镇中心小学，仍设初中。

2001年10月，安仁镇并入乾潭镇，改称安仁中心小学，仍设初中。

2002年，安仁中心小学复与安仁初中合并，改称安仁中心学校。此名沿用至今。

2009年8月，姚村初中并入初中部。2010年9月，姚村绍谦希望小学49名学生、11名教师并入小学部。2012年8月，钦堂中心学校撤销初中班，部分师生转入初中部。

安仁中心学校为乾潭镇唯一一所九年一贯制学校。

图 267　1996 年小学毕业班合影（背景为老教学楼）

历年来，安仁中心学校在党和政府的关心支持下，投入巨资进行了多次改造扩建和增加教学设施、设备，学校面貌发生了巨变。20世纪80年代前，学校建筑面积不到1000平方米。进入21世纪以来，原安仁镇政府和乾潭镇政府大幅增加教育事业投入，学校占地面积从1999年的12173平方米扩大到2016年的26108平方米；学校建筑面积从1999年的3450平方米扩建到2016年的13264平方米。

2016年末，学校占地面积26108平方米（其中绿化用地6500平方米、运动场地3780平方米）。建筑面积13264平方米（其中教学用房5561平方米、生活用房5568平方米、其他用房2135平方米）。教室28间（其中网络多媒体教室21间）。教学用电脑216台。图书阅览室1个，藏书29469册。设有实验、音乐、美术、劳技、多媒体、计算机、语音等7个教学专用教室，共有教学用参考书300多种，各类报刊80多种。体育设施有250米环形跑道田径场（含110米直跑道）1个，篮球场2个，排球场1个，羽毛球场1个，乒乓球台5张。固定资产总值849万元，其中教学仪器固定资产值157万元。

2016年年末，小学部设班级12个，学生473名，小学专任教师26名。初中部设班级7个，学生236名，专任教师29名。全校共有教职工56名，其中中学高级教师1名，中级职称42名。专任教师中有本科学历34名，专科学历16名。

图 268　安仁中心学校 1997 年初中一年级段合影（背景为老教学楼）

2013年以来，初中部中考成绩突出，在建德市农村学校中排在前列。2013学年上普高分数线41人，其中严州中学新安江校区6人、杭州市长河高级中学宏志班2人。2014学年上重点高中39人，其中严州中学新安江校区4人。2015学年重点高中上线43人，其中严州中学新安江校区4人。2013、2014年，连续两年在建德市中小学目标管理考核中列为一类学校。

图 269　安仁中心学校大门

1952年10月至2018年6月，安仁中心学校历任校长（主要负责人）先后为施汉奎（副校长，主持工作）、方成桢、鲍思义（革委会副主任）、卢福荣（负责人）、胡振富、姜德寅、鲍思义、傅建平、蒋国松、黄志祥、刘早根、陈正勇、赖群雄、童柏初、陈厚忠、蒋小明、李愉鸿、蒋海平。

1979年4月至2018年6月，安仁中心学校党支部的历任书记先后为胡振富、鲍思义、李其乐、赖群雄、童柏初、陈厚忠、蒋小明、李愉鸿、蒋海平。

图 270　安仁中心学校小学部教学楼

图 271　安仁中心学校初中部教学楼

图 272　安仁中心学校操场

图 273　安仁中心学校学生宿舍楼

择年安仁中心学校统计表

表13—2　　　　面积：平方米　班级：个　人数：人

年份	占地总面积（平方米）	建筑面积（平方米）	初中班级数（个）	初中学生数（人）	小学班级数（个）	小学学生数（人）	教职员工总数（人）
1983	不详	不详	7	238	5	170	不祥
1992	10000	1350	8	357	8	336	不祥
1999	12173	3450	7	340	9	432	45
2005	21600	8369	10	435	9	323	48
2014	不详	不详	9	333	12	490	55
2015	不详	不详	8	284	12	486	55
2016	26108	13264	7	236	12	473	56

图 274　安仁中心学校鸟瞰（右下角）

图 275　荻州小学旧影（2014 年摄）

荻州小学　前身为民国4年（1915）创办的荻洲初等小学，又称荻峰小学。

中华人民共和国成立后，校址曾设在潘家祠堂、汪家祠堂等处。20世纪70年代初在潘家庙后建造新校舍。泥墙平房，共11间，面积约400平方米。此校舍一直使用至1998年学校撤并止。一度闲置，于2015年整体拆除，旧址复垦。

1976年，荻州小学增设初中班，1980年初中班并入安仁公社中心学校。1983年，有2个复式班，在校生29名（其中一年级7名、二年级10名、三年级5名、四年级7名），教师2名。1988年，小学六年级（毕业班）集中至安仁乡中心学校学习。同年，石煤公司子弟小学搬入荻州小学，形成合作办学模式。1989年，有3个复式班，在校生82名（其中一年级11名、二年级15名、三年级17名、四年级16名、五年级23名），教师4名（其中石煤公司3名）。1998年学校撤并，学生全部进入安仁镇中心学校学习。

教师有潘天复、卢福荣、潘光泉、戴勇、汪金良、汪光沫、李柏松、施祖承、赖珠娥、麻振刚、李姝、章建飞、付三君、方秀珍等。

高坪小学　1959年设立。校址数易其地，曾在陈家阳、西峰岩、高山坪、五亩塘、苦竹坪等地办过小学。20世纪70年代初，在五亩塘建造了三间平房校舍，此时起有了固定校址。1983年，设复式班1个，学生10人（其中一年级5人、三年级5人），教师1名。1998年学校撤并，学生全部进入安仁镇中心学校学习。

教师有吴酉良、毛研三、吴方正、施祖承、王巧珍、吴小仙、钱升潮、王巧芳、夏金英等。

建德市石煤综合利用公司职工子弟小学　为解决矿山职工子弟就近就学问题，建德县石煤综合利用公司于1982年9月开办职工子弟小学，所有费用由石煤公司自负。校址设在煤灰山煤坪，三间泥坯平房，建筑面积约120余平方米。1988年，子弟小学搬迁至荻州小学，与荻州小学合作办学，原子弟小学的3名教师工资仍由石煤公司承担。1993年停止办学，学生全部转入荻州小学，3名教师撤出。

教师有邵素琴、王玉兰、洪素娟、唐远宁等。

择年建德市石煤综合利用公司子弟小学班级、学生统计表

表13—3

年份	班级数							学生数					
	合计	一年级	二年级	三年级	四年级	五年级	复式班	合计	一年级	二年级	三年级	四年级	五年级
1983	3	—	1	—	1	—	1	46	9	18	9	10	—
1985	3	—	—	—	—	—	3	69	16	11	15	19	8
1987	2	—	—	—	—	—	2	50	13	19	8	10	—

幼儿教育

旧时，安仁并无幼儿教育之说。

1958年，随着生产规模的扩大，劳动力出现缺口，青壮年妇女开始打破传统观念，投入到农业生第一线。农忙时季节，安仁村在陈友生家办过农忙托儿所。“文化大革命”期间停办。1979年，安仁大队又恢复幼托班。幼托班先后设在后宅知青点和村办小学（旧名庙湾，今安仁中心学校），以招收学龄前（3~6周岁）幼儿为主。

1996年11月，经安仁镇政府批准成立安仁育苗幼儿园。由荻州村潘来娥、吴桂花等人投资创办，位于安春路3号。此为安仁村域内首所正规的幼儿园。2009年9月，兰美兰（施家村人，2007年9月在施家村创办百姓幼儿园）在安仁村金秋街开设幼儿教学点。至此，安仁村域内有幼儿园1所，教学点1个。2012年1月，安仁育苗幼儿园由兰美兰全资收购，定名为乾潭镇育苗幼儿园，形成现状。

乾潭镇育苗幼儿园简介

图 276　乾潭镇育苗幼儿园外景

前身为安仁育苗幼儿园，始建于1996年，位于安春路3号。初期由潘来娥、吴桂花等人经营。2012年1月，由兰美兰全资购置安仁育苗幼儿园的所有资产（含房产），并将百姓幼儿园迁入本部。2013年经建德市教育部门批准，定名为乾潭镇育苗幼儿园。合伙人张献娟。

总占地面积1330平方米，建筑面积2639平方米。在教学楼中设有音舞厅、电脑室、图书室、书法美术室、科学发现室等。配有电子琴、小提琴等乐器。各班均设置了活动室、衣帽间、卧室、盥洗室，并配有电视、VCD机、饮水机、消毒柜、沐浴热水器等，配套设施齐全。室外活动场地4800平方米，环境优雅，草坪面积3000平方米。大型玩具器械8架，还设有戏水池、小动物园、幼儿种植园，为幼儿创造了良好的户外活动场所和游戏空间，在乾潭镇规模幼儿园中排名第二。招生范围为：安仁村、施家村、后山村、下梓村、前陵村、王岩村。2016年列为建德市二级幼儿

图 277　乾潭镇育苗幼儿园教室

园，浙江省三级幼儿园。

2016年年末，设有6个班（其中小班2个、中班2个、大班2个）。在园幼儿178名。共有教职员工17名，其中专任教师13名。在专任教师中，大专学历7名，中专学历3人。

法定代表人：兰美兰。园长：张献娟。

第十四章　文学艺术

安仁村历史悠久，文化沉淀丰富，村内有安仁虎头山新石器时代遗址、1200年历史的大唐古寺遗址、明洪武年间建造的陈侯庙遗址，以及清光绪年间建造的鱼坑坞桥遗存等，各个历史时期的文化遗址、遗存，构成了安仁村深厚的文化底蕴。

中华人民共和国成立后，历届安仁村、荻州村、高坪村党支部、村委十分重视文化工作，在各个时期组织开展各类文化活动。特别是进入21世纪以来，安仁村加大对文化事业的投资，2009年建成老年活动室，2014年“文化礼堂”建成开放。2009年12月被列为杭州市文化示范村，2010年被命名为杭州市文明村。

文化事业的大发展，提高了安仁村民的精神文明素质，推动和加快了物质文明建设。

第一节　民间文化组织

安仁村有据可考的民间文化组织有以下几种。

20世纪20—40年代的民间文化组织

据章雪花（98岁）、虞炳根（87岁）、董竹�（85岁）等老人回忆，20世纪20年代，安仁村就有“三支灯”，即马灯、软龙灯和硬板龙灯。主要制作人员有陈昌浩、陈三友、陈关源、黄凤元、朱寿金、朱友根、辛江海、陈天锡等。如马灯，每年正月初一至十四都要到周边村庄去游灯。参加游马灯的大多是8岁左右的小孩，一个小孩去，就必须要有一个大人（小孩家长）陪同，以防小孩路上走不动或睡着。游灯结束回村后，要把游灯时别人送来的礼物全部集中起来，大部分是糕点（如冻米糖等）和干果（如花生、番薯片等），然后分成小包，送给村里的各家各户，让大家分享游灯的成果。

据周德芳（81岁）、谢水银（79岁）等老人回忆，20世纪40年代中后期，安仁村办有一个越剧团。主要参与人员有施汉奎（导演）、董寿全、杨金水、李时英、周德芳、张亚娟、张银德、施琳仙等。行头道具由施琳仙负责保管，每年农历六月六这一天搬出来翻晒，直到60年代“文化大革命”时的“破四旧，立四新”中全部销毁。主要剧目有《将相和》《信陵公子》等。

舞龙灯

舞龙灯是祈祷龙神，保佑风调雨顺、四季丰收。20世纪40年代前，安仁村在每年的正月十九均要舞龙灯。早时，舞龙灯是村民的一项重要文娱活动。龙灯是软龙，由龙头、龙节、龙尾三部分组成。龙长约20多节。每节之间相距约三尺，用蓝、红布相连，便于翻滚。龙灯出灯前，要到位于村西虎头山脚的土地庙（陈侯庙前身）参谒神佛，向菩萨点三个头，再由村里的长者给龙“点红”后，才可正式出灯。龙灯在本村的各条道路或弄堂里穿梭时，每家每户都要点亮灯笼，并上香点烛，以迎接龙到家门前，祈祷风调雨顺、平安吉庆。

安仁村最后一次舞龙灯（指自制）是1946年春，主要是庆祝抗战胜利。

安仁村业余剧团

20世纪50年代，安仁村办有业余越剧团。主要剧目有《九件衣》《三世仇》等剧目。主要在本村及周边村演出。50年代初还到钦堂乡谢田村演过《信陵公子》。

安仁大队文宣队

安仁大队文宣队成立于20世纪60年代中期。主要参与人员有俞光来、施汉标、唐秀娟、陈彩娥、黄玉富、徐钦柏、陈学言、林成玉、黄玉棠、李樟林、董光星、杨鹏飞等。演员从各生产队挑选，参与人员有30多人。演出剧目以样板戏为主，主要戏曲有《红色娘子军》《奇袭白虎团》《杜鹃山》《沙家浜》等，另还有《杭金兵》《审椅子》等。文宣队逢年过节，除在本村演出外，还分别到桐庐县钟山、俞赵、湾里，本县的乾潭、钦堂、芝峰、下包等地演出，深受欢迎。直到70年代中期解散。

荻州大队文宣队

荻州大队文宣队创办于1965年4月。主要参与人员有张炳岩、汪金鑫、汪根道、汪水林、汪荣潮、汪顺潮、汪云良、汪荣春、张金弟、汪美娜、刘春英等30多人。主要演出剧目有《审椅子》《进山》《越南小英雄》《沙家浜》等。逢年过节，除在本村演出外，还被邀请到桐庐县七里泷、庄头、外董、芝厦，以及本县新安江、乾潭、庄丰、外塘等地演出。70年代中期解散。

婺剧坐唱班

婺剧坐唱班是演出戏剧文艺活动的组织。由婺剧爱好者自愿组织，自拉自唱。逢年过节相聚学唱，并到外地进行文化交流活动。

图 278　婺剧坐唱班

图 279　婺剧票友演唱

安仁村婺剧坐唱班创办于2012年3月，由村老年协会组织。婺剧坐唱班的参与人员有：汪金鑫、王胜民、汪根道、黄玉棠、杨鹏飞、李樟林、蒋生明、杨建平、徐春花、钱卫平、施新民、谭明珠、朱桂秀、余利芳、陈仙花、刘金妹等。大多在本村及附近村演唱，以自娱自乐为主。闲暇时大家相聚一起，练习弹唱。主要是唱婺剧，并有越剧。演唱主要节目有《徐策跑城》《守寒江》等。婺剧坐唱班自成立以来，先后到梅城镇马目村、钦堂乡谢田村，以及乾潭镇梓州村、胥江村、乾一村、幸福村等地进行演出交流。

排舞队

安仁村老年排舞队成立于2011年。主要人员有朱桂秀、陈桂芳、余利芳、陈怀莹、蒋丽云、蒋玲花、赵建芳、董龙英、徐荷珍、徐红珍、徐贤萍、陈仙花、刘金妹、刘卫芳、徐春花、钱立平、谭明珠、施新民、王雪花、陈凤珍、李秀珍、赖秀兰、张阿妹、胡红玉、梅晓虹、黄玉珍、陈荣仙、张贤娣、赵雪芳、徐慧群、夏竹珍、杨益静、俞丁香、黄红英、徐素娟等100余人。几年来，排舞队多次参加建德市、乾潭镇以及东阳横店的各类排舞比赛，并获得多项荣誉。2011年5月，获建德市妇女排舞大赛优胜奖。2014年7月，获建德市排舞大赛二等奖。2014年8月，获建德市“全民健身日”排舞表演赛一等奖。2014年，获“横店·中国大妈节”最佳风采奖。2014年12月，获乾潭

图 280　舞蹈队

图 281　排舞队合影

图 282　2012 年 10 月 12 日，户主大会上演出

图 283　2014 年 7 月，排舞队获建德市排舞大赛二等奖

图 284　2014 年 8 月，排舞队获建德市“全民健身日”排舞表演赛一等奖

图 285　文艺表演队在 2014 年金秋节演出

镇第28届万乐节首届排舞大赛金奖。每天傍晚（除雨雪天之外），排舞队带领村民分别在村老年活动中心门前广场、安仁村便民服务中心门前广场等处跳广场舞、健身舞等，成了一道亮丽的风景线。村里凡举行重要的活动，如重阳节、金秋节等，甚至有的婚礼现场，都会邀请排舞队演出节目，为提高安仁村的知名度做出了重要贡献。

老年腰鼓队

老年腰鼓队成立于2009年。主要人员有俞丽芳、陈桂芬等58人。

图 286　安仁腰鼓队

图 287　在乾潭镇第 28 届万乐节民间体育团队踩街表演

老年乐队

老年乐队成立于2011年。主要人员有施力民、王胜民、汪金鑫、黄玉棠、杨鹏飞、李樟林、蒋生明、杨建平等。

第二节　民间游戏

安仁村民间娱乐活动丰富多彩，形式繁多。娱乐器材简便，场地不限，时间灵活。后因新的娱乐活动的相继出现，部分旧的娱乐活动形式逐渐消失或趋于消失。

儿童游戏

穿线绷　又叫翻花、翻绳。由两人或多人玩耍。用一根长约一米的棉纱线或毛线，两端相结，形成绳圈。先由一人用双手将绳勾成一种几何图形，然后由另一人用双手挑、穿、勾等方法改变原来的图形。两人或多人轮流解绷，巧妙地绷（套）出“长凉竿”“网丝”“刺菱”等多种形状，能者为胜。玩者多为女孩。

捉迷藏　一般有两种玩法：（1）一人用布蒙眼，数人绕着周围发出声音，蒙眼者以声音辨别他人之方位，捉摸周围之人，捉住其中一人为胜。（2）一人面壁并用双手蒙住眼睛，数人分别在一定范围内躲藏。躲藏好后，让蒙眼者寻找躲藏者，找到其中一人或数人为胜。

打棒儿　取两根一尺左右长的木棒和两块石头或砖头（称之为“城门”）。可两人对玩或一人对多人。一般有三种玩法。第一种：一人将其中一根木棒横放在“城门”上，用另一根木棒将“城门”上的木棒向前方撬打后，立即将手上这根木棒横放在“城门”上。对方如将撬打过来的木棒直接接住或将对方撬打过来的木棒捡起来将横放在“城门”上的木棒打掉即为胜。第二种：一人单手握住两根木棒的一头，再将其中的一根向上抛起，同时迅速将手中的木棒将落下来的木棒用力击向远方。对方的人如将击打过来的木棒直接接住为胜。第三种：将一根木棒斜搁在一块砖头上，呈三角形，用另一根木棒轻击砖头上翘的一头，再迅速将离地的那头木棒用力向前方撬，对方将木棒直接接住为胜。

老虎吃羊　多人游戏。在众人中选一个人当老虎，另选一人上当领头羊。领头羊站在最前面以挡在老虎，其余的人一个连着一个抓住前人的衣角。老虎要避开领头羊，抓住后面的人（羊），抓住一个少一个直到抓（吃）完为胜。

跳洋房屋　在平地上画二排平行的四个方块，共八个。从右边的第一格为（1）向前推进到左边的第一格为尾格（8）。在第一格上放块石片，以单足跳进格子将石片逐格向前踢进，第四、五格为大房子，第六、七、八格可以将石片单足运到第五格，双足落地将石片运到第四格，再单足将石片经过三、二、一格踢出。

滚铁环　各人准备一个用粗铁丝做成的圆形环和一根带钩的推杆，两人或数人同时向终点滚，最先到达终点者为胜。

抽陀螺　俗称抽骆驼。陀螺以木制居多，为圆锥形，上大下小，锥端常加铁钉或钢珠。玩时，将尖头着地，以绳绕陀螺使其旋于地，再以绳抽打，使之旋转不停。或用手直接旋转陀螺，待陀螺着地，以绳抽之，使之旋转。抽打得越狠旋的越快，故称“抽贱骨头”。

斗鸡　亦叫独立金鸡。游戏者单脚站立，各用双手抱一膝，互相碰撞，双脚落地者为败。

弹弓　亦称打皮枪。弓身用铁丝弯成U型或叉型，在顶端各系一根长短相等的皮筋，两皮筋另端各连一块小兽皮。也有用小树枝叉做弓身的。玩时，一只手握住手柄不放，另一只手将小石子包在兽皮中，瞄准目标，将皮筋向后拉紧后即松手，使石子弹射出。可打鸟类、气球等。

图 288　斗鸡（资料图）

勾板凳　长凳一条，两人各以中指钩住板凳一端，将板凳勾向自己一方者为胜。

甩三角包　将纸折成三角形，两人或数人用力把三角包掷于地上，将对方的三角包翻过面者为胜。

图 289　打弹珠（资料图）

打弹珠　又称打玻璃珠。在地上挖一个与弹珠般的小圆洞，把弹珠放在食指与拇指间，由两人或数人在一定距离的地方用拇指将弹珠向洞的方向弹，最先弹到洞内者为胜。还有“出纲”或“打老虎洞”的玩法：在地上画线为界，谁的玻璃珠被打出去即输，叫“出纲”；或在地上挖5个小圆洞，谁先打完5个洞，就变老虎，然后打着对方的玻璃珠，就把此玻璃珠吃掉，被吃者即丧失对玻璃珠的所有权，是为“打老虎洞”。

剪刀布　亦称石头剪刀布。按照习规，握拳为石头，伸出手掌为布，叉开食指和中指为剪刀。石头可以砸剪刀，剪刀可以剪布，布可以包住石头。两人同时出手，被砸、被剪、被包者为败。有的在决定顺序时也划此拳，也有在酒席上以此决胜负，负者罚酒。

老鹰捉小鸡　一人为母鸡，后面跟着数人为小鸡。另一人为老鹰，设法抓捕母鸡后面的小鸡，而母鸡千方百计保护身后的小鸡，不被老鹰所抓，两厢互争，以决胜负。

踢脚绊绊　活动时，有一名儿童当“老师”，其余人（一般在5人以上）整齐地坐成一排，伸出双脚，“老师”手持一根竹枝，从任意一个人开始边点脚，边念：“点点绊绊，逃过南山，南山壁笃，四弄拐拐，杠有趟坪，六里开跤一脚”（音译）。

图 290　老鹰捉小鸡（资料图）

当念到“脚”字时，这只脚就要迅速缩回，没缩回者便被淘汰。当先缩回脚者，就可当“老师”，依次轮换。没当过“老师”的，想当回“老师”，已做过“老师”的却想继续做，是儿童较喜欢的玩法。

高跷　高跷多为木制。在一根1.5米左右长的木棒中下部装一横档（支撑点），以便放脚。有双跷、单跷之分。游戏时，手握住木棒，脚踩在横档上，徐徐走动，动态风趣。

抓子　以小石子为子（码），一手抓完，抛至空中，约1尺多高，然后用手全接，或以手背相接，以石子不掉地为胜。还有在抓子时可留子，在抛空时，迅速抓住遗子并接住空中落下的子，以不掉子为胜。一般多为女孩相玩。

儿童弈棋　以前，农村孩子涉足围棋、象棋的根本没有，但常在桥头、树荫下或屋檐下等处临时画个棋谱（格子），找些小石子、树枝，作棋子玩，玩法多种多样，只要开心即可。后来有了跳跳棋、弹子棋、军棋等棋类。至于围棋、象棋等高雅棋类，现今已受部分孩子的喜爱。

其他儿童游戏　还有抢板凳、荡秋千、跳绳、跳皮筋、踢毽子、放风筝、丢手帕、传花击鼓、拔河等等。

现时的儿童玩具种类繁多，游戏也多种多样，如电子游戏、电动玩具、遥控玩具等，益智类游戏层出不穷。如今，更多的儿童则迷上了电脑游戏、手机游戏。无论从内容和形式都发生了巨大变化。当然，儿童的玩具价格也不断上升。

成人娱乐

旧时，农村成人的娱乐活动十分贫乏，看戏是一项主要的娱乐活动，逢年过节有演戏的习俗。戏台有固定的，也有临时搭建的。一有剧团演出时，四面八方的村民都会赶去看戏。戏资多为众人所助。

现时，成人的娱乐活动多姿多彩，除看电影、看戏、看电视、玩电脑、玩手机游戏外，主要有以下几大类：

弈棋　民间流传着的棋类有多种，如象棋、军棋、围棋、跳棋等。此外，还有利用象棋走五子棋等。此类棋就地取材，简便易行，劳作之余，休闲之暇，田间地角，皆可开战对弈。

斗牌　玩扑克有斗地主、打小二、关牌、十三倒、争上游、方五、红五等。根据不同的玩法，有用一副扑克牌的，也有二副或三副合并玩的。此外，搓麻将、掷骰子等也是民间早期出现的娱乐形式。特别是搓麻将，深受民间大众的欢迎，如今已成为村民间主要的娱乐方式。一般由4人同玩。多采用“素麻将”，即136张牌，无花牌。有自摸、放炮（放铳）玩法。有的以白板当财神，也有的以庄家骰子点数翻到的那张牌当财神。规则多以建德当地玩法为主。不过，此类娱乐活动多带有一定的赌博性质，人称“小搞搞”，素来屡禁不止。

猜拳　猜拳又称划拳，民间饮酒助兴时的一种游戏。农家有喜事如结婚、新屋落成等都可猜拳，还有逢年过节、亲友聚会也会猜拳，但办丧事时忌猜拳。猜拳时，两人同时出拳，伸出手指并喊数目，所喊数目刚好是两人伸指数之和者胜，负者则要罚酒。所喊数字，均含吉利之词。如两个拳头称“元宝一对”“俩相好”；一有“一定恭喜”“一星高照”“一定高升”等叫法；二有“哥俩好”“两家好”等叫法；三有“三元及第”“三六顺”等叫法；四有“四季发财”等叫法；五有“五魁首”“五子登科”等叫法；六有“六六顺”“六顺风”等叫法；七有“七个巧”“七星高照”等叫法；八有“八马双杯”“八仙过海”“八仙”等叫法；九有“九九归一”“快九”“九寿图”

等叫法；十有“十全福”“十全其美”“满堂红”“全福寿”“全家好”等叫法。

猜拳一般为两人对垒。先约好每局为几拳，有七局四胜制，五局三胜制等。在猜拳中，如两人各喊的数字都不对时，可连续出拳，直至有人胜出为止，即为一拳。一般在开拳时都要行“帽令”，即两人互抱拳，唱“全福寿啊福寿全”帽令后，方可正式出拳。

猜拳除两人对垒外，还有摆擂令，行此令不限人数，以酒量大者自摆擂台，为擂主。擂主先自饮一大杯后，向合席众人宣战，席中不拘哪一位，均可应战。应战者也自饮一小杯，再与擂主猜拳。如擂主失败，则让出擂台，由胜者继任擂主。还有一种叫“打通关”，打通关者分别与席中每个人猜拳，犹如过关斩将，又称“通天拳”。猜拳种类繁多，酒令百出。

第三节 广播影视

广播

安仁广播站始于1958年3月。1958年12月建德县实现社社通广播。1959年正式建立安仁乡广播站。20世纪60年代末，改称安仁公社广播放大站，有工作人员2人。安仁村、荻州村、高坪村各家各户均安装广播喇叭，每天早、中、晚三次都能听到县广播站和公社广播站的广播，节目有新闻、农业生产技术知识、天气预报、戏曲、歌曲等，也播放公社的有关通知。当时，村民获得外界的信息途径主要是广播。1978年至1983年8月，公社广播站实行县广播站与公社双重领导。1984年，安仁公社广播放大站改称安仁乡广播放大站。1987年4月30日起，安仁乡广播放大站更名为安仁乡广播电视站。1988—1991年，乡广播站由县广电局、乡政府双重领导。乡广电站实行站长负责制，站长由县广电局任命。2001年，安仁镇并入乾潭镇后，其广电站也并入乾潭镇广电站。

20世纪90年代起，随着有线电视进入千家万户，广播的功能逐渐衰退。

电影

20世纪50年代后期，建德县电影放映大队首次到安仁村放映电影。1970年后，县电影放映队下乡放电影的场次有所增加，安仁村每年约10场左右，荻州村、高坪村鲜有电影场次，满足不了村民看电影的需求。70年代初，有村民曾徒步5公里到七里泷电影院看电影，亦有村民徒步10多公里到桐庐县电影院看电影。1974年9月，安仁公社建立电影队（8.75毫米放映机）。是年9月底，公社电影队首场电影《渡江侦察记》在安仁村放映，放映地点在第8生产队晒谷场（今址为董雪良、汪阿林住宅处），观众有1000余人，连公路上都站满了观众。由于安仁村观众人数较多，后来放映地点移址到学校操场、大会堂（今址为学校宿舍楼）等处放映。此后，安仁村的电影场次增多，平均每月2场以上。荻州村、高坪村每月1~2场。

1983年6月8日，安仁电影院建成开业。电影院位于仁和路原安仁镇政府办公楼前（今为世纪华联超市），座位950个，35毫米座机，其建设标准列当时全省农村电影院前茅。平均每天放映电影1~2场，并场场满座。例：1990年共放映电影685场，观众124515人次，放映收入41082元。自1994年起，由于有线电视进入千家万户，电影院的观众明显减少，电影场次逐年减少。1998年电影院停业。

电视

1977年，安仁公社购买了第一台17英寸黑白电视机。当时，电视机放在公社办公楼与大会堂之间的小场地放映，免费观看。由于当时是无线电视，信号不好，放映质量甚差。1981年，安仁村民朱尧仁购买一台12英寸黑白电视机，成为安仁村第一台私家电视机。1983年，安仁村委购置一台24寸彩色电视机。1984年，朱尧仁购置一台21寸康佳牌彩色电视机，成为村民家庭拥有彩电第一户。1985年后，村民购买电视机者逐渐增多，且向大尺寸荧屏或彩色电视机发展。1988年7月，建德县石煤综合利用公司在海拔302米的煤灰山上安装一台3W电视差转台，可发射10个频道。1994年起，有线电视通到每家每户，随时能收看30多个频道的节目。至2006年全村每户均拥有彩色电视机。2008年，安仁村建成数字电视村，全村范围97%农户改为数字电视，节目频道增至近百个。现时，多数家庭不仅有了平板液晶电视机，而且向大屏幕、超高清电视方向发展。据不完全统计，2015年全村有电视机1600多台，平均每户3台以上。

第四节　文体场所

文化礼堂

根据《2014年建德市农村文化礼堂建设工作实施意见》精神，安仁村从2014年5月开始进行农村文化礼堂的建设，于2014年11月20日建成并开放。文化礼堂包括道德讲堂和文化长廊两部分。文化长廊分设在村便民服务中心底楼宴会厅和清渚溪旁的开放式长廊中。文化长廊内容分村史村情、乡风民俗、崇德尚贤、美好家园等板块，共有40多块展板。道德讲堂主会场设在村便民服务中心四楼大会议室。它们不仅仅是精神家园的载体，更是维系村民团结和睦、奋发向上的精神纽带，也在无形中凝聚着村民对家乡的认同感、归属感。

图 291　文化礼堂外景

文化礼堂集村民议事、节庆礼仪、集会交流、文艺演出，以及村民办婚丧喜事酒席等多种功能于一体，真正体现了实用性和娱乐性的统一，成了传承村域文化，推进精神文明建设的重要阵地，起到了发挥精神家园和文化地标的作用，深受村民的欢迎。

为加强文化礼堂和道德讲堂的管理，经村两

图 292　文化礼堂一角

图 293　道德讲堂（大会议室）

图 294　文化礼堂宴会厅

委协商，村民代表大会通过，成立了安仁村文化礼堂第一届理事会，并制订了《乾潭镇安仁村文化礼堂管理制度》《安仁村文化礼堂理事会工作章程》《安仁村文化礼堂理事会财务管理制度》和《安仁村“道德讲堂”管理制度》等。

附14—1：

安仁村文化礼堂第一届理事会组成人员名单

会　长：叶建芳

常务副会长：俞光来

副会长：潘玉明　董菊红

顾　问：陈志刚

秘书长：施力民

理　事：董朝平　曹国祥　张金炎　张家俊　董巧玲　唐秀娟　董光星　王胜民　汪金鑫

附14—2：

乾潭镇安仁村文化礼堂管理制度

本村文化礼堂是传承村域文化、推进精神文明建设的重要阵地，也是村民议事、节庆礼仪、集会交流及村民日常活动的主要场所。为切实加强对本村文化礼堂的使用管理，规范服务，更好地发挥其精神家园和文化地标的作用，经村两委协商，村民代表大会通过，特制定本制度。

第一条　文化礼堂属村级集体资产，村委会具有管理权，村级预算每年安排专项资金，用于文化礼堂运营和日常活动支出，村监事会负责其资产、使用和日常经费的监督。

第二条　礼堂实行日常开放制，开放时间为上午9：00至晚上8：00。礼堂设管理员1名，由村级宣传文化员施力民担任；设志愿者4名，分别是王胜民、杨云初、汪金鑫、唐秀娟。

第三条　除村“两委”和上级有关部门举办的大型集会外，其他一切需在礼堂举行的大型集会，需提前一周向村委会提出申请，并填写“文化礼堂使用申请表”，村委会有权对活动的性质进行把关，同时具有告知安全事宜的义务。审核通过的按申请先后顺序进行审批及安排，本村村民则有优先使用权（特殊情况除外）。

第四条　使用单位、个人须有专人负责活动期间的管理及安全工作，各类会议、文化娱乐、电影、演艺等活动必须坚持健康有益、积极向上的原则，并严格执行国家有关政策法规和村规民约的相关规定，严禁进行违法违纪活动。

第五条　文化礼堂是村重点防火单位，禁止在场内和舞台上吸烟、生火；严禁携带一切易燃品和危及安全的化学品入内，未经允许，任何单位和个人不得私自乱接电线；禁止乱动消防设施；禁止使用不符合安全标准的舞台布置。

第六条　凡进入文化礼堂人员须自觉遵守礼堂管理规章制度，服从文化礼堂专职管理员的管理，遵守社会公德，讲究卫生，不准抽烟，不准随地吐痰，不准乱丢果皮纸屑，不准喧哗，不准打架斗殴和破坏公物，不得在座椅墙壁上乱写乱画和随意张贴广告画报等装饰物，对于违反公共场所纪律的人员，文化礼堂管理人员有权制止、教育。

第七条　文化礼堂配齐配全防火、防盗等设施，实行定期安全检查制度。活动期间，礼堂的所有安全通道在活动时必须同时开放，大型活动均要设2名以上义务监督安全员，加强巡视，协助维护秩序，确保活动安全有序进行。

第八条　本着“谁使用谁负责”的原则，使用方有义务维护礼堂内设施，发生损毁，等价赔偿；活动结束时，必须及时清理卫生，恢复礼堂原貌。文化礼堂管理员有义务对桌椅等各类资产进行清点、检查，如有损毁，及时向村委会汇报。

第九条　此管理办法由安仁村村委会负责解释。

第十条　本办法自文化礼堂开放之日起实施。

乾潭镇安仁村村民委员会

2014年1月25日

附14—3：

安仁村文化礼堂理事会工作章程

第一章　总　则

第一条　本理事会名称：安仁村文化礼堂理事会。

第二条　本理事会是由社会各方力量参与，协助村两委开展村级文化事务管理，并具有充分的自主经营权的非营利公益社会服务组织。本理事会接受会员代表大会、安仁村两委、安仁村村民代表大会监督。

第二章　职能定位

第三条　本理事会宗旨：汇智聚力，共建共享。按“文化地标，精神家园”的理念，管理使用本村文化礼堂，展示传承本村乡土文化，丰富村民、周边企业文化生活，加强技能培训和传统文化的挖掘传承，培育社会主义核心价值观，增强村民道德素质，开展各类礼仪节庆活动等，通过文化展陈、文化活动开展，为村民、周边企业搭建一个和谐共建共享平台，着力提升“美丽安仁”软实力。

第三章　理事会成员

第四条　本理事会的会员种类为团体会员和个人。根据目前实际情况，第一届文化礼堂理事会由安仁村村民委员会、村级宣传文化员、村文化志愿者及安仁村贤达等组成。

第五条　村主任叶建芳担任安仁村文化礼堂第一届理事会会长。俞光来担任常务副会长，负责日常事务处理。本会会长、副会长、秘书长任期五年。会员单位届时将实行轮值制。

第六条　理事会成员权利义务：

（一）权利

1.参与村级文化礼堂管理、参与村级文化挖掘和传播；

2.使用村级文化礼堂，利用文化礼堂平台进行合法健康的宣传、活动等；

3.参与文化相关事务的决定，监督理事会经费的使用。

（二）义务

1.遵守理事会章程，执行理事会决议，服从理事会制定的各项制度；

2.积极参加理事会的各项活动，完成本理事会托办和交办的工作；

3.向理事会反映和提供理事会需要的有关信息、资料；

4.按规定缴纳会费。

第七条　会员退会应向本理事会提出书面函件，报经理事会会员大会批准。

第八条　会员如有严重违反本理事会章程的行为，以及触犯法律、法规等行为，经理事会表决通过，予以除名。

第四章　理事会职责

第九条　理事会具有以下职责：

（一）执行会员代表大会的决议；

（二）选举和罢免会长、副会长、秘书长和理事；

（三）筹备召开会员代表大会，并向其做工作报告和财务状况报告；

（四）决定会员的吸收和除名；

（五）制定内部管理制度；

（六）领导本团体各机构开展工作；

（七）决定其他重要事项。

第五章　理事会会议制度

第十条　理事会会议须有三分之二以上理事出席，每年至少召开一次，研究通过本理事会的年度工作安排、资金收支等，特殊情况下可以临时或采用通讯方式召开理事会会议。本理事会设立会长会议制度，一般每半年召开一次会议，对本理事会临时性、应急性事项进行研究通过，特殊情况下也可采用通讯形式召开会长会议。会议由会长或由会长委托的副会长召集。

第六章　资产管理和使用原则

第十一条　本理事会收入来源：

（一）会费；

（二）社会赞助；

（三）上级拨款；

（四）在核准的业务范围内开展活动或服务的收入；

（五）银行利息；

（六）其他合法收入。

第十二条　本理事会按照国家有关规定收取理事会成员会费，接受会员自愿多缴会费。

第十三条　本理事会经费必须用于本章程规定的业务范围和事业发展，不得在会员中分配。

第十四条　本理事会建立严格的财务制度，保证会计资料合法、真实、准确、完整。

第十五条　本理事会应配备具有专业资格的会计人员。

第十六条　本理事会的资产管理执行国家规定的财务管理制度，接受会员大会和安仁村两委的监督。

第十七条　本理事会的资产，任何单位、个人不得侵占、私分和挪用。

第七章　章程的修改程序

第十八条　本理事会章程的修改，须经理事会表决通过后报会员大会审议。

第十九条　本理事会修改的章程，须经会员大会通过，并在20日内报村两委或村民代表大会审查，审查通过后予以实施。

第八章　终止及财产处理

第二十条　本理事会因国家法律法规或政策调整，导致理事会解散，或由于分立、合并等原因需要注销的，由理事会提出终止动议，终止动议须经会员大会表决通过，并报村两委审查同意。

第二十一条　本理事会终止前，须在村两委及有关部门指导下成立清算组织，清理债权债务，处理善后事宜。清算期间不开展清算以外的活动。

第二十二条　本理事会终止后的剩余财产，在村两委监督下，按照国家有关规定，用于发展与村企文化相关的事业。

第九章　附　则

第二十三条　本章程的解释权属本理事会。

附14—4：

安仁村“道德讲堂”管理制度

为加强本村村民思想道德建设工作，促进“道德讲堂”的科学管理，特制订本制度。

一、“道德讲堂”按照上级要求规范建设，明确专人管理日常工作，建立“道德讲堂”台账。

二、“道德讲堂”要根据《公民道德建设纲要》及上级文明办的工作要求，结合本村实际，在认真听取宣讲员意见后，安排好月度和年度计划。

三、建立村“道德讲堂”组织机构。

组长：叶建芳；副组长：潘玉明；组员：董菊红、董巧玲、俞光来、朱尧仁、施力民、王胜民、杨云初。

四、“道德讲堂”实行每月一讲制度，要因人、因时、因需制宜，精心策划好每堂课的内容和形式，并做好宣讲资料、音像图片的收集归纳保管。

五、“道德讲堂”要遵循“从群众中来到群众中去”、“让群众教育群众”、“身教与言传相结合”等原则，以“身边人讲身边事、身边人讲自己事、身边事教身边人”为主要形式，凝聚道德建设资源，提升公民文明素质。

六、“道德讲堂”要做到整洁、有序、文明、和谐，成为群众感受道德、践行道德、彰显道德的第一课堂。

乾潭镇安仁村村民委员会
二〇一四年四月

老年活动室

2009年，投资45万元建成老年活动中心并投入使用。活动中心位于安仁老村中心，二层三间，砖混结构，建筑面积240平方米。活动中心设有电教室、棋牌室、阅览室、声乐排练室等，成了老年人的重要活动场所。活动中心由村老年协会负责管理。每天下午和晚上开放。

图 295 安仁村老年活动室

附14—5：

安仁村老年活动室管理制度

1. 老年活动室是为广大老年朋友提供学习、娱乐的活动场所，面向老年人开放。

2. 提倡文明活动，讲究卫生，严禁以任何方式进行赌博和搞不文明、不健康的活动。

3. 注意安全，防止方法不当或其他原因引起的伤害事故。

4. 自觉遵守活动相关制度，服从活动室工作人员管理，礼貌用语，互敬互爱，互相学习，增进友谊。

农家书屋

安仁村农家书屋于2009年开办，设在老年活动中心内。有各类图书1500多册。2012年11月，被评为“杭州市示范农家书屋”。

图 296 2013 年重阳节老年人聚会

图 297 2016 年重阳节

图 298 2016 年重阳节老年人聚餐

图 299　虎头山公园

虎头山公园

紧靠安仁村西的一座小山，其山势外形酷似一只身体南北侧卧、头朝东的猛虎，俗称虎头山。站在威武的虎头山山顶可俯瞰整个安仁村。1984年《建德地名志》关于安仁村名的由来是这样记载的：“村在安仁山麓，故名。”民国8年（1919）《建德县志》关于陈侯庙庙址载明：“庙址在城北60里的安仁山。”根据以上记载，安仁山即为虎头山，因安仁人一直以来把此山称之为虎头山。2006年，村里在此山建了一个休闲式公园，也以“虎头山公园”命之。安仁山、虎头山，实指同一座山。

虎头山虎头部位的山高约40米左右，以西其南北侧卧的身体部位略比虎头部位高出几米。据说，虎头山又有大老虎和小老虎之分。小老虎指的是围绕安仁中心学校的山脉。大老虎指的是包括徐坞（即现今的杭州朝阳实业有限公司厂区）西侧在内的山脉。但虎头部位始终不变。不论大小老虎，其虎屁股均对着清渚溪。安仁中心学校小学教学楼位于虎尾处。

虎头山不高，但有其重要的历史文化渊源。据《建德县志》载：民国21年（1932）二月，省文物考察队在今乾潭区安仁乡虎头山与后山发现新石器时代文化遗址。我国古生物学家、地质学家钟公佩发表在由中国社会科学院考古研究所主办的《考古》杂志中的《浙江建德安仁乡发现新石器时代遗址》（1957年01期）的论文中叙述：“1956年9月15日，我在建德安仁乡后山采集古生代化石标本的时候，无意中在化石群岩层的上面泥砾中发现了石网坠，因而引起了我的注意，在半个小时中共找到了完整和残破的新石器、印纹陶、红砂陶、灰色泥质陶残片及陶鼎足、残陶豆、晋宋以来的瓷器残片数十件。事后在该地附近虎头山亦发现印纹陶及晋、宋残瓷片数件。从以上两点印证，虎头山至少在2000多年前就有人类活动的迹象。”

2006年，安仁村投资64万元建成“虎头山公园”，面积约4000平方米。上山的石台阶路建于虎头山东侧，为虎头的中部。台阶和栏杆的石料均用青石（产于桐庐县钟山）。从山下到山顶的台阶

图 300　虎头山健身苑

图 301　虎头山公园一隅

路，共有5道弯218个台阶。在第155个台阶处，建有一座六角凉亭，其造型兼具古典与现代，融合古今之美。虎头山头部山顶以西，有一块约500平方米的平缓山彼，属“老虎”的脖子处，安装了一批体育健身器械，即健身苑。

有人说，安仁人看不见虎头山要哭的，寓意是安仁人对虎头山的眷恋。的确如此，安仁村就在虎头山山脚，站在村坊里就能看见虎头山，特别是安仁人每天进出老街都要在虎头山下经过，因而人们的生活离不开虎头山，虎头山成了安仁人心目中神圣的山。

虎头山公园，成了安仁村民休闲游玩的好去处。

健身苑

随着人们的生活质量的不断提高，20世纪90年代，先后建设了虎头山健身苑，老年活动室门前健身苑，金秋街健身苑。

文化经营场所

2016年年底，在安仁村域内有文化经营企业（场所）4家，均为私营。

文化经营场所（企业）简况表

表14—1

名称	地址	经营内容	经营人	创办时间
建德市乾潭安仁网吧	金秋街	网吧	徐红珍	1990 年
建德市伟力纸制品有限公司	金秋街 22 号	印刷	徐仁章	2005 年 7 月
建德市滨业包装制品有公司	金秋街 22 号	印刷	王奕滨	2015 年
章玉摄影	仁和路 1 号	摄影、礼仪	章　玉	2000 年

第五节　民间传说

一、陈侯庙传说

陈侯庙有600多年历史。自明朝以来，在安仁百姓中口口流传着多种有关陈侯庙与朱元璋的神奇传说。尤其是朝廷每年要向陈侯庙送一对龙凤烛（又称“京烛”）的传说妇孺皆知。现择录两则于后。

（一）

龙凤年间（1355—1367年、元朝末），朱元璋为躲避元朝的追兵时，路过位于安仁虎头山东南角的土地庙，便逃进庙内躲藏。由于庙很小，只能缩身躲在庙里的案桌下面。当夜，庙门口织了一张很大的蜘蛛网。元兵追到此庙后，一看古庙有蜘蛛网封住了门，并且庙内灰尘甚厚，认为此庙根本无人进入过，便悻然离开了。朱元璋因此而逃过一劫，保全了性命。明洪武（1368—1398）初年，朱元璋当了明朝皇帝后，为感谢该小庙曾救过他的命而下旨拓建了此庙，并晋爵为侯庙。由于原小庙庙址太小，便将其庙移建在安仁村以西的虎头山北侧山坡上（清渚溪南侧，虎头山尾部，现安仁中心学校小学教学楼处），称陈侯庙。

此庙建成后的前三年，每年的正月十九，朱元璋会亲自到陈侯庙上香点烛。后来，由于公务繁忙，加上路途遥远，没有到庙里来上香点烛。当地百姓将此事反映给县官，由县官上奏到朝廷。朱元璋才想起当时的承诺，便委派家住桐庐的京官姚姓家族代送一对蜡烛，人们称之为“京烛”。此后，历朝历代都有一对“京烛”送至该庙，一直沿袭到20世纪40年代初。

（二）

元末龙凤年间（约1341）的一天，由于元兵的追击，朱元璋逃到了安仁清渚溪的北岸，因该溪水深流急又没有桥。朱元璋如不过河的话，将性命难保。朱元璋正在进退两难的危急情况下，此时只见一位土地公公路过此地。朱元璋万般无奈地屈膝向土地公公讨教如何过清渚溪的办法，土地公公看了朱元璋一眼，心中说道，此人姿貌雄伟，奇骨贯顶，似有真龙天子的气质。认为这个人不是一般的平民百姓，将来肯定是一个大有作为的人。一定要帮帮这个人，于是开口说：“你要过清渚溪的话，必须向安仁人许一个愿。这个愿如何许？你心中自然明白。”朱元璋听土地公公这么一说，便跪拜向清渚溪南岸的安仁村磕了三个头，双手合拢，贴于胸前，心中默默地许愿道：“我朱元璋如有出头之日，一定在安仁建一座庙，并每年来上香点烛。”朱元璋刚许完愿，只见土地公公飘然远去。不到三分钟，天空忽然乌云密布、电闪雷鸣，顿时狂风暴雨袭来，由于风大使清渚溪两岸的两棵高大杨柳树的树梢紧紧地靠在了一起，似乎成了一座“桥”。此时，朱元璋看到这一情景，便明白了土地公公的用意。于是连忙爬上了溪北岸的杨柳树树梢，借着风势抓住了溪南岸的杨柳树树梢，又随着风势荡到了南岸的杨柳树上。当朱元璋平安地来到了南岸的地面后，狂风暴雨却戛然而止，天空又晴朗一片。此时，元兵已追到了溪北岸，由于元兵过不了河，眼睁睁地看着朱元璋又一次逃出了他们的魔掌。

明洪武初，朱元璋当了明朝皇帝。他为了兑现当年在安仁逃难时被获救的承诺，便在安仁造了一座庙，即陈侯庙，并将此庙晋爵为侯。

几年后的一个晚上，土地公公托梦给朱元璋。土地公公说：“你当年许下的愿还没有全部兑现啊！”朱元璋心想，安仁的陈侯庙不是已经建好了，还有什么承诺没有兑现呢？思索了半天后，才想起每年还要“上香点烛”的事。便马上派人到桐庐县芝厦镇，定制了一对一斤重的龙凤烛，送到陈侯庙。从此以后，每年的孟春，陈侯庙都有一对朝廷送来的蜡烛，人们称之为“京烛”。因京都到安仁路途遥远，朱元璋没有时间亲自到陈侯庙“上香点烛”，便委托家住桐庐县的一名京官负责每年向陈侯庙送“京烛”。后来，这名京官过世后，又委托桐庐县芝厦门里的一个吴姓家族负责送。蜡烛费由吴家的“堂宗田”支付。因而吴姓家族的几亩田可免交田税，以资作蜡烛费。

（俞泉法　口述/林成刚　整理）

附14—6：

陈侯庙送“京烛”亲历者的专访

图 302 吴金海（摄于 2013 年 10 月 19 日）

我叫吴金海，男，1927年7月12日出生。世居桐庐县芝厦村门里自然村。

我小时只读了一年半的私塾，成年后在村里当了六十年的会计。

在抗日战争前，我们村里的十亩“堂宗田”（家族共有的田，不需向官府交税）由三户吴姓的大户人家按年轮流管理，我家是其中一户。轮到管理的户当“水头”，就是负责这十亩“堂宗田”的用水管理及收田租。每亩田每年上交田租十斗活谷，每斗约十斤左右。然后将稻谷晒干卖掉的钱用作蜡烛费。由“水头”负责在每年的正月十九，将重一斤的一对龙凤蜡烛送到安仁陈侯庙。据说，正月十九是陈侯公的生日。斤寓意为“京”，京即朝廷，就是说朝廷送的蜡烛，先人们称之为“京烛”。

我16岁那年，轮到我家当“水头”，因而由我家负责送“京烛”。一九四二年正月十九，全村村民都陪着我家一起送“京烛”到安仁。在通往安仁的古官路上（今为后山村大路山南侧）浩浩荡荡一大班人，非常热闹。当我们将“京烛”送到安仁陈侯庙门口时，由庙里的庙祝老头（即庙宇管理人员）到门口来迎接。“京烛”接到庙里前，庙里原先已点燃的蜡烛都要暂时熄火，以敬重朝廷和皇帝。在点燃“京烛”时，所有人都要跪拜祈福。

这一天，安仁村是非常热闹的，既要演戏又有农具、农产品交易，称之为庙会。“京烛”点燃仪式完毕后，戏才可开演。当时的戏台搭在庙门前山脚下的寺田里，当年约有三十来亩。我们送“京烛”的一大班人就坐在庙门口的山坡上看戏。

据吴氏家族的老辈人说，早前，这对蜡烛本应明朝皇帝亲自送的，由于京里（指朝廷）到安仁的路途实在太远。于是皇帝便委托家住桐庐县的姚天官〔名夔（1414—1473），字大章，号捐庵，桐庐郭坊（今桐庐镇）人。明，历任吏部给事中、刑部右侍郎、礼部左侍郎、礼吏两部尚书〕代送。姚天官过世后，又委托我们村的吴荣潮代送。因为姚天官的一个孙女是嫁给他的，加上我们村与安仁村又近，只有五里路。所以，送“京烛”的事就一直延续了下来。现在我们村里还有一口塘的名称就叫姚家塘。由于姚天官的孙女很喜欢钓鱼，在她家的花园里专门挖了这口塘。

按《吴氏家谱》载，吴荣潮为荣字辈（第十九世），我为坤字辈（第二十四世）。

吴荣潮过辈后，又交给吴家的后人代送。后来，就出现了村里三户吴姓人家轮流代送“京烛”的情况。

1942年5月，日本侵略军进犯芝厦，烧掉了我们村里的大部分房子。由于兵荒马乱，民不聊生，因而从第二年起就没有再向安仁侯公庙送过“京烛”了。

我成了最后一位送“京烛”的亲历者。

（说明：2013年10月19日，吴金海在桐庐县芝厦村门里自然村家中讲述了他向陈侯庙送“京烛”的亲身经历。本文由林成刚、俞泉法、谭明珠整理。）

附14—7：

朱元璋与徐公轶事

龙凤间，明兵屯乌龙山。太祖在大明坞，购求练达老成者，众推徐公敬之。公得引见，所对时事及民风土俗，井井有条，太祖悦，留奕且侍食焉。安仁陈侯，土神也，最显。敬之偕太祖往卜之，兆甚佳。（太祖）谕曰：“登极后当召汝。”洪武戊申（1368）来徽，徐已病，不能往。恩赐“优恤”二字以旌之。又以徐有汉孺子义，赐名再孺，号“南洲”，世免差役。因名其厅为南洲堂，俗传是听虽盛暑无蟲。

（辑录自民国八年《建德县志》卷十五·拾遗轶闻·第六页）

二、安仁虎头山

安仁村后有座虎头山，原是一座荒凉小山，山脚有一条石头铺砌的路，这就是过去的官道。道旁有一座土地庙，泥塑的土地公公和土地婆婆安详地坐在庙中。元朝末年，起兵反元的朱元璋一次被官兵追赶，逃到虎头山脚看到路旁有座土地庙就钻了进去，躲藏在土地神像后面。这时门上许多蜘蛛就迅速结起网来。官兵追到这里看到庙门上布满了蛛网，心想朱元璋肯定不在庙里，否则蛛网定然要破，就飞快从大路追去。官兵去远，朱元璋从土地神像后面出来看到门上布满蛛网，心想定是神灵保佑，便跪在神像前许下心愿：“如能为天子，必封土地为侯王。”

公元1368年明太祖朱元璋果真建立了王朝，做了皇帝，但因当时逃得匆忙，不曾问得地址，只晓得在浙江，具体地点记不清了，只得下旨：“浙江土地尽封王。”从此浙江大兴庙宇，到处土地尽沾皇恩，全塑成侯王。安仁庙的侯王觉得是自己叫蜘蛛织网保住了朱元璋，而浙江所有土地都和他一样并起并坐，气得帽子都歪了。后来朱元璋知道了这件事便在每年正月十八日安仁庙庙会之时，从京城送来金烛一对，表示谢意。到清朝还是如此，但到清朝中期，从上到下，贪官污吏层层克扣，京里送金烛，送到安仁只剩一对三拜烛了。到民国时，还是沿世袭执行，为纠正这一歪风，国家出钱，桐庐县承命在芝厦门里买了几亩田，田赋作烛资之用，每年庙会由芝厦人敲锣打鼓送一对京烛到庙里，直至解放。

（陈斌能收集整理　辑录自《天下瑶池乾潭》）

三、安仁吴家弄的由来

清朝末期，一个姓吴的在县衙门当牢头（监狱长）的梅城人，家里非常富裕。据说他家里的白洋堆在楼上，把楼阁板都压塌下来过。

有一次，他到安仁来办案，看中了安仁老街中心的一块地皮。于是花钱将这块地买了下来，约有十几亩。后来，在这块地上造了好几幢二层楼的砖瓦房。有一条南北向的弄堂穿过这几幢房子。由于弄堂两侧都是吴家的房子，因而该弄堂就取名为吴家弄。

弄堂东侧沿街的一幢房子为最大，约有500多平方米。这幢房子在二十世纪五六十年代成了安仁乡政府的办公用房，当时一度成了安仁乡的政治、经济、文化中心。

这些房子造好后，主人自己没有来住过，都是他的亲戚在这里居住的。吴家人为人很好，经常资助一些十分贫困的当地人。1949年后，土改时被划为小土地出租成分。他的后人于20世纪60年代时就已搬出了安仁。弄堂两旁的老房子原都由陈姓人家居住。

现在这些老房子都已被新洋房所取代，弄堂的样子也已变了样，只是这条弄堂的名称一直沿用至今。

（俞松来 口述/林成刚 整理）

四、断腿泥塑马的传说

600多年前，安仁村西的庙湾山上有一座在明初洪武年间建造的陈侯庙。庙大门外两侧各摆放着一尊泥塑的马，十分威武。马身不高，有小孩子经常骑到泥马背上玩。但其中的一尊泥塑马是缺一只后腿的。据老辈人说，先人们曾经多次为这尊泥塑马补过后腿，但奇怪的是：每次补上后，不出三天，其补上去的后脚不知什么原因会自行掉下来。多次尝试，多次失败。后来，人们就不再为该马补后腿了，成了一尊缺腿的泥塑马。

泥塑马为什么缺后腿，有一个神奇的传说。

每年的清明节前十天，安仁村有一个传统节日，就是牛和马的开工日。这个节日过后，牛与马就要开始干农活了。

相传，有一年过节的前一天，一农夫发现自家麦田的麦苗被什么动物吃掉了一大片。仔细一看，麦田好像留有马的脚印。为查明原因，该农夫第二天带着一把刀到麦田里去守候。到了麦田里后，发现有一匹马正在吃绿油油的麦苗，便挥着刀去驱赶，但该马始终不肯离去，还是悠闲地低头继续吃麦苗。农夫见自家田里的麦苗又被吃掉了一大片，实在心痛，但赶又赶不走，一怒之下用手中的刀挥向马的后腿，结果砍断了马的一只后腿。当马的后腿被砍下后，此马却突然无影无踪地消失了。农夫十分纳闷，缺腿的马是怎么逃走的？农夫发现麦田里已留下了一大摊血迹，并有几滴血沿着田塍一路远去。于是，该农夫跟踪着血迹一直追到了陈侯庙大门口时，血迹便消失了。只见庙门口的一尊泥塑马已缺了一只后腿。后来，缺腿泥马到田里吃麦苗的故事在当地盛传开来。

此后，先人们为了纪念这尊神奇的泥塑马，便将马吃过的麦田称之为马盘，寓意这块田是马吃饭的盘子。此地名一直沿用多年。

该田的位置约在现今的高速公路安仁出口收费站南侧附近。

这两尊泥塑马是在土地改革时期被毁掉的。当年政府要将地主家的田地分给老百姓，但村里的人不敢要，怕庙里的菩萨和泥塑马来寻事。为此，土改干部将村民们叫到陈侯庙前，当着大家的面将庙里的菩萨以及两尊泥塑马全部打碎。土改干部说：“菩萨和泥塑马是封建的东西，现在将地主家的土地分给你们，希望大家大胆地要去并大胆地种粮食，菩萨是不会找你们的。”通过这次现场教育后，村里人才敢参加分田。

（俞松来 口述/林成刚 整理）

五、千家村（后宅）的变迁

据传，约800多年前，今建德市成利建材有限公司水泥厂厂址的地名是叫千家村的，是安仁村民最早的居住地。后来改称后宅，此地名一直沿用至今。后宅的地形呈太师椅状，三面环山，坐北朝南，曾有一条小溪在千家村南口通过。20世纪80年代初前，后宅有近20亩水田、三口水塘，以及大片的茶园。

又据传，早前从“十里长垅”过来的小溪是从渡息桥经直向东到千家村前（即原石煤公司职工宿舍处）通过。由于朱几坞人取水不便，经过朱几坞村童姓状元的努力，将这条小溪从渡息桥起向南改道到朱几坞村村口通过，即形成现在的小溪流域。千家村因远离小溪，村民便纷纷搬到现今的安仁老街建房居住，久而久之，千家村就渐渐地消失了。

此后，后宅成了安仁人的菜园地。20世纪60年代前，由于后宅的风水较好，多数安仁人死后的墓地选于此。

20世纪60年代始，为增加村集体经济收入，安仁大队号召村民将原有的坟墓全部搬离，将山坡地和菜园地种上了茶叶，成了当时建德县小有名气的茶园。当年还在后宅路边造了一座茶叶加工厂，后改建成大队畜牧场。今改为住宅。

20世纪80年代中期，此地由建德县石煤综合利用公司征用，建造了一座年产5万吨水泥的水泥厂。今为建德市成利建材有限公司。

（俞松来 口述/林成刚 整理）

六、因贪财引来的灾祸

20世纪70年代前，在安仁村陈家弄堂北口东侧（沿安仁老街），有一块被火烧过的房屋空基。东北面3米多高的残墙壁漆黑一片，明显留有被火烧过的痕迹。地基中还残留着几块青石板和几个直径40多厘米的石磉鼓。该地基一直空置了100多年。

据传，这块地基上，早前有两间十分简陋的泥墙屋。约在清中期某年的一天中午，一个蓬头垢面、一身褴褛并拄着拐杖的讨饭子（乞丐）站在了这户人家门口，想讨口饭吃。房子的主人家境也十分困难，自家都揭不开锅，那有饭给讨饭子吃。房子的主人对讨饭子说：“我自己都吃不饱，你还是到别处去看看吧！”可讨饭子一直站在门口，没有离去的意思。过了半个钟头，房子的主人见讨饭子实在可怜，便勉强地捧出一碗冷薄粥递给讨饭子。讨饭子见主人捧来一碗冷薄粥，如见救星一样，伸出颤抖的双手去接这碗粥，此时手中的拐杖倒在了地上后发出了一种不同寻常的响声。主人在讨饭子双手捧碗喝粥时，便好意地去扶起了拐杖。一拎拐杖，特别沉重。主人意识到，这根拐杖不是一般的拐杖，根据倒地的声音以及重量来判断，拐杖里肯定“有货”。主人便一反常态，马上很客气地将讨饭子请到了家中就座。烧热水让其洗澡，并拿出衣服给他换上。晚饭好菜好酒招待并当晚强留他住宿。据邻居们说，第二天就没有见到这个讨饭子出来过。

过了几个月，这户人家一下子便富有了起来。请人拆掉了旧泥屋，在原址上大兴土木地建造了一幢集前厅、后堂和左右两厢房的大房子。

几年后的一个晚上，房子的主人在家中发现了一只有洗脸盆大的螃蟹。主人如获至宝，就将这只螃蟹烧熟后吃掉了。

不久，这幢房子发生了一场大火。全村人奋力扑救，但越扑水，反而火势越来越大。大家眼睁睁地看着房子及家具、被褥被烧得精光，只留下断垣残壁。主人说：“家中钱财一分都不剩。”但与这幢房子一墙之隔的其他房子却安然无恙。

此后，这户人家就搬到其他地方去了，再也没有回来过。

据老辈人说，这个讨饭子不是一般的人物，是个“新秀”（指不同寻常的人）。由于落难，讨饭路过安仁。他的拐杖中藏着金条，因而倒地后发出了一种很特别的声音。主人见财起了贪心，当晚就将他谋杀了，将金条占为己有。有了金条，便建造了大房子。这只螃蟹就是这个讨饭子的化身，是来看看这户人家到底怎么样了？而主人又将其当作美餐吃掉了。这场大火就是这个“新秀”对其的报复。这就是人们所说的“天火烧”。

（朱尧仁 口述/林成刚 整理）

七、金锣的传说

据传，早前有一个住在安仁村西边某村坊的泥水匠，有天晚上做了一个梦，梦到后山村某人叫他去翻漏（瓦片补漏）。

第二天一早下着雨，他想下雨天不能做补漏的生活。但是今天又没有其他事，就到这户人家先看看再说。当走到安仁村虎头山南侧古官路中段（金鸡弄，原安仁镇政府办公楼后面一带）时，听到了一声声非常清脆并有节奏的锣声。他很纳闷，周边既没有房子，又没有人，根本没有人在敲锣，但怎么会有锣声呢？特别是此锣声虽清脆，但不是很响。他便循着声音找到了锣声发出的地方，走近一看让他兴奋不已，是一面金光灿灿的金锣，直径约有20厘米。金锣上面的岩石壁上刚好有水滴向下滴，其锣声就是水滴滴在锣面上发出来的。泥水匠欣喜若狂地将金锣抱在怀中，今天运气真好，能捡到这么大的金锣。心中在想，自己是泥水匠，帮人家造了不少新房子，可自家还住在破泥屋里。如将金锣换成钱，用自己的手艺为自家造一幢新屋，让全家老小都能住上新房子，多余的钱还可以为全家人买些新衣裳，今后的日子肯定大变样。泥水匠越想越开心，抱着金锣陶醉了好长时间。过了一会，他才想起今天还要寻生活的事。准备带着金锣继续赶路。走了几步，突然想起，带着金锣到东家家里，肯定要被人家发现的，这不是要露财了。此时，他想出了一个妙计，此地又没有其他人，先将金锣暂时放在原处，待回家时再来取，这样比较稳当。于是，泥水匠将金锣藏回原处，小心谨慎地盖上毛草和泥土，并做好标记，然后兴高采烈地向后山村一路小跑。到了后山村的东家家里，一进门便对东家说：“我是你叫我来翻漏的。”东家十分诧异地说：“我根本没有叫过，并且我家的房子根本不漏雨，完全没必要翻漏啊！”泥水匠万般无奈地离开了东家。在回家的路上，他心里嘀咕，今天的事真奇怪！我做泥水匠这么多年了，没有碰到过像今天这样的事，梦里说得很清楚的。此时，他突然茅塞顿开。自言自语道，这个梦大概是财神爷托来的，财神爷名义上叫我来翻漏，实际上是叫我来拿金锣的。今天这趟跑得非常值，我时来运转了。没有生活做也好，还是快点把金锣拿回家吧。憧憬着今后的好日子，越想越开心，当然步子也越迈越快。不到一筒黄烟的工夫，就来到了藏金锣的地方。他仔细一看，没有发现有其他人来过的痕迹，他放心地长吁一口气，天助我也，发财的机会终于来了。经观察确认四周无人后，便小心翼翼地扒开原先盖好的毛草和泥土，却什么东西也没有了。他此时怀疑是不是记错了地点，重新确认了一下方位，自己做的标记非常明确，是这个地方。然后再扩大范围找了找，还是没见到金锣的踪影。就这样他又连续找了两个钟头，还是一无所获。到快吃中饭时，他只得垂头丧气地回到了家。老婆见到他这么快就回来了，感到很纳闷，不解地问："你为什么这么快就回来了？"泥水匠有气无力地将上午遇到的一惊一乍的事和盘托出。

后来，泥水匠发现金锣并金锣消失的事在当地广为流传，并且此处藏有金银财宝的故事也越传越玄乎。有人说，金锣是有腿的，因为被人发现过了，它就逃跑了。如当时该泥水匠将其直接拿回家，它就跑不了了。还有人说，这个地方藏有很多金银财宝，但常人是无法得到的，只有神仙才知道藏宝的地方。

这件事情发生后，的确有很多人到这里来寻找过金银财宝，但都空手而归。

据老辈人说，早前在当地还流传着藏宝地的一句顺口溜："上七步，下七步，银子就在步步里。"但上七步、下七步，到底是从哪里开始计步的，谁也不清楚。

金锣究竟怎么会消失的？此地到底是否藏有金银财宝？成了一个永远让人解不开的谜。

（叶卫民 口述/林成刚 整理）

八、虎头山的传说

对于虎头山的神秘，在安仁村老一辈人口中流传着多种传说。

传说一：村坊建在虎头山脚东面，如"老虎"一旦发威的话，村里将会出现灾难。为了镇住这只"老虎"，于是安仁的先人们在虎头山脚的东面建造了18只肥缸（厕所），以阻止"老虎"到村里来骚扰。肥缸今无存。

传说二：早前，安仁村历有陈、董两大姓，视为安仁村的本姓，其他姓氏视为外来客姓。一段时间，陈、董两姓的子孙繁衍没有外来客姓多。陈、董两姓的先人们认为，是村西虎头山的"老虎"在作怪，影响他们繁衍后代。为阻止"老虎"在村里骚扰本姓，于是，陈、董两大家族在虎头山脚的东面建造了18只肥缸。

传说三：虎头山以东七八里路外的桐庐县芝厦澳边村，有一座小山名叫猪头山。安仁的这只"老虎"（指虎头山）每时每刻都注视着这只"猪头"（指猪头山），如果"猪头"一动（指放炮挖山等）的话，这只"老虎"就要扑过去的。因而一直以来，该猪头山就没有人敢去动它，始终保持着原貌，以免"老虎"扑过去。

传说四：在虎头山"虎脖子"南侧的山脚，有一块大石壁，石壁下方有一个石灰岩溶洞，名叫金鸡洞。用小石块往洞里掷，随着石块的滚动，会发出似公鸡鸣叫的声音，故名。洞口约六七十厘米大。有人说，金鸡洞深不可测，能通到很远的地方。也又有人说，这个洞只有五六米深。20世纪70年代后期，有人在此处建造了民房，这个溶洞随之消失。现此处的路名叫金鸡弄。此路名与金鸡洞不无关系。

（林成刚 整理）

九、蛇洞与水碓

鱼坑坞口桥南端20米处的一个小山坡叫蛇头山，是前山园山脉的一角，此处有一个小岩洞，以前有很多蛇，因此而得名。为了不让这条"蛇"到安仁村来捣乱，便在蛇头山的溪对面（小溪北岸）建了一座水碓，其目的是镇住"蛇"头，以确保村坊安全。

蛇洞今尚存。20世纪60年代，孤寡老人陈岩法曾将此洞清理的干干净净，并把家搬进洞内住过几年。

水碓建于晚清，为安仁村董汝南所建。中华人民共和国成立前，由董姓家族管理。中华人民共和国成立后，由安仁大队第四生产队管理。约于20世纪70年代初拆除，将原址改成水田。

水碓旧址约在今安仁村金秋街通往鱼坑坞便道320国道涵洞处。

（俞松来 口述/林成刚 整理）

图 303　蛇洞

图 304　2005 年安仁篮球队参加乾潭镇第一届篮球联赛（金军明 摄）

图 305　2011 年金秋节演出（金军明 摄）

第十五章　语　言

第一节　方　言

安仁村历史悠久，唐代就有古官道穿村而过。商贾南来北往，各种地方方言对安仁方言产生一定的影响。人们在长期的生产、生活实践中，形成了比较独特的地方语言。尽管随着普通话的不断推广和外来语种的不断涌入混合，但安仁方言依然有其生存的土壤，在平时的语言交流中，人们往往习惯于使用本地方言。

《中国语言地图集》把建德北部与桐庐交界的安仁、钦堂及乾潭（包括下包）以东划入吴语太湖片，乾潭以西的建德地区划入吴语徽州片。吴语是以上海话为共通语、以苏州音为标准音、以江南群城方言为基础方言、以八调清浊等正统存古的自然语言为古典语法规范、以江浙民系作家（绍兴鲁迅/嘉兴茅盾/苏州叶圣陶等）开创的白话文为现代语法规范的江左江南汉民族共同语。

安仁方言中的多数词语与普通话较相近，但大多语言声调相对较平，与其他方言比较相对要好懂一点。安仁方言中有些词语与普通话有一定的区别，如“藏”用“园”，普通话中常说的“给我一本书”，而安仁方言说成“那本书把我”。安仁方言与乾潭、钦堂的语言大多数相近，但也有少数词语不一致，如“洗”字，安仁话口语是“筛”，而乾潭话口语是“汏”。在安仁村（包括荻州村、高坪村），安仁方言是比较统一的语言。仅有个别口语有一定的区别，如“线”，安仁口语为“先”，而荻州潘家口语为“C”。

安仁话的人称代词作定语时，习惯上改用复词。如“我侬”。在所要表示的名词是物品时，用“我个”“侬个”，如“你个打火机在我个袋里厢”。再如“李明是我个女婿”“侬个家里比我个家里干净多了”。

周边村（指原安仁镇所辖）虽以安仁方言为主导，但还夹杂着其他语言，如后山、施家、下梓、前陵等村，均有一部分人讲温州话、青田话、永康话、淳安话等。村东与桐庐县接壤，但方言语音大不相同。

语言是人们交流思想的工具。随着社会开放程度的提高，人与人之间的交流越来越广泛、频繁，人们为适应社会生活、工作和文化交流，必须讲普通话。尤其是现在的小孩大多开始学语时，就以讲普通话为主。因而，对自己家庭或祖上讲的方言逐渐淡忘以至不会说，已是一种趋势。有一些方言词汇因现实生活中已不太用得到了，随着社会的进步，有可能将会失传。就是说方言作为一种非物质文化的存在形态，正面临着逐渐消亡的危险。因此，在讲普通话的前提下，要很好地保护好当地古老语言的活化石——安仁方言。

安仁方言与普通话比较下的典型词汇

安仁方言经千百年的民间流传，形成了丰富多彩、生动而又含义深长的语言。方言流传于民间，不同于普通话均可用文字来表达。民间为了便于书面交流，用假借别字，同音异字或两字合音合义来表示方言。下面收录了部分安仁方言的用词。但有些方言无法用文字写出的，故未收录。有些词语没有通用的汉字可写，有本字可考的斟酌写出本字，无本字可写或有本字不便认写的则写个方言的同音字或音近字代替。安仁方言和书面用语，乃至古文字有着深厚的渊源，境内古文化的底蕴深厚。

方言用词选：

园（音抗）：把东西藏起来。

拕（音驼）：拿。

嘲（音捉）：用嘴吸取。如“嘲螺蛳。”

泖（音柳）：作圆周形搅拌。

熯（音黑）：在饭上蒸菜肴。

挞（音他）：用力拉扯。

咤（音拖）：兽类用嘴叼。如“老鹰咤小鸡。”

猍（音来）：就地滚动。

沥（音律）：将带水之物的水滴干。

滗（音笔）：沥干，去汁水。

撨（音校）：揭，掀。如“撨镬盖”。

挢（音乔）：用手推开。

撸（音路）：将某物集中在一起。如“撸柴”。

煺（音退）：用沸水去禽兽的毛。

烊（音羊）：融化、熔化，均为烊。

搛（音兼）：用筷子夹物。

瞵（音邻）：蔬菜地一畦谓一瞵。

墈（音看）：河岸。

焐（音乌）：裹在中间使之受热或煮熟。如“焐热被窝”“肉焐萝卜”。

擤（音亨）：捏住鼻子用力将气及鼻涕排出鼻孔。

蹱（音冲）：步履不稳。

痃（音发）：恶心欲呕。如“痃胃。”

灺（音歇）：质劣，较差。如“味道灺”或“这个人脾气灺”。

趴（音怕）：双脚分开。

縴（音切）：将多层布料缝在一起。如“縴鞋底。”

涡（音握）：没入水中。

跶（音它）：把鞋后帮踩在脚后跟下，如“别跶着鞋走路”。

庹（音托）：成人平伸双手，左右手中指尖之间的距离谓一庹。

瘤（音雷）：皮肤上的小疙瘩。

靥（音厌）：伤口或疮口凝结之物（即痂）。

侬（音农）：你。

擗（音别）：扭伤筋骨。

弭（音咪）：稍微喝一口。

滮（音彪）：液体从小孔喷出。

淴（音忽）：用手操起水来泼洒。

潽（音普）：溢出。

沥（音力）：让水漏干。

掼（音莞）：扔、摔。

揿（音钦）：用手按或压。

枷（音加）：将某物压住。

鐾（音避）：将刀子放在布或石上反复刮磨而使刀口锋利。

趤（音宕）：漫无目的游荡。

呛：咳嗽。

嬉：玩。

作：爱折腾。

矇：看。

阔：宽。

湎：面条。

壮：指动物肥壮。

薄：稀。如“粥太薄”。

厚：稠。如“粥太厚”。

嗨：富有。

熳：指火焰旺。

鳖：甲鱼。

方言词汇选（前为方言，后为普通话）：

安仁方言词汇相当丰富、生动，有的说明事物十分形象，有的言简意赅、一针见血，有的诙谐幽默、令人捧腹。

夜边：傍晚。

今朝：今天。

明朝：明天。

拾日：昨天。

五更：早上。

吗头：下午。

旧年：去年。

葛午：当今。

葛己：现在。

往早：以前。

日脚：日子。

开年：一年的开头。

来年：下一年。

下（音火）卯：下次。

里向：里面。

格哩：这里。

拉里：哪里。

上头：上面。

下（音火）底：下面、下头。

落雨：下雨。

落雪：下雪。

雾露：雾。

豁闪：闪电。

流头挂笔：冰锥。

雅老子：父亲。

姆妈：母亲。

男子汉：男子。

女人家：女子。

老公：丈夫。

老嬷：老婆。

丈人：岳父。

丈母娘：岳母。

囡帼头：女孩子。

偝人家：小孩子。

老倌：某男子。

新郎官：新婚男子。

新娘子：新婚女子。

生母：孕妇。

娃公：外公。

娃婆：外婆。

老巴：大伯。

老姆：伯母。
囡婿：女婿。
新妇：儿子的老婆，特指新婚儿媳。
娭娭：奶奶。
雅雅：爷爷。
侄郎：侄儿。
两老嬷：两夫妻。
在行人：内行人。
毛毛头：婴儿。
老人家：对年老长者的尊称。
讨饭子：乞丐。
喔子：哑巴。
隔子：结巴。
瞎（音豁）子：盲人。
孬子：傻瓜。
烧饭师傅：厨师。
郎中：多指中医师。

六谷：玉米。
芦稷：高粱。
卜豆：蚕豆。
萝虎：辣椒。
洋萝虎：西红柿。
洋芋：马铃薯，或称土豆。
洋大蒜：洋葱。
北（音不）瓜：南瓜。
苔腐：豆腐。
落苏：茄子。
哈菜：苋菜。
川葱：芹菜。
丝瓜筋：油条。
鸡子：鸡蛋。
按珠：樱桃。
杨桃梨：猕猴桃。
燊油：猪油。
精肉：瘦肉。
田鸡馃：面疙瘩

米嘭：爆米花。

火烧饼：酥饼

镬子：铁锅。

镬焦：锅巴。

镬铲：锅铲。

酒鳖：铁制，形状如鳖的水壶。

皛：猪

皛娘：母猪。

皛公：公猪。

牯牛：公牛。

雄鸡：公鸡。

巧鸡：母鸡。

曲蟮嗯：蚯蚓。

毛哈：螃蟹。

乌里搞：黑鱼。

魔鳅：泥鳅。

白（音拔）节哈：银环蛇。

犁头沛：眼镜蛇。

田鸡：青蛙。

老刺：老鼠。

偷油老刺：蝙蝠。

葛芒：蝗虫。

閟虫：蚊子。

雕窠：鸟窝。

槛门（槛窗）：窗户。

屋柱：柱子。

磉鼓：柱子下的石礅。

屋瓦：瓦片。

弄堂：胡同，巷。

肥缸：厕所。

道坻：门前晒场。

镬灶：炊事用的灶。

糊泥：烂泥。

灰墒：灰尘。

臯栏：猪栏：

洋灰：水泥。

洋火：火柴。

洋肥皂：肥皂。

洋油：煤油。

洋车：缝纫机。

洋钉：铁钉。

小包车：轿车。

马达壳：摩托车。

嬉嗰栅：玩具。

纸鹞：风筝。

抽斗：抽屉。

揩桌布：抹布。

面桶：脸盆。

薄刀：菜刀。

洋撬：铁锹。

撬棍：撬杠。

匙头：锄头。

榔头：洗衣服时用于敲打的木槌。

尬匙：菜橱。

轮盘：轮子。

索机：刀片上带锯齿的小镰刀。

田籦：头部装小铁圈的长柄耘田工具。

簟皮：摊晒粮食的竹编席子。

团箕：竹制圆形晒具。

筤（音郎）秆：晾晒衣服的竹竿。

稻屋：稻桶。

笤（音条）帚：扫帚。

烘胎：用竹子编的焙笼。

北佬罐：搪瓷杯。

轴子：立轴、挂轴。挂在中堂的高而窄的字画轴子。

炖锅：土灶上用来以炉膛余热将水加温的一种铁制或铜制的器皿，呈桶状。亦叫汤锅。

筛（洗）衣裳：洗衣服。

汏衣裳：洗衣服。

吃口：需负责生活费用的人。

吊酒：酿酒。

镂山：挖山。

㴔田：耘田。

杈手：牵手。

斫柴（音杉）：砍柴。

睏高：睡觉。

吃力：累。

歇力：休息。

吃酒：喝酒。

吃香烟：抽烟。

吃茶：喝茶。

肚皮喳：泻肚子。

讨老嬷：娶妻。

嫁（音郭）老公：出嫁。

把戏：杂技、魔术。

长年：旧时给地主或富有人家的帮工者。

反（音发）手面：左边。

顺手面：右手。

鼻头：鼻子。

眼乌珠：眼珠。

头颈：脖子。

一床被：一条被。

一部车：一辆车。

一只鱼：一条鱼。

拷一记：打一下。

安仁方言在交流中，除用众多方言词汇外，还应用了词缀的修辞手法，使语言更加生动，读起来更加顺口，在方言中常见的词缀有：

“头”是方言常用的词缀，原意是表示脑袋或顶端，如：平顶头、树标头（树梢最顶端），而在方言中“头”作词缀时，在大多数情况下无实际含义，如五更头、五角头、溪埠头、吃苦头、甜头、手头等。

用“子”作词缀的，如茄子、李子、狮子、日子等。

方言中除用词缀外，还用形缀手法来表达，使语言更加生动活泼，如冷兮兮、慌兮兮、硬邦邦、木佬佬、胀鼓鼓、急吼吼、毛毛雨、牵色色、木西西、空佬佬、蜜蜜甜、滚滚壮、石石硬、雪雪亮、尝尝看、穿穿看、溚溚滴等。

安仁方言像其他方言一样，比喻、夸张、含蓄、风趣，寓雅于俗，有较高的艺术性和较强的交际功能，尤其是以动物或物喻人方面更为突出，用词生动贴切、形象逼真，例如：

三只手：指扒手。

三脚猫：指对某种知识或某种技能什么都懂一点，但什么都不精的人。
白脚猫：俗谓脚白色的猫不守家，喻善串门者。
雌老虎：指极凶的女人。
嫩壳蟹：喻不老练、幼稚者。
汽油桶：喻上下体形肥胖粗壮又有健力的人。
长脚鹭鸶：喻两脚细长的人。
拖油瓶：多指跟随改嫁女从的孩子。
牛胚：指力气大的人。
出头椽子：敢于打头阵的人。
乌老鸦（音喔）：嘴里尽说些不吉利的话。
老鼠（音刺）精：人虽矮小，但行动敏捷。
老油条：指头脑活络的人。
烂稻草：指被他人帮助后还是没出息的人。
饭桶：指只会吃饭而不会做事的人。
猴狲精：身体瘦小又鬼头鬼脑，贪玩好动的人。
小肚鸡肠：多指极小气的人。
犯贱骆驼：指不识好坏，不识抬举的人。
死蟹一只：形容死掉、失败，无法翻身。

俚语

花喜：喜欢。
合拍：双方在性格、脾气、为人处世及行动等方面意气相投。
作弄：调排作对。
煞克：厉害。
倒霉：丢脸。
肉痛：深感舍不得。
调排：对付，捉弄。
空骚：自作多情。
搪塞：敷衍。
料理：照料、服侍。
宕话：用另一种语意来表达，反话。
倒担：买进全部剩货。
倒灶：一指倒闭、破产。二指倒霉，或遇到不幸运、麻烦之事。
出脱：指设备、设施出故障或坏了。如“这部汽车出脱了”。
撮空：多指弄虚作假，无中生有。也指沾光，揩油。
着港：利益到手。
拢总：总共。

葛算：合算。
回钞：付钱。
用场：用处。
着力：尽力，用力。
出山：言得意成功。
蹩脚：差。
跛喔：话语。
好矇：美，漂亮。
奇特：撒娇。
出挑：意为犹出众；长成。多指男女青春期体态、容貌、智能等。
拉天：吹牛。
噻过：可怜。
雷话：鬼话。
特为：故意。
有数：懂，也可解知道。
巴结：多指奉承。
贪杯：贪吃，多指饮酒过度。
藤头：抬举不起，不识好意的人。
古板：固执呆板。
派（音帕）头：举止端庄，多指有气派的人。
闯派：喻胆大、凶蛮的人。
活傥：喻脑子活络，做事利索。
星秀：指不同寻常的人，常带有嘲讽之意。
头寸：多指与社会地位与职位。如“葛个老倌头寸蛮大的”，即指这个人位大权重，是个大人物。
勿缟：不搭介。
独（毒）头：指脾气古怪或固执的人。
破（音帕）鞋：指生活作风不正的女人。
瘟逊：指无用的人。
结棍：喻做事干净利落、速度快。
框头：做事不能突破规矩。
老狃：办事老道。
汏扳：较差。
喳念：喻啰唆、话多。
甜喳：多指小孩子听话、诚实、不调皮。亦说为停当。
挑嘴：搬弄是非。
插嘴：插话，搭嘴。
猪头：多指做冤枉事的人。

赤佬：原本含义是指坏人、坏东西，多用于骂人的粗话。

内劲：熟练。

细相：心细。

吃相：谓态度，如“吃相难看”，即态度不好。

扣手：不过分，喻做事稍微收点手。

木卵：笨，木块。

够戗（呛）：十分厉害；够受的。如“累得够戗”。

杀猪：喻敲竹杠。也指多人玩牌时，众人合伙致使其中一人输钱，称输者被“杀猪”。

东家：指居所的主人；宴会主人。旧时称聘用、雇用自己的雇主或称租给自己土地的那些人。

做人家：讲究节约。喻勤俭持家。

晒不燥：喻半呆之人。

斤米荡：指会吹牛又没有吹牛资本的人。

吃（音切）生米：喻态度生硬。

吃生活（音切山窝）：挨打、被打，多指父母打小孩。也指受某种处罚。

做生活（音山窝）：干活。

吃勿落：指不能胜任。

危险好：很好。

火熳点：火旺点。

戴炭篓：不合身份戴高帽奉承。

门槛精：喻精明。

拆烂污：喻捣蛋。

寻相骂（音么）：喻挑衅。

讨（争）相骂（音么）：吵架。

寻事体：找碴。

慢即再：等一会。

起轧头：作梗，或寻衅。

起潮头：有事而喧哗扰乱。

别苗头：与人竞争以比高低。

破（音趴）脚骨：指口碑不太好的人，或指耍无赖敲诈者。

拗板翘：喻不合群。

碰鼻头：指做事碰壁，或对人未遇。

人来疯：喻小孩见客来或人多时乘机吵闹。

空落落（音烙）：喻没有实际效果。

空佬佬：无事找事干，无话找话说。

千色色：谓忸怩作态，取悦于人（多指女性）。

勿实调（音条）：调皮，不入流，亦有不守本分之意。

犯勿着：没必要，没啥意义。

门分账：原指应得之份，后引申为应做之事。

摞顺毛：顺着对方心意说好话。

拎草鞋：给人做下手，任凭使唤。也指没本事，最终还是屈服于人。

打圆场：做和事佬，平和纠纷。

嚼舌头：乱话。

讨彩头：说吉利话。也指做好某件事以示吉利。

下作胚：不求上进，行为下流。

乱造对：说话、做事不合群。

吊胃口：勾起别人的兴趣。

淘糨糊：故意捣乱。

温吞水：原指烧至半开未开的热水，不冷不热；引申指人的性格不温不火，不急不躁的状态，稍带贬义。

摆噱头：显摆。

赤骨露：光的，脱光的。

两百五：二百五。

动蛮劲：使粗猛的劲头，喻不会用巧劲。

短命鬼：指短命的人。

丝瓜精：喻瘦。

老油条：喻某人做事老道、活络。

十三点：多指傻里傻气或言行不合常理的人，有时也用来作为取笑、嗔怪或不伤感情的骂人话。

拖婆娘：指搞有夫之妇。

做手脚：为达到某种目的而暗地里进行的某种活动。

勿相干：指无效，或必然无效。

勿作兴：不应该。

靠牌头：依仗权势。

蛮糊佬：较野蛮的人。

轻骨头：泛指态度不礼貌，不尊重他人的意思，不听话的人。多用来数落人，意指轻浮、不沉稳。也叫骨头轻，贬义。

贼骨头：小偷。

十勿全：身体有某一缺陷或残疾。

壁笃直：垂直状。

戳别脚：背后搞鬼。

木手木脚：行为笨拙，干活不利索。

一沓括之：包含全部。

一毛勿拔：一分钱也不出。

哭作乌啦：满脸哭相。

弄堂保长：指消息灵通并爱传播消息的人。

雷话十七：谎话连篇。
钝头钝脑：喻人固执己见、不可说服。
讨饭骨头：喻指没有出息的人。多指好吃懒做之人。
陌里陌生：一点也不熟悉。
大（音驼）头天话：无稽之谈。
瞌充懵懂：睡未全醒。
狗屁倒灶：吝啬。
瞎七瞎八：莽撞、不明确。
叩头跪拜：四处央求。
额骼头高：运气好。
特特为为：特地、特意。
三对六面：面对各方当事者。
老三老四：充老练。
寅吃卯粮：今天吃明天的粮，出现前吃后空的状况。
奥滋搭味：不是滋味，感觉对一个人或一件事不舒服，
惜败门风：指一户人家的德行风气（道德准则）因做错一件小事而彻底失败。
翻尸捣骨：喻做事颠三倒四。
一等拿摩：喻很好。如“这件事做得一等拿摩”。
指东画西：喻说话避开主题，东拉西扯。
扁毛畜生：喻人如畜生，骂人的粗话。
缟七捻三：思维混乱，说话做事没头绪。
牵东绊西：主意太多，或不停地改变主意。
勒仔勒污：说话、做事不着边际，胡来。
牵丁刮得：喻做事不够干净利落。
脑细搭牢：喻脑子有毛病。
毛病栖栖：萎靡不振。
耳朵根软：没主见。
七孔八档：喻做事比较适当。
七拼八凑：指把零碎的东西拼凑起来。形容随意拼凑，也引申为多而杂乱。
七手八脚：形容人多手杂，动作纷乱。
嗨五嗨六：吹牛，炫耀。
钝头钝脑：喻人固执己见、不可说服。
活脱活像：非常相似，一模一样。
露水夫妻：野合。
墨黑铁塔：形容很暗。
毛手毛脚：不干净。也喻做事不牢靠。
陈年百古：连古带旧不新鲜。

铁骨石硬：形容很硬。

来煞勿及：迫不及待。

噻过咛相：可怜的样子，让人同情。

看人勿上相：不能从外貌上看人才。

空手套白狼：贬义词，比喻那些不做任何投资到处行骗的手段。

四四一十六：做事过于讲究陈规，死板。

祖宗十八代：过于陈旧的事物。

鼻头污当酱吃：喻过分节约，为人吝啬。

大麦勿割割小麦：不合时令，先收不收，不该收的却先收了。亦喻办事次序颠倒，如喻长子未讨老嬷却小儿子先讨了，也喻长女不嫁而先嫁小女。

从安仁方言的字数组合上分析，用三字合成的词语还真不少，而且多有用“ABB”的形式出现的，如“胖乎乎”“笑嘻嘻”“慌兮兮”等。这类词语在人们日常口语交流中经常会出现，运用的频率也极高。同时，还有不少可以分门别类进行归纳。

形容人的外貌：长须须、矮墩墩、瘦精精、壮得得、圆滚滚、文绉绉、笑嘻嘻、凶巴巴、呆西西、愁嘀嘀。

形容味道的：甜滋滋、苦稀稀、咸露露、香喷喷、臭烘烘、辣乎乎、酸西西。

形容颜色的：黄松松、红彤彤、绿茵茵、绿油油、黑簇簇、乌油油、白雪雪。

形容气候的：凉飕飕、热烘烘、冷冰冰、暖烘烘、风嗖嗖、雨滴滴。

有趣的是，在不少这类方言词中，还可找出一对对的反义词。例如：

厚得得，薄须须；重得得，轻飘飘；高耸耸，低罗罗；水淋淋，干瘪瘪；新簇簇，旧兮兮；硬邦邦，软松松；燥壳壳，湿漉漉；壮得得，瘦精精；尖蓄蓄，圆滚滚；笑嘻嘻，愁滴滴。等等。

此外，类似这种ABB式的词语，还有许多。这些词语，在口语中运用逼真、生动。如慌兮兮、呆估估、木性性、痛兮兮、痒兮兮、慢吞吞、油滋滋、灰溜溜、浑顿顿、醉醺醺、实顿顿。

“木佬佬”这个词语在安仁方言中可以套用的、也是最常用的词。如“木佬佬多”“木佬佬长”“木佬佬聪明”“木佬佬好看”“木佬佬好事”等，它起着修饰限止的作用，广受人们的信口运用。

安仁方言中典型词的语音

在安仁方言中有些词的语音非常特别，其发音与普通话差别很大。典型词有（括号内为安仁方言语音）：

白（跋）、盐（沂）、水（许）、砂（索）、遮（颊）、差（息）、摔（颏）、北（不）、江（港）、大（驼）、小（偕）、石（啥）、家（郭）、伞（涘）、拿（搭）、碗（瓦）、筷（笫）、叫（候）、车（措）、站（给）、生（仨）、赶（别）、笨（木）、吃（漆）、花（臒）、败（拔）、饭（乏）、没（么）、一（噎）、二（两）、三（仨）、四（西）、五（嗯ng）、六（勒）、七（切）、八（剥）、九（酒）、十（什）、百（八）、千（牵）、万（乏）。

第二节　熟　语

安仁村民在近千年的生产和生活中，形成了大量富有地方特色的熟语。它在内容上是实践经验的总结，有很强的哲理性和实用性；在形式上主要是口头语言，言简意赅，形象生动，有浓重的方言色彩。熟语大致可分为处世谚语、农事谚语、歇后语等类型。现择要记录于后。

处世谚语

里外里，盖破（音帕）被。

萝卜青菜各人所爱。

癞蛤蟆想吃天鹅肉。

要嬉外婆家，要吃丈母家。

要想拾到宝，就要起得早。

在家靠父母，在外靠朋友。

行要好伴，居要好邻。

买卖不成情义在。

前债不清，后债不借。

磨刀不误斫（砍）柴工。

锣鼓听音，说话听声。

旁观者清，当局者迷。

朋友千个少，冤家一个多。

子不嫌母丑，狗不嫌家贫。

金窠银窠，不如自己的狗窠（窠指屋）。

一问三不知，神仙没法治。

不当家不知柴米贵，不养儿不知父母恩。

看菜吃饭，量体裁衣。

人到山前必有路，船到桥头自会直。

好事不出门，恶事传千里。

若要人不知，除非己莫为。

绳锯木断，水滴石穿。

好愁不愁，还愁六月呒（没）日头。

树大分叉，儿大分家。

分食不匀，抵过杀人。

嘴上呒（没）毛，办事不牢。

讨饭袋里摸（抓）米。

鸡蛋碰勿过石头。

一个铜板一个命，两个铜板犯人命。

过头饭多吃，过头话少讲。

白话不讲不明，锣鼓不敲不响。

坐吃山空。

树要根牢，人要心好。

勿干勿净，吃了生病；干干净净，吃了太平。

好酒勿过量，好菜勿过食。

少吃多滋味，多吃坏肚皮。

篮里择花，择得眼花。

路在口里。

冷在风里，穷在债里。

不挑担子不知重，不走长路不知远。

长路呒（没）轻担。

宁可做过，不可错过。

不听老人言，吃亏在眼前。

百闻不如一见，百见不如一干。

吃一回亏，学一回乖。

行有行规，家有家规。

勿怕同行，只怕内行。

没有不透风的墙，没有不出气的瓶。

路不平众人踩，理不明大家摆。

金无足赤，人无完人。

耳朵大，福气大。

要紧关头烤黄烟筒。

君子动口不动手。

我为人人，人人为我。

闲事少管，饭吃三碗。

聪明一世，懵懂一时。

人要衣装，佛要金装。

和尚念经，有嘴呒（没）心。

年轻不吃苦，到老呒结果。

火车跑得快，全靠车头带。

胆大骑龙骑虎，胆小骑猫屁股。

跟狗吃污（大便），跟老虎吃肉。

好人勿走回头路，好马勿吃回头草。

鱼有鱼路，虾有虾路，黄鳝泥鳅也有洞。

六月债，还得快。

苦一时，甜一世。

树老根多，人老话多。

人往高处走，水往低处流。

勿懂装懂，永世饭桶。

吃得苦中苦，方知甜上甜。

前半夜想想别人，后半夜想想自身。

勿怕别人看不起，只怨自己不争气。

坐坐吃吃山要空，做做吃吃勿会穷。

龙生龙，凤生凤，老鼠生来打地洞。

年纪活到八十八，勿要笑别人脚跷眼睛瞎。

读书读得高，裁纸勿用刀。

宠子不孝，宠狗爬灶。

树靠根，人靠心，讲话凭良心。

农事谚语

立春晴一日，种田不吃力。

春雨来得早，粮食吃不了。

一年两头春，黄豆贵如金。

春雨贵如油，有雨人不愁。

懵里懵懂，清明下种。

清明前后，种瓜点豆。

有收无收在于水，收多收少在于肥。

三分种，七分管，十分收成才保险。

若要避害虫，劈光田边草。

早种不早管，增收是空喊。

早稻不种六月田，晚稻不过立秋关。

夏播无早，越早越好。

种田不过秋，后熟有得收。

庄稼一枝花，全靠肥当家。

芒种忙种，样样要种，如果不种，秋后落空。

麦子屁股痒，越压越肯长。

科学种田，越种越甜。

只有懒人，没有懒地。

人靠饭饱，地靠肥保。

肥是农家宝，全靠用得巧。

一年之计在于春，一日之计在于晨。

管水管到稻头黄，治虫治到谷进仓。

人无力脸黄，地无力苗黄。
人误地一时，地误人一年。
燕子来，齐插秧。燕子去，稻花香。

歇后语

喔子（哑巴）吃黄连——有苦说不出。
青石（音啥）板上掼乌龟——硬碰硬。
吊死鬼拓（抹）粉——死要面子。
死蟹（音哈）一只——没救了。
狗咬骨头——争吵不休。
乌龟勿要笑鳖——差不多。
一根鸡毛当令箭——小题大做。
芥菜籽脱（掉）进针孔里——碰巧。
黄鼠狼给鸡拜年——没安好心。
日头从西边出（升）——不可能。
站在高山矇大水——多指他人有难时，不仅不肯帮忙，而且还看别人的“好戏”。
半斤对八两——不相上下。
扁担呒（没）节（钉）——两头空。
柏油烫猪头——连根拔。
辣椒过烧酒——煞克。
江西人补碗——自顾自。
污（大便）急寻肥缸——来不及。
白纸写黑字——明摆着、一清二楚。
瞎子摸熟路——心中有数。
瞎子吃馄饨——心里明白。
眼乌珠脱进裤裆里——看不见。
跷子蹩（赶）渡船——越来越远。
婊子竖牌坊——不要脸。
裁缝的顶针——当真（针）。
泥菩萨过河——自身难保。
棺材里的死人——不会做事。
棺材里伸手——死要钞票。
山高皇帝远——管不着。
嗨马屁打仗——吹牛皮。
木勺呒（没）柄——不着边际。
米箩跳进糠箩里——越来越差。
糠箩跳进米箩里——越来越好。
小狗脱（掉）进粪缸里——有的吃。
托鬼矇病——无济于事。

小狗未见大泡污（粪）——大惊小怪。

六月穿棉袄——背时。

落雨天挑稻草——运气不好、越挑越重。

拉屎也要同你隔田塍——绝交。

犁不着耙着——总有一次。

三拳头拷（打）不出一个屁——没有言语。

屋漏偏逢连夜雨——苦上加苦。

挑水勿矇（看）埠头——瞎撞。

灶头泥在脚背上——到处是家。

八字呒（没）一撇——差得远。

跌倒都要抓把泥——算盘子精。

过河拆桥——忘恩负义。

黄胖搡年糕——吃力不讨好。

肥缸里的石头——又臭又硬。

鞋子掉进袜里——做事不牢靠。

螺蛳壳里做道场——小天地做大事。

额骼头碰着天花板——幸运之神降临。

好记性不如烂笔头——勤记录。

按老方子吃药——老一套。

廿一天不出鸡——坏蛋。

挂羊头卖狗肉——里外不一。

聋子的耳朵——摆设。

麻布袋绣花——白费劲。

门缝里矇（看）人——把人看扁了。

蒙在鼓里听天雷——弄不清东南西北。

梦里拾钞票——瞎高兴。

菜篮拎水——漏洞多。

肉包子打狗——有去无回。

秀才遇到兵——有理说不清。

猫哭老鼠——假慈悲。

韭菜烧豆腐——一清二白。

长子碰到天花板——到顶。

做了皇帝想成仙——不知足。

苍蝇套豆壳——大而不适。

毛竹筒里倒黄豆——爽快。

和尚撑雨伞——无法无天。

烂田里翻春臼——越翻越深。

讨饭子睏庙堂——心满意足。

灯笼照火把——亮对亮。

赤膊鸡把（给）鸭愁——自不晓得自。

姜太公钓鱼——愿者上钩。

黄牛钻狗洞——身份不量。

盐钵头拷破（音帕）——太咸。

盐钵头生虫——不可能的事。

人心隔肚皮——内外看不清。

强盗吃官司——肯定输。

木匠弹墨线——开只眼闭只眼。

针尖对麦芒——尖对尖。

绣花枕头稻草包——仅有外表，没有才学。

鸡蛋挑骨头——故意挑毛病。

第十六章　习俗与礼仪

安仁村历史悠久。旧时，在长期自给自足的小农经济环境下，虽然物质生活并不富裕，但村民勤劳友善，民风淳朴温和，有着自己独特的地方风情习俗。村民之间以诚相待，多以“仁”相处，安仁人的性格特征与地名十分相似。

中华人民共和国成立后，尤其是改革开放以来，随着人们物质生活水平和文化、科学素质的提高，特别是政府一直提倡移风易俗，一些陈旧积习逐渐革除，一些传统习俗赋予了新的时代内涵，逐渐形成具有社会主义时代特色的新的习俗。

第一节　生产习俗

旧时，农民缺少科学技术知识，往往把农业生产的丰收希望寄托于神，一些农耕习俗带有迷信色彩。

浸谷种　旧时，农户有“乙不栽种”的传说，在清明前后择日浸谷种。在浸种的缸或桶内要插一根已发芽的柳枝，以兆谷子青青发芽。现时，此俗被革除。

做秧田　旧时，做好秧田，在下谷子前，须祭拜“田公田母”，一帖黄纸三根香，插在田塍傍，一边作揖，一边说些“保佑秧苗长得快”“风调雨顺”之类的吉利话。1949年后，此俗被革除。

插秧、拔秧　在立夏前后，开始插秧的第一天称为“开秧门”。旧时，这一天要置办酒席，以示庆贺。插秧结束，要带几把秧回家，抛在自家屋顶上，称“关秧门”。前俗于20世纪50年代被革除，后俗于70年代淡化。

灌溉　旧时，每次筑堰修渠，由值事敲锣通知各受益田户参加。每丘田的缺口都置放一块石头，称“田缺石”，放水时让水漫过此石流入下丘田。一般不能撬田缺石。农田灌溉时，上下田水流必经的田块叫过水丘。在流水经过该田块时，即使过水田的主人在施肥，也不能因肥料流失而阻止过水。为了保障过水与被过水者的利益，规定“老缺（口）不闭，新缺（口）不开。”上丘田未种有水，而下丘田缺水播种时，可自上丘田酌量放水，叫“匀田耕种”。若上丘田已种，则下丘田不能匀水。

旧时，还有上田管下塝的规矩，即耕种上田块的农户可以筑（扎）田塍（在水田内侧糊上一层田泥，以防漏水），并可以在田塍两旁种植农作物；凡田塍上自然生长的树木，其所有权归上田块户主，下田块的户主不得干涉。

耘田　一般耘2~3次，每次施以人肥、石灰。耘田忌雨，以免肥水流失。今耘田的改为施化肥或农药，并去除杂草，培育壮苗。

割稻　旧时，开镰之日，以食品、香烛祭拜“五谷神”。1949年后，此俗被革除。

第二节　生活习俗

日常生活习俗

安仁村民的日常生活盛行勤俭节约之风。平常一日三餐，一般早餐吃粥，中晚餐吃米饭，主食以大米饭为主。旧时，以番薯丝和其他杂粮补充。家家都饲养猪、禽，部分家庭饲养狗、猫。特别是养猪，为农家副业收入的主要来源，也是农家“过热闹年”的标志，故把养猪称之为“养年猪”。

逢时过节或招待客人，必须有米饭，猪肉、鸡、鸭、鱼、豆腐，辅之以其他菜肴。不是节日聚餐，名曰“打牙祭”。大家凑钱聚餐，名曰“打平伙”。传统筵席主要用于红白喜事。在宴席间宾主彬彬有礼，拱手作揖，分席安坐，客套话连篇，各方都显示“知书达礼”。如不懂得“客套”，就会有失礼遇。

平常来客，有煮面条“吃点心”待客习俗。贵客临门，要用“白糖鸡蛋”招待。杀鸡待客，是更高礼遇。

现时，随着经济收入不断提高，生活方式发生很大变化，移风易俗，新事新办，陈旧的礼仪方式逐渐消失，都以新的生活标准互相攀比。客人较多时，为了方便多到酒店、饭店包席，住宿也到宾馆包房，各种礼节在不断简化。

安仁村民的生活习俗传承于祖先，随着时代的变迁而变化。

主食

主食以稻米为主粮，以小麦、玉米、番薯为副食。主食有米饭、米粥（稀饭）、烧饼（麦饼）、面条、羹等。

米饭：有大米饭、糯米饭、番薯丝饭、六谷（玉米）饭、菜泡饭等。做饭的主要器具，以前有铁锅、饭蒸，现今多用高压锅、电饭煲煮饭。

米粥：有大米粥、糯米粥、绿豆粥、番薯粥、菜粥等。

羹类：有米粉羹、番薯粉羹、六谷粉羹、麦粉羹等。

饼类：饼，也称馃。以所包馅分为肉饼、菜饼、糖饼等；以制作外皮的粮食分为麦饼、米饼、六谷饼等。

其他主食有发糕、花卷、馒头、饺子、面条、面疙瘩（田鸡馃）等。

副食

除主食外，年节时家家户户都要做各类副食品。品种有冻米糖、花生糖、芝麻糖、番薯丝糖等。还要舂年糕、做油豆腐、裹粽、炒番薯片、做甜酒酿等。而今，这些家庭自制的食品逐渐消失，被市场上品种繁多的食品所取代。

穿戴

衣着　旧社会"衣冠取人，只认衣衫，不认人"。在人际交往中，衣饰多标其身份、地位，故民间有"佛要金装，人要衣装"之谚，可见衣饰能提高人的品位。旧时安仁民众衣着朴素，式样不多，分长衫与短衫两大类。长衫由左面向右面覆盖，纽襻从下巴开始直排到右腋下，衣长过膝，多为从事脑力劳动者或经商者所着。其参加庆典或会客时，在长衫外加套马褂，更显得斯文庄重。着长衫者谓先生，短衫者多为体力劳动者。短衫有男款女式之分，男款为对襟，纽襻五只或七只，直排钉在胸前；女式为大襟衣衫，状如裁短的长衫。一些望门大族的女眷虽着短衫，但其布料不同，是绸缎皮裘，而且其袖宽大。清时，一些大家闺秀始穿旗袍，上衣下裳相连，袖口随着季节变化而异。裤子宽大，无口袋，装有裤腰，裤腰一般用白布。民国时，衣着以靛青、蓝、白、黑等色调为主。男人一般穿对襟短衫、长裤，冬天穿长衫、长袍、长裤、夹袄、夹裤等；女人一般穿大襟短衣，下身长裤或围以长裙等；婴儿穿大襟衣（俗称毛衫）、连袜裤、肚褡等；孩童均穿对襟衣、开裆裤等。民国初期，富裕人家，女的穿旗袍、短裤、长筒袜，有的则穿短衣、短裙；一般农户，男的穿对襟短衫，女的穿大襟短衫等。

20世纪50年代，城镇居民开始着列宁装，后又以中山装为常服，且逐渐延伸至农村，后青年妇女着大翻领的两用衫。服饰布料兴工农蓝布、卡其布、劳动布，男性仍以对襟衣为多，女性以大襟衣居多。20世纪60年代至70年代，流行人造棉布料，"的卡""的确良"为上等，冬天流行棉大衣、卫生衫、卫生裤，少数人有毛线衣、毛绒衫、棉袄、棉裤。在"文化大革命"期间受"不爱红装爱武装"的影响，男女青年以穿黄军装和戴军帽，挎军用包为荣。80年代，化纤织物居多，男女老少的服饰品种繁多，流行牛仔裤、喇叭裤，女子兴穿连衣裙、紧身衣等。冬天有呢制服、保暖内衣、保暖内裤等。90年代起，穿衣逐渐开放，对服饰的要求追求"个性化、成衣化、高档化"，注重面料的舒适性、天然性，花色诸多，款式层出不穷。除传统的衣衫外，男子还有西装、夹克衫，而女衫式样更是繁多。进入21世纪，穿着十分讲究时尚，流行唐装、旗袍。女孩兴穿超短裙。冬季有羊绒衫、羽绒衣等，并每年都有新变化。现今，城镇与农村衣着已无多大区别，村民衣着潇洒漂亮，尤其是女性衣着越来越讲究性感，着紧身衫谓"曲线美""形体美"。

鞋　鞋是人们生活的必需品，总的分为晴天用鞋、雨天用鞋。晴天用鞋分为单鞋、棉鞋。旧时多有家庭自制，鞋底为多层布用麻线纳成，颇费时。鞋面用料多为布料。女鞋用绸缎绣有图案做鞋面，谓绣花鞋。20世纪50年代至60年代前，村民一般穿圆口低帮布鞋，冬天穿元宝棉鞋。劳作时穿草鞋。60年代兴穿解放胶鞋。70年代风行塑料底布鞋、东北大棉鞋等。80年代前，夏秋季多穿木拖鞋。80年代后，劳作时穿草鞋已逐渐消失，多穿农田靴、各式胶鞋等。现时，皮鞋、运动鞋、旅游鞋、高档胶鞋、高跟鞋、拖鞋等，种类繁多，讲究时尚、个性、舒适、大方。春秋有休闲鞋，夏季有各式凉鞋，冬季有高帮棉鞋、保暖鞋等。鞋的身份也越来越高，几百元一双的名牌鞋，比比皆是，上千元的鞋也屡见不鲜。手工制作的鞋已越来越少。

袜　袜旧时称"足衣"，多为显贵达官所用。多以绸布缝制，也有以白布制成。至清末民国初，线袜较多，其初从国外进口，故旧称“洋袜”。民众视洋袜为珍贵之物。中华人民共和国成立后，袜子逐渐进入寻常百姓家。村民为防柴刺蛇咬，制有山袜，用多层布缝成，长及膝盖，用带固定。现时，传统之袜已不多见。取而代之的是羊毛袜、尼龙袜、丝袜等。尤其是女性的袜子品种繁多，长短各有千秋，穿袜已不单纯为保暖，而是讲究美并性感。

饰品　旧时，比较富裕的人家，女子戴银手镯、银戒指、银项链、银耳环，也有戴金耳环、金戒指、金项链。20世纪50年代至70年代，佩戴金银首饰之风一度绝迹。80年代起，成年人佩戴金银首饰开始复兴。

20世纪70年代，有村民开始戴手表。80年代至90年代，成年村民几乎人人戴手表。进入21世纪，村民戴手表的人逐渐减少，今已被戴黄金首饰和使用手机取代。现时，绝大多数成年村民有一部手机。手机不仅用于通电话，而且可上网查资料、看新闻、阅读电子书、QQ聊天、发微信等。

雨具　旧时，雨具质差且笨重。雨伞算是最高档的雨具，早先全是纸质的，多用桃花纸制作，将伞面固定在竹制的伞骨上，涂上桐油，以防渗漏。使用时得小心翼翼，否则会将纸伞戳破，难避雨水。后出现了油布雨伞，虽较之纸雨伞耐用，但体积大又笨重，携带极为不便。虽有此缺点，但一般的农家还是买不起，使用的人家并不多。下雨天，富庶人家能撑雨伞。农民只得打赤脚，要么以草鞋权作雨鞋使用。头上戴的是笠帽，笠帽有大小两种，小的如铜锣，大的如团箕，骨架用竹丝编成，夹层敷以粽箬壳或棕丝。穿的是蓑（棕）衣，它虽有较好的避雨水性能，但厚实笨重而又僵硬。不仅穿着很不舒服，而且一根根棕丝常常刺得皮肤即痒又痛。中华人民共和国成立后，人们生活水平提高较快，雨具的改善也日新月异，晴雨伞、谅伞、雨披、雨衣品种多多，可折叠，即轻便又实用，携带非常方便。橡胶雨鞋、半高帮靴、高帮靴应有尽有，已遍及平常人家。

日用器具

旧时，普通家庭有大橱、花床或八仙桌、四尺橙、方橙、小柜、脸盆架等。富裕大户堂前置有搁几、供桌、古式圆桌、太师椅和茶几；卧室放有雕花床、棕板、床头柜、大橱、梳妆台等；书房摆有书柜、书箱、书架、桌椅等。贫寒之家，仅有木板床、柜（既可藏谷，又当床）、菜橱以及常用的木桶、板凳、竹椅等。20世纪70年代至80年代，凡新婚者均置有大衣橱、五斗柜、双人床（高低床）、写字台等。90年代起，除前所述的常用家具外，还有沙发、电视柜、书柜、西餐桌等。进入21世纪，家具讲究成套、组合、高档。红木家具已进寻常百姓家。

厨房里，21世纪初前，大多数普通人家砌有两只锅的灶头（俗称镬灶），大锅用作焐粽、做豆腐和酿酒，中锅用作烧饭、粥、面和炒菜。烧火器具有火钳、火锨、火叉、吹火筒。做饭菜器具有菜刀、锅铲、砧板、勺等。盛具有缸、甏、瓮、钵、碗、盘、瓢等。而今的炊事，大灶大锅已逐渐消失，多用煤气灶煮饭炒菜，并用上了电饭煲、电磁炉等。

在未通电之前，照明主要用桐油灯、青油灯、菜油灯、煤油灯、蜡烛等。富人有用美孚灯的。20世纪60年代通电后，照明改用电灯。进入21世纪，照明用的白炽灯泡已逐渐淘汰，现普遍使用节能灯，也有用LED灯的。

早前，夏季驱热主要用蒲扇、麦秆扇、纸扇。现今，普遍使用电风扇、空调。冬季取暖早前用火炉、火熜、火桶。现今，多用电热炉、油汀、空调、暖风器等。

早前，雨具有纸伞、油布伞、笠帽和蓑衣。20世纪60年代起，纸伞、笠帽、蓑衣等雨具逐渐被淘汰，代之以各色布伞、雨衣等。

其他生活习俗

点天灯：旧时，安仁、荻州汪家村有点天灯的习俗。有曰：“天灯柱者，善者为行人施善也。”过去，安仁和汪家有关路口来往行人多，尤其是晚上过桥走路极不方便，有点天灯的习俗。

俞松来老人说，清晚期，安仁俞姓家族共同出资在治平桥南端设置过“天灯”，似现今的路灯。天灯柱子是一根粗长的毛竹，顶上设有一个木条钉成的方框子，上方装有两披人字形木板以避风雨，内挂有一盏可升降的小灯笼，每天天黑之前将灯笼内的蜡烛点亮，供路人照明。

汪家自然村村口汪家祠堂门口也设置过天灯，是一根石柱子。据汪金鑫回忆，20世纪40年代末还点过。现石柱已作他用，尚存。

20世纪50年代后期前，在安仁溪埠头（现安仁桥南端东）董家弄堂北口和陈家弄堂北口（现毛和平住宅前）两处曾各有一只天灯，均为杉木柱。

“天灯”谐音“添丁”。点天灯，可以添子添孙，用意在劝人行善。

求子：多数农家有生男孩来传宗接代的愿望，因此有的刚结婚就去求子；有的则生了多个女儿，想生个儿子才去求子；有的因某种原因多年未育，再去求子。求子者往往去寺庙叩拜送子观音为多，可以本人去，也可父母或长辈去，无论谁去，都要讲究心诚。去寺庙求子，须置备香、烛、纸等祭品，在烧香时还要许愿。如果逐了心愿的，即要还愿，就是要到许过愿的寺庙去祭拜，还要捐钱捐物，为佛像重塑金身，原来许诺过的，一定要兑现。

背锅：过新年时，年轻的母亲第一次抱新生儿回娘家，事先要在婴儿前额用锅底烟灰点一个如一分硬币大小的黑点，以避邪和生地不服。

倒药渣：病人在服中草药时，每次都要将药渣倒在门外的路上或岔路口。据说，药渣被路人踩踏的次数越多，病人会康复的越快。现今，此俗已逐渐淘汰。

乌鸦叫、吐口水：旧时，人们认为听到乌鸦叫为不吉利，有“听到乌鸦叫，天灾人祸到”一说。故听得乌鸦叫后，要连吐口水三次，以解之。

天狗吃日（月）敲锣：旧时，当出现日食、月食的自然现象时，人们惊奇害怕又不能解释其原因，认为是天狗来吃日头（太阳）或月亮了，往往采用愚昧的方法来应对。如敲锣的方法，最为流传。传说，二郎神杨戬随身有一只哮天犬（俗称天狗），有三只眼睛的二郎神为试探凡人的善恶之心，呼出哮天犬将日头吞到嘴里一半，结果大地绿洲到处是一片敲打铜锣、锄头、刀铁、锅铲的声音，且人们高喊“天狗吃日头了，快来救啊！”过了一会，天狗就将日头吐出来了。后来，发生了天狗吃月亮的事，人们也采用此方法来处置。因而，发生天狗吃日（月）时要敲锣的习俗就流传了下来。后来，人们懂得日食、月食是自然现象的科学道理后，敲锣方法即消亡。

大门门梁上挂镜和画八卦：神话传说中镜子是神仙用来照妖降魔的，克敌制胜的工具，而八卦也是镇邪招财运的。所以人们在家中遇到不顺事情时，会在大门门梁上置一面镜子和画上八卦，以降伏妖魔和避邪。此法，现今鲜有使用。

斗殴：人与人偶有口角或小动手脚，经人调解即罢。理亏者须赔礼道歉，稍重者须放爆竹，以便邻里皆知；若打人致伤，须赔医药费和误工费。

妇女不能跨扁担：扁担、锄头柄、笠帽等农具，妇女不准跨越或垫坐，否则，使用者会有晦气，肩生疖。这是对妇女的一种歧视。

第三节　婚嫁习俗

婚姻是人生终身大事，在社会上有着极其复杂的影响。旧时，结婚有纳亲、问名、纳吉、纳征、请期、亲迎等程序。且受“门当户对”“父母之命”“媒妁之言”、“合八字”等封建迷信思想制约，多为包办婚姻、买办婚姻。1949年起，贯彻新《中华人民共和国婚姻法》，实行一夫一妻制，反对包办或买卖婚姻，陋习被一一废除。男女自由恋爱，依法登记结婚。

在结婚过程中，安仁村民一般须经过相亲、认亲、定亲、接亲、闹新房、回门等礼仪程序。

相亲

相亲是男女双方和家人初步接触和考察的过程。旧时，由媒人率领男方及家长或至亲到女方家相亲。到女方家后，双方长辈见面交谈，如果男方不同意，喝完茶就会告辞。如女方不同意，则不再泡第二道茶。双方中意的话，男方长辈会送上红包（现金或金银首饰），表示婚事初步确定。女方家设酒宴招待男方来宾，还按照男方礼物给予一定回赠。现时，大都男女自由恋爱，以上礼仪仅为走过场而易。

认亲

俗称“看（音曚）门”，意为认门亲。女方主要宗亲由媒人陪同去男方家察看家庭情况，男方家设盛宴招待，如女方来者表示满意，这门婚事基本确定。男方家给红包（或礼品）“打发”女方来宾。

定亲

俗称“订婚”“传红”。男方家邀请女方家主要亲戚到男方家做客，男方家同时邀请本家主要亲戚作陪。这时双方将订婚者的“生辰八字”用红纸写上“庚书”，互相交换，男方家设宴招待。双方即可以“亲家”相称，男女恋爱者确定夫妻名分。然后，由媒人奔走于双方之间，就“迎娶”之事进行协商，如议定礼金、礼物、嫁衣及各项小礼等事宜，双方则按预定时间做好有关筹备。男女恋爱者到当地民政部门办理结婚登记，领取结婚证书。

接亲

又称娶亲、迎亲，即结婚大典。男方家提前向女方家发出“日子书”，即办结婚仪式的正式日子。一般提前一个月，男方包上红包，派出代表携带三牲祭礼、猪肉、面条等由媒人陪同到女家相请，俗称“报日子”。在迎娶前一天，男方则将聘礼、猪肉等送到女方家，以便女方家筹办酒席，俗称“轿头担”。

旧时，女方家在女儿出嫁之前，要行“开面礼”，俗称“笄礼”，请多子女的长辈妇人（利市姆姆）给女儿“开面”（用麻线绞拔脸部汗毛）。如今多在结婚之日到美容厅化妆美容，穿戴婚纱，取代了开面程序。

迎娶之日，男方家众接亲人员由媒人率领到达女家（一般为上午）。接亲队伍进女方家门时，女家族亲要“拦门”，名义上是给男方接亲出一个“难题”，实际上是讨一个好彩头，图个热闹。此时，男方只要拿出几条烟、几斤糖“打发”一下，“拦门”者就会高兴地将接亲队伍接进家里。接亲人员一般由媒人、陪媒、新郎、伴娘、伴郎等人组成。如今，接亲人员中还增加了摄影、摄像、化妆师、驾驶员等。

旧时接亲用花轿，中华人民共和国成立后废除坐轿，改为步行。现时，交通方便的地方，多用小轿车接新娘。女方家举办“出嫁宴”（一般为中餐）招待亲朋好友。旧时，女方母亲、祖母从头一天晚上就开始哭嫁，对女儿正式离开娘家，成为男家媳妇表示留恋，也是对女儿的嘱托。女儿同样哭着聆听长辈的教诲，表示对父母亲人的依恋。新娘在启程前，在闺房内要站立在米筛（音师）上，由利市姆姆递上一碗米饭（饭上有一只鸡腿）让新娘吃几口，即为“离娘饭”。吃过离娘饭后，女儿向长辈行礼，表示要离开娘家了。然后由兄弟或舅舅抱到大门口，再由接亲长者背到花轿上。过去新郎有不到女方家接亲的，但新郎到不到女方家接亲，则由女方家决定。现时，新郎一般会随同接亲队伍到女方家。当然，新娘从闺房到接亲轿车的过程全由新郎来承担了。一般情况下，新娘在去男家的途中双脚是不能着地的，寓意是男家把新娘直接从女家接到男家的，不是新娘自己走到男家的。接亲队伍到女方家或者出女方家都要鸣放烟火和鞭炮，以示热闹。

婚宴

新娘接到男家后，男家要大办筵席款待各方宾客。旧时，新娘接到家后，还要举行祭祖拜堂仪式，新娘和新郎一起在厅堂向天地、祖宗、双亲跪拜鞠躬行礼。仪式结束后，才可开宴。现时，这些仪式多已简化。但有的将这些仪式摆到婚宴上举行，让所有宾客都能见证新郎新娘结婚的美好时刻。席间，新郎新娘要向各位来宾敬酒敬烟和分喜糖。所有宾客祝福两位新人美满幸福，早生贵子，孝敬父母，白头到老。

闹新房

俗称“闹洞房”。闹新房时，不分长幼辈分均可参加，故有“三日无大小”之说。除向新娘讨喜烟喜糖外，主要是图个热闹。闹新房大都是做一些有趣的游戏，或猜谜或唱歌，特别是游戏越别出心裁，大家越开心。洞房时辰一到，利市公公和利市姆姆请闹房者退出新房。然后利市公公、利市姆姆边关房门边口念“百年好合”等语，随即退出新房，此为“洞房”。

回门

俗称“回车”。结婚后，新郎必须在一个月内陪新娘回娘家一次。在安仁一般是在结婚后的第二天回娘家，即为回门。新女婿回门，要向女方长辈行礼并奉送糕点，女方长辈则以红包、红鸡蛋答谢。岳父母设宴宴请新女婿。宴席上，新女婿坐首位。宴席后，女婿女儿即回程，一般不留宿。民间流传的说法是，如女儿在一个月内不回门的话，就得过三年才可回娘家。

满月酒

女儿出嫁第三天，女方长辈（娘家人）到男方家里，俗称喝“满月酒”。满月酒喝过后，即表示女儿随时就可回娘家。双方亲戚也可随时来往。

现时，安仁村村民结婚还在普遍沿用上述婚俗礼节。

旧时，还有一些特殊的禁忌，如办喜事的日子，主家往往谢绝其他孕妇进家门，尤其是寡妇更不允许进家门。将孕妇或寡妇视为不吉利，以避之。

第四节　岁时习俗

春节

春节是一年中最盛大的节日，安仁人俗称“过年”。过了冬至，就将迎接新年，因而有“冬至大如年”的说法。冬至后，农家就开始准备过年货了。

拷（做）冻米糖　冻米糖香脆可口。在安仁村，每年过年前家家户户都要拷冻米糖，是待客必不可少的年货。首先是做冻米，冻米是将糯米用清水浸泡一夜后蒸熟，放几天后将其搓开，放在通风处或在太阳下晾晒干即成，颗颗晶莹剔透。然后将其用砂炒或在油锅中炸，冻米通过加热迅速膨胀至原来的两倍大，称之为米花，俗称“米胖”。做冻米糖，早前是用番薯熬制成麦芽糖。现时，以按一定比例将白砂糖、饴糖和清水倒入熬糖锅中，加热至40℃左右，并按量加入米花，拌和均匀。趁热将拌匀的米胖放至案板上的木架内，手蘸少量的水将米胖抹平整，再用木板条或木滚筒加微力压平，取去木架，用刀划成条块状，稍冷却后切成片，即为成品冻米糖。另外，还有冻粟米、冻黑米、年糕片、番薯丝、六谷、芝麻（俗称油麻）、花生等，都是做冻米糖的原料。

打年糕　年糕寓意“年年高”。安仁俗话说“不舂年糕，不像过年”。早前，手工做水磨年糕为多，其工艺较复杂，先把晚米洗净后浸在水缸里，待米胀透，然后将胀透的米和水一勺一勺往石磨盘孔里灌，随着石磨一圈一圈地转动，米浆汩汩地流入石磨下的木桶内，再将米浆倒入大白布袋内，扎紧袋口后压上木板，木板上压上大石块，渐渐地把米浆里的水挤干。然后蒸粉师傅将米粉一层一层均匀地铺在木制的蒸桶内，待熟后便倒进石臼里，一个上了年纪的人随着几个男劳力轮换地用木榔头舂的同时，一次又一次地翻动米团，经过多轮的舂，米团成了一个球形状时就可以做年糕。把米团往案板上一放，众人们七手八脚地把米团搓成长条形，然后切成一段段，再放入刻有福、禄、寿等花纹的木制印模内压成型做成年糕。米团，还可做成猪、狗、羊、鱼以及元宝、如意之类的吉祥物，栩栩如生。舂年糕是个力气活，一蒸笼米粉要多个男劳力轮番上阵。因而，做年糕时要几户人家集中凑在一起舂，以便舂年糕者相互之间有个帮手。

现时，大多用机器做年糕，只要将蒸好的米粉倒入机器内，出来就是长条状的年糕。但年糕的形状没有印模印成的漂亮。

做豆腐　豆腐是过年必不可少的食物，豆腐虽是普通豆制食品，但加工制作方法不同，效果大不一样，而且品种多样。传统做法是将优质黄豆下水浸透，用石磨磨成豆汁，再经过泡沸水、过滤、煮沸、盛入木桶、掺人卤水（现在多用石膏水，按制作成品要求掌握用量），待出现豆腐花后，再上箱加压成形，即成豆腐。白豆腐嫩滑可口，可煎可煮，也可制作硬豆腐、香干、豆腐皮。将硬豆腐放入油锅炸透，即成外圆内空，色泽黄亮的油豆腐，可谓豆制精品。同时，豆腐还可制作霉豆腐。将白豆腐切成小块，置于垫了禾秆的容器内，存放半个月左右，待发霉上毛，见毛状物消失后，即取出拌上辣椒粉、食盐、黄酒、花椒、香油，再装坛密封一段时间即成美味可口的“霉豆腐”。

杀年猪　腊月中期是杀年猪的高峰期。杀年猪要挑个好日子，图个吉利。主人家会早早地与杀猪佬联系上，定下具体时间。杀猪的当天，杀猪佬像沙场点兵的将军，指挥前来帮忙的邻居搭案台、烧开水。几个身强力壮的男劳力将猪从猪栏内赶出来以后，有的揪尾巴，有的抓腿，连拖带抬将猪“赶”上既宽又长的木板凳，俗称“杀猪凳”“肉凳”。此时，杀猪佬潇洒地拿起一把尖刀，用左手掰住猪头，右手持刀准确地刺入猪颈部，只见冒着热气的猪血喷入一个加了少许盐的木盆内。过了一会儿，猪的叫声由高亢逐渐转向低沉，渐渐没有了声息。接下来，杀猪佬将烧好的开水倒入一个木桶内，将水温调好后，把猪拖入桶内转了几个圈，然后进行刮毛。毛刮完后，将猪挂在木梯上，便开膛取内脏。再把猪头、猪尾巴割下来，将尾巴横放在猪头的嘴巴里，象征着整头猪，用来祝福祭祖。年猪杀好后，主家还要邀请亲朋好友及左邻右舍来家里吃“年猪饭”，以表主人的感谢之情。“年猪饭”的主打菜就是猪肉及猪肝、猪血等，现杀现吃，非常新鲜。吃着大块的猪肉，喝一口醇香的土酒，一年劳作的辛苦，仿佛已被这酣畅淋漓的感觉所替代。腊月里，因为家家户户都要杀年猪，并互相之间都要请客，有的人为吃“年猪饭”而忙得不亦乐乎。为了便于猪肉长期保存，除了过年要用的新鲜肉外，把其他猪肉全部腌起来。腌肉的基本方法是：先洗净晾干，再将炒熟的食盐撒在猪肉上，并用力搓，让盐“吃”进肉内，然后放入陶制缸中，加盖存放半个月左右，待盐全部渗入肉中，取出风干即可。正月里家家晾晒腌肉，腌火腿、腌肋条，满村肉香。

还年福　旧时，在腊月二十八或二十九要进行“还年福”，讲究的人家还要挑选好日子。将“福”还掉，新春再接“福”，实是“去旧”“迎新”之意。还年福是一年将要结束时的一种祝福式家宴。旧俗还年福，要将猪头，鸡、鱼及豆腐、米饭、年糕等摆上“八仙桌”，焚香点烛，对天祷告，感谢天地神灵保佑，丰产丰收，合家安康，祈祷来年风调雨顺，五谷丰登，六畜兴旺。用于“还年福”的猪头鼻梁上要挟上猪尾巴，并串上一节猪爪，意为整头猪。鸡要用公鸡，并屁股上留有三根羽毛。现时，此俗基本废止。

历来，在安仁还流传着一个不成文的规矩。在大年三十之前，对外发生的经济往来一般都要结算清楚，历有“不欠钱过年”之说。如确不能全额偿还的，也要在此时做出还款计划，约定归还时间。欠债户在吃年夜饭时，把灯笼挂在门上，此时讨债人不可进门讨取，年夜饭吃好后，取下灯笼，讨债人方可入内。新年正月里一般不上门催交借款，否则会让人称为“讨债鬼”。

吃年夜饭　在年三十，即除夕吃年夜饭，是春节家家户户最热闹愉快的时候。年夜饭的特点是全家大团圆的宴会，无论男女老幼都要参加，为了这个团圆，外出的家人或子女都要赶在除夕前返回家来，如果没能及时赶回来，餐桌上也要给尚未到家的人留一个空位，摆一双筷，表示全家团聚。

除夕夜，家家户户将丰盛的菜肴摆满一桌，阖家团聚，围坐桌旁，共吃团圆饭，心头的充实感真是难以言喻。人们既是享受满桌的佳肴盛馔，也是享受那份快乐的气氛，桌上有大菜、冷盆、热炒、点心等。一般少不了鸡鸭鱼肉主打菜。尤其鱼和“余”谐音，是象征“吉庆有余”，也寓意“年年有余”，图个吉祥。鱼绝对不能吃完，要留到明年年初一，喻“年年有余”。饭也同样，寓意饭一年到头吃不完，为的是取“顿顿有余”“年年有余”的口彩，还有吃昔年粮的意思，更预示来年丰衣足食。在菜肴中更少不了“八宝菜”，此素菜由香干丝、油豆腐丝、白萝卜丝、红萝卜丝、黑木耳丝、咸菜丝等八样食材组成，非常清口。更少不了一道甜食，寓意往后的日子甜甜蜜蜜。吃年夜饭，即使不会喝酒的，也多少要喝一点。在吃年夜饭时，不能讲不吉利的话。如“菜吃光了”“饭吃光了”，或者“没有了”等。特别是不能将筷子插在饭上，因为饭上插筷子，似有插香的意思，相当不吉利。

年夜饭吃好后，长者要给晚辈分发用红纸包好的压岁钱。用红纸封之以示吉利，压岁钱带有却邪、祈福的成分，寓意“长命百岁”。现在，有些长辈喜欢用号码相连的新钞票作为压岁钱，因为“联”与“连”谐音，预示着后代“连连发财”“连连高升”。压岁钱的风俗源远流长，它代表着一种长辈对晚辈的美好祝福，是长辈送给晚辈的护身符，保佑晚辈在新的一年里健康成长、平平安安。

守岁　吃过年夜饭后，全家人坐在一起开始守岁迎新，俗称“熬夜”。守岁，就是在旧年的最后一天夜里不睡觉，熬夜迎接新一年的到来。古时守岁有两种含义：年长者守岁为“辞旧岁”，有珍爱光阴的意思；年轻人守岁，是为延长父母寿命。在除夕夜，灯火通明，不论男女老少聚在一起守岁。茶点瓜果摆满一桌，苹果是少不了的，寓意“平平安安”。现时，大多数家庭在守岁时，全家人谈笑畅叙，同时开展搓麻将、打老K等娱乐活动。现代社会，更多的是一家人观看电视节目，如春节联欢晚会等，等待新年到来。一到零点钟声敲响时，家家户户燃放鞭炮烟火，喜迎新年的到来。子夜过后才关门就寝。

拜年　正月初一是新年的第一天，天刚放亮，户户鸣炮曰“开门炮”。旧时，有的将事先放置在外的柴料搬进屋，意为“招财进宝”。早餐要吃面条，称之“长寿面”。新年第一餐吃面，是预祝长寿百年。是日，忌向外泼水，不扫地，不动扁担、锄头，不晒衣，不说不吉利话。初一这一天一般不外出向长辈拜年。现时，大都到祖坟向已逝的祖宗拜年，并在坟头上压上红纸。从初二起，分赴各家相互拜年。有的成群结队，先到长辈之家，然后按路程远近、行走方便，依次进行。各家都摆设水果、糕点、烟酒接待“拜年客”。以各种吉利话互相祝福，如祝老者“寿比南山”，祝经商者“八方财进”，祝年轻人“功名显达”等。现时，大多数人在正月里碰面时，都会互相道一声“新年好”。拜年礼仪一直延续到“元宵”前一天。

元宵节

为正月十五日，又称“上元节”，元宵意味着春节已经结束。过了“元宵”，各家就要忙于备耕，有“吃了汤圆馃，各人寻生活”之说。旧时，村里要举行“舞龙灯”活动。龙灯在起身前，要先到位于村西的“土地庙”点个头，才可正式“起龙”。龙灯所到之处，各家都要鸣鞭炮迎接，晚上农家都要点上油灯或蜡烛，到处灯火通明，以欢度元宵。这一天，家家户户都要吃汤圆，有团圆美满之意。汤圆又名“元宵”，生意人还美其名曰“元宝”。现时的元宵节，其内容更加丰富多彩。

图 306　安仁村历来有舞龙灯的习俗，2015 年 3 月 4 日，邀请下梓村板凳龙灯队来村舞龙灯

图 307　下梓村板凳龙在安仁中心学校操场一景

清明节

清明节又称踏青节，在仲春与暮春之交，是最重要的祭祀节日之一。一般是在公历4月5日前后，节期较长，有“前三后四”之说，就是说在这七天内均可到祖坟上祭祖，安仁人俗称“上坟”。清明节期间，各家各户都要带上锄头、畚箕、香纸、祭品到各自的祖坟斩荆棘、除杂草、培新土，烧香燃烛，摆上祭品，然后大家一起持香叩拜，然后在坟头上压一张方高纸或插上一根上部挂有五色长纸幡的细长小竹，表示已有人来祭祀过，又俗称“扫墓”。清明节期间可以随便动土，不犯禁忌，故移坟迁墓、修整坟茔多选此时进行。

清明节前，多数人家要做清明馃，即米粉加上艾青使颜色成青翠色，又称“青馃”，有甜味和咸味两种。外形像饺子的咸馃由豆腐干、精肉末、咸菜、笋等做馅，而用圆形模子做成的则是甜的芝麻白糖馅圆馃等。还有印有鸡、猪头、鱼的三牲青麻糍，这是上坟的必用祭品。

立夏节

正是栽禾上岸、新茶上市、农事繁忙阶段。各家多以米馃、豆腐、肉，有的用黄鳝煮豆腐来“撑立夏”，吃饱喝足，以壮身体，迎接夏季的到来。还有在这一天，要吃整根笋，给小孩称重量等习俗。

端午节

又称“端阳节”，即农历五月初五。家家大门门楣两侧插上艾叶、菖蒲。是日吃粽子、盐鸡蛋、面条、大蒜等，男人饮雄黄酒，小孩不会饮酒则涂于额上，并用雄黄酒洒于墙脚，以驱虫蚁、防疾病。

农历六月初六

此时梅雨季节已过，正好洗晒衣服被褥以便存放保管，藏书者此日晒书、晒谱。俗云：“六月六，晒衣服”，就是说这天晒过的衣被不会发霉，可防虫蛀。

农历七月半

又称“中元”“鬼节”，即农历七月十五。旧时，人们认为，这一天是已逝祖宗要回家一趟的日子，故而家中要备酒席，点上香烛，迎接祖宗回家用餐。有的还要备一些包袱、冥衣、纸钱等，将其送到坟茔或堆放在家门前场地上火化。

中秋节

农历八月十五属于秋季中间，故名“中秋节”“八月十五月正圆”，又称“团圆节”。是日，户户杀鸡宰鸭吃“团圆饭”，晚上以月饼、水果、花生等果品合家团坐品茶赏月。女儿、女婿在这时要向岳父、岳母送礼，叫“带中秋”。

重阳节

农历九月初九为“九九重阳”，又称“老年节”“登高节”。现时又称为“敬老日”，慰问60岁以上的老年人，或组织各项老年人活动。民间则给老人送礼物，祝老人健康长寿。自2009年起，每逢重阳节，村里都要举办敬老活动，对60岁以上的老年人发放慰问金，75周岁及以上的老年人另加一份慰问品。

公历节庆

中华人民共和国成立后，以公历时间确定的节日有元旦、三八妇女节、五一国际劳动节、五四青年节、六一儿童节、七一建党日、八一建军节、十一国庆节。

时节

安仁村一直有过“时节”的风俗，历史较悠久，是村民比较看重的一个民间传统节日。

早前，安仁村曾有两个“时节”，一是陈、董两姓的“本节”，时间为每年的农历九月二十八；二是其他姓氏的“客节”，时间为每年的农历十月初十。这两个“时节”于20世纪60年代“文化大革命”中被革除。

1984年10月20日，安仁村为庆祝开通自来水，村委决定将此日定为安仁过“时节”的时间。此后，安仁村“时节”重新恢复，并全村不分姓氏宗族统一过“时节”。是年“时节”，村里给每个村民发猪肉半斤、电影票一张。若干年后曾一度将过节时间改为10月8日。1992年，时间改为每年的10月8日至10日。

旧时过“时节”，都要到庙里或宗族祠堂里抬神、迎神、舞龙灯、演戏等，并到庙里或祠堂里陈设猪、羊、鸡、鱼、水果、菜肴等各式供品，张灯结彩、放鞭炮、锣鼓喧天祭祀神。中华人民共和国成立后，过“时节”的形式与以往有些不同。“时节”以传统习俗与现代社会生活相交融，即利用过“时节”机会，交流感情、交流商品、交流信息，开展文化娱乐活动。

安仁人素有好客的传统美德。因此，各家各户不管是富裕的还是贫困的，过“时节”期间，都要设法办几桌好的饭菜招待客人，以显示主人的热情和体面。其间，有些家庭还要办小孩满月酒、拜周岁酒，以及中老年者逢十寿诞酒等。

此习俗一直延续至今。

金秋节

1992年，原安仁镇政府将安仁“时节”定名为“金秋节”，时间为每年的10月8日至10日。每年的“金秋节”，本着“文化搭台、经济唱戏”的宗旨，成为原安仁镇文化、经贸、科技交流活动的有效载体。

图 308　“金秋节”期间，村民家家户户设宴招待客人（摄于2014年10月18日）

1996年10月15日《建德报》第1版《安仁镇欢庆第五届“金秋节”》一文报道：10月10日，安仁镇人民政府举办的为期三天的第五届“金秋节”暨物资商品交流大会落下帷幕，并取得圆满成功。

本届“金秋节”期间，全镇上下装扮一新，充满着节日的气氛。文化活动异彩纷呈，特邀台州市歌舞团在镇影剧院登台献艺，连演两场，场场爆满，精彩的演出使3000多名观众大饱眼福。电影夜市使许多已久未看电影的青年观众足足过了一把瘾。天马歌舞团、杭州马戏团、杭州动物园等文艺团体也前来助兴，为“金秋节”增色添彩。

图 309　“金秋节”迎来印度商人（摄于2014年10月18日）

与此同时，物资商品交流活动也十分成功。

图 310　金秋节商品交流会上，篾匠边加工边销售竹制品

图 311　金秋节商品交流会上的农具摊位

金华、兰溪、浦江、桐庐等市县以及本市各乡镇的300多家单位和个体商贩云集在镇中心金秋路两侧，摆摊设店，针织服装、日用百货、农副产品、时新家具应有尽有，琳琅满目。正街上，人头攒动，叫买声、讨价还价声此起彼伏，热闹非凡。据不完全统计，三天商品成交额在百万元以上。

1998年起，原安仁镇政府又将“金秋节”的举办时间改为每年的10月18日至20日。

“金秋节”期间，安仁集镇都要举办规模较大的商品交流会，众多商贩摊位集聚金秋街和后坞线安仁段，商贸活动十分活跃，同时还开展演戏、放电影等一些社会性的文娱活动，并市级机关单位送科技下乡，甚是热闹。

“金秋节”寓意丰收的节日，以节庆祝一年来的收获，立意高远。

“金秋节”是安仁周边村坊唯一一个以公历为过节时间的节日，延续至今。至2016年，安仁“金秋节”已举办25届。

第五节　建房习俗

建造住房，俗称“造屋”，是村民家的一件头等大事。建造新屋，过去有很多礼仪习俗，现虽已简化，但仍存有以下几个程序：

开基　俗称“破土”，又称“放样”。选择黄道吉日，请石匠（泥水匠）师傅，有的还请风水先生放线、分间、破土动工，并设宴招待主要亲戚和邻居。建房期间，主家的亲友、邻居则来帮忙做一些零星杂工。

旧时，放样打桩时，要在后半夜的吉时进行，主要是不让外人看到，主家还要杀一只雄鸡，将其血洒在木桩上或相关区域，以示吉利。

上梁　梁指屋脊之栋梁，材质一般选用杉木，涂上红漆或系上红绸布，待上梁那天，将梁木迎进中堂，装香点烛，燃放爆竹后将梁放置屋脊。再由木工或泥水匠坐在栋梁两头手持馒头，口呼吉利话，将馒头抛下，谓“抛馒头”（现在还有花生、糖果、红枣、钱币等），让观看者争抢，以助热闹。上梁仪式结束后，则设酒宴招待匠人和助工及亲戚。

旧时，做栋梁用的木材，主家要在半夜时分上山去砍伐，俗称“偷梁”，以示吉利。

圆工　新屋建成盖瓦的这一天，主家要设酒宴招待匠人和帮忙人员。

进新屋　又称“乔迁”。新屋落成后，主家择定吉日，举行乔迁仪式。进新屋时，要从老房子里带去已烧旺的炭火、煮熟的米饭，以及秤、算盘、书包等，寓意薪火相传、日子万年长和书香门第等。由邻居和亲朋好友放鞭炮，表示正式住进新居。进入新居后，要把所有的灯都打开，寓意满堂红。然后设酒宴招待匠人和亲戚朋友。亲戚朋友以礼金或礼物表示祝贺。

现时的新农村建设，各家各户单独建房的情况将越来越少。现今，村民住宅多由村里将集体公寓建好后再由各户认购，因而建房习俗将越来越简化。

第六节　寿　庆

人从出生的时候，就有“庆生”的风俗。新生儿诞生，外婆家礼品最丰盛，有衣帽、鞋袜、抱裙、披风、尿布及鸡、蛋、米、面条等。旁亲则赠鸡蛋、红糖、面条、衣物等，现时多以给红包为主。旧时，在礼品中放上柏树枝，寓“长命百岁”之意。对主要亲戚或礼比较重的友人，主家以红鸡蛋、糕饼等礼物回“篮”。此后，主家会择“满月”“周岁”之日办筵席，宴请各方亲友。旧时还有新生儿拜“干爹、干妈”的习俗，将亲属外的与新生儿“生辰八字”不相克的人相认为干爹、干妈，以后一直相互往来，待之甚厚。

“生日”是人生旅途的起点，是人生一个很重要的日子，因此，人们习惯于在生日这一天举行庆贺活动，是谓“过生日”“做寿”。不上五十岁的人，一般不做寿，只是逢生日，吃寿面（长寿面）、吃鸡蛋或杀鸡示贺。时下，“生日蛋糕”盛行，在蛋糕上插上象征岁数的蜡烛。蜡烛点燃后，由过生日本人一次性吹熄，寓个人愿望一次实现，象征主人身体健康，以示好兆头。蜡烛吹熄后，由过生日本人切开蛋糕，一般不会一刀切到底，因有一刀两断的不吉利寓意。在切蛋糕的同时，在场的所有人员一边鼓掌一边唱起《生日快乐歌》，以表祝福。

年龄、身份不同，“做寿”规格也各异。一般而言，对六十岁以上，逢十的大寿比较重要，大于平常的“做生日”规模。

六十岁以上的老人要“做大寿”。如六十大寿、七十大寿、八十大寿等，一般逢“九”做寿，有“做九不做十”之俗，即寿期提前一年，如六十大寿在五十九岁时就做，六十九岁时做“七十大寿”。到了六十六岁时，古有“六十六，阎罗大王要吃肉”之俚语，其时需由出嫁的女儿，置六十六块肉孝敬老人，若老人茹素，可用相同数量的豆腐干代之，谓老人食之，可免阎王记挂，延年益寿。如没有亲生女儿的，则由兄弟姐妹的女儿代之。寿庆礼品主要有长寿面、鸡、衣料、高级糕点等，旁亲及好友则送红包为多，有的送寿联、寿匾、寿桃、立轴等。立轴俗称“轴子”，上书“福如东海”“寿比南山”等祝词。夫妇健在、年龄相近的可同时做寿，称为“双寿”。旧时还有拜寿仪式，先子孙后亲友，逐个向老人祝寿，有的高寿者，子孙在门前扎好“柏树牌坊”张灯结彩，寿庆活动比较隆重热烈。

早前，一般是在生日当天举办寿宴庆祝。现时，做寿不一定在诞生之日，特别是村里有了“时节”后，大家不约而同地都在这一天举行寿宴，宴请亲朋好友以及本家乡邻，因而出现了同一年里多个人同时做寿而争抢宾客的情况。

在寿宴上，面条是不能少的，谓“寿面”，因在食品中面条最长，故又称长寿面，象征寿者福寿绵长。

寿庆之俗，尊老之风，相沿迄今，不绝反兴。

第七节　丧　葬

丧葬，安仁人称之为“做白事”。古为“凶礼”之一，有非常复杂的“服丧制度”，根据死者的年龄、性别、身份、死因不同，有着各种不同的祭奠方式。七十岁以上的人寿终正寝称之为“喜丧”或“白喜事”。

旧时，土葬为殡葬主要形式，礼仪烦琐，且贫富之间差别很大。殷实之家步入中年后即有为其后事做准备的，如制寿衣、选寿材、择地造寿坟等。造寿坟，除了请风水先生择地选基外，还需挑拣吉日良辰破土动工。棺材，雅称“寿材”“千年屋”，多用杉木做成，棺面用生漆或桐油漆成。少有大户人家用柏木做寿材。

病人弥留之际及谢世后，所作诸事较多，礼仪烦琐。

送终

送终是亲属子女对老人临死时的告别。认为老人临死时，子女都围在身边是最大的福气，是子女报答养育之恩的最后机会。如果儿女及直系晚辈在老人去世时没赶上送终，认为是对不起老人的事，所以许多人家为了等死者的子女赶来，采取药物补气、提气或输氧，谓“吊命”，直到子女能临床送终。如果等不到送终，也要等他们亲临入殓仪式，否则就不合礼俗。

净身

逝者在断气（安仁土话谓“脱气”）后的一个小时内，亲属将尸体周身用毛巾擦一遍后，换上“寿衣”（寿衣忌双，不用九，一般三、五、七件不等）。再将死者移放至木板上，垫上白布，盖上寿被，用方高纸盖住面部，免污天地。然后在死者脚前设案，摆放遗像或灵牌，香炉祭品，焚香点烛，子女守护在旁，让亲友前来拜奠，孝子跪拜致谢。在出殡前，此香火和蜡烛火不能中断。最后将死者换下来的衣物，连同席子、床单等搬出门外路旁焚烧。旧时，如在外死者，忌冷尸进村，尸体应在村口搭棚停放。

报丧

人死的消息俗称“凶信”“噩耗”，将噩耗告知亲友与乡邻，称报丧，又俗称“报死”。报丧有几种方式：一是在人死的当天，就要书写好讣闻（一般包括死者身份和生卒年月，祭葬日期等）派人送至主要亲戚家报丧。亲友一见便知送来噩耗，不叙寒温。未成年的死者，不发讣闻只以口头告知。二是按讣闻内容，用白纸抄写，张贴于门前路旁，以示向邻里告知死者的治丧情况，便于吊唁。三是属于在有关企事业单位或厂矿工作的人，由单位治丧委员会或治丧小组的名义，书写讣告张贴于主要交通路口，告知对死者举行追悼会或遗体告别仪式的时间，让生前亲朋好友知晓治丧事宜。

吊唁

祭奠逝者，慰问其家属的活动称吊唁，这是治丧活动的主要内容。一是吊唁期间，服丧者不嬉笑作乐，粗茶淡饭，以示悲痛。二是亲友、孝子为死者举行祭奠活动，俗称打祭，表示对死者的尊重与怀念。三是给死者送冥钱（即香、蜡烛、锡箔、方高纸等），给丧家送礼物叫奠礼。有的送花圈、挽联、挽词，以表示悼念。有的备衾被至灵堂。凡到灵前吊唁者，无论长幼均向死者礼拜，并都要烧三炷香。

入殓

又称大殓、入棺材，是向死者告别的仪式。旧时，入殓前，备好石灰包、木炭等。入殓时，可以将死者生前最喜爱的小型物件或用过的物件随棺入葬。把亲友送的“寿被”由亲到疏，自上而下逐层盖在遗体上。死者的亲属一般都到场，如死者为女性，娘家人必须到场。封棺时，死者的亲人特别是儿孙哭得更为悲恸。灵柩放在灵堂里，要点一盏青油灯，叫“长明灯”，置于棺材下，昼夜不能熄灭。时辰到了，再进行封棺，其封棺钉多由长子先钉一下。然后，仍设案供奉祭品，继续有亲朋来拜奠。

送葬

又称出殡、上山、落葬等，是送死者归山掩埋的仪式，俗称土葬。也是全部殡葬礼仪的最后程序。出殡时间一般定在天亮时分。参加出殡的人早餐要吃硬米饭，俗称“老人饭”。出殡时辰一到，鸣锣开道，撒引路钱，接着是引路幡、花圈、祭幛，孝子端着灵牌或遗像，由“八仙”抬着棺材，孝男扶柩，送葬队伍随后，一路燃放鞭炮，敲锣打鼓，气氛悲痛。到了墓地，所有送葬人，要抓一把泥土洒在棺材上，以示死者“入土为安”。再由孝子跪着挖几锄土，然后由“八仙”负责安葬事宜。有的老人生前就打好“坟宕”，雅称“寿坑”“寿坟”。只要将棺材移入坟宕内，上面覆盖上土，用砖头封住坟宕口，再在坟的前面竖上坟碑即可。当晚，丧家还要办“谢饭”，叫回丧债。向料理丧事的“八仙”和亲友致谢。意味着丧礼已全部结束。

烧七

死者从气绝后，每隔七天，行祭礼，俗称“做七”。第一个七天为头七，次为二七、三七……由子女到新坟摆上祭品，烧香点烛，即为“烧七”。其中“六七”一般由出嫁女儿为之，俗有“六七不吃家里饭”之说。死者儿子在四十九天内不得剃头，以示守孝。此后，每逢死者生日或死日，谓忌日。忌日或逢过年过节要以祭祀，死者逢十（如70岁、80岁）要做阴寿，直至100岁之后才可免做。

而今，移风易俗，破旧立新，提倡重养薄葬，民间治丧进行了革新，多以开追悼会或遗体告别仪式等形式代替旧的丧葬习俗。葬仪虽去繁就简，但做七、戴孝穿素之遗风犹存。

自1997年实施殡葬改革后，改土葬为火葬，简化了入殓及出殡中许多烦琐的礼仪。随着人类文明行为的不断提高，一些带有迷信之礼仪将会逐渐淡化，逐渐泯灭。

殡葬改革

中华人民共和国成立前，安仁村、荻州村、高坪村人逝世后均为土葬，其墓基都是随意分散选择，没有统一坟地。20世纪60年代前，安仁的后宅、嗯峰里（旧名）、窑篷后、鱼坑坞、水口庙等的山上、旱地、路边，随处可见各种乱坟堆，甚至在安仁大畈的田畈中都有土坟堆。

图 312　安乐堂

图 313　荻州公墓

20世纪60年代中期，安仁村在后宅建茶园，将此处的坟墓全部搬迁至鱼坑坞等地。此后，嗯峰里等处的坟墓也随着改田换地、建造房屋而相继平整或迁出。

1997年11月，建德市农村推行殡葬改革，全面推行遗体火化。为了实施新的殡葬制度，节约土地，集中安放骨灰盒，安仁村投资6万元在鱼坑坞建造“安乐堂”，于1998年8月11日投入使用，成为建德市第一座乡村骨灰存放堂，是殡葬史上重大的改革举措。此后，安仁村全面实行遗体火化的新风俗，凡村里逝者的骨灰盒均安放在“安乐堂”内。安乐堂骨灰盒第一个安放者是曹洪宝。此后，安仁村的土葬绝迹，真正实现“无坟化”建设，既节约了土地，又节省了殡葬费用。每年的清明、冬至及春节期间，到安乐堂祭祀的人群川流不息。

原荻州村于20世纪90年代在梅树坞（土名）建有公墓。

附16—1：

我市第一座乡村骨灰存放堂建成

8月11日，我市第一座乡村骨灰存放堂在安仁镇安仁村落成并交付使用。

去年11月开始，我市农村推行殡葬改革，全面推行火化。为进一步深化殡葬改革，节约土地，节省开支，市民政局努力推行无坟化建设，鼓励安仁村建起全市第一座乡村骨灰存放堂。

安仁村骨灰存放堂投资6万元，建筑面积70平方米，设计可安放骨灰盒699盒，可供本村使用100年。

（辑录自1998年8月14日《建德日报》第2版）

第八节　其他习俗

庙会

明初起，至民国31年（1942）止，安仁均在每年的正月十九举办庙会。据传，正月十九是陈侯王(供奉在陈侯庙里的菩萨）的生日。此日举办庙会，以此庆贺。庙会日，陈侯庙要迎接由桐庐人代朝廷送来的一对“京烛”，并在庙前的寺田里搭台演戏、舞龙灯、摆摊设市等。陈侯王为余杭侯陈恽，字子厚，富阳侯硕之子。仕至黄门侍郎，征虏将军。任余杭县令时，因治理苕溪等，为民做了不少好事。先是余杭人民感谢他治水归河，化洪为利，自发建庙祭祀，后桐庐民间也建庙供奉。安仁陈姓以祭家神的形式把他塑成菩萨供奉在虎头山脚的“土地庙”里。洪武时，明太祖朱元璋因避元兵躲藏在此庙中而逃过一劫，后圣谕拓建此庙于虎头山（又称庙山），名陈侯庙。1943年起，因抗日战争暴发，兵荒马乱，安仁庙会便停办，同时桐庐人送“京烛”活动也停止了。20世纪40年代后期至50年代初，曾一度又兴起正月十九的庙会日，土地改革后取消庙会活动。

族亲

从有姓氏开始，逐步形成一套完整的家族宗亲制度。旧时各大姓望族皆修祠、立谱、祭祖。明清时代，安仁村里就建有董家祠堂、陈家祠堂，获州村建有潘氏祠堂、汪家祠堂等。年终开祠设祭，春节联宗祭祖，进行各类家教活动。修订家规，特别强调尊卑长幼关系。族内有大宗、小宗之分，嫡长子孙这一系为大宗，其余的子孙为小宗，大宗比小宗为尊，嫡长子孙比其他诸子孙为尊，嫡长子被认为是继承始祖的宗子，如父亲死了，一般是长子管家。兄长负有抚养教育未成年弟妹的责任，弟弟应尊重兄长，有“长兄为父，长嫂为母”之说。年老的或辈分高的受到全族人的尊敬。晚辈有错，长辈可以批评，晚辈不得顶撞。在外地工作回乡探亲的，都要看望族中德高望重的老人。家庭内媳妇要尊重婆婆，婆婆要爱护媳妇，媳妇“坐月子”，婆婆理应照顾，媳妇要孝敬婆婆、公公。兄弟分家，一般由母舅主持。家有纠纷，母舅有权调解。家有红白喜事，多请家门族人帮忙理事。

自中华人民共和国成立后的土改时期，所有祠堂均改作他用。多数祠堂于20世纪80年代后叶拆除，仅汪家祠堂于2010年间倒塌。

尊师

有手艺的师傅（木匠、泥水匠、裁缝、油漆匠等)、教师，历来受到人们尊敬，有“一日为师，终身为父”之说。学徒从师首先要请“拜师酒”，学徒期限一般两年至三年，头年赚饭吃，第二年由师傅给点零用钱，第三年分给微薄工资，出师须办“脱师酒”。脱师后有的还要帮师一年，作为报答师傅，师傅则分给适当的“门户”（从业范围）和赠送一套从业工具，让其独立从艺谋生。旧时，私人雇请的私塾先生，虽然没有做手艺拜师那么复杂，但也有一套“尊师”的礼仪。学徒向师傅一年三节（端午、中秋、过年）要送礼，平常还要帮师傅家做一部分家务劳动。

中华人民共和国成立后，学徒学手艺拜师方式发生了变革，除向师傅学习外，还有专业培训、向书本学等，师徒关系同样是一种特殊关系，特别是高师授业的学徒，更能受到社会认可和尊敬。

早前做手艺，很讲究诚信。到东家干活，应慎于言，敏于行，手脚要勤快，说话要慎重。尤其是造新屋和做家具，开工、竣工都要喝彩祝贺。东家招待匠人师傅每餐有荤菜，安仁人曰“钟饭”，亦称“闲饭”，并有小酒，每人每天要给一包香烟。有手艺的工匠要付工资，一般的帮工不需付工资，因为各家造新屋或办红白喜事时，都是互相之间帮衬而不计工资，属“以工换工”。

友邻

俗语称“远亲不如近邻，近邻不如同檐人”。邻居友爱互助，团结和睦，凡是婚姻喜庆都互相致贺；遇到忧患灾难尽力帮助，家庭发生口角是非，给予劝解；出现丧事帮助料理。夏天围坐在一起纳凉，冬季围着火炉聊天，以诚相处，以礼相待。结婚、生子都要向左邻右舍分发喜糖、红鸡蛋。有的杀年猪还要请邻居吃“杀年猪酒”，素有良好的社会风气。邻居之间最忌互不往来，多弄是非，以强凌弱，爱富嫌贫之类。

乐施

安仁人素有刚直正义，急公好义，团结互助，爱国爱民之传统。农村集资办学、修桥筑路等。凡属于公益事业，以及救人危难，恤困济贫，村民都会慷慨解囊，投工捐款，乐意相助。兴修水利，互相协作。做屋建房，助工送礼。遇人危难，舍己救援。安仁村素有良好的互助互济社会风尚。早在宋、明、清时，就有里人童天任及王氏家族捐钱建造或修缮治平桥等传统美德。犹如清晚期安仁董汝南家族出资建造鱼坑坞桥、牛鞍湾凉亭及修筑吴家弄至白岩山鹅卵石路等美德广为流传，严州府授予“德厚流广”匾额。中华人民共和国成立后，安仁人乐善好施之事不胜枚举。如1984年建造永济桥（俗称安下桥）时，有众多村民自愿捐款。还如1983年建造村自来水工程时，村民“有钱出钱，有力出力”。再如，2014年1月27日，在乾潭镇开展“五水共治”捐款活动中，本村经济合作社董事长陈志刚个人慷慨捐款10万元。以上事例，都体现了安仁人乐善好施的传统美德。

析产

旧时，当一个大家庭解体时，都要重新分配家产，谓析产。析产一般由娘舅或宗族里的权威人士主持。明清时，土地房产一般只有男性人丁有权参加分配，而女性不能分得家产。

中华人民共和国成立后，大家庭解体时，均要订立分居合约，除了家产外，往往还要写清晚辈对长辈的赡养责任。尤其是提倡男女平等，女性也有权参与家产分配，但还有部分家庭仍受旧习的影响，致使少数女性还不能真正参与家产分配。

第九节　礼　仪

安仁为唐时古道的节点之一，历史悠久，文化底蕴深厚，南来北往的商人较多，受各地文化的影响，形成了淳厚朴实的民风，知书达礼，重伦理，敦乡谊，在人际交往中有其独特的不成文的规矩。

做客

做客要仪表端庄，衣着整洁，举止大方，忌说不吉利的话，忌大声说话。

客人到主人家，如果主人不在门口等待，不随意闯入。

当主人为客人斟茶时，客人要站起来回礼，口中道谢。

吃饭座位有讲究，八仙桌靠中堂的为首，俗称“上皇头”，未经主人邀请，客人不能随意坐，晚辈更不敢坐。席间吃菜，宜吃离自己最近的碗（盘）中菜，且不随意翻动菜肴。鸡、鱼、猪肉属上等好菜，没有主人带头，客人一般不会先吃好菜。主人给客人盛饭时，客人往往要说声“少一点”，如果吃不完留有剩饭，视作不敬。

雨天到人家家里做客，忌雨伞柄朝下倚于门边，主人见了觉得不吉祥，心中不悦，因为这如报丧时的样子。戴孝期间，不随意串亲友之门，有事在门外打招呼，待主人出来商谈。

待客

安仁村民历来好客，平常宾客来访，不论远近亲疏，都会热情接待，“男人热情一支烟，女人贤惠茶当先”。主人不能穿短衣裤、赤着脚接待客人。

客人进入家门，主人连说：“欢迎！欢迎！”

客人落座后，男人即递上一支香烟（早前是黄烟筒，并上好烟丝，点好火递给客人），女人则泡上一杯热茶，双手捧给客人，此时客人也要双手接茶，以显礼貌。待客还有“浅茶满酒”之说，即给客人斟的茶不能太满，茶太满易烫手；斟酒却要满杯，以表示对客人的尊重。主人给客人倒茶必须做到以下几点：①茶具要洁净；②取茶叶时，忌直接用手抓；③沏茶要浅，有“从来茶道七分满，留下三分是人情”的俗语；④要用双手敬茶，并手指不能触及杯沿，茶杯一般要放在客人的右边；⑤第一杯茶要敬给来宾中的长者，如果是同辈人，应先请女士用茶。

早前，鸡是农家不可缺少的家禽，有鸡就有蛋，客人来了，随时可以煮几个鸡蛋招待客人，“白糖鸡蛋”既体面又方便。贵客来临，杀鸡待客，这是最高的礼遇，也是由来已久的当地风俗。

现今请客人用餐，菜肴以鸡鱼肉等好菜必不可少。邀请客人中的长者坐“上皇头”，他人依次入座。开宴时，即使满桌好菜，主人也往往会说些“今天没有好菜”“没有很好准备”“招待不周”等客套话。席间，主人一定要多次给客人斟酒，且每次均要斟满。

客人所送礼物，主人往往只收少量的，且必有回赠的礼物。

送客要送到大门口或路口，且客在前，主在后。主客双方握手话别或挥手致意。如送到家门口时，不能客人刚走就关门。

亲邻间的礼节交往

亲邻间“礼尚往来”，有红白喜事，必相互贺礼，且礼金会逐步上升。如上一次甲送乙50元，这一次乙送甲必高于50元，当然要视对方送礼情况，而不能无限止升级。如果有意外没送，事后必致歉。

亲邻家造新屋、办婚丧事，必相互帮衬。有的不请自到，有的事先自荐。如对方帮过我了，而自己没帮上对方，会觉失礼。

礼貌用语

安仁村是一个礼仪之邦，村民在人际交往过程中，言谈举止讲究得体。在交际中，村民使用礼貌用语通常做到“四避四有”，即避隐私、避浅薄、避粗鄙、避忌讳，有分寸、有礼节、有教养、有学识。

除通常使用的礼貌用语之外，安仁村民还在日常生活交往中形成了一些具有本地特色的敬词、谦词和一般礼貌用语。

敬词、谦词：

敬词、他称一览表

表16—1

对象	书面语	口语
对方父母	令尊、令堂	侬爸爸（侬爷）、侬姆妈（侬娘）
岳父母	令岳、令泰山	侬丈人、侬丈母娘
伯、叔	令伯、令叔	侬大伯、侬叔叔
母舅	令母舅	侬娘舅
姐妹夫	令姐丈、令妹夫	侬姐夫、侬妹夫
兄弟	令史、令弟	侬哥、侬弟
姐妹	令姐、令妹	侬姐、侬妹
子	令郎、令嗣	侬儿子
女儿	令爱、令千金	侬囡
女婿	令祖	侬囡婿
侄	令侄	侬侄郎
尊称对方住宅	府上	侬家里

谦词、自称一览表

表16—2

对象	书面语	口语
父	家父、家君、家严	我爸爸、我爷（音雅）
母	家母、家慈	我姆妈、我娘
丈人、丈母	家岳、家岳母	我丈人、我丈母娘
伯、叔	家伯、家叔	我大伯、我叔叔
弟、侄	舍弟、舍侄	我弟、我侄郎
母舅	家母舅	我娘舅
姐妹夫	家姐丈、家妹丈	我姐夫、我妹夫
女婿	小婿	囡婿
妻	同荆、贱内	老嬷（老婆）、家里
子	小儿、小犬	儿子
女儿	小女	囡
谦称自家住宅	寒舍	我侬家

一般礼貌用语：

普通村民之间的称呼，一般把自己降一辈，在对方身份前冠以他家小辈的名字来称呼对方，如“小龙爷爷”“明明爸爸”“光星娘”等。

亲房之间的称呼，往往不呼其名，而在身份前加上排行不称呼，如“三叔”“二嫂”“五婶”等。

新妇（媳妇）有了孩子后，往往以小孩的口气来称呼长辈亲属，称公公为“爷爷”、称婆婆为“奶奶”，称丈夫兄长为“大伯”，称丈夫嫂子为“大娘娘”等。

邻居家来了客人，往往以邻家小辈的口气来称呼对方客人，如“外公”“娘舅”“表叔”等。

向人家无偿要点东西，往往在某物品前加个“讨”字，如“光星娘，向您讨几根葱”。

“烦侬了”“对不起”“侬吃力了”“不用谢”“怎么讲得过去啊”“小意思、勿要老是园（放）在心上”“真不好意思”“多亏侬帮忙啊”等表示客气谦让的语言常在邻里、主客之间出现，表现了一种文明礼貌的风尚。

第十七章　兵　事

第一节　抗日战争时期

1937年11月17日，为阻挡日军机械化部队进攻浙江后方，国军将安仁桥桥面并桥墩彻底摧毁。

1941年4月18日，由于抗日战争战事趋紧，国民党浙江省保安司令部办公厅要求建德县政府加强对白沙至安仁公路所留的人行小道实施破坏。至5月3日，破坏工程完工。

1942年5月21日晨，日寇由桐庐芝厦分股向建德进犯，在清渚溪北岸架起机枪，向安仁村方向扫射。村民陈仙仙被日军打成重伤，三天后死亡，其2岁女儿因没奶吃被活活饿死。村民董景益、叶江田被抓去当挑夫。次日，日寇向南峰进发，在梅城过渡时，董景益为脱离日寇的魔掌，跳入江中后失踪，此后生不见人，死不见尸。叶江田逃回家。

附17—1：

俞松来回忆录

（俞松来，男，1928年11月13日出生，世居安仁）

1942年5月20日，得到“日本佬（指日本侵略军）要来了”的消息后，绝大多数村民均弃家四处躲避，有的躲到了鱼坑坞或虎头山等山上，有的逃往外地的亲戚家等等。21日早晨4点钟，当日军从桐庐芝厦到达安仁清渚溪北岸时，我婶婶陈仙仙，年仅30岁，怀里抱着2岁的女儿，从陈家弄堂北口沿清渚溪南岸准备向施家方向逃往下坑垄躲避。刚到溪边，被日军架在溪对岸向村里扫射的机枪打中了数枪，肠子都流了出来。为了保住女儿，她忍着疼痛，一手捂着肚子逃回家中。我婶婶由于伤势太重，又没东西吃，饿了三天就死了。其间，她女儿把母亲露出来的肠子当奶吸，后来也饿死在母亲身边。

当天，日军还在安仁村后（村南）将两个年轻人枪杀在准备逃往鱼坑坞躲藏的路上。一个是被打死在吴家弄堂南口，名叫董春。一个是被打死在前畈的水碓边，名叫郭三弟。他们身上多处中弹，非常悲惨。

日军进村前，村里的人都已逃到附近的山上，成了一个空壳村。日军在村里杀鸡杀猪、翻箱倒柜，一片狼藉。特别是日军将猪杀死后仅将白肉带走，其猪皮、内脏丢在大街上，因天气热，猪皮、内脏腐烂变质，引来苍蝇蚊子成群飞舞，臭气熏天。日本佬走后，害得我们好几天都进不了村。

有一个日本佬在安仁前畈小溪边的水碓里，发现了两个安仁人，一个是管理水碓的董景益（董寿全父亲），另一个是叶江田（叶正洪父亲）在水碓里舂麦磨粉。当时日本佬就把他俩抓去当背夫（背枪和子弹）。途中，没有饭吃，还要背负很重的枪和子弹，实在让人难以承受。特别是日本佬看董景益身材魁梧，在翻越乌龙岭时，将米等东西不断地加在他身上，使其筋疲力尽。到梅城后，日本佬要坐渡船向南峰、三河进发。董景益由于忍辱负重，加上肚子饿，不愿为日军卖命。于是他在渡船上，趁日本佬不注意时，纵身跳入江水中。从此后，董景益就失踪了。

日军在安仁犯下滔天罪行后，便向陵上方向进犯。据说，21日中午，日军在芝峰山遭到国民政府预备第五师的迎头痛击，有十多架飞机轮流轰炸，战斗甚为激烈。当晚，日本佬住在大畈。第二天翻越乌龙山。在乌龙山阵地上，国军与日本佬展开过肉搏仗，其中国军第五预备师第八连130多名官兵战斗到只剩11人。是日，梅城失陷。

（林成刚　整理）

附17—2：

俞土根回忆录

（俞土根（1932—2016年）男，世居安仁）

1942年日军侵入建德县，安仁村有几批日军侵入过。那年我12岁。我奶奶在日军侵入建德的前一天逃到钦堂下坑垄躲了起来，我们兄妹是在第二天和父母亲一起出逃的，我和爸爸、妈妈、小妹，还有2个小弟一起逃往钦堂。那天早上4点钟，天还没有亮，天上就有飞机飞过。我们逃到安仁村溪边时被一群日本兵围住，大家都很害怕，有的跪下求情，要他们放过我们老百姓。这些日军放我们走后，我们一家继续往里逃，在逃的过程中又遇另一批日本佬，日军就朝我们开枪，我母亲陈仙仙在安仁溪边被日本兵开枪打中，我爸爸俞士明挑着逃难的东西，也被日军抓走了，我和两个弟弟继续往下坑垄方向逃跑。我们3人逃到下坑垄村找到奶奶，奶奶问我们，爸爸妈妈到哪去了，我们告诉奶奶说父亲被日军抓走了，母亲被日本兵打死了，奶奶听了这话，当场就昏死过去了。奶奶当时已经60多岁了，听了这噩耗，精神受到沉重打击，倒地后就没有再醒来。五六天后，我和2个弟弟又逃回了安仁村，回到家，发现我妈妈死在床上，妹妹也死了。后来听邻居讲，我妈妈被日军打成重伤后，抱着2岁的小妹艰难地爬回家中。我妈妈回家后躺在床上哭喊了三天三夜，因为肚子被打中，肠子流出来流了一地，因没吃的，又渴又痛，一缸的水被喝了一半，最后活活地痛死了。2岁的妹妹因没吃的，饿得直哭，把妈妈流出来的肠子当奶吃，结果满嘴都是血，后来也活活饿死在妈妈身边，惨啊！在叔伯和亲戚的帮助下，我们安葬了三个死去的亲人。

过了一段时间，我父亲俞士明从日军那里逃了出来，回到家中得知妈妈、妻子、女儿都被日本佬害死了，他面对家破人亡，感到极度的悲伤，最后因为伤心过度而身亡。还有4岁的小弟弟俞新来因为家里没有吃的东西，肚子饿得不行，就捡很多白果来吃，因为吃得太多而中毒去世了。我们一家七口人，就这样被日军相继害死了五口人，只剩下我和一个9岁的弟弟孤苦伶仃地留在人世。在极其困难的生活中，我们兄弟两人失去生活来源，只好帮别人放牛挣口饭吃。在亲戚朋友的帮助下，我们总算长大成人。日军侵犯建德，犯下了滔天罪行，给人民带来了深重的灾难，他们的罪行真是罄竹难书，永不可饶恕！

（辑录自《抗战风云——建德抗战资料选（1937—1945)》一书，中共建德市委党史研究室，2007年7月）

附17—3：

正气长存

（口述人：董樟英　女，1930年5月12日出生，世居安仁村）

我爷爷名叫董景益，为人和善，忠厚老实，十分勤劳，在安仁村里口碑很好。他育有三子，我是他大儿子的女儿。我爸爸在我4岁时因病去世。后来，我妈妈改嫁他人到别地。我成了孤女，从此一直跟着爷爷、奶奶生活，他们视我为掌上明珠，特别宠爱。

在逃日本佬（指日军）那年（1942年）我14岁，爷爷52岁。

民国31年（1942）5月的一天，日本佬从桐庐县芝厦进犯安仁村。当时村里人知道日本佬要来了，大多数人都已分别逃到鱼坑坞、虎头山等山上躲避。我爷爷是小溪边水碓的管理人员，当时还有一个名叫叶江田的村民在水碓里磨麦粉。据当时躲在虎头山上的村民看到，有几个日本佬是从白岩山方向过来的。其中有一个日本佬背着枪进入水碓，过了一会，从水碓里出来了三个人，其中有我爷爷和叶江田。日本佬强行将两人抓去当挑夫，就是帮日本佬背枪、背子弹或者挑米等。当时两人怎么也不肯去，日本佬就用枪上的刺刀顶着两人的后背说，如不去的话，要用刺刀刺死你们。两人无奈，在日本佬的胁迫下，无奈地去当挑夫。当天上午，日本佬向陵上方向过去。在前陵村又抓了一个挑夫，名叫张根西。当时我爷爷穿了一件长布衫，一路上日本佬见我爷爷身材魁梧，不断地向他的担子上加枪、加子弹。实际上，我爷爷身材虽高大魁梧，但力气并不大。

一路上，日本佬不给饭吃。当晚住在大畈。挑着重担走了十几里路，又饿了整整一天，使我爷爷感到非常绝望。晚上，睡在稻草窝里，又冷又饿，这实在不是人过的日子。他有气无力地对同行的叶江田和张根西说，给日本佬这样干活，肯定要累死的，我不愿为日本佬卖命。于是，我爷爷有了待天亮时分寻机逃脱日本佬魔掌的想法。前半夜，因饥肠辘辘，我爷爷根本无法合眼。因劳累过度，后半夜却沉睡了。天蒙蒙亮时，叶江田和张根西却怎么也叫不醒他。待天亮时，日本佬的集合哨声已响起，错过了逃脱的机会。

第二天，翻越乌龙岭。我爷爷挑着约200斤的重担要往山上走，特别是肚子饿得咕咕叫，使其筋疲力尽，眼冒金星地踉跄了一下后，这时我爷爷想放下担子歇一会缓口气，可日本佬认为他在偷懒，就用枪托打我爷爷，逼着他挑着重担继续往山上走。一路上，我爷爷咬紧牙关，忍辱负重，在日本佬的威逼下，跌跌撞撞地翻过乌龙岭。当天中午进入梅城。下午，日本佬要坐渡船向南峰方向进发。在渡船上，我爷爷认为自己水性比较好，这是脱离日本佬魔掌的最好机会，便趁日本佬不注意时，毅然纵身跳入江水中。日本佬见他跳下水后，就用机枪对准我爷爷跳入水中的方向扫射，可过了十几分钟，就是不见我爷爷的踪影。

日本佬到了三河后，将叶江田、张根西放了回来。他们两人回到村里，向我奶奶说了爷爷跳到江里后不见踪影的情况，但不知是死是活。奶奶听到爷爷“生死未卜”的消息后，哭得死去活来。我小叔叔董寿全赶到梅城，从梅城东关沿江两岸一直往下找到桐庐富春江的唐家洲，当时还没有富春江电站大坝。连续找了好几天，都没有见到我爷爷的踪影，也没有找到尸体。据小叔叔说，当年的江里漂浮着很多尸体。此后几个月，家里人通过各种方式多方查找爷爷的下落，但均一无所获。

爷爷从此以后“生不见人，死不见尸”，让我们全家老小悲痛欲绝。

第二年（民国32年），民国政府建德县县长许亚夫在安仁了解到我爷爷被日本佬抓去不愿为日寇卖命而宁死不屈的情况后，便欣然泼墨书写了“正气长存”四个大字。

奶奶请木匠用柏木做了一块匾额。该匾高1.2米，宽2米。匾额用生漆漆过的，天蓝色底。匾的右上方竖写“中华民国三十二年”。左下方落款“许亚夫”三个字，名字下方有一枚许亚夫的大红印章。“正气长存”四个大字居中。这四个字是用土瓦片敲成碎屑，然后均匀地撒在用胶水涂过的字上，待干燥后，又在字面敷上一层金粉。“正气长存”四个大字金光闪闪，大气磅礴。

匾额做好后，就一直挂在董家厅里。每年的清明节，家里人在奶奶的带领下都要到董家厅烧香叩拜。这块匾在解放后的土改时期摘下来的。因为董家厅改成了粮食加工厂（今无存）。“文革”前，该匾还挂在我叔叔家老房子的正堂里过。“文华大革命”开始后，这块匾额就放起来不敢示人了。叔叔董寿全有六子一女，该匾成了床铺板，他的大儿子董光星在这块匾上睡过好几年。

奶奶在爷爷“活不见人，死不见尸”后，一直没有改嫁，守身如玉，含辛茹苦地养育了我们。因为爷爷“活不见人，死不见尸”，成了我们这些后代人的心病。20世纪80年代末期，在爷爷“生不见人、死不见尸”40多年后的一天，叔叔董寿全的儿子们就把这块匾额当成爷爷的“尸体”与奶奶葬在了一起，以告慰爷爷魂归故乡，入土为安。

爷爷冤死的这笔血债，我们董氏家族世世代代不会忘记的。

（林成刚　整理）

附17—4：

日本侵略军在建暴行纪实（节录）

……

从民国二十七年一月二十二日日军对县境首次实施轰炸起，到三十四年八月投降止，日军派遣飞机200架次对县境实施50次狂轰滥炸，投弹约计400余枚。自日机犯境轰炸，至民国三十四年八月抗战胜利，据考证稽核，累计惨遭杀害232人，重伤50人，轻伤未计。被掳去男性千余人，女性百余人。三十五年九月六日，建德县政府呈称，尚有130人在掳未归，生死未卜。为永记沦亡之楚，记其死难同胞姓名：

……

施家乡：吴树珍、洪荣生家属、郭三弟家属、黄如德家属、董永年家属、俞士明家2人，共计8人。

……

（辑录自《建德县民政志》）

注：当时安仁归属施家乡。

第二节 解放战争时期

1949年1月15日，浙东临时工委决定，由金萧支队政委张凡率支队主力和支队直属单位100余人组成西征部队，在严子陵钓台附近横渡富春江，到达桐建公路，在芝厦袭击警察所后，又得悉浙保突击支队王之辉（浙江保安司令部富春江游击支队队长）部当天下午进驻安仁的情报。张凡命丁有进带一个班的武装，配轻机枪1挺，在安仁桥向王之辉部队发起突然袭击。王之辉部遭袭击后，当即向芝峰方向逃窜。

1949年2月、3月，为有力打击敌人，金萧支队和安仁村群众为阻挡国民党残兵乘车逃跑，两次烧毁安仁桥。金萧支队队员董南亭（又名董万根，安仁人）等人参与了用洋油（煤油）烧毁安仁桥的行动。

1949年5月5日晨，中国人民解放军12军35师解放建德。7日，金萧支队接管小组随即带领部队从根据地出发，经芦茨过富春江，后半夜2时到达芝厦镇。翌晨，部队经过安仁沿公路到程头，翻越乌龙岭，下午到达梅城奄口。先由县长陈相海带领少数人进城，去城防司令部会见郝培苗司令。然后，金萧支队部队入城接管。

第三节 兵役制度

一、1949年前的兵役制度

清代，地方实行招募制，招募的兵，经过训练，编入“乡勇”。民国初期，军阀自行招兵，所招之兵多为无业游民，素质甚差。

民国22年（1933）实行征兵制，征募年龄在25~30岁之间的男性青年，独子免役，三丁抽一，五丁抽二，应征后经训练编入建制。民国25年（1936），国民政府《兵役法》规定男子18~25岁为现役征集年龄。民国27年（1938）1月，开始以保为单位实行抽签制，凡保内20~30岁的体格健康男丁一律参加抽签，保长查明保内应征壮丁人数，排好签号，当众抽签。抽中者即为征集对象。

此后，由于役政腐败，加上应征壮丁入伍后，又备受虐待，适龄壮丁大都设法逃避兵役，出现“政府抓丁，百姓卖丁”现象，征兵制徒有虚名。富裕者往往出钱买壮丁代役，每名壮丁代役价格大米600~1000市斤不等。

1949年前夕，中国共产党领导的人民武装，实行依靠政治动员的志愿兵制度。如安仁村村民陈刚、董万根、叶明亮等多名青年人参加金萧支队。

二、1949年后的兵役制度

志愿兵役制

1949年5月，建德解放。1949年10月，中华人民共和国成立时，仍为志愿兵役制，无一定服役期限。1950年6月25日，朝鲜战争爆发，以美国为首的“联合国军”进入朝鲜进行武装干涉，中共中央和毛泽东主席作出“抗美援朝，保家卫国”的决定后，安仁村、荻州村积极组织青年自愿报名参加志愿军。1951年春，安仁村有叶明亮、徐钦诚、徐荣铭、施汉渭、俞有信、金保林、俞顺昌等7人，荻州村有潘国良、石金海等2人，共9名青年被批准参加“中国人民志愿军”，并先后奔赴抗美援朝前线。他们不怕流血牺牲，英勇善战，前赴后继，立下军功，为安仁村、荻州村赢得了荣誉。除俞有信在朝鲜战场上牺牲外，其余8人在抗美援朝战争结束后，均分别回乡务农或转业参加工作。

义务兵役制

1954年冬，国家推行义务兵役制，服役年限海陆空三军种分别为5年、3年、4年。后进行过多次调整。服役期满，一般应退出现役，根据部队需要和本人志愿，也可超期服役，或改为志愿兵。适龄青年踊跃报名应征，广大村民积极支持鼓励子女或亲属应征入伍。安仁村、荻州村、高坪村除个别年份外，每年均有征兵任务。由建德市（县）征兵领导小组组织实施，通过宣传、体检、政审、批准等程序，严把征兵质量。从20世纪50年代中期至70年代后期的20多年时间内，除身体条件外，政治条件尤其严格，如“五类分子”（地主、富农、反革命、坏分子、右派分子）的子女没有参军资格。80年代后，参军的政治条件有所放宽。适龄青年应征入伍服役期满，大部分回乡（原籍）务农；其中少数人被提升为军官，继续在部队服役若干年后再转业到地方工作；个别人服役期满后，虽非军官但因部队工作需要而留部队服役的，称为志愿兵。

据不完全统计，中华人民共和国成立至2016年年底，安仁村籍（包括荻州、高坪）共有退伍军人104人。

民兵制度

1950年冬季，在组织农民协会时，安仁村、荻州村、高坪村开始组建民兵组织。1951年春，全面开展土地改革，民兵的任务是管制地主、保卫土改成果和维护社会治安为主。1952年实行普通民兵制度，凡18~40周岁的男性公民（除“五类分子”及儿子），都有义务参加民兵，接受军事和政治训练。其中18~22周岁为基干民兵。

1958年，全国实行“全民皆兵”，组建民兵的范围有所扩大，部分女青年也参加民兵组织。

20世纪70年代中期，安仁村民兵曾配备武器。据时任民兵连长黄金珠述：1973—1976年间，安仁大队民兵连配有轻机枪1架、冲锋枪2支、半自动步枪7支。

1982年起，推行“少而精”的原则，民兵队伍大为缩减。此后，安仁村、荻州村、高坪村民兵组织进行了多次调整，使组织更加精干。民兵训练根据民兵自身的特点，采取“劳武结合”的方式，按照就近训练的原则，实行普训、专训相结合。训练时间主要集中在冬季。民兵训练分政治教育和军事训练。政治教育的主要内容是形势教育、国防教育、光荣传统教育等。军事训练的主要内容是以步兵射击、投弹等五大课目经及队列、单兵动作等基础训练，训练结束，进行考核。安仁村民兵连被乾潭镇政府评为“2012年度民兵连规范化建设先进单位”。

据现有资料记载，1950年至2007年7月，安仁村、荻州村、高坪村未合并前的民兵组织负责人分别为：安仁村有陈凤祥、俞新根、汪根良、黄金珠（1973—1979）、羊洪根（1980—1989）、方国良（1990—2004）、曹国祥（2005—2007）等。荻州村有石光兴、施来坤、汪建富、陈一兵等。高坪村有陈如贤、唐荣奎、王中楚、钱树潮等。

2007年7月，安仁村、荻州村、高坪村合并为新的安仁村后，原3个村的民兵组织被撤销，组建安仁村民兵组织。民兵组织负责人先后为曹国祥（2007年7月—2017年3月）、杨汪嗣（2017年4月—　　）。

第四节　战事回忆

在抗日战争、解放战争，以及抗美援朝、援越抗美等战争中，安仁村曾有十多人上过前线。他们曾经在战场上冒着枪林弹雨，不怕牺牲，浴血奋战，立下功劳，建立功勋，这种精神值得褒奖，值得人们铭记。

在这些参战人员中，多数人现已逝世，无法完全记录所有参战人员的亲身经历。至2016年年底，仅收集到4份相关的珍贵材料。为永远铭记他们的革命精神，现将徐天祥、叶明亮的亲人口述材料和俞顺昌、黄金珠本人的口述材料辑录于后。

附17—5：

徐五三：忆抗战老兵徐天祥

图 314　徐天祥（摄于 1987 年）

我父亲名叫徐天祥，小名：田富。1913年出生，1996年逝世。

我是父亲53岁时出生的。老年得子，十分高兴。为记住这个时间，便将我取名为徐五三。

现在我还保存着父亲留给我的三份资料，即民国28年（1939）被抽壮丁时，县长许亚夫的《签发令》和建德县政府填发的《验收壮丁收据》，以及父亲于1972年9月28日请他人整理的个人简历资料。这三份原始档案十分珍贵，虽文字记录比较简略，但从中可清晰地看出他当年奔赴抗日战场的情景，以及他一生的坎坷经历。

三份档案资料的原文如下：

一、县长许亚夫签发令的原文：着该壮丁克日来县报到听候编送兵役。此令。右令　安仁镇一保二甲九户中藏壮丁徐天祥。县长许亚夫。

其中还有一段时任保长张九成写的文字：缘该壮丁自去年八月间患病迄今尚未恢复原状，请求缓征。保长张九成。

二、《验收壮丁收据》原文：兹验收安仁镇征送　年　月份应征壮丁徐天祥等乙名除发交常备队编练并留存根备查外特给此据。

中华民国二十八年七月四日建德县政府填发

三、《徐天祥（田富）简历（1972.9.28理）》原文：

徐天祥（田富），男，60岁（虚龄），成份中农，籍贯建德。住址：安仁公社安仁大队第五生产队。

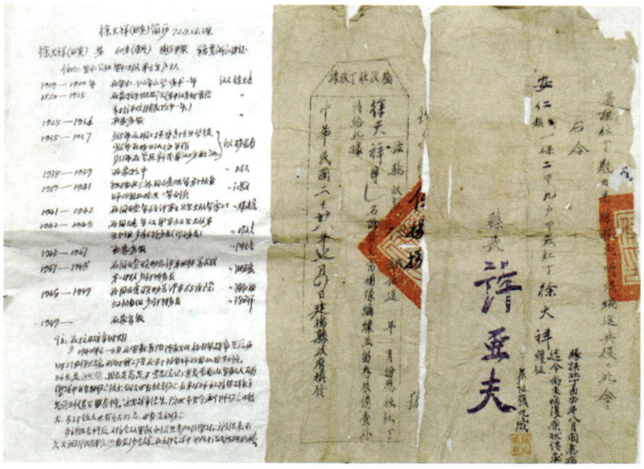

图 315　徐五三保存的三份珍贵档案

1919—1920年　在安仁仁峰小学读书一年

1920—1925年　在家牧牛做农活（其中12岁时给本村潘欢潮家牧牛一年）

1925—1934年　在家务农

1935—1937年　1. 35年在桐上横埠包恒兴学徒；2. 36年在场口酒坊；3. 在芝厦新茂泰酒坊酿酒

1938—1939年　在家牧牛

1939—1941年　被抽壮丁补国民党陆军第十预备队28团机枪连二等列兵

1941—1942年　在国民党军政部第五卫生大队军需上士

1942—1945年　在国民党军政部第五卫生大队第五分组少尉特务长（即事务长）

1945—1947年　在家务农

1947—1948年　在国民党联勤总部第四休养大队第二中队少尉特务长

1948—1949年　在国民党联勤总部第65医院52预备组少尉特务长

1949—　在家务农

（注：在抗日战争时期）

1. 1940年6—8月，在安徽青阳陈家大山和日军战争，先后历时2个月保卫战。那时我27岁，在第十预备队28团机枪连列兵。师长是方先觉，团长葛先才，营长（忘记），连长李春山（安徽人）。在防御战中，我军伤亡很大，日军也有很多伤亡。后第16师开上接替战争，方先觉师退下整修。这次战争结果，防地虽失守，两个师伤亡也很大，可对敌人也有重大打击，也有一定的伤亡。

2. 部队整修后，又接令从安徽至绍兴参加防御战。这段结束，不久又调到湖南长沙备长沙会战。在长沙会战中，部队打散被卫生大队收容。

我父亲被抽壮丁到部队后，参加过数次抗击日军的战斗，是名副其实的抗战老兵。先后参加过安徽省青阳与贵池间的陈家大山与日军的战斗（实际时间为1940年11月）、抵制日军南犯诸暨、绍兴的战斗（1941年4月中旬至5月中旬）、第三次长沙会战（1941年12月至1943年1月）。在参加长沙保卫战中，因一发日军炮弹落在我父亲的不远处爆炸，其巨大的爆炸声将他的耳朵震聋而受伤，被部队卫生大队收容。后来就在卫生大队当特务长。1945年回乡务农。1947年又在国民党部队当了几年少尉特务长。1949年回家务农后，当了一辈子的农民。

（林成刚　整理）

附17—6：

叶卫民：忆父亲叶明亮

图 316　叶明亮军装照

我父亲名叫叶明亮，曾用名叶显阳、叶铭亮，小名阿葵。1931年6月在绍兴出生。抗日战争爆发后，逃日本佬时一家人随奶奶来到安仁。我太公叶长青在安仁开有一家南杂货铺，商名老和记，我爷爷叶秋帆在铺里管过账。爷爷因患伤寒，年仅36岁就离开了人世。因奶奶陈水仙与我太公的关系不睦，此后，一家四口人仅靠奶奶帮人家缝缝补补过日子，生活十分清贫。父亲十几岁时，为分担家中的困难，就千方百计外出打零工，成了家里的主要劳动力。他曾卖过壮丁，做过税收员，参加过金萧支队，在石塘下（今桐庐县孝门村石塘下自然村）教过书。

1951年年初，21岁的父亲积极响应国家的号召，要求报名参加志愿军。因他是独子，当时奶奶坚决不同意。但父亲一定要去当兵，在父亲强烈的恳求下，奶奶不得不勉强同意。1951年3月，父亲终于如愿以偿地参加了中国人民志愿军。同年10月，跨过鸭绿江参加了抗美援朝，保家卫国的战争。在中国人民志愿军60军180师538团山炮营3连3班任副班长、班长。在朝期间，骁勇善战，奋勇杀敌，多次立功。在战斗中，由于父亲打炮比较准，因而部队首长将他的名字改成叶明亮。1953年5月，在一个月内用冷炮歼敌37名、摧毁敌机枪工事4个、地堡2个，2次荣立三等功。1953年10月，在朝鲜的一次防御战中又荣立集体三等功1次。据父亲对我说，在一次战斗中，部队因转移阵地抬炮筒时，由于前面战友中弹倒下，炮筒砸在父亲身上而身负重伤。朝鲜战争十分残酷，父亲多次从战友的尸体下和敌人的眼皮底下逃生，数次与死亡擦肩而过。由于父亲在炮火连天的战场上

图 317　叶明亮（中排左一）与战友们的合影

图 318　叶明亮与徐钦诚于20世纪50年代的合影照（叶卫民提供）

多次受伤，后鉴定为三等乙级残疾。他脑中一直残留着一块敌人的弹片。

1953年年底回国，在中国人民解放军华东军区第三野战军180师538团担任班长。1955年2月，在南京浦镇的营房建设中，积极工作，高效完成任务，荣立二等功。

1956年2月15日转业。先后在杭州电气厂、建德县委工作，其间担任过茶叶练习生、县委食堂司务长等职。1964年，县委机关精简干部，下放到下包公社当一般干部。

1969年，在清理阶级队伍运动中，我父亲被诬陷为金萧支队的“叛徒、特务”，因而下放到“五·七”干校第八连劳动改造，在乾潭长淇坞牧牛。其间，多次被“造反派”拷打审问，逼迫我父亲交待莫须有的“罪行”，受到不公正待遇。因父亲脑中有一块在朝鲜战争中负伤而留下的弹片，受不了强烈刺激，1970年7月24日，年仅39岁的父亲在长淇坞被迫害含冤而死。1979年夏，建德县政府给我父亲予以平反昭雪。1980年在下包公社召开追悼大会。

图 319　叶明亮的立功证书等

图 320　叶明亮荣立二等功的《革命军人立功喜报》

现家中还完整地保留着父亲在部队多次立功受奖的证书、奖章，以及当年部队寄往家中的立功喜报等。我把这些证书、奖章、立功喜报均悬挂在家里的中堂，以告慰父亲的在天之灵，缅怀先辈，激励后人。

（林成刚　整理）

附17—7：

俞顺昌：参加抗美援朝的亲身经历

我叫俞顺昌，1932年4月26日出生。20岁时响应政府号召，参加了中国人民志愿军。当年我们村共有7个人一起去的，其他6人是：叶明亮、徐钦诚、徐荣铭、施汉渭、俞有信、金保林。这些人现都已故。

1951年年初，建德县政府号召青年要积极参加志愿军，我也报了名。是年3月我们村7名青年在县蹲点干部的带领下，到梅城的县政府集中。在梅城培训学习了近一个月时间，晚上睡的是稻草铺，生活比较艰苦。后来转到金华培训了半个月。有一天，我们接到上级通知要参加解放台湾的行动，大家情绪很高。过了几天，部队首长说，我们不去打台湾了。后来部队集合上火车，说是北上，当时我也不知道什么叫北上？更不知道“北上”是什么地方？后来才知道是到北方去。坐了一个月时间的火车，部队来到了鸭绿江边。在一个小山头上住了半个月后的一天，部队每人发了一个搪瓷罐、一只瓢匙、一支三八式马枪，背上铺盖，步行过鸭绿江大桥到朝鲜。为了防止敌人的空袭，我们都是晚上步行的，白天在树丛里睡觉，两个人睡在一张油毡布垫上，油布下用树叶或杂草铺一下。如遇下雨天气，油毡布当被盖。行军了几天，部队到了一个叫金化的地方。所有新兵全部分配到各个连队，我被分配到2151部队12军34师警卫连。

1952年10月，我们部队参加了在朝鲜金化东北上甘岭地区的坚守防御作战。“联合国军”为摆脱战场上的被动局面，于10月14日发动摊牌作战，企图夺取志愿军中部前沿阵地。美7师、韩2师对上甘岭南侧的597.9和537.7高地北山实施猛烈进攻。我们12军的任务是坚守537.7高地，依托坑道工事顽强抗击，至20日，两高地的地面阵地失守，防守转入坑道。11月初，12军还接替了15军的上甘岭地区全部防务。

我在师部警卫连当战士，为了战斗需要，多次被派到各连队去了解作战部队的基本情况以及掌握敌人的动向，回来向部队首长汇报。

上甘岭战斗非常残酷，战士只要上了前线的，基本上是没有活着下来的。我在前线看到，整个前沿开阔地的树木和杂草被炮弹炸得精光，成了一片焦土，其焦土灰有的地方脚踩下去会陷到膝盖处。敌人的尸体遍地都是，同样我军的伤亡也很大。因为前沿的阵地被炸平了，没有像样的作战掩体，我方部队干脆将敌人的尸体叠起来当掩体，以便躲在尸体后面向敌人开火。志愿军非常坚强，不仅要打退敌人的一次次进攻，还要克服缺粮、缺水、缺弹等严重困难，坚持作战，守住了阵地。到11月下旬，历时40多天的上甘岭战役才结束，

上甘岭战役结束前的10月中下旬，在34师坚守的无名高地战斗中，因为前线弹药消耗量非常大，必须及时补充。从山脚向山上的阵地运送弹药，只有通过人力肩扛背驮，并且不能多人一起送，因为人多目标大，容易被敌人袭击，特别是还不能走已经开好的山路。因运送弹药人手不够，部队首长派我向前线运送炮弹。为了不让敌人发现，我单独一人肩扛着装有12发炮弹的一个大箱子，只能往山上的一条山涧水沟里或涉水或爬岩石，手脚并用，连滚带爬地将炮弹送到前线。9天时间，我运送了13次，共送炮弹900多斤。炮弹箱是方形的，并有70斤重，扛也不是，背也不是，确实比较难，尤其是要走没有路的山沟，非常艰难，没有好的体力根本送不上去，因此我真的吃了不少苦，硬是咬着牙一次又一次地将炮弹送到前线。为送炮弹，我虽然吃了点苦，但与那些献出

图 321　俞顺昌的各类证书和纪念章

生命的战友相比，根本算不上什么。我是幸运的，还能活着回来。

因运送炮弹任务完成出色，1953年1月8日，部队给我记三等功一次。在《中国人民志愿军立功证明书》中是这样写的："该同志在上甘岭战斗中担任运输任务决心很大，情绪很高。九天中运输十三次，扛炮弹共906斤，运输中责任心强，服务好。在困难时，对同志互助好，在运输中起了一定推动作用。"同时还获得朝鲜颁发的奖章一枚。

我们村一起去的7人中，大概有5人到过朝鲜战场上，因分配到各个部队，在朝鲜我们没有见过面。从部队先后回到家的有6人，但俞有信没有活着回来。因他于1953年4月在朝鲜失踪，建德县政府于1962年将他定为烈士。据战友说，在一次战斗中，俞有信所在的工事被美军的炮弹炸成了平地，现场找不到一块骨头或证明其身份的小布片，因而当时暂按失踪人员处理。

1954年抗美援朝战争结束，我随部队回国。由于我身体较好，还被抽调到长春第一航空中队干了一年。1955年复员回乡务农至今。

(说明：俞顺昌于2014年11月因患癌症逝世。本文是他于2014年4月13日生病期间亲口讲述的材料。)

(林成刚　整理)

附17—8：

黄金珠：忆援越抗美

我叫黄金珠，小名老表。1946年7月1日出生。1965年12月应征入伍。1966年4月奔赴"援越抗美"前线。1968年10月回国。1970年7月1日加入中国共产党。1971年3月退伍回乡。

图 322　黄金珠的"援越抗美"纪念章

1965年12月25日上午，离开建德向云南省进发。一路上，先乘两天两夜的火车（中途换乘一米宽的小火车），然后改乘汽车一天，到达云南省通海县新兵训练基地。1966年1—2月，主要是政治、军事训练。3月，主要是进行援越抗美重大意义的出国动员教育，学习党的政策、军队纪律，以及越南的民族风俗、风土人情等。还学习越南的简单用语，唱越南歌曲等。新兵训练结束后，我被分配到原铁道兵13师62团3营10连当战士。当时，我们是以中国保障部队的名义秘密到越南的，所以一律不戴领章帽徽，穿的是海军服，并对自己出国的事不准告诉家里。后来又换成鸭蛋青色的工作便装。

部队是在1966年4月12日深夜跨过红河桥，进入了越南境内的老街。只见到处是残垣断壁，田野荒芜，景象凄凉。当地百姓都到山林中或山洞（猫儿洞）里躲藏。越向前行进，战争的气氛越浓，房屋一片狼藉，到处是废弃的旧坦克、旧汽车和被打下来的飞机残骸，公路上到处是弹坑。江河上的桥梁都已摧毁，汽车只能在不深的河水中缓慢行进。部队到达目的地后，才知道我们的主要任务是修桥铺路。

在越南的近三年时间里，我们一边与越南人民并肩抗击美帝国主义的侵略战争；一边帮助越南修建10号、12号战备公路。为了越南人民的解放和统一，为增进中越友谊，我们浴血奋战、英勇牺牲，做出了巨大贡献。

1967年年初，经过艰苦施工，越南黄连山10号公路建成。4月，我们团又奉命转战越西北奠边府修建12号公路。到奠边府后，我连的任务是守护一批工程机械，同时隐蔽在一片原始森林里待命。高山峻岭，密林深谷，在大雾浓浓、阴雨绵绵的原始森林里，与昆虫为伴，同鸟兽为邻，吃的是干粮，睡的是蚊蝇乱窜的草丛。因晚上宿营在草丛里，第二天醒来时衬衣、被单都沾满了血迹，原来是吸人血的山蚂蟥留下的“战绩”。条件虽艰苦，但我们心里想的是完成神圣使命，誓死守卫上千台工程机械，这是祖国人民的重托，越南人民的希望。我们的口号是“人在机械在，誓与机械共存亡！”

我们是铁道兵，虽不是真正的前线部队，但还是经常要受到敌机的偷袭和轰炸。如在修建12号公路时，敌机每隔一天要来我们营区轰炸，因而也经历过多次的战斗洗礼。令我永远难忘的一次战斗是：1967年6月23日6：30左右，突然有数架敌机，轮番向我们营区轰炸和扫射，并扔下了很多凝固汽油弹、火箭弹、钢珠弹，还有1500磅的重型炸弹。顿时，我们营区周围的小山坡上浓烟滚滚，火光四起，爆炸声连绵起伏。我们部队的高射炮、高射机枪向敌机反击。由于敌机投下的炸弹，使营区成了一片火海。在连长的一声令下，冒着敌人的炮火，全连官兵像猛虎般冲向火海，英勇顽强，不怕牺牲，在扑灭机械包装上的火苗的同时，迅速转移机械。在此次战斗中，有的战友在烈火中倒下，有的被炸得身首异处、血肉模糊，有的甚至被烧成焦炭……但大家用血肉之躯保护机械的决心，始终没有动摇。

对这次空袭，尽管我高炮部队奋起反击，但由于越南军队没有制空权，敌机轮番轰炸了十几个小时，直到下午4点钟才慢慢平息下来。5点钟左右，接到上级命令，全连官兵清理战斗现场。呈现在眼前的是烧焦了的树木和一个个弹坑、一具具尸体，还有许多伤员……

在清理现场时，只见很多抬着伤员的担架过来了，这些伤员要立即送往后方医院救治。从中我发现战友仇光炎（乾潭镇仇村人）也躺在担架上，看他伤势较重，我的心一沉。在异国他乡的战场上，我俩双目以对，只见他脸色苍白，呼吸十分困难，腰间绑着的纱布绷带已被鲜血染红。他断断续续地对我说：“我……我……不行了，请告诉领导，我对得起兄弟们……”我强忍悲痛弯下腰，抚摸着他的手，轻轻地安慰：“要挺住，医生会尽力抢救的，你会好起来的，你一定要安心养伤……”我目送着他和一批重伤员离开了战场。之后，我一直焦虑地等待着战友仇光炎的抢救消息。谁料，却等来了“抢救无效”的噩耗。就这样，21岁的他永远地离开了我们。他的遗体安葬在奠边府中国烈士陵园中。

当年参加援越抗美的铁道兵部队中，有400多位建德籍官兵。我村有2人，另一人是陈水潮。

在越南战场上，我们同来自全军各部队的其他战友一道，用鲜血和生命保卫了越南北方的领土、领空，保证了越南北方运输线的畅通，并使越南人民军得以抽调大批力量到越南南方作战。为越南人民的解放事业，做出了国际主义贡献！同时，也维护和保卫了祖国的尊严和领土的完整。

（林成刚　整理）

第十八章　卫　生

旧时，安仁村域内尚无真正意义上的医疗卫生机构，仅有郎中、民间游医，以中医中药为防病治病的主要手段。20世纪30年代起，在安仁老街虽有中药店，但村民患病时，求治有很多困难，特别是遇到重病或危急疾病，多无能力及时就诊，加之瘟疫时有流行，对村民的健康造成极大威胁。

中华人民共和国成立后，村域内有了真正意义上的卫生机构。县乡两级政府重视医疗卫生工作，培养卫生技术人员，开展预防接种、防病治病、妇幼保健和卫生宣教等工作，村民的身体健康得以有效保障，寿命期望值持续增加。

2016年年末，安仁村域内有卫生院1家、药店3家。

第一节　医疗机构

张春源堂

据张志益、董世源、张光友等人回忆：20世纪30年代初，永康人吕世连在安仁上街头租用叶长青的房子（原董家厅前的艾金娜老宅，今李坤林住宅处）摆了一个中药摊。30年代末，经安仁人徐士魁的牵线搭桥，将中药摊盘给在乾潭中药店当伙计的张希淑（义乌人，张志益父亲），取店号“张春源堂”。该堂行医、开方、抓中药一条龙服务。由于张希淑的医术较好，并为人慈善，无论是三九严寒，还是炎热三伏天，只要病人有需求，即步行上门服务，深得当地百姓赞誉，生意也越做越大。

图 323　张春源堂旧影（摄于1998年7月4日，张光友提供）

中华人民共和国成立至1956年，张春源堂药店仍继续经营。1951年下半年，因安仁供销社要将艾金娜老宅改建为安仁供销社收购站，张春源堂药店便迁至董寿南（董光良父亲）老房子（今董玉良住宅处）经营。1954年，张希淑购置了汪如根（汪阿林父亲）的老宅（今董竹珍住宅处），张春源堂药店搬迁此处经营至1956年。

2016年4月9日，在董竹珍的家中发现一块高190厘米、宽41厘米、厚2厘米的木制直牌，刻有“著手成春”字样。经张志益、张光友、董世源等人确认，该直牌为张春源堂的遗留物证。

图 324　张春源堂“著手成春”木制直牌

公私合营安仁联合诊所

1957年，以张春源堂药店为主体成立“公私合营安仁联合诊所”，地点搬迁至张九余老宅（今张小芳住宅处）。组建时，诊所由以下人员组成：所长：杨华；中医师：张希淑；西医：蔡维言、吴琼林、陈刚、郭正南；中药师：张志益等。此后，诊所逐步完善，不仅设有中医、西医等，还配备了药房和简易病房。

安仁卫生院

安仁卫生院前身为公私合营安仁联合诊所。1958年7月2日，根据中共建德地委电话会议要求成立乡医院的指示精神，将安仁联合诊所改组成立安仁乡医院。地址设在安仁老街（今张小芳住宅处）。

1961年12月15日，更名为安仁公社保健站。1963年9月12日，更名为安仁公社卫生所。1968年11月8日，安仁公社卫生所由安仁公社实行一元化领导，业务受县人民防治院指导。

1970年，位于庙湾（旧名）的新卫生院建成（今为安仁中心学校学生宿舍楼处）。为9间泥平房，建筑面积约450平方米左右。卫生院搬入新址。

1978年12月，更名为安仁公社卫生院，并实行院长负责制。

1983年12月恢复乡镇，更名为安仁乡卫生院。1984年，将原址改建成三层混凝土结构综合楼，建筑面积850平方米。在改建期间，卫生院暂设在安仁村大会堂内。1986年搬回原址。

1992年10月撤乡建镇，更名为安仁镇卫生院。1995年，医务人员9人，病床床位9张。

1995年12月，位于金秋街2号的新大楼建成并投入使用。1996年1月1日，卫生院搬入新址。此后原卫生院旧房拆除，此地块移交给安仁中心学校使用。

1999年，创建成杭州市计划免疫接种规范化门诊。2001年，达到浙江省计划免疫接种示范门诊标准。

2001年10月，安仁镇并入乾潭镇，更名为安仁卫生院，成为非建制镇医院。

今名为乾潭镇安仁卫生院（社区安仁卫生服务站）。

2016年末，安仁卫生院占地面积3600平方米，建筑面积2440平方米（其中业务用房1200平方米、辅助用房1240平方米）。为综合性医疗机构，在门诊大楼内设有内科、外科、中医科、理疗科、老年保健科，以及输液室、化验室、中西医药房等。医务人员15名，其中中级职称3名。

管辖范围为安仁村、下梓村、前陵村、施家村、后山村、梓州村等六个行政村。辖区总面积达62.5平方公里，计8400户10280人。主要承担社区管辖范围内居民的健康档案、计划免疫、传染病防治、妇儿保健、老年保健、慢性疾病管理、重性精神病管理等国家基本公共卫生服务项目。

2015年，门诊量为26800人次，医务人员下乡服务200人次，为老年人保健服务2700人次，医疗总收入270多万元。

安仁卫生院历任院长先后为：杨华、汪金娥、邹海富、江光松、朱梅登、吴玉生、吴春明、张敬之、邵纯。

安仁血站

1986年11月，安仁乡卫生院采血站开始采血。1988年，以采血站为依托，成立建德县安仁血站，并建造安仁血站大楼，位于安仁村西。血站大楼旧址原为安仁村大会堂。建德县安仁血站共有卫技人员32人，配备采血科、检验科、质检科、血库。1986年年底，献血员（有偿个体献血者）达1500余人，主要来自周边的乡镇。是年采集血浆1000余人次，计30万毫升。主要供应建德、桐庐、淳安所属医院临床用血。1991年3月，建德开始步入有偿献血与无偿献血、医院采血与血站采血双轨模式。1998年10月1日，实施《中华人民共和国献血法》及《献血健康检查标准》，开始禁止医疗机构自采血，无偿献血与有偿献血血源均由市血站统一管理。1998年冬，安仁血站迁址于新安江，更名为浙江省血液中心建德分站。嗣后，血站大楼改建为安仁中心学校教职工宿舍。

图 325　安仁血站旧址（左侧三间），今为安仁中心学校宿舍楼

2012年9月、10月，浙江省、杭州市、建德市三级卫生部门组织专家团，对1986—1996年间在安仁血站有献血史的特定人群，开展免费定点集中筛查。对符合相关规定的特定丙肝病人实行定点免费治疗。

建德市石煤综合利用公司医务室

1962年，由乾潭区煤灰供销生产合作社创办。1990年，有医务人员3名、矿山救护车1辆。2001年，因企业破产而停办。

村域内各医疗诊所、药店简况

2016年，村域内有卫生院1家、药店3家。

2016年安仁村域内各医疗诊所、药店简况

表18—1

名称	地址	开业时间	经营人
建德市乾潭镇安仁卫生院	金秋街 2 号	1958.7	邵　纯
建德市永春药店	金秋街 5 号	2011.10	吴金奎
建德市万乐大药房安仁分店	金秋村	不详	谢爱娟
杭州怡生堂大药房连锁有限公司安仁连锁店	金秋街 53 号	2014.9	邵早云

附18—1：

民间中医

杨文根　男，1958年8月出生。1974—1979年为安仁大队合作医疗站赤脚医生。1979年10月合作医疗站停办后，杨文根即成为乾潭区第一位个体医生。1980年，杨文根在安仁开设“杨文根中草药店”。1986年，经建德县卫生局考试合格，更名为“杨文根诊所”。1991年3月，杨文根当选建德县开业医生协会红十字会首任会长。1991年3月14日，杨文根参加了由建德县个体医生发起的无偿献血活动，无偿献血200毫升。此次献血活动成为建德首次无偿献血活动，也是浙江省个体医生首次无偿献血。杨文根于2002年、2007年先后取得中医类“执业医师证”和“执业助理医师证”。40多年来，杨文根的行医除本省各地外，到过上海、江苏、江西、安徽等地。擅长风湿病等疑难杂症，求医者纷至沓来。约诊治病人26万多人次。还经常参加各类义诊活动，共义诊3万多人次。

第二节　卫生习惯的演变

环境卫生的改变

旧时，由于条件的限制和观念的影响，安仁村的环境卫生也和大多数农村一样，露天肥缸多，饮用水质差，锅灶畜圈同屋，房间里肥桶无盖，门口垃圾、猪栏粪随意堆放，生活污水横流，蚊蝇肆虐，鼠害严重。尤其是安仁老村地势偏低，经常被清渚溪、小溪的洪水满侵，由此不少农户也被泡在水中。洪水一过，满街都是污泥，农户家中潮湿不堪。每到夏秋季节，卫生堪忧。村民的疾病发生率较高，并死亡率也较高。

自中华人民共和国成立后，卫生状况才逐渐改善。20世纪50年代起，日渐重视环境卫生工作。特别是随着人们生活水平的不断改善，卫生习惯的普遍改变，环境卫生面貌发生了巨大的变化。1952年，全社会开展爱国卫生运动，搞好村内环境卫生，减少了疾病的发生。嗣后，每年的春节

图 326　保洁员每天清扫道路

图 327　冲洗路面

前，发动村民搞大扫除。1953年，开展消灭老鼠、蝇、蚊、臭虫、跳蚤和虱子运动。1958年春夏，开展群众性消灭鼠、蝇、蚊、麻雀“四害”运动。全村动员，人人参与。制定爱国卫生公约，开展卫生评比活动。1960年，将“四害”改为鼠、蝇、蚊和臭虫。

20世纪80年代起，环境卫生面貌得到较大改变。1984年，为彻底改变安仁大街和各弄堂的路面不平整及尘土飞扬的状况，对大街和弄堂路面进行硬化，全部浇成水泥路面。90年代起，开展新农村建设，建造公园，绿化美化，改水改厕，消灭露天肥缸，设置垃圾箱，并垃圾进行无害化处理。1993年8月1日起，安仁镇政府开始实施环境卫生管理有偿服务措施。卫生费收取标准：固定私营户和设摊经营者，每月3~6元；临时摊位每天0.3~0.6元；单位部门、饮食店等按年收100~300元不等。用于支付清洁工和卫生管理员的工资。

1999年，安仁镇在鱼坑坞东侧设立第一个垃圾填埋场，并招收2名环卫清洁工。此后，专业的卫生保洁队伍实行路段卫生保洁责任制，每天对所有道路进行保洁。

进入21世纪以来，村里投入大量资金，绿化美化环境。2005年，安仁村响应市委、市政府的号召，在全村范围内开展大规模的改厕运动。对村民原有粪坑全部按照标准三格式化粪池的要求进行改造，全村共拆除露天粪坑和简易厕所98只，卫生户厕普及率达100%，三格式无害化户厕比例达70%。当年，安仁村改厕工作全部完成，被评为建德市2005年度农村改厕工作示范村。

图 328 村干部带头上街搞卫生

图 329 党员、村民代表义务劳动

图 330 村民代表上街搞卫生

2006年，投资64万元，虎头山公园建成并投入使用，成为村民休闲的好去处；投资72万元，建造公厕3座、无动力厌氧净化池2座（其中200立方米1座、100立方米1座），实现生活污水经净化后排放；投资78万元，实施主干道、弄堂（路）、老街拓宽改造工程，路面100%硬化；投资38万元，安仁集镇主干道两侧种植金桂、香樟树，村内空闲地绿化等。2006年，获得“杭州市全面小康建设示范村”和“杭州市园林绿化村”称号，并被杭州市委命名为“2006年杭州市文明村”。

图 331　垃圾统一收集后，运往垃圾填埋场

图 332　洒水车每天洒水 2 次

图 333　清渚溪保洁

2007年12月，获得“浙江省绿化示范村”称号。

2011年，实施村庄整治、旧村改造项目，拆除旧屋16幢，粉刷墙面4780平方米，新开道路116米，总投资78.20万元。

2012年，开展生态村创建。2014年5月，开展“无违建村”示范村创建推进行动。在此次“三改一拆”行动中，共拆除违建点65个，合计面积7000平方米。2014年7月16日，安仁村被市政府命名为建德市首批“无违建村（社区）”。2014年，投资115万元，完成沿清渚溪绿化、桥上路灯、休闲长廊等工程。2014年，被评为“建德市清洁乡村长效管理清洁村”。

自1999年起，每天对辖区内的主要道路和所有街巷进行保洁清扫，并将垃圾清运至垃圾填埋场。平均每天清运垃圾8吨左右。还配备洒水车，每天对安仁集镇的主要道路进行洒水作业2次。2015年，村民每人每月上交卫生保洁费1元。2016年调整为每人每年15元。2016年，共有保洁人员11人。设有垃圾收集点57个（其中安仁47个、荻州8个、安下2个），移动式垃圾箱200多只。

保洁员杨鹏飞被评为2010年度建德市“十佳村庄美容师”、2015年度建德市农村优秀保洁员。

2001年至2017年，保洁人员的工资均由村集体经济支付。村委与保洁员每年均签订《安仁村卫生保洁工作人员责任书》。

在安仁集镇，家禽家畜饲养已杜绝，实现家禽家畜的圈养与人居环境分离。家庭卫生间（抽水马桶）的使用已普及到家家户户。

图 334　早前的肥缸（厕所）旧影

图 335　安仁新村公共厕所

图 336　安洁路公共厕所旧影

饮用水条件的改善

图 337 2015 年 1 月清渚溪清淤现场

20世纪80年代初前，安仁村饮用水水源直接取自清渚溪和小溪，如清渚溪发洪水或干旱，无法直接饮用时，到庙湾的水井里取用。该井是安仁村唯一的一口饮用水井。溪水均为地表水，且农田灌溉用水和洗涤、生活污水以及上游企业的污水直接排入该溪，水质较差，污染严重。为了解决村民饮用水困难的问题，从1983年开始，安仁村通过集资集劳（即单位捐款、村民出工出力），在虎头山（俗称庙山）建了一座日供水量达300吨的水塔，在清渚溪挖了一个深井，并配置了相关设施。1984年10月20日，安仁自来水厂开始向每家每户供应清洁的自来水。当年，为了庆祝自来水项目建成，将此日定为安仁的“时节”，由村里向每个村民发放半斤猪肉和一张电影票。1992年，安仁自来水厂由安仁镇政府管理，对自来水厂和管道进行了扩建。至此，全村自来水管网并入安仁自来水厂，入户率达100%。1994年，安仁镇政府筹措50万元资金，建设一座日供水5000吨的自来水厂，1995年3月起局部开始供水。生活用水每吨0.60元，工业经营用水每吨1.00元。1997年8月，镇政府决定对水价进行调整，生活用水每吨0.65元，工业经营用水每吨1.10元。1998年8月，对水价又进行调整，生活用水每吨0.75元。2016年，其水价为：生活用水每吨1.65元，工业经营用水每吨3.10元。

2011年，安仁村的自来水管网与乾潭的供水管网接通，改由乾潭镇自来水厂直接供水。随着安仁集镇人口的不断增多和企业用水量的增加，原管道已不能满足需求，2014年，加大了供水管道。2015年，投资92万元对自来水管网进行改造，并对清渚溪安仁桥上下游段进行清淤计20000立方米。2016年6月30日，建德市东线饮水工程暨乾潭饮水工程正式供水。该工程于2014年6月开工，建设乾潭—安仁—钦堂自来水管网32公里，总投资1.07亿元。即日起，安仁村民用上了由新安江直供的自来水，饮水条件彻底改善，饮用水供需矛盾得到有效解决。

图 338 20 世纪 80 年代建造的安仁村自来水厂水泵房旧影（摄于 2014 年）

污水处理

在过去，严重环境污染的情况较为少见。20世纪60年代前，农田治虫还没施用化学农药。治虫多用石灰。60年代后，逐渐使用化学农药，如六六六粉、钾铵磷，甚至剧毒农药1605等。不但毒性烈、毒效长，而且不易挥发。农田污水直接排入河道，水质污染极为严重。再有是农家的肥缸，由于年久失修，经常会出现粪水渗漏。还有农家的生活污水任意直接排放等。

图 339　安仁污水处理厂大门

到了20世纪80年代，由于乡镇企业的飞速发展，以致后来社队及个体企业的不断壮大，工业“三废”和大气污染日趋严重，居民的生活污水和化粪池水也源源不断地排入河道。特别是清渚溪上游的桐庐县钟山乡和本市钦堂乡的石粉行业的兴起，其水质污染情况越来越严重，出现了清渚溪溪水发黄、难见鱼虾的怪现象。从90年代起，清渚溪、小溪的水，再也无法饮用了。

境内最突出、危害最大的污染源是水泥厂、石粉厂的粉尘和电镀厂的废水，还有废气和废弃物等。电镀厂于2012年关闭停产。

2012年前，安仁村域还没有完善的污水排水系统和污水处理厂，生活污水未经处理直接排放，对周围水体造成一定程度的污染。

为了将工业废水和生活污水进行截留集中处理，以减少清渚溪水质的污染。2010年，浙江大学提交了《乾潭镇安仁污水处理厂首期5000吨/日建设项目环境影响报告书》。2010年，市政府投资在鱼坑坞（白岩山脚，清渚溪南岸，320国道东侧）开建安仁污水处理厂。2011年主体工程完工。项目概算3114万元，占地面积20亩。安仁污水处理厂主要收集处理安仁次中心区块内企业的工业废水、生活污水。日处理规模为2000吨，污水处理采用初沉+生化处理+深度处理结合的工艺，污泥处

图 340　污水处理厂厂区

图 341　安仁污水处理厂办公楼

理采用板框压滤污泥脱水+外运处理，污水消毒采用紫外线消毒技术。出水水质执行《城镇污水处理厂处理污染物排放标准（GB18918-2002）一级A标准。

2014年8月初，安仁污水处理厂试运行，配套纳管2.9公里。试运行结束后，一直处于运行状态。

2014年11月，安仁集镇雨水分流、集污纳管工程开工建设，至2015年2月完工。

2015年11月，总投资约300万元的安仁村污水治理工程开工，铺设排污管道1000米，建化粪池200多只。于2016年5月完工。至此，安仁集镇的所有工业、生活污水管全部纳入排污管道，集中到污水厂进行处理，达标后排放。

第三节　妇幼保健

图 342　安仁社区卫生服务站（摄于 2016 年）

旧时，安仁村妇幼保健一直沿用旧习俗，没有孕产妇产前检查，分娩多由当地所谓的接生婆接生或自产自接，因而生产大出血、产褥期感染、婴儿脐风等妇幼疾病屡有发生，新生儿成活率不高，并产妇死亡情况时有发生。20世纪30年代后期至50年代，安仁村接生婆有曹菊花、汪春萍、郑连连、施翠姣等。荻州村接生婆有石菊花、赵雪琴等。高坪村接生婆有骆凤娥、陈玉娥等。

20世纪50年代末，安仁公社卫生院建立后，有了专门的助产士，实行新法接生。此后，产妇和婴儿的健康有了保障，婴儿破伤风的死亡率很低。

20世纪80年代后，妇女健康体检趋向常规化，在上级卫生部门的统一组织下，由村妇女主任具体落实，建立妇女健康档案，妇科病得到及时诊治。

从20世纪50年代中期开始，安仁村、荻州村、高坪村配合上级医疗部门，加强对儿童的保健工作。每逢儿童节，对在校小学生进行健康体检，接种卡介苗、白喉类毒素和百日咳疫苗等。自60年代起，增加了乙脑、麻疹疫苗。70年代后期，对7岁以下进行免费驱蛔治疗。80年代起，对7岁以下儿童实行计划免疫，每孩一卡，在每月规定的接种日，统一到安仁卫生院接种。1986年经国务院批准确定，每年的4月25日为全国儿童预防接种宣传日。国家规定，婴儿出生24小时内，即进行乙肝疫苗接种，并在婴儿1周岁之前，完成程序中所有基础免疫。自2000年起，本村婴儿卡介苗、脊灰疫苗、百日咳和麻疹疫苗接种率达100%。通过上述措施的实施，有效地减少了儿童疾患，保障了儿童健康。儿童生活质量进一步提高，儿童的教育、保护和生存环境明显改善，儿童的整体素质显著增强。

第四节　农村合作医疗保险制度

农村合作医疗

20世纪60年代初，安仁村、荻州村、高坪村相继建立“大队合作医疗站”，由贫下中农子女担任“赤脚医生”，主要是负责本村卫生保健工作。“赤脚医生”按每人在生产队评定的底分由大队记工分。村民到合作医疗站门诊可报销20%医疗费。安仁卫生院所在地就在安仁，故安仁大队合作医疗站于1979年9月停办，其农村保健工作直接由安仁卫生院承担。1983年，荻州、高坪大队合作医疗站改为村卫生室，“赤脚医生”改称乡村医生。继续担任农村卫生保健工作，业务上受乡镇卫生院指导，其报酬由“工分制”改为自收自支。2007年，荻州村、高坪村并入安仁村后，随着“下山移民”工程的实施，多数村民已搬迁至安仁新村。原荻州、高坪的合作医疗站停办。

安仁大队合作医疗站正式建立于1974年。建立前一年，朱尧仁已成为安仁大队首位“赤脚医生”，主要是给村民打预防针等。1974年正式建站后，“赤脚医生”由朱尧仁、杨文根两人担任。医疗站地点初期地址设在大队移民屋（后为知青住房，今址为老年活动室处），一年后移至陈家弄堂移民旧屋（今陈复新住宅处）。1979年9月26日停办。

荻州村于20世纪60年代初建立合作医疗站（卫生室）。2007年停办。“赤脚医生”先后为邱树忠、汪光林等。

高坪村（大队）于20世纪60年代初建立合作医疗站（卫生室），2007年停办。“赤脚医生”为王胜民。

新型农村合作医疗制度

随着时代的发展，2004年，国家出台农村合作医疗保险政策。安仁村从2004年开始在全村农村户籍村民中实施合作医疗保险制度。建德市人民政府政策规定，政府每人每年拨款20元，村民每人每年自交20元，共计40元作为统筹医疗费。参加合作医疗的人员，在安仁当地卫生院门诊，报销10%；住院须到市定点医院就诊，如市一院、市二院、市中医院等。住院费在5000元以内的，报销15%；在5000~1000元的，报销25%；在1万元~3万元的，报销35%。3万元以上的，报销50%。报销金额封顶2万元。此后，统筹费缴纳标准和报销比例相应提高。2009年，参加新型农村合作医疗和城镇居民基本医疗保险的人员，按每人每年149元标准进行资金筹集，其中村民个人缴纳60元，镇乡（街道）财政补助25元，其他配套补助资金全部由市级及以上财政承担。具体报销比例为：住院医疗费用500（不含）~5000元的，报销45%；5000（不含）~1万元的，报销55%；1万元（不含）以上的，报销60%。连续缴费三年以上的参保人员累计封顶5万元。在本市乡镇卫生院住院诊治按上述标准报销；在本市市级医院住院诊治的，按上述标准的90%报销；因病情诊治需要经市级医疗机构审核，转市外特约定点医疗机构住院就诊的，按上述标准的70%报销；如果未经同意，擅自到市外非营利性医疗机构住院就诊的，按照上述标准的50%报销；到市外营利性医院就医不能报销。2010年，又进行了相应提高，按每人每年190元的标准进行资金筹集，其中村民个人缴纳60元，镇乡（街道）财政补助25元，其他配套补助资金全部由市级及以上财政承担。医疗费报销比例与2009年相同。2012年，全年累计最高支付限额由原来的5万元提高到5.4万元。2015年，个人缴费标准提高到270元。2016年提高到每人300元。2017年又提高到400元。

自2004年起，安仁村民的合作医疗统筹费均由村集体经济支付。2007年7月，安仁村、荻州村、高坪合并成立新的安仁村后，其合作医疗统筹费继续执行由村集体经济支付的政策。农村新型合作医疗统筹费逐年提高，村民参保率100%。2011~2013年，共支付新型农村合作医疗参保费44万元；2014年17.28万元；2015年26.19万元；2016年28.50万元。2017年，新型农村合作医疗统筹费提高到每人400元。村“两委”决定，由村集体经济承担每人300元，不足部分由个人承担。

第十九章　人　物

安仁人爱国爱家，崇尚公平正义，致力开拓，贤才辈出。

第一节　人物传

陈　沄（1781年前后）　清乾隆时人。籍贯、仕履不详。乾隆四十六年（1781）任严州教授。嘉庆四年（1799）安仁治平桥被大水冲毁，当地士绅王宗渼、宗淦兄弟捐资修桥，沄为之作记。王氏历代修桥义举，故沄记中有云，“非以为嘉励，非敢阿所好也，聊以志其世泽之长尔！”

俞培盈（1870—1929）　又名俞培寅。男，安仁村人。为人忠厚老实，乐于助人，对父母十分孝顺，是远近闻名的孝子。母亲死后，在坟墓傍搭棚，整整三年时间白天回家干活，每晚在棚里守孝，并坚持不剃头、不与老婆同房。为治平桥和位于桥南端的步霄亭义务打扫卫生，并负责管理治平桥南端的天灯十多年。某年的一天上午，俞培盈在步霄亭打扫卫生时捡到一只马袋，拎一拎很沉重，原来是整袋的白洋（银圆）。俞培盈没有占为己有，便在步霄亭里等候失主，饿着肚子一直到下午三点多才等到失主。失主是桐庐县一官员，在梅城办事后回程时不慎失落在此。该官员拿出数块白洋以表谢意，而俞培盈婉言谢绝。该官员回桐后，将俞培盈拾金不昧的事迹上报到省里，受到了省里的表彰。

董景益（1891—1942）　男，安仁村人。1942年5月21日晨，日军在水碓里强行将董景益抓去当挑夫。一路上日军不断地向董景益的担子上加枪、加子弹。当天晚上住在大畈。因一天没饭吃，当晚睡在稻草窝里，又冷又饿，就萌生了不愿为日军卖命，一定要离开的想法。次日凌晨，因劳累过度沉睡而错过了逃脱的机会。当日上午，翻越乌龙岭。既挑重担又爬高山，筋疲力尽。欲放下担子歇一会缓口气，可日军认为偷懒，用枪托猛打董景益。他想，为日军做事累死不值得。到梅城后的当日下午，日军坐渡船向南峰进发。在渡船上，董景益认为这是脱离日军压迫的最好机会，便趁日军不注意时，毅然纵身跳入江中，董景益想用这种方式来脱离日军的魔掌。日军用机枪对他跳水的方向射击，可是董景益始终没有浮出水面。家人四处寻找，均无踪影。翌年，民国政府建德县县长许亚夫了解到董景益不愿为日军卖命而宁死不屈的情况后，便欣然泼墨书写了“正气长存”四个大字。家里人请木匠用柏木做了一块高约1.2米多、宽约2米多的横匾。该匾在土地改革前一直挂在董家厅。20世纪80年代后期，其孙子们把匾当成爷爷的“尸体”与奶奶葬在了一起，以告慰爷爷魂归故乡、入土为安。

张乃言（1918.7—1946.9）　小名益香，男，安仁村人。严州师范学校毕业。1935年任仁峰学校（安仁中心学校前身）校长。1938年考入黄埔军校第十六期，临毕业因大病延至第十七期毕业。在国民革命军105师任炮兵连长、营长，后历任团、师（旅）少校参谋。抗日战争中，对日军作战中带领部队打过数次胜仗。解放战争中的1946年7月，张乃言任国民革命军105旅参谋，在江苏如皋被中国人民解放军华中野战军第七纵队包围，至9月初，拒绝投降的张乃言以手枪自杀。

葛金棠（1933—1966）　男，荻州汪家人。中共党员。1952年9月至1953年11月任乾潭区副区长。后历任建德县文教局长；中共建德县第一届委员会委员、洋溪区委书记等职。“文化大革命”中说“错话”，受迫害含冤而死。1968年11月建德县政府平反。

叶明亮（1931.6—1970.7）　曾用名叶显阳，小名阿葵。男，出生在绍兴，1938年随母定居安仁村。中华人民共和国成立后，土改时落户安仁村。曾参加过金萧支队。1951年3月参加中国人民志愿军，在180师538团山炮营三连三班任班长。1953年5月，在朝鲜防御作战中荣立三等功；1953年10月，荣立集体三等功一次。在朝鲜战场上多次负伤，为三等乙级残废军人。1954年回国，在华东军区第三野战军的营房建设中荣立二等功。1956年2月复员，先后在杭州电气厂、建德县委、下包公社工作。1969年被诬陷为“叛徒、特务”，下放到建德县“五·七”干校劳动改造。1970年7月24日，在“五·七”干校所在地长淇坞被迫害含冤而死。1979年夏，建德县政府予以平反昭雪。

陈　刚（1929.9—1976.12）　曾用名陈志祥，男，安仁村人。中共党员。杭州师范学校毕业。1946年在杭州师范学校就读时，受进步思想影响，秘密为中国共产党工作。1948年为逃避国民党抓捕，改名陈刚，并参加由共产党领导的金萧支队，任第二分队小队长，为建立中华人民共和国多次参加武装斗争。1949年下半年任桐庐县委委员、桐庐县干校校长。1957年任桐庐县分水区委书记。1960年至1966年，先后任桐庐县印渚公社党委书记、石埠公社党委副书记。1966年“文化大革命”时受迫害。桐庐县政府于1968年平反昭雪。1989年离休。1976年12月因病逝世。

王丁金（1929.11—1995.8）　曾用名王鼎金，男，荻州村人。1953年至1956年12月任安仁乡副乡长。后回村务农。

徐天祥（1913—1996）　男，安仁村人。民国28年（1939）被抽壮丁补国民党陆军第十预备队28团机枪连二等列兵，后为国民党军政部第五卫生大队军需上士，第五卫生大队第五分组少尉特务长（事务长），国民党联勤总部第四休养大队第二中队少尉特务长，国民党联勤总部第65医院52预备组少尉特务长。在抗日战争中，参加过数次抗击日军的战斗，如1940年11月的安徽青阳陈家大山战斗，1943年1月的湖南长沙保卫战。在后者战役中，因敌人炮弹爆炸，耳朵被震聋而负伤。曾一度回家务农，1947年又被国民党部队召回。1949年回村务农。

张可锦（1924.1—1997.10）　男，荻州煤灰山人。中共党员。1950年1月参加工作，历任安仁乡乡长、金华专署公安局干部，东阳县桑梓公社党委书记，建德县卜家蓬公社党委书记，下包公社党委书记，中共乾潭区委书记、第五届中共建德县委员会委员等职。1984年退休，1997年10月病故。

杨玉书（1921.3—1999.3） 小名树堂。男，安仁村人。中共党员。1950年7月参加工作，1980年10月退休。历任安仁乡副乡长、乡长，钦堂大队总支副书记，安仁公社社长，马目乡乡长，千鹤乡乡长，钦堂乡乡长等职。1999年3月病故。

杨明书（1926.9—2011.9） 小名金祥。男，安仁村人。离休干部。1948年4月被抽壮丁在国民党54师4连当兵。1949年3月参加中国人民解放军，在华北军大学习后任平原省军区新乡军分区、华北军区干校文教干部，1956年11月复员回乡。1957年2月起，先后在洋溪小学、洋溪农中、牌楼小学、梅城二小、白沙初中任教。1980年起，先后任新安江区小副校长、县教育局招生办副主任等职。1986年离休，2011年9月病故。

张如华（1932.12—2013.1） 男，安仁村人。中共党员。1951年为安仁供销社统计员。1957—1959年，历任建德县农委干部、安仁公社党委委员、乾潭公社庙前管理区党总支书记。1961年7月后任安仁公社副社长、安仁公社党委委员、安仁公社党委副书记等职。1982年退休，2013年1月病故。

徐钦城（1934.3—2013.7） 男，安仁村人。中共党员。1950年参军，1951年11月随中国人民志愿军赴朝，为34师102团战士。1955年回国，先后在中国人民解放军第六警校、商丘步兵学校、信阳步兵学校深造。1959年8月起，在12军34师106团，历任排长、连长、营长、团政治股长等职。1967年9月，任安徽省淮南市蔡家岗区委书记。1976年转业到水电部第十二工程局新安江管理处，先后任组织部部长、政工组组长、职工子弟学校校长、特种水泥厂党支部书记等职。1994年4月退休。2013年7月在杭州逝世。

俞顺昌（1932.4—2014.10） 男，安仁村人。1951年3月参加中国人民志愿军，三十四师警卫连战士。在参加朝鲜金化东北上甘岭地区进行的坚守防御作战中因运送炮弹任务完成出色而立三等功。《中国人民志愿军立功证明书》中记载：“1953年1月8日立三等功一次。该同志在上甘岭战斗中担任运输任务决心很大，情绪很高。九天中运输十三次，扛炮弹共906斤，运输中责任心强，服务好。”并获得朝鲜颁发的三等功奖章一枚。1955年复员回乡后一直务农。2014年10月病故。

革命烈士英名录

俞有信（1929.12—1953.4） 男，小名偕诺（音译）。安仁村人1951年3月参加中国人民志愿军，179师535团重炮连战士。1953年4月在朝鲜战场上失踪，1962年7月认定为烈士。

第二节　人物录

人物简介

杨美娟　小名金仙，女，1929年8月生于安仁。1951年1月参加工作，1959年9月加入中国共产党。曾任洋溪区副区长、建德县妇联副主任、建德县航管站副站长、邓家公社妇联主任、钦堂公社妇联主任等职。1985年5月退休。

张乃玉　小名菊蓉，女，1931年11月生于安仁。年仅8岁时远离家门到缙云的浙江省立贫儿院读小学。1949年5月考入中国人民解放军华东军政大学（杭州），毕业后留校工作。后为南京市委农工部干部、交通部广州航道局副处级调研员等职。1986年离休。

张银德　男，1936年11月出生。1959年加入中国共产党。曾任安仁、施家、后山、羊毛坞联合大队大队长；安仁大队党支部书记；安仁公社半脱产干部、安仁公社管委会委员，兼任安仁大队党支部书记；安仁公社五七煤灰厂党支部书记；建德县安仁石煤矿办公室主任；安仁公社党委副书记、书记；下包乡党委书记；乾潭区委委员、农办主任等职。曾被评为杭州市灭鼠先进个人。1996年退休。

朱世臣　又名朱树奎，男，1936年出生。1954年前在安仁供销社工作，并加入中国共产党。1954年入伍，曾任团后勤处处长。1981年转业，曾任海宁市行政管理局局长、审计局局长等职。1996年退休。今居海宁市。

张志益　又名张光美，男，1938年9月出生。1939年随父母定居安仁，在安仁参加土改。1957年应征入伍，服役于中国人民解放军陆军12军34师100团炮兵营战防炮连。历任炮手、文化教员、军需助理员、团后勤参谋（正连级）等职。1960年加入中国共产党。1965年在江苏省淮安县参加农村社会主义教育运动。1967年奉命参加“三支两军”工作，参与组建安徽省淮南纺织厂，并任厂革委会副主任等职。1976年转业至江苏省石油化工厅下属石油化工装备总公司工作，任第二党支部书记。1997年退休。今定居南京。

潘义美　女，1939年11月13日出生于潘家。1958年8月参加工作，1959年加入中国共产党。历任安仁邮电所话务员；安仁公社半脱产干部；安仁公社党委委员、妇联主任、团委书记；安仁公社党委副书记、妇联主任；乾潭公社党委副书记、妇联主任；大同区委委员、妇联主任；大同镇党委书记；大同区委委员、妇联主任；建德县纪委常委等职。1995年5月退休。多次荣获浙江省、杭州市计划生育工作先进个人称号，多次当选省、杭州市妇女代表大会代表。1986年3月，获全国计生工作先进个人荣誉称号。享受省劳模待遇。

董世源　曾用名徐成良，男，1940年5月出生于安仁。安仁村首位大学生，高级工程师。1958年在9628部队服役。1960年考入中南工业大学。毕业后到化工部矿业司工作，后调江苏省地质局、南京水利科学研究院工作。1977年调华东电业管理局富春江水力发电厂工作，任水工科副科长、科长。中国水力发电工程学会会员、中国电机工程学会会员。2000年5月退休。2001年11月聘任浙江北溪水电开发有限公司副总工程师。曾在国家、省部级《观测技术》《水电技术》《华东电力》等刊物发表论文14篇。

胡志旺 男，1950年5月出生。在职大学，高级工程师。1958—1963年在安仁小学读书。1968年10月28日，作为建德县首批知识青年下乡到安仁大队第五生产队。1971—1984年，先后在梅城建工队、建德县氮肥厂、更楼化工厂、建德农药厂工作。1984年考入杭州电大、浙大脱产学习四年。1988年到建德有机化工厂工作，任设备科长、技术科长、电缆料分厂厂长等职。1992年调任建德市乡镇企业局科技开发部副主任。1996年任浙江大学凯得丽化工有限公司总经理，2012年改制为民营企业后任董事长至今。兼任浙江省粘接技术协会副会长、上海市防静电协会副理事长、杭州市建德商会常务副会长。

潘增标 男，1951年2月出生。中共党员，大专学历。1969年12月入伍，任坦克9师35团班长。1975年3月退伍后，历任安仁公社农机管理站副站长；乾潭区人武部干事；钦堂公社人武部副部长、部长、党委委员；乾潭镇人武部部长、党委委员；乾潭区人武部长、区委委员；建德市计生委副主任、党组成员；建德市民政局副局长、纪委书记。2011年4月退休。获省民政厅百佳公仆、杭州市优秀党员等荣誉。

董书良 男，1956年8月出生。中共党员。1974年入伍，在舟嵊安塞区83368部队服役，任副班长、班长。荣记二等功1次、三等功1次，获嘉奖8次。其经验“怎样当好班长”在《解放军报》专题报道。1981年1月退伍回乡。先后历任安仁村党支部委员；安仁乡水泥厂供销科副科长；建德市（县）石煤综合利用公司水泥厂（新安江第二水泥厂）供销科长。2016年退休。今任马鞍岭社区党委委员，兼第六党支部书记。

曹丽仙 女，1961年5月出生。中共党员，大学本科学历。历任小学老师、安仁乡政府文化员、下包乡党委委员、梅城镇党委委员、中共建德市委老干部局副局长、建德市关心下一代委员会专职副主任、建德市文广新局副局长、建德市婺剧促进会秘书长等职。2016年退休。

叶德宇 男，1962年4月出生在安仁。1986年7月毕业于华东政法学院（今华东政法大学）法律系。1986—1998年，先后任浙江省劳改局（今浙江省监狱管理局）办公室秘书科科长、浙江省委政法委员会办公室副主任。1998年3月起下海经商，先后任杭州嘉昌工程机械有限公司总经理、杭州汪活源农耕文化有限公司总经理。

单仰萍 女，1962年6月出生。儿时随母亲在安仁生活。中共党员，国家一级演员，上海越剧院当家大青衣，第十七届中国戏剧“梅花奖”、第九届“文华表演奖”得主。1972年考入桐庐艺训班，攻旦角，后为桐庐越剧团主要演员。1984年7月随桐庐越剧团首次到上海，主演《春江月》。1985年11月，随杭州越剧二团再次到上海，主演《桐江雨》。后该两剧拍摄成戏曲艺术影片（片名为《绣花女传奇》和《桐花泪》），仍由她主演。1988年进入上海越剧院红楼团。获得全国电视戏曲片优秀女演员奖，并被评为全国十年优秀电视戏曲片最佳演员。从艺40多年，先后主演过30多部舞台剧，2001年出版《中国戏曲——单仰萍CD专辑》。参加2016年中央电视台“春晚”演出。

董爱农 男，1962年7月出生于安仁。博士。1979年考入华东水利水电学院（今河海大学），1983年本科毕业后留校任教。1990年到美国留学，读硕士，1995年完成环境工程博士学业。1996年在美国宇航中心（休斯敦）工作。1998年至今在美国德克萨斯州医疗中心工作。主要成就有：多篇论文在学院报上发表；多项研究课题获奖；1986年获青海省科技进步一等奖、1989年获国家科委二等奖等。今定居美国。

王建廷　男，1962年9月出生。中共党员。中专学历。历任下包乡团委书记；乾潭镇团委书记；建德县林业局乾潭区林业工作站站长；建德市林业局企业管理科科长；市林业局党委委员、区划办主任；市农办副主任；市国资公司党委委员、副总经理；市国资公司副书记、纪委书记等职。今任建德市资产经营投资有限公司董事长。

潘金明　男，1963年6月出生。武汉华中工学院（现华中科技大学）毕业。1986年起在机械工业部第二设计研究院工作。今任浙江水电联合工程有限公司高级工程师、国家一级注册结构工程师。

张国潮　男，1964年7月出生。中共党员，大学本科学历。历任安仁乡水利员；钦堂乡副乡长；三都镇副镇长、镇长；钦堂乡党委书记；下涯镇党委书记；梅城镇党委书记等职。今任杭州市建德高新技术产业园管委会主任，兼任建德市移民局局长。2011年度浙江省优秀共产党员。中共建德市第十三届、十四届委员会委员。

汪生祥　男，1964年7月出生。浙江财政学院毕业。高级会计师，杭州市劳动模范。历任杭州市财政局行政事业处处长、基建处处长等职，今任杭州市财政局总预算局局长。

曹　明　男，1966年5月出生。中共党员，大学学历，工学学士学位。1988—1994年在宁波市交通职业学校任教。1994—2011年任宁波市公路运输管理处货运管理科副科（所）长、科（所）长、养路费征稽科科长、运征稽查支队副支队长等职。2011年起任宁波市交通运输委员会综合运输处处长，宁波市道路运输管理处党委委员、处长助理、宁波市城市客运管理局党委委员、副局长(副处级)。今任宁波市公共交通客运管理局党委委员、副局长（正处级)。

徐　毅　男，1969年5月出生。1993年浙江医科大学（今浙江大学医学院）毕业，留校任教，兼浙江省中医院医生。2011年获硕士学位。2015年赴美国EMORY大学访学。今为浙江中医药大学副教授、省中医院消化科副主任、内科学教研室副主任。兼任中华医学会食管疾病协作组成员、中华医学会浙江省营养与代谢分会副主任委员、浙江省内镜学会ERCP学组成员、中华医学会浙江省肠内、肠外营养分会委员。

董朝阳　男，1970年10月出生。中共党员。中学高级教师。1992年毕业于杭州师范学院体育教育专业，2001年专升本毕业（上海体育学院)。1992—2016年在建德市杨村桥初级中学工作，历任政教主任、总务主任、工会主席等职。今任建德市马目中心学校副校长。2005年杭州市“三育人”先进工作者。

董毓智　男，1971年6月出生。1993年兰州大学本科毕业后，在浙江省土地管理局土地评估中心工作，2003年起任浙江省地产评估咨询中心有限公司副总经理、总估价师，兼任浙江省地产估价师协会副秘书长、中国土地估价学会专家评审组成员。

张志华　男，1973年3月出生。中共党员，大学本科。1990年12月入伍，历任北京军区政治部秘书处班长，司令部勤务营汽车连排级、副连级司务长，副连级、正连级、副营级政治指导员（协理员)，通信器材仓库副营级财务负责人，离休干部休养所正营级、副团级助理员。2015年转业到北京东城区委党校工作。在部队荣立三等功1次，嘉奖6次。

董志明　男，1977年12月出生。中共党员，上校军衔。1997年进入中国人民解放军北京装甲兵工程学院学习，本科毕业，硕士，军事学博士。今任中国人民解放军装甲兵工程学院陆军数字化部队模拟训练中心主任、副教授。获军队育才奖银奖。历年来，科研硕果累累，获得国家及军队科研成果奖20多项，其中国家教学成果一等奖1项，军队科技进步二等奖6项、三等奖8项，并出版《战场环境建设与仿真》等著作10余部。荣立三等功2次，获嘉奖多次。

陈丹倩 男，1980年7月出生。桐庐中学毕业后考入浙师大。2006年浙江大学本科毕业。2009年到美国留学，攻读硕士。现在美国休斯敦宇航中心工作。今全家定居美国。

董　风 男，1982年7月出生。2010年10月加入中国共产党，2005年7月参加工作，浙江工商大学在职研究生毕业。曾任北京华美煜力电力技术有限公司项目经理；杭州西子石川岛停车设备有限公司销售工程师；建德市莲花镇政府科员；建德市大慈岩镇镇长助理、综治办副主任等职。今任建德市大同镇党委委员、副镇长。

第三节　名　录

一、村（大队）会计

1956年至2017年，安仁村、荻州村、高坪村任职一年以上的村会计名录如下：

1956年至2017年，安仁村、荻州村、高坪村（大队）会计名录表

表19—1

时间	村名	会计名单
1956 年—2007 年 7 月	安仁村（大队）	施汉福　董玉良　林成玉　羊洪根　陈　美　方国良
	荻州村（大队）	潘秉忠　曹光良　潘建新　潘玉明
	高坪村（大队）	黄爱云　王胜民
2007 年 7 月—	安仁村	方国良

二、生产队（组）长

1956年3月—2007年7月，安仁村、荻州村、高坪村未合并前，各生产队序列经历过多次演变，其生产队长（组长）也相应进行了多次调整。其间的生产队（组）长一般均由村民（社员）选举产生。

由于受资料不全的限制，特别是有的队（组）长调整频繁，其名单难以收集齐全。此名单仅是现有资料的基本情况。

（一）未合并前各生产队（组）长名录

安仁村（大队）

生产队（组）演变情况：1956年至1979年下半年间均设8个生产队。1979年下半年将第2生产队分设为第2、第9生产队，至此，安仁村共有9个生产队。1981年下半年，在9个生产队内部进行了分组，全村共分设为22个村民（社员）小组。1983年下半年联产承包到户。1996年撤销村民小组，仍复置为8个队（第9队重新并入第2队）。2005年建立村民代表大会制，各队选举2名村民代表，参加村民代表大会，并由代表行使队长职能。直至2007年7月与荻州村、高坪村合并止。

1956—1981年安仁村各生产队长名录表

表19—2

队别	姓　名
1	吴其瑶　羊光照
2	董土根　董荣寿　陈　美　俞壬水　杨云初
3	杨治平　陈炎林　吕峰玉　杨相贤
4	杨根潮　金阿荣　金保全　陈关云　杨裕民　陈明星
5	徐崇德　蔡正来　董光良　曹道根
6	叶土根　董玉良　叶光贤　俞光来　张乃旭
7	汪芝瑞　陈汉标　张文祥　张小芳
8	徐钦松　唐文祥　俞坤元　张荣柱　汪阿林
9	施力民

说明：1.以上名单不分前后。2.多次担任过队长的，名单只出现一次。

1981~2007年安仁村各队（组）长名录表

表19—3

队别	1981年各组组长（共22个小组）	1996年各队队长	2004年各队队长	2005年村民代表
1	一组：张长友；二组：钱樟良；三组：宋长瑶	张长友	羊光照	羊光照　杨光樟
2	杨云初	吴成标	吴成标	俞森林　俞壬水
3	一组：董万洲；二组：杨相贤；三组：张绍兴	董万洲	陈柏林	陈柏林　杨相贤
4	陈明星	陈明星	陈明星	金伟明　杨旭初
5	一组：董玉明；二组：董光良	董光良	董光良	董生泉　董朝平
6	一组：董玉根；二组：张乃昶；三组：俞光来	董玉根	董玉根	张家元　叶建芳
7	一组：张文祥；二组：董乃文；三组：汪根良；四组：董光星	张文祥	张文祥	张文祥　董光锡
8	一组：徐钦松；二组：张荣柱；三组：董松潮；四组：俞坤元	俞坤元	俞坤元	张金炎　徐仁章
9	施力民	—	—	—

荻州村（大队）

生产队（组）演变情况：1956年至1980年下半年间均设5个生产队。1981年下半年，将5个生产队分设为10个村民（社员）小组，即每个生产队分设为2个小组。一直沿袭至2007年7月与安仁村、高坪村合并止。

1956—2007年7月荻州村各生产队（组）长名录表

表19—4

队别	姓　名
1（1、2组）	汪光盈　李樟海　汪火生　汪根道
2（3、4组）	汪樟荣　袁风良　羊雪华　汪土生　羊雪明　汪建明　汪义星
3（5、6组）	潘土根　潘光水　江樟海　潘承新　江耀华　潘光明　潘建华　潘光义　潘建明　潘光土　潘正跃　潘早明
4（7、8组）	石光兴　潘江潮　程志云　陈一祥　潘美潮
5（9、10组）	徐根富　徐根通　钱春樟　廖金土　程其奎　徐根洪　钱有木

说明：1. 以上名单不分先后。2. 既担任过队长，又担任过组长的，或多次担任过队（组）长的，名单只出现一次。

高坪村（大队）

生产队（组）演变情况：1959年建立高坪大队，下设3个生产队。1977年12月，因部分村民移民至福建省建阳县，撤销第1生产队，将原第1队部分村民并入第2、第3生产队。1981年下半年改为2个村民小组。一直沿袭至2007年7月与安仁村、荻州村合并止。

1959—2007年高坪村各队（组）长名录表

表19—5

队别	队（组）长名单
1	陈茂彩　陈冬火　钱庆彪　钱树潮
2	陈福耀　吴春生　张小妹　钱树潮　吴光堂　唐荣坤　包小牛　陈水卫　黄玉勇
3	王胜民　陈如贤　王解民　王中会

说明：1. 以上名单不分先后。2. 既担任过队长，又担任过组长的，或多次担任过队（组）长的，名单只出现一次。

（二）合并后各组的村民（社员）代表名录

2007年7月，安仁村、荻州村、高坪村合并成立新安仁村时，以原各村各生产队为基础进行划分编组，共设15个村民小组，即原安仁村8个生产队编为第1~8组，原高坪村2个生产队编为第9、第10组，原荻州村5个生产队编为第11~15组。2007年12月，将第10组并入第9组，原第11~15组改为第10~14组。此后，安仁村共设14个村民小组。2007年12月至2017年4月，安仁村村委会共历经四次换届选举。每届村委会换届选举前，均由各组村民通过民主选举产生新一届村民（社员）代表。

2007年7月至2017年7月安仁村村民（社员）代表名录表

表19—6

组别	2007 年 7 月—2007 年 12 月	2007 年 12 月—2010 年 11 月	2010 年 11 月—2013 年 9 月	2013 年 9 月—2017 年 4 月	2017 年 4 月—
1	羊光照 杨光樟	杨光樟 羊光照	张春早 潘国梅 杨根潮	曹坤祥 潘国梅 杨根潮	曹坤祥 杨汪嗣 王小明 杨根潮 潘国梅
2	俞森林 俞壬水	俞森林 吴成标	俞森林 吴成标 施 岚	施力强 杨辉跃 梅晓虹	梅晓虹 杨辉跃 施力民 施 岚 吴燕虹
3	陈柏林 杨相贤	陈柏林 刘坤华	刘坤华 陈柏林 陈敏红	刘坤华 陈柏林 吴 萍	刘坤华 陈敏文 杨相余 吴 萍
4	金伟明 杨旭初	杨旭初 金伟明	杨旭初 杨秀芳 金伟明	杨文根 杨旭初 陈银娟	杨文根 杨旭初 陈明星 杨秀芳 陈银娟
5	董生泉 董朝平	董朝平 董生泉	董朝平 董生泉 董晓琴	董小亮 徐五三 董晓琴	徐五三 曹国祥 蔡金金 董菊红 董小亮
6	张家元 叶建芳	叶建芳 张家元	张家俊 董雪庆 董玉秀	俞 涛 张家俊 董玉秀	俞 涛 叶建芳 张家俊 苏红云 董玉秀
7	张文祥 董光锡	董光锡 陈华军	董光锡 陈华军 金国娟	董 平 陈华军 金国娟	董 平 陈华军 金国娟 徐金仙 刘朝霞
8	张金炎 徐仁章	张金炎 徐仁樟	张金炎 巫文娟 徐仁章	徐仁章 吴向霞 巫文娟	徐仁章 张金炎 张金文 巫文娟 吴向霞
9	陈如卫 吴明祥 王立强 陈雪云	吴明祥 钱树潮 王胜民 陈中来	陈中来 陈雪云 陈立旺 陈如卫	陈中来 陈雪云 陈立旺 费正火	毛连娟 章 鑫 陈雪云 吴金景
10	汪火生 刘洪林 汪红卫	徐爱娟 汪红卫	汪红卫 谢方明 徐爱娟	汪红卫 谢方明 徐爱娟	葛金荣 吴桂花 汪红卫 吴美仙
11	羊雪明 汪金鑫 陈爱莲	汪建明 袁小明	汪建明 蒋丽云 羊雪明	胡 祝 吕秀丽 徐光前	胡 祝 吕秀丽 汪义星 汪国华
12	潘富强 潘光明 潘光土	潘照明 潘光明	潘光明 潘照明 黄丽群	潘光明 潘照明 黄爱香	潘照明 潘玉明 潘光明 黄丽群 潘建华
13	程志云	潘祝泉 严海燕	潘祝泉 严海燕 郭彩英	潘祝泉 邵竹娜 潘罗琴	潘罗琴 郭彩英 徐永花
14	钱有木 钱光明	钱有木 程其奎	钱有木 程其奎 吴柏玉	钱有木 程其奎 吴玉仙	钱有木 钱春樟 吴玉仙
说明				1. 每组名单中前者为组长。2. 全村共有村民代表43名，其中女代表15名	1. 每组名单中前者为组长。 2. 全村共有村民代表62名，其中党员33名（包括村党委成员5名），女代表23名。 3. 文化程度：大专以上5人，初中以上56人。 4. 平均年龄：49周岁

二、复员退伍、转业军人名录

据现有资料，中华人民共和国成立以来，安仁村籍（包括原荻州村、高坪村）共有104名青年积极响应国家号召参军服役。历年的服役人员中任副团职以上干部3人，荣立二等功2人，荣立三等功 12人。

安仁村籍复员退伍、转业军人名录表

表19—7

姓　名	服役时间	服役部队	职务	立功嘉奖次数	备　注
杨明书	1949—1956	华北军大、平原省军区新乡军分区	学员、文化教员		1986 年离休，已故
张乃玉	1949—1956	华东军政大学	学员、干部		1986 年离休
徐钦城	1950—1976	朝鲜红军 34 师 102 团、12 军 34 师 106 团	团政治股长		电厂工作，已故
叶明亮	1951—1956	志愿军 60 军 180 师 538 团山炮营 3 连 3 班	班长	三等功 2 次，二等功 1 次	机关工作。已故
金保林	1951—1953	志愿军			已故
俞有信	1951—1953	志愿军 179 师 535 团重炮连	战士		烈士
俞顺昌	1951—1955	志愿军 2151 部队 12 军 34 师警卫连	战士	三等功 1 次	已故
徐荣铭	1951—1953	志愿军	战士		已故
施汉渭	1951—1953	志愿军	战士		富阳工作。已故
石金海	1951—1953	志愿军	战士		横钢退休
潘国良	1951—1953	志愿军	战士		已故
俞茂松	不详	公安兵			已故
吴炳堂	1955—1987	青海格尔木			已故
董明哲	不详				已故
俞信根	1955—1960	3649 部队	班长		
黄兴华	1955—1960	3649 部队			已故
石光兴	1956—1962	铁道兵	班长		
施正良	1956—1961	铁道兵独立团	副排长		石煤公司退休
潘国柱	1961—1965	6837 部队	战士		
潘新柱	1963—1968	6437 部队 63 分队	战士		
韦　旭	1963—1969	公安兵	战士		已故
杨裕民	1963—1968	公安部队	战士		
黄金珠	1965—1971	铁 13 师 62 团 3 营 9 连	战士		
陈水潮	1965—1971	铁 13 师 62 团 3 营 12 连	副班长		
章海水	1965—1967	东阳公安兵			

续表 19—7

姓　名	服役时间	服役部队	职务	立功嘉奖次数	备　注
陈忠鑫	1966—不详	金华公安部队			
汪福生	1968—1971	6408 部队	战士	嘉奖 1 次	
俞金来	1968—1971	6408 部队	代理排长	嘉奖 1 次	市一院退休
王来兴	1968—1971	25 军 74 师 220 团特务连	教员		
潘增标	1969—1975	坦克 9 师 35 团	班长	嘉奖 5 次	机关干部退休
羊洪根	1969—1974	6518 部队	班长		
陈一祥	1969—1973	8675 部队	战士		
汪光贤	1969—1971	临汾旅部队	班长		乡镇退休
汪火根	1969—1971	临汾旅部队	战士		
潘华贵	1969—1971	临汾旅部队	战士		已故
徐根龙	1969—1973	20 军军直部队	通信兵		已故
汪厚刚	1969—1979	北京军区 88721 部队	班长	三等功 1 次，嘉奖 2 次	市一院退休
陈复新	1969—1976	623588 部队高炮团 3 连			
汪云良	1969—1976	20 军炮团 58 师	班长	三等功 1 次	
朱嘉贤	1970—1976	20 军 173 团三炮连	班长	嘉奖 2 次	建德染化厂退休
汪荣春	1970—1976	6287 部队	班长		乡干部，退休
王忠楚	1970—1975	6409 部队 6287 团			
吴金泉	1972—1976	装甲兵 83449 部队			
徐志强	1972—1986	海军 37401 部队	副营长	嘉奖 2 次	市信访局退休
李有财	1972—1975	37401 部队			
董书良	1974—1981	83368 部队舟嵊安塞区	班长	二等功 1 次，三等功 1 次，嘉奖 8 次	石煤公司退休
羊雪明	1974—1978	陆军 20 军 20 团	战士		
陈寿峰	1974—1979	舟嵊安塞区	战士		已故
毛桂芳	1975—1978	20 军 20 团	战士		已故
李有良	1975—1978	江苏常熟消防队			
汪厚康	1976—1981	83116 部队	班长	嘉奖 2 次	
钱有木	1976—1981	南京军区 35 师一营二连	班长	嘉奖 1 次	
潘建华	1976—1980	83116 部队 4 分队	班长	嘉奖 3 次	
王水潮	1976—1979	1784 部队	战士		
潘卫明	1978—1984	台州消防队			

续表 19—7

姓　名	服役时间	服役部队	职务	立功嘉奖次数	备　注
吕峰祥	1978—1981	89950 部队（四川）	战士		
葛金富	1978—1983	00091 部队			北京工作
杨光樟	1979—1985	南京军区炮兵团	班长		
潘建平	1980—1985	东海舰队潜水兵	班长		
吴金如	1980—1983	福州			
汪建富	1981—1986	航空兵 17 师运五中队	班长	嘉奖 3 次	
董光标	1981—1984	舟山炮兵团	战士	三等功 1 次	
张丽明	1981—1985	5 军 17 师 49 团	战士		
陈一兵	1983—1987	海军上海基地连云港水警区	战士	嘉奖 1 次	
汪友良	1983—1992	南京军区司令部	志愿兵		市燃气公司
杨红伟	1984—1987	37561 部队	班长	嘉奖 3 次	
袁友民	1984—1998	37561 部队	班长	三等功 1 次，嘉奖 6 次	市财政局工作
潘中民	1984—1989	37561 部队			杭州市农行
叶建芳	1986—1991	东海舰队快 16 支队	上士		
石纳新	1987—1999	杭州市消防支队	志愿兵	三等功 1 次，嘉奖 4 次	建德市公安局工作
张志明	1990—1993	江苏江阴炮兵部队	班长		
张春早	1990—1994	86595 部队	班长	嘉奖 3 次	
张志华	1990—2015	北京军区空军部队	副团级	三等功 1 次，嘉奖 6 次	北京东城区委党校
陈　卫	1992—1996	86123 部队	班长	嘉奖 1 次	
汪忠平	1994—1997	温州消防队	班长		
王小明	1994—1998	武警消防队	班长		
钱峰敏	1994—1998	温州消防队	班长	三等功 1次	
毛新国	1994—2004		班长	三等功 1 次	
陈云土	1995—1998	南京军区临汾旅	班长	嘉奖 1 次，优秀士兵	
俞　剑	1996—1999	西藏林芝地区 81 镇	班长	嘉奖 3 次	
汪亦峰	1996—2000	临汾旅防化连	副班长		
王　辉	1996—2001	西藏			
杨辉跃	1997—2000	3124 部队		嘉奖 1 次	
董　杰	1997—2000	65438 部队	战士		
张天明	1997—2000	江苏无锡武警 8721 部队	班长	嘉奖 1 次	三等乙级伤残

续表 19—7

姓　名	服役时间	服役部队	职务	立功嘉奖次数	备　注
潘高峰	1997—2002	上海警备区		嘉奖 1 次	市机关事务局
汪国华	1998—2000	65370 部队高炮 3 营 9 连	测手	嘉奖 1 次	
朱卫国	1998—2000	65361 部队	战士	嘉奖 1 次	
吴明祥	1998—2001	辽宁丹东			
陈　雷	1998—2003	73072 部队	战士	嘉奖 2 次	
潘理达	2000—2003	上海武警总队五支队五中队			
潘宝良	2000—2002	武警上海总队第三支队特种兵	战士	嘉奖 1 次	
汪　俊	2000—2002	69230 部队 54 分队		优秀士兵	
潘江平	2002—2004	94347 部队	机务	嘉奖 2 次	
陈　晓	2002—2004	南京武警一支队八中队			
潘　宇	2005—2007	沈阳军区 16 集团军高炮旅 65370 部队 75 分队		优秀士兵	
汪　侃	2005—2010	71320 部队 83 分队		优秀士兵	杭千高速工作
杨汪嗣	2007—2009	47 集团军 68302 部队一营二连	班长	优秀士兵	
吴汉斌	2007—2013	甘肃	班长	三等功 2 次	
徐　凯	2010—2012	徐州武警九中队	副班长		
杨　帆	2011—2013	浙江省军区嘉兴军分区	战士		
徐　冬	2011—2013	71426 部队	机要员		
张吉裔	2012—2014	广空导弹十旅			
卢志明	不详				已故

三、现役军人名录

安仁村现役军人3名，其中团职1人。

安仁村现役军人名录表

表19—8

姓　名	服役时间	服役部队	职务	立功嘉奖
董志民	1997—	中国人民解放军装甲兵工程学院陆军数字化部队模拟训练中心	主任、副教授、上校军衔	三等功 2 次
董双绫	2011—	南京军区 73016 部队某部工兵团	下士	优秀士兵
曹应杰	2016—	65535 部队 83 分队		优秀士兵

四、安仁村籍大专以上学历名录

20世纪50年代前，安仁村、荻州村、高坪村尚无大学生。自70年代末起，安仁村大专以上学历的人数逐年增多，村民的文化水平迅速提高。据不完全统计，至2017年7月底，安仁村（包括原荻州村、高坪村）籍考取大专以上学历，并已毕业的有122人，其中博士1人、硕士5人。出国留学生3人。

董世源为原安仁村第一位大学生，于1960年考入中南工业大学。董爱农为安仁村第一位博士，也是第一个出国留学生。潘金明为原荻州村第一位大学生。王巧琴为原高坪村第一位大专生。

据现有资料，2017年7月前安仁村籍取得大专以上学历名录如下：

2017年7月前安仁村籍取得大专以上学历名录表

表19—9

姓 名	性别	就读学校	毕业时间	现工作单位	现任职务
董世源	男	长沙中南工业大学	1964.7	原十二局工程师	高工，退休
董爱农	男	南京河海大学水利水电工程	1983.7	美国德克萨斯州医疗中心	博士
叶德宇	男	华东政法大学	1986.7	杭州汪活源农耕文化有限公司	总经理
潘金明	男	武汉华中工学院	1986	浙江水电联合工程公司	高级工程师
施力安	男	浙江冶金经济学校，粉末冶金专业	1986.7	杭州金士顿实业有限公司	工程师
钱忠堂	男	浙江工业学院	1988	中策橡胶建德公司	经理助理
曹 明	男	西安公路学院	1987.7	宁波市公共交通客运管理局	副局长
袁宏明	男	杭州师范学院	1988.7	安仁中心学校	教导主任
董朝阳	男	杭州师范学院	1992.7	杨村桥初级中学	中学高级教师
徐向阳	男	西南科技大学，会计专业	1995.7	杭州中信分行	合规部经理
汪生祥	男	杭州电子工业学院，会计学	1995.6	杭州市财政局	总预算局长
董朝平	男	电视大学工商管理	2014.7	安仁村委	副主任
陈荣土	男	西南交通大学，土木工程	2007.7	杭州建工集团	
毛伟中	男	浙江电大	2010.1	安仁中心学校	教师
汪伟庆	男	中国人民大学，法学专业	2013.3	浙江金安世纪律师事务所	律师
施展才	男	浙江大学，汉语言文学	1999.9	杭州景成实验学校	办公室主任
俞 挺	女	杭师院、浙大硕士	2013.9	陈经伦少体校	高级教师
毛蕴华	女	电视大学	2002.6	安仁中心学校	教师
潘忠伟	男	绍兴文理学院	1996	严州中学	教师
黄宏刚	男	浙江大学研究生	2000.7	浙大环境资源学院	硕士
俞 前	女	浙江大学，硕士	2008	浙大行政科	副处
潘剑飞	男	浙江商业学院	1996	杭州杭飞网络公司	经理
王巧琴	女	广州林业学院	1996		

续表 19—9

姓 名	性别	就读学校	毕业时间	现工作单位	现任职务
王立平	男	浙江工业大学	1998		
王巧霞	女	江西外贸学院	1999		
施倩华	女	北京应用技术大学，计算机软件	1998.6	杭州佳力医疗器械有限公司	
汪 伟	男	杭州师范学院	1997.7	新安江第三小学	副校长
董志明	男	装甲兵军事工程学院	2005.7	北京军事学院	上校 副教授
陈裔斐	女	湖州工业学院，制冷与空调专业	1999.6	梅城模具制品厂	
叶 玲	女	浙江工业大学，经济管理	2006.7	杭州德信房地产公司	营销总监
汪 峰	男	中国人民大学教育学院	2011	建德市财政局	科长
陈国新	男	西南工业管理学院，汽车应用与修理	2000.3	杭州新海鸿化工有限公司	生产部经理
董志燕	女	杭州城建学校			
黄宏菊	女	杭州师范大学	2003.7	严中新安江校区	教师
陈丹倩	男	浙江师范大学，2009 年美国留学生	2006.7	美国休斯敦宇航中心	硕士
俞伟炯	男	杭州综合中专化工分校	2001.6	上海保立家化工有限公司	总监
陈 怡	女	电视学院	2003.7	医药公司	
施旭明	男	杭州化工工业学校	2002.6	新安化工集团	
施旭萍	女	绍兴越秀外国语学校	2003.6	杭州御茶春茶叶有限公司	
叶 婷	女	浙江广播电视大学萧山学院，财会	2004.7	绿地房地产发有限公司	销售经理
李晶晶	男	杭州城市建设学院	2002.6	个体经营	
潘 宁	女	东南大学	2002	市交投公司	
俞文娟	女	杭州师范音乐学院	2006.7	余杭区小林中心小学	
杨柳青	女	浙江公安大学，文秘专业	2011.9	萧山区公安局	户籍员
董 风	男	华北电力大学（北京），工商管理	2005.7	大同镇政府	副镇长
汪 慧	女	浙江中医药大学	2006.7	建德中医院	药剂师
包燕娟	女	浙江工业大学，财务会计	2005.6	杭钢集团公司	
方 英	女	浙江职工大学，经济管理	2014.6		
汪 姗	女	浙江理工大学，服装设计专业	2008	杭州元白艺术有限公司	
施 颖	女	杭州万象职工技术学院	2007.6	杭州国际贸易公司	
潘 慧	女	浙江计量学院			
董翠华	女	浙江财经学院	2009.7	建德市康永新型建材公司	会计
潘金军	男	浙江工业大学	2004	国珍水果店	
潘 佳	男	辽宁交通高等专科学院	2006	杭州市移动公司	

续表 19—9

姓 名	性别	就读学校	毕业时间	现工作单位	现任职务
王 琦	男	浙江科技学院，材料成型专业	2008.7	采埃孚传动技术（杭州）有限	高级工程师
汪 燕	女	宁波大学卫生技术学院	2006	梅城卫生院	护士
董建英	女	浙江建设职业大学，建筑装饰	2007.6	上海嘉荣环保科技有限公司	
施 华	女	湖州师范学院	2009	省儿童医院	护士
杨丽娟	女	重庆师范大学，研究生	2011.9	北京纳恩电器有限公司	
施 岚	女	杭州工业大学，计算机信息管理	2006.7		
徐 艳	女	浙江师范学院	2007	建德市司法局	
陈 云	男	浙江工业大学	2008.7	个体户	
汪亚琴	女	浙江树人大学，计算机应用	2005.6		
施 雯	女	海宁卫校，护理	2005	杨村桥卫生院	
潘剑鹏	男	浙大城市学院	2007	浙江物产金属集团公司	
方 萍	女	杭州电子科技大学，电脑美术设计	2008.7		
陈 见	女	杭州万象职工技术学院，工商企业管理	2008.6	浙江华际控股	
陈 佳	女	四川电子科技大学，会计专业	2009.6	浙江杭远电气有限公司	
俞文斐	女	浙江中医大学	2009.7	建德一院	
吴艳红	女	浙江理工大学城市学院，国际贸易	2010.7	杭州神林电子有限公司	
张 莉	女	同济大学浙江分院，建筑环境设备工程	2012.6	上海径纬建筑规划设计研究院	
林家乐	男	临安林学院天目分院	2010.7	萧虹铝业	
潘丽莎	女	西南科技大学，工商企业管理	2015	杭州盛世伟业房地产代理有限公司	
杨嘉伟	男	嘉兴学院	2010	建德市农村信用联社	
虞国华	女	黄河水利职业技术学院	2010.7	杭州厦信房地产评估公司	
董 颖	女	杭州电子科技大学，管理科学现工程，研究生	2015.6	阿里巴巴安全部	
汪 静	女	中国美术学院漆画专业	2009	个体户	
傅黄鹂	女	浙江理工大学，工商管理	2011.6		
杨 洁	女	宁波大学，计算机专业	2010.6	中国华为公司	讲师
赵 燕	女	浙江师范大学	2012	个体户	
董 浩	男	杭州电子科技学院（本科）	2011.5	杭州地铁 4 号线设备维修部	
汪 涛	男	宁波大学，电器工程	2012.7	杭州中烟工业公司	
董文华	女	温州大学，化工系人才管理	2011.6	杭州世纪联华总部	
潘 洲	男	衢州学院	2010	义乌市政工程公司	

续表 19—9

姓 名	性别	就读学校	毕业时间	现工作单位	现任职务
陈 健	男	杭州师范大学	2001.6	杭州景华中学	教师
杨 淑	女	舟山海洋大学，汉汉语言文学	2012.6	新安江凯豪大酒店	
黄仕勋	男	杭州经贸学院	2010	杭州家具有限公司	会计
杨 帆	男	北京体育大学	2012.9	辽宁大学	教师
虞铃杰	男	浙江邮电技术学院	2011.6		
汪三妹	女	浙江万里学院	2012.7	杭州国际经济贸易公司	
朱 翰	男	俄罗斯圣彼得堡大学，留学生	2014.7	杭州圆正控股集团有限公司	
潘镜宇	女	浙江工业大学	2014	安极马化奖品有限公司	会计
汪建鑫	男				
黄 昊	男	浙江工业大学，控制工程与科学	2015.6		硕士
张 羽	男	浙江工业大学，应用化学	2012.7	新安化工集团化工研究所	
毛灵芝	女	浙江经贸技术学院	2012.6	建德市和平塑料厂	
金 琳	女	香港城市大学	2012.5	香港利比公司	测量员
徐森航	男	浙江警察学院	2013.7	浙江省司法厅	
潘 倩	女	浙江农林学院	2013	杭岛贸易公司	
俞伟国	男	浙大宁波理工学院，工程管理	2013.6	上海正石工程造价咨询公司	
潘 琼		浙大城市学院	2012	浙一医院	护士
俞 莹	女	上海帮德技术学院（本科）	2014.7	杭州小米科技有限公司	
王 珏	女	衢州职业技术学院，护理	2014.7	浙江省中医院	护理
杨 阳	男	杭州职业技术学院	2013.6	杭橡技术部	
赵杨凯	男	浙江金华贸易学院，建筑工程	2010	浙江中德建设有限公司	
毛世民	男	绍兴国际商贸技术学院	2012.7	建德市和平塑料厂	
周少华	男	浙江理工大学科技与艺术学院	2013.6	英国爱提箱包有限公司杭州办事处	
杨 帆	男	宁波城市学院，国际贸易	2013.6	杭橡洋溪分厂	组长
钱思媛	女	绍兴文理学院	2014	杭州易丰歌	
张淑怡	女	浙江万里学院，产品设计	2014.6	建德湖商村镇银行	
张 政	男	浙江工业大学，计算机专业	2014.6	杭州外企公司	
潘吉航	男	嘉兴南洋职业技术学院	2016		
石晓聪	男	浙江水利水电学院	2015	浙江通用招标代理公司	
吴炎军	男	杭州电子科技学院	2015		
王 可	女	台州学院	2016		

续表 19—9

姓 名	性别	就读学校	毕业时间	现工作单位	现任职务
潘玲珑	男	浙江财经大学东方学院	2017.7		
潘虹奇	女	武汉工程大学	2017.7		
潘思炜	男	视觉传媒学院	2017.7		
汪 婷	女	浙江财经学院	2017.7		
潘 斓	女	国际贸易学院	2017.7		
潘美玲	女	杭州公路技术学院	2017.7		

第四节 个人荣誉榜

县（市）级以上各类先进个人

据现有资料，1985—2016年年底，安仁村、荻州村、高坪村村民获得建德市（县）级以上各类先进个人共有17人次，其中省级1人、杭州市级2人。

建德市（县）级以上先进个人名录表

表 19—10

姓名	获奖名称	授奖单位	获奖时间
黄金珠	浙江省公安厅二等奖章	杭州市公安局	1985 年 3 月
羊洪根	1988 年度建德县优秀党员	中共建德市委	1989 年 6 月
俞光来	1996 年度建德市“双文明户”	建德市委、市政府	1997 年 11 月
王昌发	1998 年度建德市优秀党员	中共建德市委	1999 年 6 月
董玉根	1999 年度建德市“文明户”	建德市委、市政府	
俞光来	2003 年度建德市优秀党员	中共建德市委	2004 年 6 月
陈志刚	2006 年度建德市优秀党员	中共建德市委	2007 年 6 月
汪金鑫	建德市 2009 年度《婺剧大家唱擂台赛》十佳婺剧票友奖	建德市文化广电新闻出版局、建德市婺剧促进会	2009 年 9 月
杨鹏飞	2010 年度建德市“十佳村庄美容师”	建德市人民政府	2011 年 10 月
方国良	第六次全国人口普查省级先进个人	浙江省统计局、浙江省第六次全国人口普查领导小组办公室	2011 年 10 月
汪金鑫	“婺迷争锋”首届婺剧戏迷擂台赛建德赛区暨第三届婺剧戏迷演唱大赛银奖	建德市文化广电新闻出版局、建德市婺剧促进会	2012 年 9 月
杨裕民	建德市“美丽庭院”示范户	建德市妇女联合会	2013 年 10 月
汪金鑫	2014 年度建德市婺剧大家唱活动三等奖	建德市文化广电新闻出版局、建德市婺剧促进会	2014 年 11 月

续表 19—10

姓名	获奖名称	授奖单位	获奖时间
杨鹏飞	2015 年度建德市“农村优秀保洁员”	建德市人民政府	2016 年 1 月
汪金鑫	“2016 建德市婺剧大家唱”二等奖	建德市文化广电新闻出版局、建德市婺剧促进会	2016 年 10 月
陈志刚	杭州市服务保障 G20 峰会先进个人	杭州市委、市政府	2016 年 10 月
施力民	2016 年度建德市“春泥计划”优秀辅导员	建德市委宣传部	2016 年 10 月

镇（乡、公社）级各类先进个人名录

历年来，安仁村、荻州村、高坪村有多人次获得镇（乡、公社）级各类先进。据现有资料名录如下：

获得镇（乡）级各类先进个人名录表

表19—11

获奖年份及类别	姓　名
1962 年度安仁公社劳动模范	董土根　曹藕喜
1989 年度安仁乡先进工作者	陈　美　董光良　宋长跃　潘建新　王昌发　王金民
1989 年度安仁乡调解工作先进个人	金阿荣
1989 年度安仁乡妇女工作先进个人	唐秀娟
1989 年度安仁乡种粮大户	羊洪根
1991 年安仁乡文明户	羊洪根　徐文全　俞光来　章金海　潘建新　陈一祥　王昌发
1996 年度安仁镇优秀党员	俞光来　陈　美　杨云初　潘建华　徐根龙　王金民
1996 年度安仁镇先进工作者	董光星　唐秀娟　钱樟良　方国良　汪火生　施来坤　王解民
1997 年度安仁镇优秀党员	俞光来　杨云初　陈　美　徐根富　潘建华　王金民
1997 年度安仁镇先进工作者	唐秀娟　钱樟良　陈　美　董光星　张文祥　董玉根　汪火贤 李樟海　王解民
1997 年度安仁镇民政工作先进个人	方国良　王解民
1998 年度安仁镇优秀党员	俞光来　徐崇德　曹国祥
1998 年度安仁镇先进工作者	董光星　张文祥　董万洲
1998 年度安仁镇民政工作先进个人	方国良　王解民
2010 年度乾潭镇人民调解先进个人	叶建芳
2011 年度乾潭镇统计工作二等奖	方国良
2012 年度乾潭镇“清洁庭院”示范户	唐秀娟　施力民
2012 年度乾潭镇优秀党员	吴米良　叶建芳　潘玉明　张金炎
2012 年度乾潭镇人口与计划生育工作先进个人	董菊红
2013 年度乾潭镇民兵预备役工作先进个人	曹国祥
2013 年度乾潭镇综治调解先进个人	董朝平
2013 年度乾潭镇“美丽庭院”星级户	陈柏林
2016 年度乾潭镇优秀党员	叶建芳　朱尧仁
2016 年乾潭镇“十佳美丽庭院”	朱尧仁

第二十章　文献辑存

第一节　通讯报道

安仁村立足服务抓经济

本报讯　安仁镇安仁村党支部、村委会扎扎实实为村民做好各项服务工作，促进了集体经济和村民家庭经济的同步发展，去年全村总收入达1119万元，人均纯收入达2586元。

安仁村位于我市与桐庐县交界处，是安仁镇政府所在地。村党支部、村委会针对本村实际，一方面齐心协力，先后创办起5家村集体企业，并逐渐转换经营机制，落实好各项管理责任制，使集体经济不断巩固壮大；另一方面在安排大部分劳力进企业的同时，鼓励剩余劳力发展种植业、养殖业。目前，全村已发展起蔬菜种植大户10多户，种桑养蚕户20多户，养蜂户6户，并落实好双田制，提高复种指数，增加经济效益和社会效益。仅去年，早稻种植面积就比上年增加了50%，100%地完成了国家粮食征购任务。

在鼓励农民发展经济和粮食生产的同时，村“两委”积极做好服务工作。去年，他们投资18万元，整改农村电力线路，改善农民用电条件；投资2.5万元，维修渠道1500米，清理渠道2000米，修筑机耕路2000米，建机埠2处，添置抽水机2台。

（录自1996年2月15日《建德报》第2版）

身正才能取信于民

——记安仁村廉政建设带头人俞光来

自1994年以来，安仁镇安仁村党支部连续几年被评为市级优秀党支部，安仁村也先后被评为市级文明村、文明单位、小康村等。提起这些荣誉，村民们个个竖起拇指说，这应当给村支书俞光来记上一功。

俞光来原先在安仁镇建筑公司供职，1994年被推选为安仁村支书。那时候，村里局面一片混乱，干群关系紧张，经济状况较差。俞光来意识到，造成这种局面的原因，是村干部自身不硬，廉洁不够，致使群众对干部不信任、不满意，各项工作也因此难以开展。为此，他决定从整顿财务、抓好廉政建设入手，着力改变村干部的自身形象。

在俞光来带领下，该村党支部清理了1985—1994年的村财务账目，并制定了一套完整的财会制度。其主要内容，可归纳为：财务一支笔审批制、财务监督员制及财务公开制。村里一切开支，都必须由村主任一人签字，村主任的行为又受两个财务监督员监督。每年对村里财务检查一次，并予以张榜公布，接受村民检查监督。这项制度的施行，杜绝了村干部任意侵占村集体财产的现象。

在此基础上，俞光来等一班人又加强了对村企业财务的管理。以往村办企业在经济上与村里不分开，少数干部在报销费用时，既向村里报又向企业报，还不时以各种借口到企业乱侵乱占。1994年11月，村党支部着手对企业进行了改革，规定企业除租赁承包需上缴固定利润外，不再与村里有财务上的关系。这样就堵住了部分村干部多吃多占的漏洞。

该村党支部还对干部工资进行了改革。他们规定，干部出勤补贴为每月120元，职务补贴为每月100元，并对工资实行企业化管理，使干部们明确自己哪些钱该拿，哪些钱不该拿。

在完成制度建设后，俞光来身体力行，率先严格遵守制度。他是个老烟枪，平时招待村里的客人要敬掉不少的烟；他家里有电话，因为工作关系在家里要打不少的“公用”电话。按惯例，为公家做事的花费都可报销，但四年多来，他从没向村里报过一分钱。在他的影响下，村干部都自觉遵守这一并没有明文规定的规定，有了因公事来的客人也往往自己掏钱招待。1995年，村里的非正常性开支从1994年的7万元下降到了1.2万元。

自身硬了好打铁。推行廉政建设一系列举措后，村干部在村民心目中的形象很快就有了改善，威信随之升高，各项工作也好做起来了，村里的电力、水利、自来水等设施也很快就得到了改善。今年“6·18”洪水中受损严重的水利工程，仅用3个月时间就予以修复。安仁村因此成了安仁镇的模范村，村干部的廉洁勤政也得到了上级的肯定。

（录自1998年12月3日《建德日报》第1版，“党风廉政建设系列报道①”）

我市有了新农村建设标兵村

在日前召开的杭州市农村工作会议上，乾潭镇安仁村支书陈志刚走上主席台，在一片热烈的掌声中，从杭州市委书记王国平手上接过了“2007年度杭州市社会主义新农村建设标兵村”的牌子，安仁村成为我市首个杭州市新农村建设标兵村。

近几年来，安仁村按照统筹城乡经济社会发展的要求，围绕全面建设小康社会，提前基本实现农业和农村现代化这一总目标，以创建“全面小康建设示范村”和“杭州市生态村”为契机，狠抓精神文明、物质文明、政治文明和生态文明建设，从治理环境入手，加大村庄整治力度，有效地改善了农村的生产和生活条件，工农业快速发展，村民生活水平不断提高。经过几年时间的建设，该村基本实现了村庄布局优化、主干道路硬化、村庄四周绿化、村道夜间亮化、农户卫生洁化、生活污水净化，呈现村务管理有序，社会安定团结的新气象。

同时获得“2007年度杭州市社会主义新农村建设标兵村”的还有寿昌镇卜家蓬村。

（录自2008年2月5日《今日建德》第2版）

陈志刚：心系新农村建设

走在乾潭镇安仁村的街上，看到道路两旁干净整洁，蜿蜒而过的清绪溪两岸是整洁干净的护村堤坝和整齐宽敞的农户住宅，住宅外种满了五彩缤纷的花草，路旁漂亮的路灯把这个村庄点缀得愈发美丽。看到现在安仁村的清绪溪，你也许想不到，几年前，这条溪的溪水被严重污染，两边的房屋也是破败不堪。能有这么大的变化，与一个人的努力是分不开的。他就是我市十三、十四届人大代表陈志刚。

陈志刚现任乾潭镇安仁村支部书记，自己还经营着运输公司和建筑公司，在乾潭镇也是小有名气的致富带头人。陈志刚是土生土长的安仁人，2002年当选为安仁村委会主任，2003年当选为市第十三届人大代表。

杭千高速安仁出口在沿安仁村庄旁清绪溪的田畈中通过，由于安仁集镇地势低，清绪溪洪水对安仁村威胁严峻，安仁几辈人和历届村干部都迫切希望对清绪溪进行治理，建一条护村堤坝保护群众的生命财产安全。陈志刚上任后，最先考虑的便是建设清绪溪护村堤坝，给群众一个安全舒适的居住环境。为此，他一方面积极向有关部门打报告，一方面认真研究各项政策，向上争取资金。同时，陈志刚还和安仁片其他代表一起在人代会上提出议案。经过多方努力，2005年，安仁清绪溪治理工作被列为杭州市重点水利工程，经过全村干部和群众近一年的共同努力，投入资金360万元，建成了集防洪休闲于一体的具有江滨景观的标准堤坝。2006年10月18日是安仁村的金秋节，安仁村所有的老百姓齐聚清绪溪边，共同放鞭炮庆祝该堤坝的建成。他们都说，村里的面貌有了这么大的变化，村民们却不用出一分钱，真是一件天大的好事啊！

清绪溪是安仁的母亲河，是该村自来水的取水点。但由于邻近的桐庐县石材加工业的发展，大量的石浆未经处理排放到清绪溪的上游，使整条清绪溪浑浊不堪。村民们只能饮用矿泉水和桶装水。面对群众的生活用水困难，陈志刚和安仁片其他代表及时向有关部门反映，并做好群众的安抚工作。经过多方协调，安仁自来水厂更换了取水口，并帮助自来水厂解决了30万元的资金，使自来水厂的取水口顺利按期迁移。目前，自来水厂供水正常，水质得到较大改善。

从2005年至今，陈志刚先后争取资金700多万元用于安仁村新农村建设。在他的努力下，该村完成了“杭州市重点整治村”、杭州市和浙江省“全面小康建设示范村”、杭州市和浙江省“园林绿化村”等创建工作。2007年，该村还被评为省园林绿化村。陈志刚说，作为一名基层代表，就要积极动脑筋为当地群众做些什么。将项目包装好、建设好，也会为村里的新农村建设解决一部分经费，让群众拥有一个安全舒适的生活环境。

（录自2008年2月15日《今日建德》第2版）

安仁人　在家门口打工赚钱

吕峰玉、章彩娟夫妻俩，是乾潭镇安仁村普普通通的农户。每天，他们和城里人一样按时到建德红狮安仁建材公司里上班。与此同时，吕峰玉的两个弟弟以及儿子和媳妇也都在安仁村周边的家纺企业上班，他们除了能领取企业工资外，还可以拿到村里的分红。像吕峰玉一样，几乎全家都在家门口企业上班的农户，在安仁村比比皆是。可以说安仁村村民收入有50%来自在家门口的企业打工，实现了打工赚钱不用出远门。

“如今村民打工赚钱不用出村，全村1387人就有450多人在村周边企业打工，村民每年打工收入超过1000万元。今后安仁村的目标是建设村级集体经济，服务村民百姓，走集体化道路，让村民打工收入和村集体收入都有增长。”安仁村党组织书记陈志刚一语道出安仁村民的经济发展模式和今后的发展目标。

安仁村交通便利，地处320国道沿线，紧邻杭千高速安仁出口，村庄附近有水泥、建材、家纺、五金、机械设备等工业企业180家。近年来，通过平整土地，南方家园工业园区落户到安仁村，为安仁村的快速发展提供了有利条件。为了让村民进企业安心打工赚钱，根据安仁村的实际，安仁村从2007年开始就实行集体化：村里将村民的8700亩山林、1100亩田、300亩地收归村集体所有，由村集体统一经营，让村民安心进企业打工赚钱，村民则按股权享受分红。

为了服务村民，提高村民的福利待遇，原来建设在安仁街面上的店面归属村集体，村里还建设了农贸市场进行营业创收，提高了安仁村经济合作社的赢利水平和分红。如今通过集体经济模式，安仁村每年收入可达190万元至200万元。有了集体经济，村民的福利自然好起来，村民的养老保险金和老年人节日慰问金等皆由村集体开支，并对年满60岁以上的老年人发放补贴。有了集体经济支撑，安仁村着手对中心村建设进行规划和建设。

陈志刚表示：“随着大批企业的进入，安仁村的第三产业也将兴起。今后村里将着重做好入园企业的配套建设，一方面更好地让村民在家门口打工赚钱，另一方面发展好第三产业，壮大安仁村集体经济，使村民收入和村集体收入都有新的增长。”

（录自2011年10月19日《今日建德》第3版）

杭州市公安局党委委员、副局长喻福明民情日记

2012年3月14日　星期三　多云

根据市局的统一安排，我赶赴建德市安仁村开展“进村入企、服务基层”大走访活动。我先来到了村委进行走访了解，当地的经济发展带头人，村支书陈志刚，也是此次走访对象之一。他为我们做了该村的整体情况介绍。安仁村有本村村民420户1389人，其中劳动力866人，从事农业劳动者116人，外出打工86人，其中县外打工38人。2011年外来人口2976人。2011年村集体经济收入514.82万元，村民年人均纯收入14653.35元，其中年人均纯收入低于4600元的有19户37人，年人均纯收入低于2500元的有3户4人。

陈志刚是安仁村的支部书记，也是当地的致富带头人，杭州市土石方工程有限公司由他一手创建，现在的经营项目也逐步从工程运输拓展至金融、贸易等多个领域，家庭条件很好。据他介绍，他担任村支书以来，已经顺利完成全村的耕地集约化管理，并基本完成了村级社会保障体系建设，全村的村容村貌也有了很大的改善。

我们在陈志刚同志的带领下，来到了董朝平村民的家里。董朝平是安仁村的致富能人，家庭条件很好，开办塑料厂。近几年，村里经济开发区的大力发展，引进了一批家纺企业，对塑料包装材料的需求很大。他正是抓住了这一机遇，开办了生产家纺产品包装辅料的工厂，并已逐步将业务扩展至建德当地的多家企业。

俞光来是安仁村的前任村支书，已经68岁。现任支书陈志刚就是他一手带起来的。说起安仁村的整体情况，俞光来打开了话匣子，滔滔不绝地与我们介绍了安仁村的发展进程，他说："安仁村是一个村集体经济薄弱村，在上级部门的帮扶下，如今我们村水泥道路村村通、喜气洋洋进洋房、生态环境宜人居"，充分体现了党的惠农政策给基层群众带去了实惠。

汪根良是村里的老党员，已经74岁高龄。家住乾潭镇安仁村，家庭人口3人，老婆、儿子患有精神病，儿子50多岁，家庭条件很差。在与汪老的交流中我们了解到，他是一名参加过解放战争的老军人，一直很感激党和政府多年来对他本人和家庭的关心和照顾，也很希望自己能再为村里多干些实事。

周海花是村里的困难户，……家庭生活过得相当艰难。走访中，我们仍然能感受到老人对党的感激，指着墙上贴着的毛主席与邓小平的画像，一个劲地说，多谢党的关心，才有了今天的生活，党的恩情比海深。看到老人独自支撑一个家庭，不由得让人感到敬重。听闻家中房屋破旧，时常漏雨，我们与村委协调，落实解决了房屋维修金3000元。

听着走访群众感谢的话，我的心里暖暖的。其实，对我们来说，也许一句话，一个动作，只是举手之劳，但对于一个困难的家庭来说，这却是雪中送炭。

（录自2012年5月31日《杭州网》）

安仁村扎实推进无违建示范点工作

本报讯　"以前自家汽车只能停到别家门口，不方便不说，还经常受气添堵，如今小汽车能够直接开到家门口了。"看着自家门口宽敞的大路，乾潭镇安仁村的王大爷心里特高兴。

三个月前，就在安仁村被确定为省级无违建村创建示范点后，安仁村的地图被"热捧"，村委会办公大楼人来人往，乾潭镇政府主要领导、安仁村两委干部，甚至是村民代表都对着地图认真研究起来。最后大家在地图上划出了四条道路，划出了被拆村民的安置点，并提出了"安仁一公里"整治项目思路。

据安仁村股份有限合作社董事长陈志刚介绍，安仁村拆违是一项系统工程，此次被拆的大部分确系违法建筑，但也有少数是配合村级建设的合法建筑，村民安置也是该村重点考虑的问题。特别是安仁沿清绪溪一公里处，这里今后将成为新农村建设的中心轴，目前建设规划设计已经完成，并通过论证。

目前，安仁村的拆违工作已经进入尾声，共拆除建筑7000余平方米，建筑垃圾的清运也基本完成。村主干道从两车道拓宽至三车道，三条支路被打通，汽车基本可以到达每户村民的家门口。一公里建设项目准备实施，村民安置点项目规划选址也已完成。下半年，安仁村重点将对老村进行规划设计，拓宽村中三条与主干道连通的村道，铺设污水管道、煤气管道，绿化美化等。最终通过“安仁一公里”建设，形成安仁下梓环线，连通安仁村和下梓村，减轻交通压力。

（录自2014年6月4日《今日建德》第2版）

安仁村：全力以赴创无违建村，积极打造优质人居环境

作为全市新农村建设和城乡区域统筹发展工作的示范村，自2007年自然村合并以来，安仁村“建新房拆旧房，坚持一户一宅”的制度便已经转化为全体村民的自觉行为。日前，安仁村股份合作社董事长陈志刚在接受采访时表示，由于先前控违工作扎实，该村在工作任务下达时便有了明确方向。

狠抓审批控源头、狠抓拆违优环境、狠抓制度促成效，这是安仁村在争创“无违建村”中的三项有力举措。陈志刚说，在建设新农村的过程中，村干部们一直把房子造得合理不合理、布局规范不规范、环境生态不生态三个问题放在心上。今年借助“三改一拆”东风，继续狠抓建房审批关，严格按照相关规定、相关标准来审核村民的建房申请，严格按照人口数量来确定建房面积，并在建房过程中做好督查指导，绝不超高、超面积。在抓拆违工作方面，始终坚持“零容忍”态势，重点整治街面乱搭乱建。在完善制度方面，安仁村早在2005年就制定了农民建房村规民约，今年将针对“一户一宅”现象进一步完善制度体系。此外，还建立了严防严控网格化巡查制度，确保发现得早，控制得住，拆除得掉。

“中心工作要推进，群众理解更要争取。”陈志刚说，安仁村不但要创“无违建村”，同时也要争创“无上访户村”。工作开展以来，安仁村就建立了党员联系制度，每位党员联系10户农户，到点到户摸底排查，加大政策宣传的广度和深度。一旦发现违建行为，群众工作马上跟进。

陈志刚说，安仁村一直以来将“三改一拆”工作、“四边三化”整治与“美丽乡村”建设相结合，计划在逐步拆除20年以上的老房、危房后，把土地收归村集体所有，再统一进行新农村建设。为了加快推进村内绿道建设，下一步计划对河边30处违建进行整治，并在拆除原址铺设8米宽环镇路，在道路两旁增设休闲健身器材，丰富当地百姓生活的同时，进一步彰显出安仁村“环境优、生态美、形象佳、品位高”的中心村特色。

（录自2014年5月4日《建德新闻网》）

第二节　交流材料

安仁大队是怎样实现亩产904斤的

从1956年党中央公布了40条以后，就根据本队具体条件，来寻找实现800斤的关键。几年来经过反复试验、摸索，经过数次的失败、成功，又成功到失败。几年来的产量一年升一年降，总还没有达到800斤，是因为没有找到实现800斤的途径。

今年在党的领导下，我们认真贯彻中央关于农村人民公社的一系列政策，充分调动了社员集体生产积极性，积极改制，精耕细作，推广优良品种，再加上国家的支持，取得空前大丰收。1963年，全大队种粮食的耕地536.7亩，实现产量：春花32572斤，早中稻277531斤（亩产548斤），晚秋175685斤，山产24776斤，合计全年总产510230斤，每亩耕地平均904斤。总产比去年352811斤，增加157419斤，增产44.6%。单产比去年每亩平均627斤，增产44.2%。

由于农业生产丰收高产，社员的生活显著提高，劳动分红率是合作化以来最高的一年，有5个生产队每个劳动日分红超过了1元，社员每人平均口粮510斤，最高的每人口粮平均593斤。第一队每个劳动日得1.04元，超产粮3斤。

一、思想革命打下了基础

1962年的冬天，安仁大队是一个什么情况呢？到处听到的是当干部吃亏，先进倒霉，国家任务重，农民生活苦。当时我们排了一下队，28个生产队长以上的干部，有15个不愿当，要洗手不干。他们不当干部的理由很多，当干部开会多，熬夜辛苦，一个吃亏；得罪人，到处结怨，不种花尽种刺，到后来没有好结果，二个吃亏；私有种得少，不能投机倒把赚大钱，不自由，三个吃亏；到县里开会，化钱多用费大，四个吃亏；有的把当干部家里骂，上级批，群众不讨好三头受气，容易犯错误等等都说成是当干部吃亏，党员俞茂松提出那个要当，倒贴他5元钱。因此在干部中出现积极的少消极的多，敢和坏人坏事斗争的少，“十线留一线日后好相见”的好好先生多。社员呢？思想更是五花八门。先进倒霉，落后好；落后任务可以减，脸皮厚厚，肚皮饱饱；有的打击干部，说安仁干部是青柴棍，手腕往外不往里，支部书记不如以前保长好；说国家任务重，比交地主租还多，旧社会地主一亩田不过二石谷，现在五百多亩田，十五万斤任务，每亩要300斤，任务不减少，做死生活也提不高；有的说山区好，山区好搞私有，国家任务少；有的说桐庐好，桐庐有电灌，支援农业要什么有什么，物资分配多。

这些思想我们分析了一下：①干部忘记了过去，……因此对现在贫雇农当家不感到光荣，责任重大，相反地倒背了大堆的吃亏包袱；②农民走社会主义道路还是资本主义道路好，这个问题没有解决好……③在群众当中一种支援国家不嫌少，与落后地区比，向国家要的不嫌多，同物资分配多的桐庐比，这种不顾大局，不要国家的自私自利思想已成为合法化，在群众当中很吃得开。当然不是说当时没有好的社员，没有好的干部，而是邪气占上风正气不能立，怪话多，先进不敢站出来……因此，这些不解决，不批判，生产高潮是搞不起来的。

针对这些思想，我们根据中央八中全会的文件和省委党内通讯，开展了社会主义教育，……提高基层干部的阶级觉悟，例如支部书记张银德的父亲是被国民党抓去死在外面，尸首都没有看到；大队长徐梅冬（徐崇德）的嫂嫂是被地主霸占去的；大多数干部在旧社会是给人家当长工的。党员俞茂松回忆说：“土改和抗美援朝时我工作很积极，当民兵、斗地主，样样带头干。那个时候，我经常想土改分来的二间房子三亩田，要不是共产党来，就是做一辈子长工也买不起。现在呢，讨了老婆成了家，生了儿子，天天劳动，认为不当干部也是吃饭，当干部反而吃力不讨好，仔细想想，土改时工作积极，那时没有忘本，现在工作不积极，在自己思想上已经忘记了过去。如果这样的思想存在下去，岂不是半途而废当逃兵，我们不当干部叫谁去当呢？……”在提高阶级觉悟的基础上，学习了省委党内通讯，“当干部一不做官，二不发财”，如果当干部只要便宜进，那和国民党的伪保长有什么不同呢？从而认识到干部的责任重大，任务光荣。

在群众中我们除了讲形势变化外，重点对先进到底吃亏不吃亏？背生产包袱还是背任务包袱？我们与东山大队进行了对比，东山大队由于闹包产到户，全年产量比1961年减产五万多斤。虽然任务减了一万多斤，但是社员基本口粮只有189斤，哪个吃亏？我们用实际例子说明了光背任务包袱，越背越重，只有把生产搞好，才能改善生活。……在此基础上，总结过去生产经验，找漏洞，挖潜力，自下而上，制定了1963年的生产规划。

每当一谈到今年生产搞得比较好时，社员都很怀念去年（1962年）10月份公社三级干部会议，都说是在那次会议上思想革命打下了基础。

平时，在一切工作当中，又把思想工作当作一根红线来抓。例如总结评比抓得较好，上半年共评比了六次，起了很大作用。第一队由于秧苗不好被评为第八名，经过找原因采取了补救办法，结果秧苗不缺；早稻收后，第六队思想麻痹，双季晚稻最差，评比的当天晚上生产队干部到十里路外的高坪大队找来300多斤肥田粉，经过追施肥料，结果水稻很快就赶上先进队；在第5次评比中，我们提出了“三超”号召（即超全年规划，晚稻超1959年，安仁超芝厦），评比实际是学先进，赶先进的最好办法。由于及时评比，使全大队达到队队、畈畈，丘丘、作物与作物大面积平衡。

二、政策是社员干劲的源泉

要说思想革命打下了基础，那么政策又是巩固思想工作成果，是促使社员干劲始终高涨的动力。在这个大队里，基本核算单位下放，所有制政策没有留尾巴，土地、耕牛、农具、山林都落实到生产队。而且水田和旱地进行了丈量，队和队之间基本合理，社员与社员之间的超支问题坚持归还，两年来，共扣回1400多元，大部分社员还清了旧欠。小开荒政策也处理得比较好，在去年的11月份开始处理的，当时思想斗争很大，有的要三分抵一分，有的主张多种几年，过三年后再收回。大队支部根据60条，采取坚决措施，一块一块地清丈，多余的一律收回。在分配上队队账目清楚，季季分配合理，财务制度健全，主要的分配政策全队作了统一规定。大队会计董玉良采取兼一个生产队会计，做出样子，全面辅导，一年三次预分，每次预分前先由干部讨论政策处理，然后由大队会计召集生产队会计集中搞四清，按统一规定的政策编造预分方案，发现问题重点帮助解决，因此社员很放心。

三、改制是主要途径

安仁大队今年实现943斤的主要措施是改变了耕作制度，以前这里是老三熟制，而今年推广的新三熟制比老三熟制增产更多，新三熟制就是一熟绿肥，二熟水稻。全大队330多亩水田超过1000斤，新三熟制的主要优点：省肥、省工、高产，这是与老三熟制而言的，所谓省肥，不是说双季稻比田玉米省肥，是因为新三熟二熟粮一熟肥，只要头年草子培育得好，大多数的田早中稻这一熟的基肥可以解决了，这样就可以把栏肥、化肥集中使用在山垅田、烂冬田和种不起草子的白螺丝田里，这样就可以保证丘丘田都能施上化肥。所谓省工，不是说双季稻的耕作水平可以粗放一些，而是指双季稻草料多，稻草是栏肥基础，过去稻草牛要吃，社员要盖篷，垫猪栏只有割毛草，新三熟多400~600斤稻草。如果以一个劳动日割200斤计算，双季稻每亩就可以节约2~3个割草工，从产量来说双季稻一般可以达到1000斤，而老三熟制一般只有800斤。另外，草子多（又可）解决猪饲料。同时，双季稻只要水利条件具备其他要求比较低，适应性广。

1956年就开始推广双季稻，可是都没有成功。1962年全大队实种双季稻127亩，总产14240斤，每亩平均112斤。1963年共种313亩，点总田亩59%，估产134590斤，每亩平均430斤。为什么前几年双季稻推不开，而今年取得这样好的效果呢？主要前几年有三个问题没有解决：1. 双季稻由于受三化螟的危害不能达到稳定高产，而对三化螟防治没有摸到规律，过去几年治虫在群众思想上没有引起重视，群众都是看到有虫才开始治，这已经是迟了。治的方法又不对头，只是弄点二二三药水，因而收不到应有效果，结果种了一畈收了一担。2. 肥料没有解决。以前都把一些烂冬田种双季稻，这样田越种越瘦，种双季稻与绿肥有矛盾，双季稻与春花油菜有矛盾。3. 品种搭配没有解决。过去早稻品种大部分是六才矮、南特号，这些早稻大部分大暑后五至十天才可成熟，时间迟，双季稻不能达到在大暑前后种好，季节上的矛盾解决不了。

今年在农技站的帮助下，我们加强了虫情观察工作，特在立秋前三化螟第三代盛发期抓住孵化高峰，每亩用三斤六六六粉，用一担沙或泥焦灰拌匀撒施，效果很好。治虫用药的时间应该因地制宜，不可千篇一律。当时县通知是8月6日为用药适期，可是根据我们8月2日的观察，已经开始孵化，3号已发现有枯心圈，我们在前畈的一块二分田里检查1922丛稻发现卵块257块，因此我们确定8月4日统一行动，药量由二斤提高到三斤。由于我们抓住火候，打准打狠，今年三化螟的危害降低到5%以下。据8月10日检查二十三块已孵化卵块，有轻微危害的只有三块，其中有七块被寄生蜂吃了。在治虫问题上，有三个关键必须要抓住：1. 时间统一，在那个时间任何工作要停，不管天晴下雨，一律要治虫。2. 用药一定足，多了浪费，少了效果不大，一定施的匀，不能多的多少的少。3. 方法一定对头。一定用沙拌，不能把药撒在稻叶里，只要这一次抓好了，第二次可以根据具体情况，采取补课的办法。哪里发现枯必圈就在那里治。

绿肥问题是几年来没有解决的问题，草子的播种早了影响水稻扬花结果，迟了草子苗小，容易冻死。我们今年草子是在秋分前后下的，在下草籽前必须把稻沟清理好，沟沟相通，灌排方便。进行烤田，以泥块结皮，脚踩下去不会陷下去为度。草籽播下去后还要根据水稻需要经常（3~5天）灌一次跑马水。草籽种每亩以三斤到四斤为好，少了苗少，多至五斤也可，草子在水稻收割好以后，立即排水培育。为了有足够的草籽种，在头一年就要做好准备，草籽种的收割方法要很好研究，方法不对头往往要烂掉。今年我们采取摘荚的办法，费工很多，又摘得太迟一点，结果产量不高，每亩只有20多斤，最好的方法是等到一半荚黑了，就把草籽种割下来，晒一个太阳就开始打，和打荞麦一样，打下来后晒干，产量高，不会烂掉。

品种搭配是种双季稻高产的一个关键。早稻全大队有四个品种：早三白、“503”、六才号、江南1224。早三白和“503”是在大暑前5~7天成熟，这两个品种我们共种90多亩，占30%，产量在500斤左右，六才号与江南1224占70%，产量在600斤左右，早稻品种早熟以连塘早为好，迟熟以矮脚南稻。实践证明，我们明年打算：连塘早10%，“503”20%~30%，六才号30%，矮脚南稻30%。这样从连塘早一收割后，劳力刚好又得开，如果早熟品种少，就会产生间歇现象。如果早熟品种多，那又会使产量降低。晚稻品种：太湖青34亩，光芒1.6亩，鸡毛簇21.4亩，杭州糯2.7亩，霜降糯9.8亩，白须梗17.4亩，黄禾子0.8亩，晚籼226.1亩。从目前收的情况来看，产量以霜降糯为最高。如5队3.8亩，收活谷2405斤，每亩平均633斤，按八折计算506斤。其次是太湖青，晚籼每亩平均也有400多斤。鸡毛簇产量不高，主要的不是这个品种不好，而是用种晚籼的办法来种晚粳。我们在9月26日总结过一次，下面是6个品种有效穗、瘪谷率、每丛平均谷粒数的对比。

附表：

品种		光芒	朱毛逐	白须梗	红壳糯	黄禾子	晚籼	合计
检查丛数		7	4	3	4	2	6	26
分蘖	株数	126	77	85	84	53	154	579
分蘖	每丛平均珠数	18	19.25	28.3	21	26.5	25.6	22.3
其中	有效穗数	124	77	84	76	50	121	532
其中	点%	98.4	100	98.8	91.6	94.3	78.5	91.8
其中	无效穗数	2	—	1	8	3	33	47
其中	占%	1.6	—	1.2	8.4	5.7	21.5	8.2
瘪谷率	检查株数	6	9	5	8	7	8	43
瘪谷率	粒数	851	1588	481	1153	1001	731	5805
瘪谷率	每株平均粒数	142	176	96.2	144	143	91	135
瘪谷率	瘪谷数	48	60	6	35	56	119	324
瘪谷率	占%	5.63	3.8	1.25	3.03	5.6	16.3	5.58
每丛平均有效分蘖		17.7	19.25	28	19	25	20.1	—
每株平均饱满谷数		133.8	169.7	95	139.8	135	76.5	—
每丛平均谷粒数		2368	3267	2660	2656	3375	1537.6	—

从上表我们看到光芒、朱毛逐、白须梗、红壳糯等梗糯稻都具有不发株，有效穗多，瘪谷粒少的优点。那么今年为什么有的粳稻反而产量不高呢？主要没有掌握它的特点，而是用种籼稻一样的办法，种得稀，种得单，因而产量低。

种了双季稻好不好种春花，会不会误了季节？我们的办法是倒种春来解决，就是把六才号、矮脚南稻当作晚稻来种。今年我们做了试验，季节和田玉米一样，寒露边可收割，产量不高，原因主要没有掌握它的特点。例如我们种的0.8亩矮脚南稻，由于水放得早，结果发病，只收102斤。种倒种春关键三条：1. 秧龄不能长，至多不超过20天。2. 追肥要猛，一至二次上岸。3. 后期不能脱水，灌水一直到收割前4至5天。

四、肥料是决定高产的关键

“庄稼一枝花，全靠肥当家。”“有收无收在于水，收多收少在于肥”。安仁大队在肥料上面做了不少文章，主要来源是种、养、积。种就是种绿肥，去年全大队共种124亩花草子。养就是养猪积肥，全大队共养猪203只，耕牛29只，这些猪牛的栏肥都是好肥料，以肥换粮。由于政策处理好，全大队一年当中出栏肥4465担，每亩20担，有223亩田施上栏肥。为了扩大肥源，提高施肥水平，在这里积极推广石灰氮。石灰氮当基肥比肥田粉还好。我们在前年冬天就开始试验，用在大麦田里，一畦施一畦不施，结果施过的不但大麦子好，而且水稻还高出一节。积极试验的结果，我们掌握了石灰氮的脾气：水田用必须把水放干，施时均匀，翻耕后再放水，过一天再插秧，这样就不会烧苗。全大队今年施的肥料：栏肥4465担，人肥2400担，焦（泥）灰8000多担，青草760担，肥田粉8900斤，石灰氮8700斤。如果把这些肥料全部折成标准肥，计268200担，每亩耕地平均48.8担。绿肥还不算在内。由于肥料足，肥料多，因此使青田与麦田平衡，早稻与中稻平衡。

五、干部改变作风也有一份功劳

参加生产、领导生产是干部转变作风当中的中心环节。今年大队支部书记实做劳动日为1360分，大队会计1540分，大队长误工很少，劳动工分是第五生产队最高的一个。由于干部积极参加劳动，所在的生产队都比去年有很大转变，支部书记张银德所在的第一队，实现了亩产平均1034斤，大队长所在的第五队几乎样样工作都比其他队先走一步，大队会计所在的第六队是财务工作的模范队，账目清楚，账务公开，民主理财，勤俭办队做得很好。

多参加劳动是好干部的条件，但是更重要的还是把工作做好，使工作、劳动两不误，埋头生产不是好干部。往往这些矛盾很难解决，要把工作做好，有时参加生产又少了，有时参加生时多，而把工作没有做好，这首先决定于思想。例如支部书记张银德、大队长徐梅冬（徐崇德）、大队会计董玉良等，原先受补贴的干部，通过学习中央指示，自己主动提出少要补贴，除支书、会计补贴500分外，都实行实报实销。他们说：我们首先是社员，应当劳动，但又是干部，不能把工作丢掉，观点摆正确了以后就会自觉地参加劳动。支部书记在公社开会时，早晨拔秧，白天开会，点心边会议后，一天还要种1.2亩田。

其次还要解决方法。方法就是千斤重担大家挑，科学分工，各负其责。在领导生产方面，除了把自己所在队的生产搞好，每人还包一个落后畈。如支部书记包红沙丘，大队长包黄家坟后，副大队长包前畈。今年几个落后畈搞得很突出，这与大队干部包干在自己队里带头示范起了很大作用，例如大队长在黄家坟后带头施吊头肥，带动了其他生产队；支部书记在红沙丘改土种草子，从而带动了二、七、八队，结果红沙丘今年都实现850斤。使落后畈变成先进畈。

搞试验是领导生产的本钱，一年来公社脱产干部与大队、生产队干部合并搞24亩试验田，有品种试验、肥料试验、治虫试验。这对迅速掌握每种品种的特点脾气有很多好处。例如倒种春，矮脚南稻的试验虽然失败了，但到今年大面积推广时就不会受到损失。上面这些答案还是全部的答案，例如这里的人们精耕细作的水平有了提高，抓住季节，培育好壮秧等方面都有一定的成绩，新的启发。

9月份，我们安仁大队组织了一些生产队长到桐庐梅蓉大队参观。我们又感到我们在过去一年中所做工作又太不够了，这真是天外有天，楼上有楼。回来之后，我们做了一个规划，除农业生产明年实现1100斤以外，绿化我们还要大做文章，在农业上，品种及晚稻的后期管理我们今年还有很多缺点，如一部分田放水过早，失水减产，大部分田没有吊头肥，这些问题相信改进后，农业生产又是一个跃进是没有问题的。

1963年

（此材料由建德市档案馆提供）

附：

据时任安仁大队党支部书记张银德回忆：1963年，安仁大队粮食生产取得大丰收，当年全大队实现平均亩产904斤，得到了县委领导和公社领导的高度赞赏。县委领导要我们写一个经验材料，由当时驻我们大队的公社干部王先跃起草了《安仁大队是怎样实现亩产904斤的》经验材料，是年冬在全县三级干部大会上发言。由于我们的农业生产搞得好，1964年，县长张书声亲自到安仁大队蹲点，并经常到第3生产队参加劳动。他来时，不事先通知大队干部，只是到了晚上才通知大队干部开会。

第三节　诗词楹联

安仁新貌（外二首）

安者能仁仁者安，阖村和谐尽欢颜。
高楼宽道伴绿荫，锦绣建德第一站。

清渚晨曲

清渚碧水映绿堤，二桥相辉耀浣溪。
棰响笑朗妇姑乐，歌声直上庙山西。

清渚名缘

安仁中流原芝川，更名清渚缘汝贤。
一枚铜钱掷江底，浊浪沏平现清廉。

（作者　陈斌能）

安　仁

安仁，建德市乾潭安仁，浙江杭州安仁
大跃进的人民公社，改革开放的乡镇
二十一世纪的美丽富裕村

左边小河，右边小溪，中间老街
小河小溪交汇白岩山脚东流富春江
跨过小溪清代石拱桥鱼坑坞

左边杭新景高速，右边320国道
东边工业开发区，西边新村新街
南边街心花园，北边新校区

童年的安仁，难忘的安仁，日新月异的安仁
梦中的安仁，记忆中的安仁，思念里的安仁
用爱去爱，令我一生向往温柔

（辑录自大众文艺出版社
《深呼吸》，作者：丁小平）

河对岸是榨油坊

那时河对岸是榨油坊
菜油香溢满小河两岸
我在岸边钓鱼
这段水域鱼多

油菜的黑色果实
榨出的油特别清香
调节生活的味道

油菜花朴实美丽
弥漫浓郁芬芳
默默奉献感人肺腑

榨油坊浓缩油菜精华
让人珍惜金色
记住灿烂微笑

（辑录自大众文艺出版社
《深呼吸》，作者：丁小平）

我梦见走在安仁村的老街上

鹅卵石砌成的街道两旁紧挨瓦房
家禽伴脚，熟人打招呼
1967年9月的早晨，挎上新书包的我
手捧父亲泡饭中煮熟的鸡蛋
去公社中心小学上一年级
1968年7月的中午，放学回家的我
目睹旧谷柜做的棺材红漆刷上
一辈子打光棍的棕榈爷走了
1969年5月的下午，小河钓鱼回家的我
看见屋后生产队晒谷场上
成堆的书籍古物被焚烧
1970年3月的黄昏，门坎坞砍柴的我
沉甸甸的柴火压痛肩膀
哥哥一路呼唤接走柴担
1971年1月的夜晚，街头捉迷藏的我
蜘蛛网把眼睛弄红肿
母亲用盐水清洗消毒……
安仁村的老街就这么长
回放我难忘的乡村童年时光

（辑录自大众文艺出版社
《深呼吸》，作者：丁小平）

安仁新村

安仁新村石碑村口醒目
新街水泥大道，店铺琳琅满目
我小时候捡过麦穗的那片土地
如今楼群排列

杭新景高速左边穿梭
320国道右边延伸
鱼坑坞清代石拱桥保护文物
河边污水处理厂围墙环绕

徜徉街头巷尾，相遇的人们
认出我的寥寥无几
童年的玩伴已当爷爷奶奶
小学教我语文的陈老师已退休

小河清澈见底，白岩山乔木苍翠
童忆风中呼唤，心阳光下潮涌
安仁新村啊，我来，抒写
匆匆岁月，那些温暖的事物

（辑录自中国戏剧出版社
《时光的缝隙》，作者：丁小平）

陈侯庙楹联

佑万民灵昭建德　军三国绩著余杭

（作者　陈斌能）

虎头山公园楹联

建德建之重德德之重建
安仁安者能仁仁者能安

（作者　陈斌能）

蛛网佑天子创一朝基业
虎山设公园益千秋黎民
（作者　陈斌能）

小小泥蛛能网成龙此处物绝无二类
蓬蓬土神专享金烛本地官偏高一等
（作者　陈斌能）

野蛛有心助天龙恰选大明一代汉业
小神无功享金烛笑指江东六郡同仁
（作者　陈斌能）

对　联

安居乐业共建新农村
仁爱勤勉谱新世华篇
（作者　洪　斌）

安心安宁安桑梓
仁义仁慈仁四方
（作者　洪　斌）

民风尚古远客安
华章谱新近邻仁
（作者　洪　斌）

后 记

盛世修志，传承历史。《安仁村志》历时三年半，六易其稿，终于付梓。

为更好地弘扬优秀传统文化，挖掘安仁村的悠久历史，延续安仁村的历史文脉，丰富安仁村的文化内涵，推进安仁村的新农村建设、推进社会主义核心价值体系建设、推进精神文明建设，带领村民在共筑中国梦，以及共圆安仁梦的伟大进程中，发挥应有的积极作用。2014年12月，经安仁村党委会、村委会研究决定，编撰安仁村历史上第一部《安仁村志》。2015年1月6日召开第一次专题会议，成立了由陈志刚为主任，叶建芳、潘玉明为副主任，俞光来、朱尧仁、方国良、董巧玲为成员的《安仁村志》编纂委员会，下设《安仁村志》编辑部。邀聘林成刚（建德市新闻传媒中心工作，2016年5月退休）为执行主编，并组成较强的编辑力量，开展《安仁村志》的编纂工作。2015年9月5日，村“两委”向全体村民及移居外地的同胞发出《给安仁村民的公开信》，要求广大村民积极支持与配合村志编委会的工作。

编纂《安仁村志》是一项繁重、细致的系统工程。由于安仁村历史上曾是安仁镇（乡、公社）的驻地，有众多的企事业单位，以及2007年原荻州村、高坪村的并入，特别是安仁村委办公室几经搬迁，大量文字材料散失，因而资料（史料）的寻找、搜集十分困难。《安仁村志》编辑部人员，本着对历史、对社会、对村民高度负责的精神，竭尽全力，不辞辛劳，认真编写，精益求精。尤其是林成刚、潘玉明、朱尧仁、黄玉富、王胜民等同志，冒酷暑、顶严寒，多次爬上高山拍摄照片，坚持上门串户、进厂入企，逐一采访老干部、老村民、老寿星、老同志等620多人次。编辑部人员还多次到市档案馆、图书馆等有关部门查档、搜集相关资料，在不厌其烦、千方百计采集各种资料的基础上加以鉴别、梳理，一丝不苟地进行认真撰写，历经900多个日夜的辛勤耕耘，白天深入走访采集素材，晚间灯下精心写作，度过了一个又一个不眠之夜。初稿写成后，又广泛征求意见，进行多次修改。在整个编撰过程中，共召开编委会会议12次。村“两委”会议专题听取汇报4次。

2016年12月，《安仁村志（初稿）》装订成册。2017年5月24日，召开《安仁村志》评审会，得到建德市地方志办公室的吴康福、洪淳生、邹爱民、邵德成、黄建生等五位专家的首肯，并提出了多条有价值的评审修改意见。随后，村志编辑部根据评审意见进行了修改完善。

在《安仁村志》编撰过程中，得到了市委党史研究室、市地方志办公室领导和有关史学专家的悉心指导。2016年年初，林成刚向市地方志办公室汇报《安仁村志》的编写工作时，该办主任吴康福提出征集“全家福”照片的建议。安仁村“两委”采纳此建议，于2016年9月向全体村民发出征集“全家福”照片的通知，要求每户村民家庭或家族在2016年底前提供一张“全家福”照片。其间，得到多数村民的积极响应。至2017年12月底前共征集到“全家福”照片300余幅。绝大多数照片记录了村民家庭在2016年9月至2017年12月间的真实状态，让我们感受到全家福照片里传递出来的家庭幸福与温暖。一张全家福照片，就是定格了家庭成员的永恒大团圆，其意义非同寻常。全家福是影像的家谱，不仅仅记录了一个家庭的完美幸福，更是每一个家庭成员值得珍藏一生、代代相传的精神财富。

三年多来，在村“两委”的重视和关心下，在有关单位和村民小组的支持帮助下，经过采编人员的共同努力，并经专家审定，《安仁村志》终于与读者见面。

《安仁村志》是一部反映和记载安仁历史和现状的综合性村域文献，是传承和普及本村地域文化知识的一部史书。此志旨在通过真实可靠的史料，对安仁村自古以来，尤其是中华人民共和国成立以来的历史变迁和当今快速推进集镇化建设，以及社会经济发展等方面作了比较详细的记述，献给今人，留给后人，让人们了解安仁、认识安仁、探究安仁、建设安仁，激励人们为进一步推动社会主义新农村建设、实现中国梦贡献一份力量。

《安仁村志》是集体智慧的结晶，凝聚了多位领导和村民群众的心血和汗水。值此志书出版之际，要衷心感谢在我们查找资料中给予热情接待的市地方志办公室、市档案馆、市图书馆、市统计局、市民政局、市教育局、市住建局、《乾潭镇志》编纂办公室等有关单位。还要衷心感谢关心支持并热心为本志编写提供相关情况和数据的各有关部门、村民组长，以及张银德、潘增标、潘建华、汪厚强、羊洪根、金阿荣、俞松来、董菊红、董玉良、张小芳、吕旭初、曹光良、骆樟火等同志和村民群众。特别是林成刚同志，本志的绝大多数文字稿均由他撰写，三年多时间里全身心地投入《安仁村志》的编修工作，从纲目拟订到初稿形成，再对初稿逐字逐句认真细致地修改补充，直到志稿杀青交付出版，付出艰辛的劳动，为此还经常熬到通宵，并不计报酬，不计个人得失。本志中除“全家福”照片和部分署名照片外，均由林成刚同志拍摄。他这种无私奉献精神，令人钦佩。

《安仁村志》书名由陈斌能书写。本志中的航拍照片均由范胜利提供。在此一并感谢！

《安仁村志》的编纂是一项十分重要的文化工程，在安仁村历史上尚属首次。尽管编撰人员做了大量的采访、查阅各种资料，并深入走访许多老干部、老村民，对各类素材进行仔细推敲并多次征求意见和多次修改，但由于涉及年代久远，文字资料留存有限，还限于我们的编辑水平和实践经验，难免有疏漏甚至错误之处，恳请领导、专家、读者不吝指正。

《安仁村志》编纂委员会

二〇一八年十月

索　引

B

C

D

F

G

H

J

K

L

M

N

Q

R

S

T

W

X

Y

Z